突发事件下行人疏散行为机制及仿真研究

赵永翔　卢团团　欧忠辉　著

科学出版社

北京

内 容 简 介

本书以突发事件下的疏散人群为研究对象，运用社会物理学、管理科学、安全科学、交通科学、计算机科学、心理学等理论与方法，揭示突发事件下行人疏散的典型行为机制，如三维水平垂直摆动机制、自减速行为机制、不可视行为机制等，并构建突发事件下的三维行人疏散社会力模型。基于该改进的三维社会力模型，分别针对房间区域、校园建筑物区域、地铁站区域、人车混合等不同复杂疏散场景进行行人疏散实验及仿真研究，根据仿真结果提出改善行人疏散的具体疏导方案和管控策略，从而为突发事件下的行人疏散与管控提供科学的理论依据和技术支撑。

本书可作为突发事件应急管理领域的研究人员、工程师和政府管理人员的参考书，也可作为高等院校安全科学、交通科学、计算机科学及应急管理等相关专业研究生的参考教材。

图书在版编目（CIP）数据

突发事件下行人疏散行为机制及仿真研究/赵永翔，卢团团，欧忠辉著. —北京：科学出版社，2020.6

ISBN 978-7-03-059935-3

Ⅰ. ①突… Ⅱ. ①赵… ②卢… ③欧… Ⅲ. 突发事件-安全疏散-研究 Ⅳ. ①D035.34

中国版本图书馆 CIP 数据核字（2018）第 275058 号

责任编辑：郝　悦 / 责任校对：王丹妮
责任印制：张　伟 / 封面设计：无极书装

科 学 出 版 社出版
北京东黄城根北街 16 号
邮政编码：100717
http://www.sciencep.com

北京虎彩文化传播有限公司印刷

科学出版社发行　各地新华书店经销

*

2020 年 6 月第　一　版　开本：720×1000 B5
2020 年 6 月第一次印刷　印张：21 3/4
字数：400 000

定价：196.00 元

（如有印装质量问题，我社负责调换）

作 者 简 介

赵永翔，福州大学经济与管理学院教授、博士生导师，武汉大学博士，武汉理工大学博士后，美国加州大学戴维斯分校访问学者。研究方向为智能交通、应急管理、社会物理、电磁计算。近年来，在 SCI 检索的国际重要期刊上发表研究论文 20 余篇，其中以第一作者身份在交通领域国际顶级期刊 *Transportation Research Part B：Methodological* 上连续发表研究成果 2 篇，以第一作者身份在安全领域国际权威期刊 *Safety Science* 上连续发表研究成果 3 篇，以第一作者身份在光学领域国际顶级期刊 *Optics Express* 上连续发表研究成果 3 篇。作为项目负责人主持国家级、省部级重大、省部级科研项目 10 余项，其中主持国家自然科学基金面上项目、国家自然科学基金青年项目、国家自然科学基金重点项目子课题等各 1 项。出版专著 1 部，编写教材 1 部，拥有软件著作权 5 项，发明专利 2 项，荣获省部级科研奖励 1 项。

卢团团，福州大学经济与管理学院物流管理专业博士生。研究方向为智能交通、应急管理。近年来，在 *Transportation Research Part B：Methodological*、*Safety Science*、《系统工程理论与实践》等国际国内学术期刊上发表研究论文 7 篇，其中 SCI 检索 4 篇。参与国家级、省部级科研项目 3 项。

欧忠辉，福建商学院国际经贸学院教授、硕士生导师，管理学博士。研究方向为应急管理、科技创新管理、创新生态系统。近年来，在《科研管理》、《中国管理科学》、《中国科技论坛》和《系统科学与数学》等核心期刊上发表研究论文 10 余篇。作为项目负责人主持国家级、省部级科研项目 5 项，其中主持国家自然科学基金面上项目、国家自然科学基金青年项目各 1 项，主持福建省社会科学规划项目 3 项。

序 言

这是一部独具特色、内容新颖的有关社会物理学的著作。社会物理学派的定义可以表述如下：应用自然科学（以物理学为核心）的思路、概念、原理和方法，经过有效拓展、合理融汇和理性修正，用来揭示、模拟、移植、解释和寻求社会行为规律和经济运行规律的充分交叉性学科。

该书基于社会物理学中的行人动力学理论，通过开展大量人群疏散行为实验，重点揭示了突发事件下行人疏散的典型行为特征及其物理机制、构建了突发事件下行人疏散的三维社会力仿真模型，对于人类社会的防灾减灾、国家应急处置策略的制定，具有重要的指导意义。

该书第一作者赵永翔教授长期从事计算机学科领域的教学和科研工作。他勤于跨学科交融创新的探索，善于将计算机应用技术拓展为多功能人工智能平台，与材料学科、机械学科、社会行为学、心理学等多个学科进行交叉、融合，取得了若干具有示范性、实用性的研究成果。多年来，他主持、完成了包括国家自然科学基金项目、国家自然科学基金青年项目、教育部人文社会科学研究项目、福建省社会科学研究基地重大项目等一批跨学科科研项目。相关研究成果已发表于交通领域国际顶级期刊 *Transportation Research Part B：Methodological*、安全领域国际权威期刊 *Safety Science* 以及物理领域国际期刊 *Physics Letters A*、*Physica A：Statistical Mechanics and its Applications* 上。

该书内容丰富、逻辑清晰、图文并茂，既是计算机科学、物理学、交通科学、安全科学、管理科学、心理学等学科交叉领域的一大融合创新集成，也是国家自然科学基金委员会倡导学科交叉与创新研究战略效应的具体展现。

作为第一作者的导师，我为社会物理学领域的这部新作品而倍感欣慰！

武汉理工大学教授
中国工程院院士
张联盟
2020 年 6 月

前　言

随着我国经济及社会的高速发展，城镇化进程加快，大量人口从农村涌向城市。高度密集的人口虽然给经济带来了更快的发展，但同时给城市交通枢纽造成了巨大压力，降低了现代化城市对大型突发事件的抵御能力，一旦遇到大规模突发事件，会面临严重的人员伤亡和巨大的财产损失。突发事件下行人往往处于高度紧张的心理状态，如果缺乏及时有效的疏导，极易造成拥挤踩踏、群死群伤等事故。因此探索突发事件下疏散人群的心理反应和行为机制，进而进行疏导与管控，不仅具有重要的理论意义，而且具有十分重要的应用价值。

本书是基于作者多年来在突发事件下人群疏散及管控方面的研究成果撰写而成的，同时也是作者主持的多项科研项目的成果结晶，主要包括：国家自然科学基金面上项目“受限拥挤空间下竞争人群心理反应、疏散特征及管控策略研究（71974033）”、国家自然科学基金青年项目“突发事件下人车混合疏散行为及应急疏导策略研究（71303051）”、教育部人文社会科学研究项目“高密度拥挤环境下竞争人群心理反应、运动特征及疏导策略研究（19YJAZH114）”、教育部人文社会科学研究项目“面向突发事件的人车混合交通行为规律及应急疏散算法研究（13YJCZH270）”、福建省自然科学基金面上项目“高密度拥挤环境下城市公共交通人群疏散行为特征及疏导策略研究（2018J01808）”、福建省社会科学研究基地重大项目“面向突发事件的福建省应急交通疏散应对体系构建（FJ2015JDZ030）”。

相关研究成果已在交通领域国际顶级期刊 *Transportation Research Part B: Methodological*、安全领域国际权威期刊 *Safety Science* 上正式发表。在此对国家自然科学基金委员会、教育部、福建省社会科学界联合会及福建省科学技术厅等部门在研究经费上给予的支持表示感谢。

本书由赵永翔、卢团团、欧忠辉共同负责组织并撰写。此外，在本书撰写过程中，还引用了赵永翔所指导的研究生的资料，他们是刘旭光、殷忠忠、黄凯、张宇林、王亚娜、徐显峰、何赞，在此对他们所作出的贡献表示衷心的感谢。全书共分 8 章。第 1 章主要介绍了突发事件下行人疏散行为机制及仿真研究的背景及意义。第 2 章、第 3 章、第 4 章主要通过实验数据来揭示三维楼梯环境、混合交通环境及不可视环境下行人疏散的心理反应和行为机制，如三维水平垂直摆动机制、自减速行为机制、不可视行为机制等，并在此基础上构建突发事件下的三维行人疏散社会力模型。第 5 章、第 6 章、第 7 章、第 8 章则基于该改进的三维社会力模型，分别针对房间区域、校园建筑物区域、地铁站区域、人车混合等复杂场景开展突发事件下的行人疏散实验及仿真研究，并根据仿真结果提出改善行人疏散的具体疏导方案和疏导策略，从而为突发事件下的行人疏散与管控提供科学的理论依据和技术支撑。

本书在撰写过程中参阅并引用了大量国内外相关文献与研究资料，参考文献已在书后列出，在此向参考文献的作者表示敬意和感谢。感谢科学出版社李莉女士对本书出版给予的大力支持。

受作者水平与时间所限，书中不足之处在所难免，敬请同行专家、学者和读者批评指正，并提出宝贵意见和建议。

赵永翔　卢团团　欧忠辉

2019 年 12 月

目 录

第1章　绪　　论

1.1　研究背景与意义

随着我国城镇化的高速发展，大量人口从农村涌向城市，高度密集的人口给城市交通枢纽造成了巨大压力，一旦遇到大规模突发事件，会面临严重的人员伤亡和财产损失。21世纪以来世界各国频繁发生恐怖袭击、火灾、地震等大规模突发事件，如2001年9月11日的美国“9・11”恐怖袭击事件造成了约3 000人遇难[1]；2008年5月12日我国四川省汶川县发生里氏8.0级地震[2]；2015年8月12日天津市滨海新区天津港的瑞海国际物流有限公司危险品仓库发生火灾爆炸事故[3]。由此可见，高度密集的人口虽然给经济带来了更快的发展，但同时降低了现代化城市对大型突发事件的抵御能力，在面对大规模的突发事件时遭受的损失会更加严重。

首先，作为城市交通疏散的重要一环，三维楼梯被广泛用在各种建筑物中，尤其是一些大型的生活娱乐场所，如地铁站、购物中心、办公楼及教学楼等行人聚集区域，可以说楼梯已经成为人们生活中不可或缺的一部分[4]。楼梯的存在，既是人们正常运动的需要，也是在突发事件下保证行人安全疏散的重要通道之一。虽然高层建筑物都配有垂直电梯或手扶电梯，但是在停电、火灾、地震等应急状态下，乘坐电梯可能对行人疏散造成不可预估的伤害，此时楼梯可能成为人们唯一的疏散通道。然而，楼梯也是疏散的瓶颈区域[5]。不同于地面区域，楼梯区域是一个典型的三维空间，其宽度有限且具有垂直高度差，使得人们在楼梯区域运动时受到一定的限制。在遇到突发事件时，如果没有合理的行人疏导、行人流量管控及安全疏散设施等，很容易形成行人过度拥挤情形，一旦有人摔倒，引发楼梯区域的行人恐慌，极有可能发生踩踏事故。因此，有必要对三维视角下楼梯区域行人疏散微观行为机制和疏散效率进行深入研究，这将有助于应对真实的突发事件管理和疏导，尽量避免人员伤亡，将损失降到最低。

其次，目前我国大部分区域交通的最大特征就是混合交通，即在路口或信号交叉口某段时间同时存在机动车、非机动车和行人。可以想象，在行人多、机动车多、非机动车也多的情况下，由于交通时空资源的不足，路口或信号交叉口产生的冲突会十分激烈，尤其是在无信号控制的城市道路口，机动车和行人一般会较为频繁地进行抢道、占道，这种人车冲突的情况往往会较大地影响道路的正常通行，从而导致交通事故的不断发生。因此有必要针对人车混合场景开展大规模的人车混合疏散研究，探讨人车混合场景下行人疏散微观行为机制，并在此基础上设计出科学合理的疏导方案和管控策略，以最大限度地减少突发事件的后续事故，降低人员伤亡的比例。

最后，现有研究中，大多数行人疏散是在能见度良好的可视条件下开展的。然而在一些突发事件中，如火灾、危险化学物品泄漏等，电力供给有可能遭受严重破坏，这显著降低了疏散人员的能见度范围，特殊情况下可能导致能见度为零。在不可视环境下，行人往往无法准确判断疏散前进的方向和周围的环境，他们逃生过程中的疏散行为和路径选择机制与可视环境截然不同。因此，有必要进行不可视环境下的应急疏散行为实验，以揭示不可视环境下行人疏散微观行为机制，从而为准确评价不可视环境下建筑物的疏散性能和预测疏散人员的疏散时间提供科学的理论基础和技术支撑。

综上所述，本书首先通过实验数据来揭示三维视角下楼梯区域、不同交通系统及不可视环境下行人疏散微观行为机制，在此基础上构建突发事件下的三维行人疏散社会力模型。然后，基于该改进的三维社会力模型，分别针对房间区域、校园建筑物区域、地铁站区域及人车混合场景进行行人疏散实验及仿真研究，并根据仿真结果提出改善行人疏散的具体疏散方案和管控策略，从而为突发事件下的行人疏散与管控提供科学的理论依据和技术支撑。

1.2 国内外研究状况

1.2.1 三维视角下楼梯区域行人疏散

1. 楼梯区域行人疏散影响因素

1）楼梯结构因素

楼梯结构因素包括楼梯宽度、楼梯坡度、台阶高度、台阶深度、楼梯扶手及结构布局等。吴昊灵等通过获取地铁站区域进出站口楼梯区域数据，对楼梯区域通行能力的影响因素进行了分析，提出楼梯宽度是影响楼梯区域行人通行能力的最重要因素之一[6]。姬杨蓓蓓等分析了上海人民广场地铁站区域进出站口行人运动速度，发现分隔设施的布局对楼梯区域行人的运动速度有显著影响[7]。Peacock 等[8]和 Yang 等[9]认为楼梯宽度与速度有关，楼梯越宽疏散者上、下楼梯越畅快，而窄楼梯易导致拥挤。Larusdottir 和 Dederichs 指出楼梯扶手是影响行人运动速度的一个重要因素，合适高度的楼梯扶手能够增加行人的运动速度[10]。Graat 等分别在坡度为 30°和 38°的楼梯区域做了行人疏散实验，结果表明，楼梯坡度越大，行人运动速度越慢[11]。Irvine 等研究了楼梯结构布局对行人运动速度及通行能力的影响，在不同结构布局的楼梯区域开展了六组上、下楼实验，结果表明最优的台阶高度为 18.3cm，最优的台阶深度为 27.9cm 或 30.0cm[12]。Lei 等在学校宿舍楼梯和出口区域进行了学生疏散实验，发现楼梯的存在导致行人分层，并且楼梯宽度对行人路径选择和疏散效率有很大影响[13]。Boyce 等分析了三种不同建筑物中楼梯区域行人汇聚行为和典型的行人流运动特征，并指出楼梯结构布局特别是楼梯宽度对行人流影响较大[14]。Templer 则通过大量的实验和观察发现，行人运动速度与结构布局因素之间存在线性关系，并且这个关系适用于台阶深度为 25.4~ 40.6cm、台阶高度为 12.7~17.8cm 的楼梯区域[15]。

2）个体特征因素

个体特征因素分为行人生理和心理两方面，其中生理因素包括行人的身高、体重、年龄、性别等，而心理因素包括行人时间紧迫程度、对周围环境的敏感度等。Shaha 等认为地铁站区域楼梯行人运动特征主要是受到人体属性，如年龄、性别、体型、携带行李、群体大小、运动活性度等的影响，同时受到其他属性，如可运动空间、运动方向和列车时间等方面的影响[16]。王凯英等对上海地铁站区域内行人楼梯的交通特征进行了分析。通过现场观测和大量视频数据发现，性别对上、下楼行人运动速度没有显著影响，而年龄对上、下楼行人运动速度则具有显著影响[17]。Peacock 等进一步探讨了高层行人疏散过程的行人运动速度分布，发现行人的运动速度与运动距离有关，楼层越高行人整体的运动速度越慢。在正常情况下行人上、下楼梯的平均速度与行人的性别、年龄、体能有关[18]。Ma 等研究了时间较长的疏散发现，行人的年龄对速度造成影响，中、老年人在楼梯的运动速度比青年人更慢[19]。杨立兵等研究了应急状态下楼梯疏散中行人的疏散能力，通过组织多次应急疏散演练，对行人的年龄、性别、身高、体重等八个因素进行了分析。结果表明，年龄、体重与身体质量指标是最重要的影响因素，心率、收缩压与舒张压是次要的影响因素，性别与身高是无关因素[20]。

3）其他因素

其他因素包括运动因素、位置因素等，如行人是否携带物品、长时间运动导致疲劳、光线明暗程度及人与人之间的相互作用等。例如，刘翔分别开展了不同负重条件下的单人上、下楼梯疏散实验，并分析了疏散速度与时间的分布规律，得到了疏散速度与楼层的变化规律[21]。而 Zhou 通过观察发现，发生火灾时，地下设施较差的自然光线会增加缺乏氧气的概率，使得疏散更加困难[22]。Fujiyama 和 Tyler 通过大量实验研究了楼梯布局结构和行人运动特征的交互影响，并提出了基于行人体重、腿部力量及楼梯坡度预测行人运动速度的模型[23]。王健宇开展了不同能见度条件下行人上、下楼梯疏散实验，并分析了疏散时间区间分布、平均疏散速度范围及平均疏散速度随楼层变化情况。实验证明，随楼梯间内能见度条件的下降及行人佩戴眼罩透光率降低，行人整体疏散需要消耗更多的时间[24]。

2. 楼梯区域行人疏散行为

行人上、下楼梯是一个复杂的三维运动过程，大多数学者在研究楼梯区域行人运动特征时，主要从微观和宏观两方面来分析。其中微观方面侧重分析单个行人的运动特征，能从更加细微的角度进行分析，对实验或观察数据精度的要求较高；而宏观方面侧重研究楼梯区域行人的群体行为，更多反映总体平均指标。

1）微观行为

楼梯区域行人微观行为主要包括微观速度、台阶踏步行为、台阶–平台转换行为及行人生理或心理反应等[25，26]。Qu 等对某地铁站区域的行人上、下楼行为进行了较为细致的分析，他们通过观察发现，行人在台阶上比在平台上运动更加小心，因此提出了行人在楼梯区域运动的两个“安全原则”：首先，行人每次的踏步长度都是台阶的整数倍，即行人的步伐严格受到楼梯台阶宽度、深度、高度等几何结构的约束；其次，行人在上、下楼时更倾向于沿着楼梯两侧运动，甚至扶着栏杆或墙，以保证自身安全[4]。常丹发现，上楼梯时行人与前面的行人保持适当距离，并随人数的增加逐渐降低运动速度，以满足他们的空间需求；而下楼梯时，行人可以接受较近的前后间隔，低于这个间隔，就会降低运动速度[27]。Hoskins 和 Milke 研究了楼梯出口区域行人相互作用及个体特征等因素对行人运动速度的影响，他们发现行人个体和整体之间的相互作用比单独使用密度指标能更好地预测行人流特征[28]。此外，一些研究者借助生物力学仪器，对行人在楼梯区域的运动特征进行了测量，如心率、脉搏、肌肉运动、肢体运动等[29~32]。例如，Peng 等通过测量得到了上、下楼时前后腿的运动参数和肌电图数据，分析个体在楼梯区域如何调整他们身体的各项机能[32]。

2）宏观行为

宏观行为是指将疏散过程中所有行人都看成一个整体，关注行人平均速度、密度、流量等参数[33~37]，研究排队、汇流、自组织等行为，并通过对数据进行拟合发现一些行人运动特征参数间的线性、分段或非线性函数关系[38，39]。Fang 等通过进行疏散实验来分析行人在楼梯的疏散过程，获取一些较为典型的运动特征和参数，如楼梯口汇流行为、实验者的体能和可视性等[40]。Köster 等研究了常态下楼梯区域行人流的运动特征，通过提取轨迹数据计算得到了行人在楼梯区域的密度-速度关系[41]。柳伍生和余朝玮对上海市几个重要集散地的楼梯区域行人流运动特征进行了调查，通过定性分析得到了行人流的密度、速度及流率等参数之间的函数关系[42]。王江川进行了多层建筑的长距离疏散实验研究，基于疏散速度及疏散时间折线，分析了处于人群前方行人的速度对整体疏散效率的影响[43]。Ma 等开展了一系列逃生情况下楼梯下行疏散实验，发现整个疏散过程经历拥挤、传播、消散等[19]。

3. 典型行人疏散模型

1）元胞自动机模型

元胞自动机模型是一种包含网格元胞的典型离散动态模型，元胞的形状一般为对称的几何形状，通常为正三角形、正方形或者正六边形，在离散的时间步内，根据临近元胞值的变化来更新其自身的运动状态。每个元胞的状态更新都是根据其相邻元胞前一时间步的状态及元胞更新规则来实现的[5]。

近年来，元胞自动机模型在行人动力学及行人疏散研究中得到了广泛的应用。Hu 等通过楼梯区域双向行人流疏散实验，建立基于“羊群行为”及“超越现象”的元胞自动机模型，以模拟双向行人流运动特征，并对行人流运动特征进行分析[44]。Wang 等提出了用元胞自动机模型来研究行人转移、集群、速度与密度及流量与密度的相关性并进行模拟，发现协调合作移动对通道的容量产生积极有效的影响[45]。Ma 等用元胞自动机模型来优化高层建筑物的疏散过程，考虑对在火灾时行人进入避难层阶段性疏散及采用楼梯、电梯的整个过程的疏散这两种策略进行分别研究，从而使得整个过程的疏散达到更优[46]。Hu 等基于三维空间提出一个三维元胞自动机模型，基于教室楼梯因素的位置吸引力、碰撞概率、空置程度，为疏散模型提出计算公式和疏散策略，同时对疏散时间、出口宽度、行人密度和平均速度等参数进行了分析[47]。

2）格子气模型

1973 年，Hardy 等提出了对时空和速度完全离散的格子气模型，并使得模拟的结果与流体力学中的流体运动方程十分类似[48]。格子气模型已经被广泛应用于建筑物中行人流运动特征研究，如用于模拟建筑瓶颈区域[49]、T 形通道区域的行人流[50]、通道双向行人流的影响[51]及教室行人疏散过程[52]等。Huo 等用扩展的格子气模型分析楼层与楼梯间的行人汇流现象，有助于理解行人汇流运动特征，同时改善整个疏散过程[53]。Xu 等为了探讨网格大小、长度对疏散的影响，提出一种多格子气模型来模拟疏散过程，进而使得疏散过程有很大改善，从而节省疏散时间[54]。Xu 和 Song 基于行人行为和楼梯的复杂结构，提出改进的多格子气模型来模拟楼梯区域行人疏散过程，发现楼梯区域行人的交流互动行为会减缓运动速度，使得楼梯区域发生拥挤，从而验证模型的合理性和量化楼梯口的行人行为[55]。

3）社会力模型

社会力模型是一种典型的连续性模型，其基本理念是，通过参考牛顿力学来建立行人基本运动行为模型，从社会力角度对心理和物理上产生的影响共同构成行人行为推动力，因而模型将行人自身驱动力、人与人之间及人与障碍物之间的排斥力等作为模型主要参数[56~60]。

与元胞自动机和格子气模型相比，社会力模型可以更好地再现一些典型的微观行为，因而越来越多的研究者采用这一模型。例如，Li 等对雅安地震疏散真实视频进行分析，用差分演化（differential evolution，DE）算法校正和优化社会力模型参数，通过模拟仿真再现真实地震疏散场景的行人流，包括在不同时段的非线性行人疏散折线和行人位置分布等[61]。同时，已经有很多学者将社会力模型用来研究楼梯区域行人运动特征[4，62]。例如，Qu 等获取了北京两个地铁站的楼梯观测数据，用改进的社会力模型研究楼梯区域行人运动和疏散动态，验证了社会力模型模拟行人楼梯运动特征的合理性[4]。Wu 等考虑到行人上、下楼梯运动受到自身重力的影响，从而提出改进的社会力模型，研究狭窄的楼梯空间行人运动特征[63]。Seyfried 等用改进的社会力模型来研究楼梯区域行人运动特征，并分析了楼梯尺寸、台阶的限制及速度对行人运动的影响[64]。王鲁毫和翁文国通过修改建模维度和运动视角，改进了传统社会力模型的受力参数，模拟行人下楼的流量、速度及疏散时间等宏观特征[65]。

4. 国内外研究述评

根据以上楼梯区域行人疏散相关研究的分析，我们可以发现，现有的研究从各种不同的角度对典型的公共场所（如地铁站、车站、教学楼、办公楼等）的楼梯区域行人疏散行为及其影响因素进行了分析，取得了许多重要成果。在模型方面也进行了许多针对性的改进，使得楼梯区域行人疏散行为的仿真功能越来越完善。目前的研究仍存在以下几个方面的不足。

（1）很少有研究者从三维视角去分析楼梯区域行人的运动特征。楼梯区域是一个典型的三维空间，不仅有水平方向的运动，还有垂直方向的运动。而现实中由于受到观察角度等客观因素的限制，绝大多数研究者将楼梯区域行人三维运动转化成二维的水平运动，忽略了垂直方向的运动特征。

（2）很少有研究者关注楼梯区域行人运动过程中的摆动行为。根据我们的实验观察发现，行人上、下楼过程中在水平和垂直两个方向上都出现明显的摆动行为，这种行为在很大程度上影响到行人分层行为及空间需求大小，进而影响到行人的疏散效率，因此需要对行人上、下楼摆动行为进行更深入的研究。

（3）在模型方面，很少有学者提出能够模拟楼梯区域行人微观运动特征的三维社会力模型。目前仍有许多研究者在使用元胞自动机和格子气等离散性模型来模拟行人流运动特征，但是这些模型更多地被用来模拟一些宏观行为。虽然社会力模型可以模拟一些行人微观运动特征，但是如何将传统的二维社会力模型转化成三维社会力模型仍有很多挑战，对研究者的编程和建模能力有较高的要求。

1.2.2 复杂建筑物环境下行人疏散

1. 房间区域行人疏散

对于房间区域的疏散研究大致可分为可视和不可视环境下的行人疏散。Guo 等通过离散空间表示的微观行人模型对可视和不可视环境下的行人疏散路径选择机制进行了研究，并通过摄像机记录了实验过程中行人的一些路径选择行为偏好。基于这些行为偏好，形成了用离散空间表示的微观行人模型，在该模型中，分别用两种算法来描述了可视和不可视环境下行人移动到目的地的路径选择行为；仿真结果表明，该模型能够较好地再现实验过程中观察到的行为[66]。

Cao 等通过实验和建模研究了不可视环境下房间区域的行人疏散行为和疏散过程；从实验中可以发现不可视环境疏散的一些典型特征，同时在实验中观察到不同的冲突解决策略；基于实验观察建立了一种不可视环境疏散的多网格模型，模型的仿真结果与实验吻合良好[67]。Motonari 等通过实验和拓展格子气模型研究从烟雾弥漫的不可视房间里疏散的过程，实验过程中学生通过佩戴黑色眼罩来模仿黑暗和烟雾疏散的环境。迷失方向的学生在房间里的疏散全过程及疏散时间可以通过摄像机来观察和统计。研究结果表明，迷失方向的学生表现出截然不同的疏散行为，增加更多的出口并不能显著缩短疏散时间，因为在不可视环境下大多数人选择第一次发现的出口[68]。Liu 等对现有元胞自动机模型进行了改进，并考虑了出口区域行人密度对行人疏散行为的影响，以模拟在具有障碍物的教室中进行的疏散实验。实验与仿真结果表明，该改进模型可以很好地再现实验过程中的行人疏散行为[69]。Zhang 等通过实验和建模研究了学生从教室疏散的全过程，并通过视频记录发现了一些典型的教室疏散运动特征，包括变速、位移排队、垄断出口等行为[70]。

Alizadeh 提出了用一种动态元胞自动机模型来模拟在具有障碍物的房间中的疏散过程；除了人类心理学、门的位置、门的宽度、障碍物的位置和光的环境的基本参数之外，行人的分布在该模型中起着重要作用[71]。陈亮等基于三组双出口的教室疏散实验和元胞自动机模型研究了疏散过程中行人的路径选择行为；通过实验结果对模型的参数进行校正，使用校正后的模型对教室疏散实验进行仿真，结果发现，模型能很好地再现教室中学生的疏散运动特征[72]。Fu 等提出一种改进的元胞自动机模型，通过考虑不同的出口选择和移动规则来模拟大型教室中的疏散过程；数值模拟结果表明，该改进模型可以更好地再现真实的疏散现象，如路径选择行为和出口区域的瓶颈效应[73]。

王爱莎和彭伟通过疏散演习的方式对教学楼内的人员进行了疏散演练，并采用火灾疏散动力学模拟软件（fire dynamics simulator with evacuation，FDS+Evac）对真实场景进行了数值模拟[74]。Nilsson 和 Johansson 开展了电影院区域的疏散实验，并重点分析了火灾疏散初始阶段人们的逃生行为是否受到他人的影响（社会影响）；研究结果表明，该社会影响是一个重要的影响因素，当行人对火灾信号和警报信号不清楚或不知情时，该社会影响变得更加重要；此外，该社会影响随行人之间的距离接近而显著增强[75]。

2. 走廊区域行人疏散

目前国内外专家学者对于走廊疏散的研究主要包括走廊疏散的速度、密度、流量和行人流运动特征等方面。Ma 等研究了走廊区域的行人疏散实验，首先用数字图像处理方法提取行人的轨迹，其次采用直接线性变换方法将它们映射到空间坐标中。对单个行人的移动特征、行人与走廊之间的相互作用及行人之间的相互作用进行了分析，并与法国的行人实验进行了比较。比较发现，中国行人的平均松弛时间为 0.714s，平均自由速度为 1.51m/s，均大于法国行人。同时，中国行人与墙壁保持约 0.4m 的距离。当走得太靠近墙壁时，行人有远离墙壁的趋势。此外，研究发现中国行人的右边偏好比法国行人更为明显[76]。

Tian 等开展了行人通过走廊的疏散实验，并基于均值移动（mean-shift）视频处理算法来提取行人的轨迹；研究结果表明，随行人平均速度的减小，行人的密度增加，这一发现与其他研究者的结论基本一致[77]。Kretz 等[78]、Liu 等[79]、Jo 等[80]组织了在宽度为 2m 的走廊中的行人逆流实验，并基于实验视频数据对行人的通行时间、运动速度、通量和通道形成机理进行了研究。Isobe 等[81]、Ji 等[82]通行运动和格子气模型研究了通道中的行人逆流，通过视频记录来测量每名行人的到达时间，并模拟了逆流实验中观察到的行人行为。

3. 建筑物整体区域行人疏散

建筑物整体区域行人疏散模拟为设计者提供了一种在施工前测试建筑物安全性的有效方法。有研究者提出用社会力模型来研究疏散过程中人群的自组织现象[56, 57, 83]。在社会力模型的基础上，Ha 和 Lykotrafitis 研究了复杂建筑物结构对应急疏散人群运动的影响，重点分析了房间门宽度、主出口宽度、期望速度及滑动摩擦力系数等因素对整体疏散效率的综合影响机制[84]。牟宏霖通过社会力模型的数值模拟方法，对建筑物房间、走廊、楼梯等典型区域的疏散效率进行了分析，并通过实验数据验证了模型的准确性[85]。朱孔金则通过疏散实验和格子气模型对建筑物房间、楼梯、电梯等典型区域的行人疏散行为、疏散时间、行人流运动特征等进行了研究[86]。Kuligowski 和 Hoskins 基于多元回归模型对高层建筑物居民的火灾预疏散时间进行了统计分析，研究结果发现，居民采取的行动（如等待、帮助和准备等）是增加预疏散时间的主要因素[87]。

随着人口的不断增长和城市的区域中心化，教学楼、图书馆、公寓楼、电影院等高密度建筑物场所也越来越常见。与此同时，随着火灾、爆炸、踩踏、地震等自然或人为突发事件的发生，这些高密度建筑物场所存在的安全隐患愈加明显，因而引起了广大专家学者的普遍关注。Zhu 和 Shi 开展了一系列考虑环境因素（如初始分布、听觉信息和建筑物布局）的可控实验来研究教室、走廊、楼梯区域的行人疏散行为，包括教室出口选择、行人通道选择及楼梯出口选择等，并发现行人的路径选择和出口选择均是非对称的[88]。Wu 等对中国台湾四所大学图书馆开展了问卷调查研究，对 948 名图书馆用户的火灾疏散行为倾向和疏散出口选择策略进行了统计分析[89]。Proulx 通过开展火灾疏散演习对四栋公寓楼居住者的疏散时间和疏散行为进行了研究。该公寓层高为 7 层，包含 130 间公寓，建筑物疏散行人包括青年、儿童、老年人和残疾人。通过摄像机记录了整个建筑物的整体疏散演习过程，对居住者的疏散开始时间和疏散结束时间进行了统计分析，并讨论了建筑物几何结构对行人疏散策略和疏散效率的影响[90]。

4. 国内外研究述评

从上述国内外文献中可以看出，建筑物整体和建筑物典型区域（如房间、走廊、楼梯等）的应急疏散研究均已取得较大进展，但仍存在以下不足之处。

（1）国内外学者大部分研究工作仍集中在可视环境较好的疏散场景，而针对不可视环境下的建筑物疏散研究仍较少。

（2）开展可控疏散行为实验，需要耗费大量的财力和物力，组织和设计实验的难度系数较高。而组织开展不可视环境下的应急疏散行为实验更是困难，因此不可视环境下的应急疏散行为实验报道较少。

（3）大部分学者主要关注建筑物局部区域（如房间、走廊、楼梯等）的行人疏散行为研究。然而当突发事件发生时，行人往往在建筑物的多个区域进行整体疏散，最后才能到达安全区域。因此，开展不可视环境下的建筑物整体疏散研究，探讨房间门宽、走廊宽度、楼梯宽度等建筑物几何参数对多层楼整体疏散效率的影响显得尤为重要。

1.2.3 人车混合交通环境下行人疏散

1. 行人运动特征

对于行人运动特征的研究，国内外的学者主要集中在两个大的方面进行展开：一方面，通过建立物理模型对行人疏散中的一些微观运动特征进行研究，其中代表性的几个模型有社会力模型[91~95]、元胞自动机模型[96~99]和多格子气模型[67，70，100]。有研究者利用社会力模型来研究人群中行人的自组织运动特征，指出人群在出口区域呈现拱形分布且行人为了避免与相反方向运动的行人发生碰撞，自发地跟随前方相同方向运动的行人个体，由此在双向运动的行人流中出现带状分布[56~60]。Zhao 等通过实验研究了不同形状障碍物对恐慌状态下行人疏散的影响，研究发现，将障碍物摆放在适当的位置会提高加疏散的安全度和效率，并且面板形障碍物下的疏散效率要比圆柱形障碍物下的疏散效率高[91，92]。李芳建立了一个考虑心理压力系数的社会力模型对地铁站区域乘客疏散中的“从众行为”、“小团体行为”及瓶颈区域“快即慢”现象进行了模拟，并指出行人在心理压力下的疏散更加混乱，但是压力行为有利于提高整体的疏散效率[93]。Yue 等通过改进的元胞自动机模型对行人在不对称出口区域疏散过程进行模拟，并且引入认知系数和不平衡系数对行人的疏散过程进行分析研究，结果表明，改进的元胞自动机模型可以减少出口区域疏散的不平衡现象；同时，疏散时间取决于认知系数和不平衡系数[96]。Cao 等为了探索出口宽度、出口数量和初始密度对疏散的影响，建立了不可视环境下的多格子气模型，指出出口宽度对疏散时间的影响很小，逐渐增加的出口数量能够有效减少疏散时间[67]。

另一方面，随着技术的进步，越来越多的学者开始倾向于通过社会实验的方式来获取行人轨迹数据，并利用这些数据对行人流中一些典型特征进行研究，如密度、速度和流量。Seyfried 等于 2005 年在德国军营一个周长为 26m 的圆形通道上做了行人单轨道转圈实验，并利用视频捕捉技术来自动提取行人轨迹数据。通过对这些轨迹数据的分析，他们得出距离与速度之间存在一种线性关系[101]。同时，Portz 和 Seyfried 将轨迹时空图引入对行人运动停、走波的分析，指出当实验人数超过某个值时，行人将很难向前移动[102]。为了论证结果的合理性，Seyfried 等还通过假定期望速度服从正态分布后的最优速度模型来较好地再现实验结果[101]。Jelić 等在 2012 年也做了行人单轨道转圈实验来重新研究行人流中距离与速度及密度与速度之间的关系，并且通过改变实验人数来改变每次实验的密度。研究结果表明，距离–速度关系基本图是一种拥有不同斜率的分段线性图，而且，这种分段线性可以分为 3 段：自由态、弱约束态和强约束态[103]。Tordeux 和 Schadschneider 通过在最优速度模型中加入干扰参数对 Seyfried 等[101]的实验数据重新进行分析，也得出距离和速度之间是一种分段线性关系的结论。同时，他们通过对轨迹时空图的分析，观察到了从自由态到弱拥挤态再到强拥挤态的过渡现象[104]。

2. 自行车运动特征

对于自行车运动特征的研究，大多数学者集中在自行车速度和车道通行能力方面。Navin 研究了加拿大的自行车自由行驶速度，并得到自由行驶速度值为 25km/h 的结论。同时，他发现当平均每辆自行车的占地面积大于 $9.3m^2$ 时，自行车可以自由行驶；小于 $3.0m^2$ 时，骑行会很困难[105]。Miller 在 1976 年对美国一所校园学生骑车速度进行了调查，结果表明，在自行车专用车道上的平均行驶速度是 19km/h，而在自行车专用路上为 17.7~20.1km/h[106]。Homburger 在 1976 年也对美国一所校园的自行车平均行驶速度进行了调查，得出自行车的平均行驶速度在专用车道上要高于 Miller 的结果，而在专用路上比 Miller 的结果低。同时，Homburger 指出当占地面积大于 $20m^2$ 时，自行车可以自由行驶，而当占地面积小于 $3.7m^2$ 时，骑行活动将受到很大限制[107]。何民在 2003 年研究了北京几个路段的自行车行驶速度，指出不同路段的行驶速度均服从正态分布[108]。吉林大学的梁春岩[109]和陶志兴[110]在 2007 年对高峰时段的自行车流行驶速度进行了研究得出，无论是在机非隔离，还是在机非混合的状态下，自行车流行驶速度都服从正态分布，只是在机非隔离状态下的平均行驶速度要略高一些。同时，许多学者对不同环境下的自行车行驶速度分布特征进行了研究，并且一致认为自行车的行驶速度服从正态分布[111~113]。Yang 在 1985 年对中国自行车操作空间进行了研究，指出当占地面积大于 $10m^2$ 时，自行车可以自由行驶；当占地面积小于 $2.2m^2$ 时，骑车人只能慢速行驶甚至要下来推行[114]。

近年来，学者们开始把目光转向对自行车动态流特征的研究。2013 年德国的 Andresen 等通过改进汽车领域的跟车模型，提出了一个“必要减速模型”（necessary deceleration model，NDM）来研究自行车动态流特征。为了论证模型的实用性，Andresen 等在一个周长为 86m 的环形跑道上做了自行车环形队列实验。实验做了数次，且通过改变每次实验的自行车数量来改变跑道上的密度；高清摄像机记录了环形跑道上一段长度为 20m 的自行车行驶过的轨迹。研究结果表明，当自由速度服从平均值为 4.3m/s，标准差为 0.57m/s 的正态分布时，NDM 可以完美地再现由实验数据得出的轨迹时空图及三个重要的基本图：密度-速度关系基本图、密度-流量关系基本图和距离-速度关系基本图[115]。Jiang 等在 2016 年做了一个与 Andresen 等相同的自行车环形队列实验。实验场地选在中国一所校园的篮球场，实验也是通过改变每次实验的参加人数来改变轨道内自行车的密度，不同的是环形跑道的周长为 146m，并且为了将天气因素考虑到实验设计中，实验在三个不同的时间做了三次。研究结果表明，实验数据可以得出与 Andresen 等相同的密度-流量关系基本图，并且所提出的元胞自动机模型可以较好地再现由实验数据得出的密度-流量关系基本图及轨迹时空图。同时，作者通过对密度-流量关系基本图和轨迹时空图的分析得出：当自行车的密度增加时，流量也随之稳定上升；然而，当密度增加到超过某个值时，自行车流就变得不再稳定，且流量随密度的增加而减小[116]。

3. 汽车运动特征

交通流的出现，最早起源于学者们对于汽车流的研究，所以国内外学者对汽车流的研究花了很多的精力，相关的文献也非常多，基本涉及交通流领域的各个方面。Nagel 等在 2003 对德国一个高速路段进行了实测分析，结果发现汽车流中存在两个流态：在车辆较少的低密度区域，汽车流量随密度的增加而线性上升，称为自由流态；在车辆较多的高密度区域，汽车流量与密度的关系变得不再稳定，称为拥挤流态，此时的汽车流量随密度的增加呈现一种下降的趋势[117]。同时，在这两个流态的中间有一个重叠区域，就是通常所说的亚稳定流区或者过渡流区，处于这个区域的密度可能对应两个完全不同的车流量[118, 119]。Windover 和 Cassidy 在 2001 年解释亚稳定流区的存在是“回滞”现象造成的，即当自由流态向拥挤流态转变时，车流密度通常高于相反方向相变时的密度。同时，Windover 和 Cassidy 利用亚稳定流态区成功地解释了交通流中的“幽灵堵车”现象，即当发生“幽灵堵车”现象时，车流密度是位于亚稳定流区范围的，此时一个小小的扰动会被渐渐放大，最终形成车流拥堵现象向相反方向传递[120]。需要说明的是，“回滞”现象是从密度-流量关系基本图中看出来的，而轨迹时空图则可以较好地反映“幽灵堵车”现象的存在。当然，汽车流中的现象还有许多，如 Helbing 等提到的密度波现象[121, 122]，Kerner 提到的自组织现象[123]，以及 Li 和 Gao 提到的混合动力学行为[124~126]等。为了解释这些现象，学者们也提出了许多的理论模型，其中比较经典的是跟车模型。Pipes 认为汽车加速和减速机制如下：当后面的一辆车发现前面的车速度大于自己时，就加速；反之，则减速。他根据这一机制在 1953 年最早提出跟车模型[127]。后来，Helbing 发现这种模型只是简单地考虑到前后车的一种跟车行为，而没有把单个车辆达到自由速度的期望加入进来，就对原模型做了一些改进[128]。同时，随着交通流变得越来越复杂，Kerner 和 Klenov 便加入更加复杂的相互作用因素来改进原有的跟车模型，并模拟了同步流现象[129]。其他的模型也有很多，如元胞自动机模型[130]、双映射交通流模型[131]等。

除了研究这些现象外，还有部分学者专注于研究汽车流中距离与速度之间的关系。Hashim 在 2011 年指出乡村多车道公路上的汽车自由速度服从正态分布[132]。同时，Minh 等[133]、Bassani 和 Sacchi[134]分别在 2005 年和 2012 年指出城市道路上的汽车速度服从正态分布。Jiang 等于 2015 年在中国合肥市的一段林荫大道上利用 25 辆汽车做了一次汽车跟车队列实验，通过对实验数据的分析，他们也指出汽车的自由速度服从正态分布，且当汽车达到自由速度时，汽车距离与速度之间的关系会被严重弱化[135]。

随着技术的发展，越来越多的学者开始选择像研究行人和自行车那样利用社会实验的方法来更加全面地研究汽车流特征。Sugiyama 等 2008 年利用 22 辆汽车在一个周长为 230m 的环形轨道上成功完成了一组汽车环形队列实验，通过收集到的实验数据得到了类似于行人和自行车流的密度-流量关系基本图及轨迹时空图。从这些图上 Sugiyama 等也发现汽车流的三个流态，因此他们得出的结论如下：拥挤的产生和有没有障碍物没有关系，只要密度超过一定的值就会产生拥挤现象。同时，Sugiyama 等特意指出从这个实验中发现汽车流的三个流态的结果来看，实验可以用来反映真实的汽车流特征[136]。Tadaki 等于 2013 年在日本名古屋巨蛋棒球场内做了一个相同的汽车环形队列实验，所不同的是这次环形轨道的周长为 314m，每次实验汽车的数量也都在不断变化。通过分析实验数据，他们除了得出汽车流的自由流态、亚稳定流态（过渡流态）和拥挤流态的存在之外，还具体指出每个流态密度值的大小。从上面分析可以看出，设计合理的社会实验可以用来研究真实的交通流特征[137]。

需要特别指出的是，也有少数学者对行人、自行车和汽车三种不同交通流进行了对比研究。例如，Zhang 等通过观察发现，行人、自行车和汽车三者的轨迹时空图中均存在自由态，拥挤态和停、走波。此外，通过缩放比例的方式，他们成功地将行人、自行车和汽车三种交通流的密度-流量关系基本图拟合在一起，并发现行人、自行车和汽车这三种交通流之间存在很大的相似性[138, 139]。

4. 人车混合冲突行为

Koh 等通过对行人在信号交叉口的过街行为进行分析，建立了基于安全评估的微观模型，研究得出，行人冲突行为与等待时间、冲突车道的数量、冲突车辆数量和行人的个人运动特征相关[140]。有研究者基于替代安全方法对有信号灯控制的人行道上的行人与左转弯车辆的冲突进行评估，通过从视频中提取的轨迹数据来分析车辆通过冲突点的时间和 PET（post encroachment time，后侵入时间，即前者离开道路共同区间和后者抵达该区间的时间[141]），研究表明，车辆转弯的速度越快，产生短的 PET 出现的频率越高，从而越容易发生碰撞[142]。Alhajyaseen 等从左转弯车辆的行为出发研究交叉口行人过街的安全问题，通过对路径模型、自由流速度模型和间隙接受模型等随机模型的集成，研究信号交叉口左转弯车辆对交叉口几何形状和过街行人反应的动态行为[143]。Ni 等通过人车混合的冲突行为来科学评估行人的安全，首次提出人车混合冲突的三种形态：严重冲突、轻微冲突、无冲突的概念，并对交互过程中的冲突指标进行了分类，研究得出，不同的冲突指标对衡量不同冲突状态下的安全水平影响程度不同，冲突产生时间和冲突点时间差等指标具有更高的精度和更好的稳定性[141]。

任刚等[144]、周竹萍等[145]基于聚类模糊算法，利用摄像机拍摄视频采集人车冲突数据得到PET和碰撞发生时间等指标，通过建立模型来量化分析行人过街与车辆冲突的危险程度，研究结果表明，冲突类型不同导致的危险程度也有明显差异。Li等对校园交叉口的视频轨迹数据进行提取，并对行人和自行车的平均速度进行了分析，结果表明，流量、密度和交叉口服务水平对行人与自行车之间的冲突行为有很大的影响[146]。孙重静和辛飞飞主要对人车冲突过程中的风险评价指标进行了综合研究[147]。陈晓明通过对流量-速度关系和饱和流率的分析研究了有信号灯控制的城市道路交叉口行人、非机动车和机动车之间的冲突行为[148]。Wang 等分析了地带性因素对机动车、自行车和行人混合交通情况下碰撞风险的影响[149]。吴建平等对混合交通条件下信号交叉口的行人和自行车的微观行为进行了研究[150]。陆斯文等基于概率论方法和临界间隙理论研究了行人与机动车碰撞的微观行为[151]。王俊骅和方守恩[152]、朱彤等[153]主要对交叉口人车混合冲突的风险控制和安全评价方法进行了研究。Gao 等研究了人车混合冲突对信号交叉口交通的延迟机制[154]。宗欣露[155]、段鹏飞[156]对校园环境下的多目标人车混合疏散行为进行了研究。

5. 国内外研究评述

从上述国内外文献中可以看出，行人、自行车和汽车三类交通系统的运动特征研究已经取得较大的成果，但仍存在以下不足之处。

（1）我国是以人车混合为主的交通流，而把行人、自行车和汽车这三类交通系统放在一起进行比较研究的文章很少。部分学者只是指出密度-速度关系基本图、密度-流量关系基本图、距离-速度关系基本图和轨迹时空图的相似性，但它们相似性的根本机制仍未揭晓。

（2）现有队列实验设计中，场地和条件的限制，大多学者只用摄像机捕捉了一部分跑道上的数据作为研究对象，导致基本图中某些流态下的数据缺失，从而出现了距离与速度关系的不确定性，所以有必要捕捉全部场地的环形队列实验轨迹数据。此外，这些实验的设计只关注环形队列运动，然而这种环形队列运动无法真实反映生活中从停到走再到停的运动状态，如信号灯下交通个体从停到走的行为。因此，有必要设计不同交通流状态下的直线队列运动实验。

（3）不同交通系统下的仿真模型有很多，但是鲜有学者提出一个统一的交通仿真模型来同时概括这三种不同类型的交通子系统，以便于开展大规模人车混合场景下的应急疏散仿真模拟。此外，虽然现有交通模型中均假设自由速度、安全距离等参数服从正态分布，但是几乎没有学者用实验数据来证明这些参数是否服从正态分布。

1.3 研究内容与方法

1.3.1 研究内容

本书研究首先开展一系列的可控行人疏散实验，并基于视频录像识别技术获取不同实验场景下的行人高精度运动轨迹来揭示三维视角下楼梯区域、不同交通系统及不可视环境下行人疏散微观行为机制，如三维水平垂直摆动机制、自减速行为机制及不可视环境下的路径选择机制等，并在此基础上构建突发事件下的三维行人疏散社会力模型；其次基于该改进的三维社会力模型，分别针对房间区域、校园建筑物区域、地铁站区域及人车混合场景进行行人疏散实验及仿真研究；最后根据仿真结果提出改善行人疏散的具体疏导方案和管控策略，从而为突发事件下的行人疏散与管控提供科学决策支持。本书研究的技术路线图如图 1-1 所示。

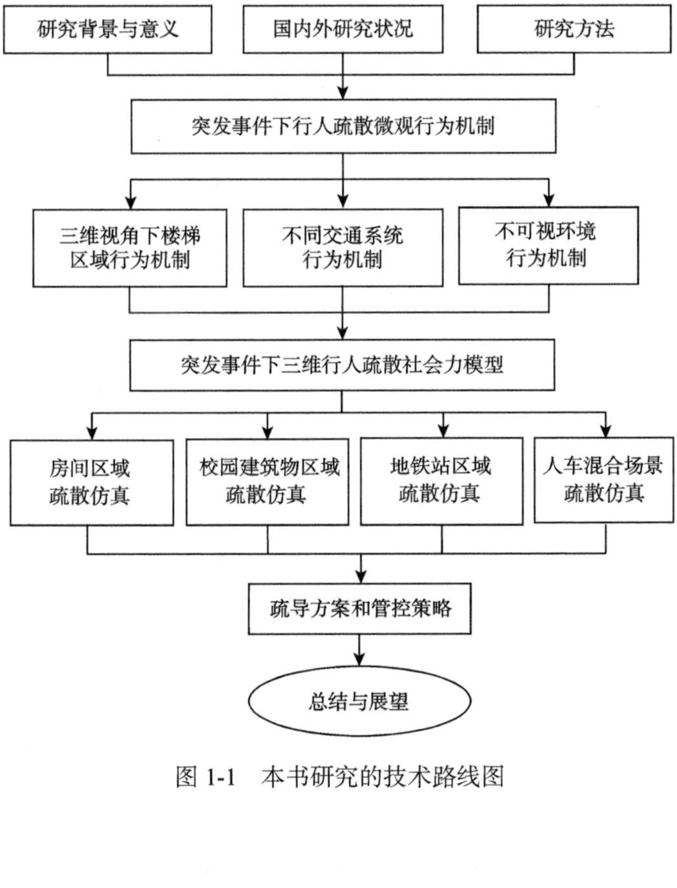

图 1-1 本书研究的技术路线图

本书研究的内容安排如下。

第 1 章介绍研究背景与意义，对目前国内外三维视角下楼梯区域、复杂建筑物环境下及人车混合交通环境下的行人疏散研究进行综述，并对研究内容与研究方法予以介绍。

第 2 章针对三维视角下楼梯区域开展了一系列的可控行为实验，包括地面和楼梯区域行人运动实验、常态下楼梯区域行人运动行为观察实验、应急状态下楼梯区域行人疏散实验及楼梯区域行人疏散行为机制及模型仿真。基于实验数据揭示了行人在三维视角下楼梯区域的身体水平垂直摆动机制，在此基础上构建了突发事件下的三维行人疏散社会力模型，并对典型楼梯区域的行人疏散行为进行了模拟仿真。

第 3 章针对不同交通系统开展了一系列的可控行人实验和自行车实验，包括环形队列实验和直线队列实验。基于高精度的行人、自行车、汽车运动轨迹对行人、自行车、汽车三类交通系统的运动特征和自减速行为机制进行了对比分析，构建了统一的行人、自行车、汽车自减速交通模型。此外，通过开展一系列常态与应急状态下的可控行人实验，揭示了常态与应急状态下的统一行人自减速行为机制。

第 4 章针对不可视环境开展了一系列的可控行人疏散实验，包括不可视环境下的单出口与多出口行人疏散实验、有声音引导和无声音引导行人疏散实验等。基于实验数据揭示了行人在不可视环境下的运动特征、路径选择机制等，在此基础上构建了不可视环境下的行人疏散社会力模型，并对不可视环境下的行人疏散行为进行了模拟仿真。

第 5 章基于构建的三维社会力模型，针对房间复杂区域开展了一系列的行人疏散实验及仿真研究，包括地震突发事件下教室疏散、可视与不可视环境下教室疏散及考虑垂直与水平摆动的阶梯教室疏散，并基于实验和仿真结果提出改善房间疏散的应急疏导管控策略。

第 6 章基于构建的三维社会力模型，针对校园建筑物区域整体开展了一系列的行人疏散实验及仿真研究，包括走廊区域行人疏散实验研究、楼梯区域行人疏散实验研究及校园建筑物整体疏散仿真研究，并基于实验和仿真结果提出改善校园建筑物区域整体疏散的具体疏导方案和管控策略。

第 7 章基于构建的三维社会力模型，针对地铁站区域开展了一系列的乘客疏散行为仿真研究，包括地铁站区域乘客运动特征统计，地铁站区域乘客上、下车行为分析及地铁站区域乘客大规模疏散模拟仿真，在此基础上提出改善地铁站区域乘客疏散的具体疏导方案和管控策略。

第 8 章基于构建的三维社会力模型，针对人车混合场景开展了一系列的行人疏散仿真研究，包括校园路口交通流行为分析及模型仿真、信号交叉口人车混合冲突行为及模型仿真，在此基础上提出针对人车混合场景的行人疏导方案和管控策略。

1.3.2 研究方法

（1）数字图像处理技术。本书研究过程中为了获取所有运动个体精准的运动速度、移动方向等数据，在开展各类可控行为实验时，所有实验志愿者都被要求头戴红色帽子，通过固定在实验区域上方的高分辨率摄像机全程记录整个实验过程，并采用基于mean-shift视频处理算法的数字图像处理技术来精确提取实验者在疏散过程中的连续运动轨迹，再采用直接线性变换（direct linear transformation，DLT）算法对因摄像机拍摄角度等因素产生的形变误差进行校正，最终经过空间映射得到真实疏散过程中行人的密度分布、速度分布、流量分布等动力学参数，为揭示行人的疏散特征和运动规律提供真实可靠的数据支撑。

（2）可控行为实验。为揭示突发事件下行人疏散的行为机制，本书研究首先针对三维视角下楼梯区域开展了一系列的可控行为实验，包括地面和楼梯区域的行人运动实验、常态下楼梯区域行人运动观察实验及应急状态下楼梯区域行人疏散实验等；其次，针对不同交通系统开展了一系列的可控行人实验和自行车实验，包括环形队列实验和直线队列实验等；最后，针对不可视环境开展了一系列的可控行人疏散实验，包括不可视环境下的单出口与多出口行人疏散实验、有声音引导和无声音引导行人疏散实验等。基于上述可控行为实验，为构建精细合理的三维行人疏散社会力模型奠定理论基础和数据支撑。

（3）计算机建模与仿真。本书研究基于可控行为实验数据建立突发事件下的微观精细三维行人疏散动力学模型和相应的计算机程序，并基于构建的三维行人疏散动力学模型开展突发事件下不同应用场景的疏散模拟仿真实验，包括房间区域、校园建筑物区域、地铁站区域及人车混合场景，并依据模型仿真结果提炼出切实可行的疏导方案和管控策略。

（4）人工智能算法优化。人工智能算法因为具有高效的优化性能，在应急疏散的优化问题上具有很强的优势。本书研究采用社会力模型对真实地震疏散情景下的行人疏散行为进行模拟仿真，并借助DE算法对社会力模型的各类参数（如期望速度、心理排斥力系数、人体弹性系数、滑动摩擦力系数等）进行最优化标定，使仿真模型的行人位置、疏散速度与真实视频数据基本一致，从而验证了社会力模型在真实地震疏散场景下的正确性和科学性。

第2章　三维视角下楼梯区域行人疏散行为机制

2.1　楼梯区域行人疏散相关理论

2.1.1　楼梯结构规范

楼梯是生活中不可或缺的交通设施，也是安全疏散的重要通道。依据现行国家标准《建筑设计防火规范》（GB50016-2014）和《高层民用建筑设计防火规范》（GB50045-95）的规定，楼梯设计通常要遵守一定的规范，其标准可归纳如下。

1. 楼梯段

它是联系两个标高平台的倾斜构件，由若干个踏步构成。根据规范，每个楼梯段的踏步数都不得少于3级，不得超过18级，楼梯段净高度应大于2.2m，宽度按每股人流为0.5~0.6m来考虑，单人通行时为0.9m，双人通行时为1~1.2m，三人通行时为1.5~1.8m。通常住宅区域的楼梯段宽度大于或等于1.1m，公共建筑楼楼梯段宽度大于或等于1.3m。

2. 楼梯平台

它是联系两个楼梯段的水平构件，主要是为了解决楼梯段的转折与楼层间的连接，同时可供行人临时休息调整。平台一般分成两种，与楼层标高一致的通常称为楼层平台，位于两个楼层之间的平台称为中间平台。楼梯平台的净宽度一般大于楼梯段的净宽度，且大于 1.2m，平台上部与下部过道处净高度大于2m。

3. 栏杆和扶手

楼梯应至少在一侧设扶手，楼梯段净宽度达到三股人流时应两侧设扶手，达到四股人流时宜加设中间扶手。楼梯栏杆扶手的高度一般大于 0.9m，当楼梯水平栏杆长度大于等于 0.5m 时，其扶手高度要大于 1.05m，楼梯栏杆垂直杆件之间的距离要小于 0.11m。

4. 楼梯坡度

楼梯坡度由踏步高宽比决定，通常楼梯踏步高度应小于 0.175m，楼梯踏步宽度应大于 0.26m，坡度应小于 45°。楼梯踏步尺寸标准如表 2-1 所示。

表 2-1　楼梯踏步尺寸标准

名称	住宅	幼儿园	学校和办公楼	医院	剧院和会堂
踏步高度/m	0.15~0.175	0.12~0.15	0.14~0.15	0.12~0.15	0.12~0.15
踏步宽度/m	0.26~0.30	0.25~0.28	0.28~0.34	0.30~0.35	0.30~0.35

2.1.2　基于视频处理技术的行人轨迹提取方法

行人疏散领域中，行人的运动追踪是获取他们运动轨迹的重要环节，只有获取了运动轨迹才能对速度、密度和流量等运动特征进行深入的研究。本实验采用的视频处理软件是基于英特尔（集成电子公司）推出的开源计算机视觉库（open source computer vision library，简称 OpenCV）而自行开发的，界面如图 2-1 所示。该程序可以对视频录像进行校正、坐标设置及基本颜色亮度等参数设置，界面操作主要由快捷键、鼠标和对话框三种进行，其中视频逐帧播放（1 帧等于 0.04s）、数据保存、模式切换等基本操作通过键盘快捷键完成。运动轨迹的提取是通过鼠标点击操作实现的，较为复杂的参数设置则是通过对话框实现。本实验的视频提取软件的主要流程为加载视频、设置坐标和视频录像校正、识别颜色（红色帽子）和半径大小、追踪行人轨迹、保存数据等。

1. 高斯混合背景建模

在视频处理过程中，我们将行人（实际上为他们头戴的红色帽子）看作前景，将他们从视频序列（视频间隔 0.04s 切割出一幅图片）中提取出来。我们采用了高斯混合模型方法，即以概率的观点来看待某一像素点的取值，将前景的分割问题转化为一个概率事件[157]。图 2-2（b）是运用高斯背景建模技术提取的前景图片。可以看出，高斯混合背景模型可以较为准确地提取出追踪目标，但部分行人距离相近、彼此连接导致无法将每名行人都进行准确分割，因此需对追踪目

图 2-1　基于视频的行人轨迹提取软件

标进行进一步的分割。

（a）视频场景

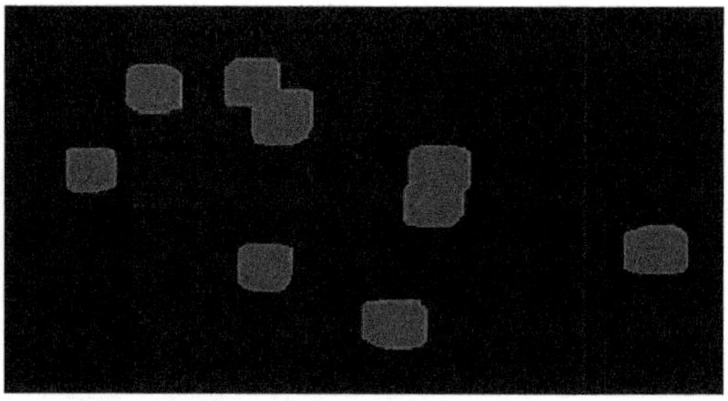

（b）前景图片

（c）初步聚类示意图

图 2-2　高斯混合背景建模提取前景

2. 目标分割

我们假设差分图像中的像素点灰度数值越大，则它归属于某名行人目标的概率就越大。换言之，在差分图像中，目标分割的过程可被看作是寻找差分图像极值的一个过程。因此，在前景图片的基础上，如果采用 mean-shift 视频处理算法对仅含前景目标的差分图像进行聚类分割，如图 2-3 所示，可以很好地将原来相隔较近的行人分隔开来。

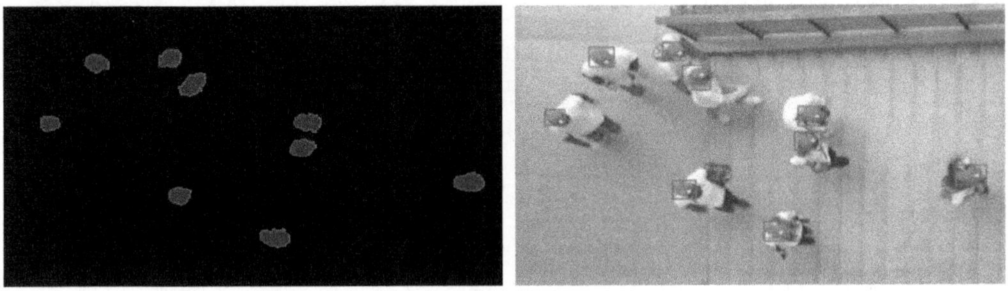

（a）前景图片　　（b）视频场景

图 2-3　多目标分割示意图

3. 目标追踪

目标追踪是指将同一目标特征在不同帧数图像中即同一目标在不同时间的位置关联起来。通过多目标分割后，每名行人的位置都可以被聚类定位出来，但这只是某个时间的位置，想要得到连续的行人运动轨迹，就需要对行人进行不断的追踪并记录下不同时间的位置坐标信息。如图 2-4 所示，通过软件编程可以实现行人的自动追踪，间隔 0.04s 记录一次行人的位置坐标信息，这些坐标连起来就是该行人的运动轨迹。

图 2-4　行人上、下楼运动轨迹提取示意图

2.1.3　行人运动参数计算方法

1. voronoi 方法计算行人空间大小

voronoi 图，即泰森多边形，是对空间平面的一种分割，其特点是多边形内的任何位置离该多边形的样点的距离最近，离相邻多边形内样点的距离远，且每个多边形内都有且仅有一个样点。voronoi 方法被广泛运用于一些需要把点数据离散到区域内的问题，如对于局部行人运动速度与密度的统计。因此，本书研究在计算行人的速度分布、密度分布及流量分布等微观分布图时采用了 voronoi 方法，以更加准确地研究行人在楼梯区域疏散过程的微观运动特征。

如图 2-5 所示，voronoi 图实现基本步骤如下。

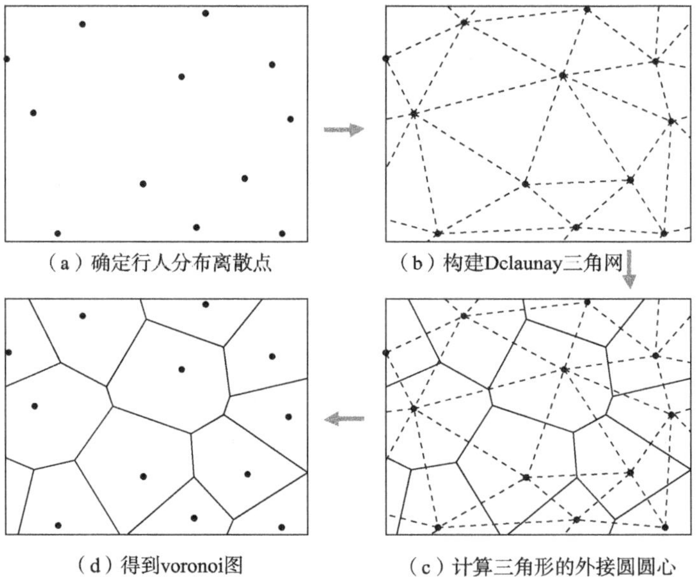

图 2-5　voronoi 图实现基本步骤

（1）确定行人分布离散点。通过视频处理技术获得行人轨迹，获得 t 时间楼梯区域内每名行人的位置坐标。

（2）构建 Delaunay（德洛内）三角网。将 t 时间每名行人的位置坐标都看成一个离散点，然后找出所有相邻离散点的连接线中点，形成 Delaunay 三角网。

（3）计算三角形的外接圆圆心。求每个三角形每条边的垂直平分线的交点。

（4）得到 voronoi 图。按顺序连接与每个离散点相邻的三角形的外接圆圆心，即可得到voronoi图。对于三角网边缘的离散点，可作垂直平分线与边缘线相交，与其一起构成 voronoi 图。

2. 疏散速度计算

行人上、下楼疏散速度是本书研究的主要内容之一，因此其计算方法的准确性和可靠性在很大程度上影响着数据分析结果。一般而言，行人在楼梯区域的疏散速度有三种表示方法，分别为倾斜速度、垂直速度及水平速度。在楼梯坡度已知的情况下，以上三种速度可以相互转换。为统一标准方便分析对比，本书研究在计算行人疏散速度时全部转换为水平速度。

1）单人平均速度

单人平均速度是行人 i 经过某一楼梯区域内运动速度的平均值。

$$\overline{v_i} = L_x / \Delta t \tag{2-1}$$

其中，L_x 为行人 i 在楼梯区域水平方向上的运动距离；Δt 为时间差。

2）群体平均速度

群体平均速度是 N 名行人经过某一楼梯区域时所有行人平均速度的平均值。

$$\overline{v} = \frac{1}{N}\sum_{i=1}^{N}\overline{v_i} \tag{2-2}$$

其中，$\overline{v_i}$ 为行人 i 水平方向上的平均速度；N 为群体数量。

3）单人瞬时速度

通过视频处理技术可以提取行人高精度的运动轨迹，从而得到行人不同时间位置坐标，行人 i 每个时间的瞬时速度 $v_i(t)$ 可以表示为

$$v_i(t) = \frac{\sqrt{(y_m - y_n)^2 + (x_m - x_n)^2}}{|t_m - t_n|} \tag{2-3}$$

其中，(x_m, y_m) 和 (x_n, y_n) 分别为行人 i 在 t_m 和 t_n 时间的位置坐标，本书研究中取 $|t_m - t_n|$=0.04s。

4）微观速度分布

相比于宏观速度，微观速度分布图能够更加精确直观地展现出行人在楼梯区域不同位置的速度分布情况。通过高精度的行人运动轨迹，基于上述的voronoi方法，先计算出 t 时间行人 i 占有的空间范围 $A_i(t)$ 和瞬时速度 $v_i(t)$，将速度大小与空间内每个单位区域（本书研究为 2cm×2cm）前一时间的速度值求平均，并将其作为单位区域内新的速度值，直到疏散结束，即可得到整个疏散过程中行人的微观速度分布图。如图 2-6 所示，为 t 时间基于 voronoi 图的单位区域（小格子区域）速度赋值示意图。

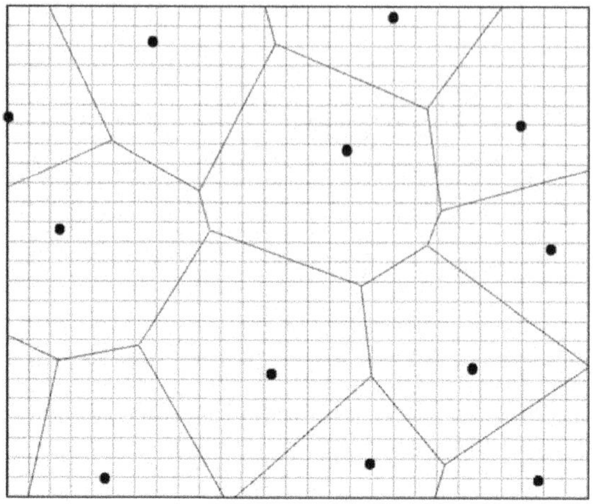

图 2-6 t 时间基于 voronoi 图的单位区域速度赋值示意图

voronoi 单元的速度 $v_{\text{cell}}(t)$ 计算公式为

$$v_{\text{cell}}(t)=\frac{\iint v_i(t)\mathrm{d}x\mathrm{d}y}{\Delta x\Delta y} \tag{2-4}$$

其中，Δx 和 Δy 分别为计算区域的长和宽，$0\leqslant x\leqslant \Delta x$ 且 $0\leqslant y\leqslant \Delta y$； $v_i(t)$ 为行人 i 在 t 时间的瞬时速度。

3. 行人密度计算

1）平均密度

密度可以反映疏散过程中行人的拥挤程度。宏观上，平均密度可以表示为

$$\bar{\rho}=\frac{N(t)}{A} \tag{2-5}$$

其中，A 为楼梯区域的总面积；$N(t)$ 为 t 时间楼梯区域内的总人数。

2）微观密度分布

与微观速度分布方法同理，通过高精度的行人运动轨迹，基于上述的 voronoi 方法，可以计算出 t 时间行人 i 占有的空间（每个 voronoi 图）大小为 $A_i(t)$，则此时单个行人的密度 $\rho_i(t)$ 可以表示为

$$\rho_i(t)=\frac{1}{A_i(t)} \tag{2-6}$$

每个单位区域内的密度 $\rho_{\text{cell}}(t)$ 计算公式为

$$\rho_{\text{cell}}(t)=\frac{\iint \rho_i(t)\mathrm{d}x\mathrm{d}y}{\Delta x\Delta y} \tag{2-7}$$

其中，Δx 和 Δy 分别为计算区域的长和宽，$0 \leqslant x \leqslant \Delta x$ 且 $0 \leqslant y \leqslant \Delta y$。

4. 人流量计算

人流量是指在单位时间内通过某一特定区域行人的数量。流量 j 为行人密度 ρ 和速度 v 的乘积，即 $j = v\rho$，则

1）平均流量

平均流量可以表示为

$$\overline{j} = \overline{v}\,\overline{\rho} \tag{2-8}$$

其中，平均速度 $\overline{v}$ 可由式（2-2）得出；平均密度 $\overline{\rho}$ 可由式（2-5）得出。

2）微观流量

单位区域内的微观流量大小可以表示为

$$j_{\text{cell}}(t) = \rho_{\text{cell}}(t)\,v_{\text{cell}}(t) \tag{2-9}$$

其中，$v_{\text{cell}}(t)$ 可由式（2-4）得出；$\rho_{\text{cell}}(t)$ 可由式（2-7）得出。

2.2　地面和楼梯区域行人运动实验

本节将主要介绍地面运动实验、楼梯直线运动实验和楼梯转圈运动实验三个不同场景的真人实验，研究从地面区域到三维楼梯区域、从“无约束”区域到“有约束”区域、从简单直线运动到复杂转圈行走不同场景下的行人上、下楼行为差异。

2.2.1　地面运动实验

1. 实验介绍

1）实验场景介绍

如图 2-7 所示，地面运动实验在一块平坦地面上展开，整个实验场景被分为 A 和 B 两个紧挨的运动区域，它们大小相同，长为 6m、宽为 0.6m。其中，为了模拟楼梯区域的台阶特征，区域 B 被分隔成宽为 0.3m 的踩踏区域（深色区域）和间隔区域，以此限制行人的运动步伐；而作为对比，区域 A 上没有任何限制，行人可以自由控制自己的运动步伐。因此，本实验可以模拟二维楼梯区域，对比行人在有约束和无约束区域上的运动特征，以研究“台阶”的存在对行人运动的影响。

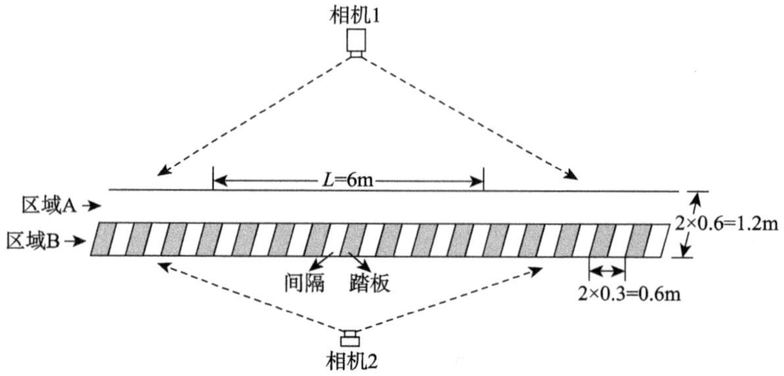

图 2-7 地面区域场景示意图

2）实验过程介绍

如图 2-8 所示，平坦地面实验分别在区域 A 和区域 B 上进行，共有 9 名在校大学生参加了实验，其中 6 名男生、3 名女生，他们的身高为 1.5~1.76m，年龄为 20~26 岁。每一次实验中，实验者都被要求以不同的速度从起始线出发，经过区域 A 或区域 B，到达另一端的终点线，且实验者之间保持一定的距离，不允许相互超越。此外，为了避免实验中的偶然性和误差，每组相同的实验都重复三次。

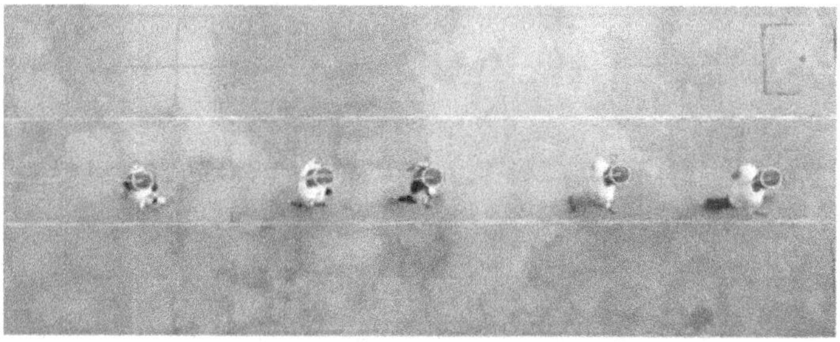

（a）水平方向

（b）垂直方向

图 2-8 行人平坦地面运动实验场景

整个实验过程被两台频率为 25 帧/s 的高清摄像机记录下来，其中摄像机 1 被固定在实验区域正上方 15m 处，用来拍摄行人水平方向的运动过程，摄像机 2 则被固定在正侧方 10m、高 1.5m 的三脚架上，以记录行人垂直方向上的运动过程。如图 2-8 所示，实验过程中所有实验者都穿上白色 T 恤并戴上红色的帽子，方便后期通过颜色识别等视频处理技术对行人运动特征进行分析。例如，采用 mean-shift 视频处理算法，对行人帽子进行识别，可以自动从视频中提取出行人高精度的运动轨迹，基于运动轨迹可以很方便地计算出行人摆动振幅、频率、速度、密度及流量等微观指标。

2. 实验结果分析

1）运动轨迹分析

有研究者发现，水平方向上行人直线运动的轨迹不是真正的直线，而是沿着运动方向左右摆动的曲线[158~160]，我们的实验也验证了这一点，如图 2-9（a）所示。此外，从图 2-9（c）中我们发现，行人直线运动时，垂直方向上的轨迹是上、下摆动的曲线，而不是直线。为了进一步探究“台阶约束”对行人摆动行为的影响，我们对行人通过区域 A 和区域 B 的运动轨迹进行了对比分析。

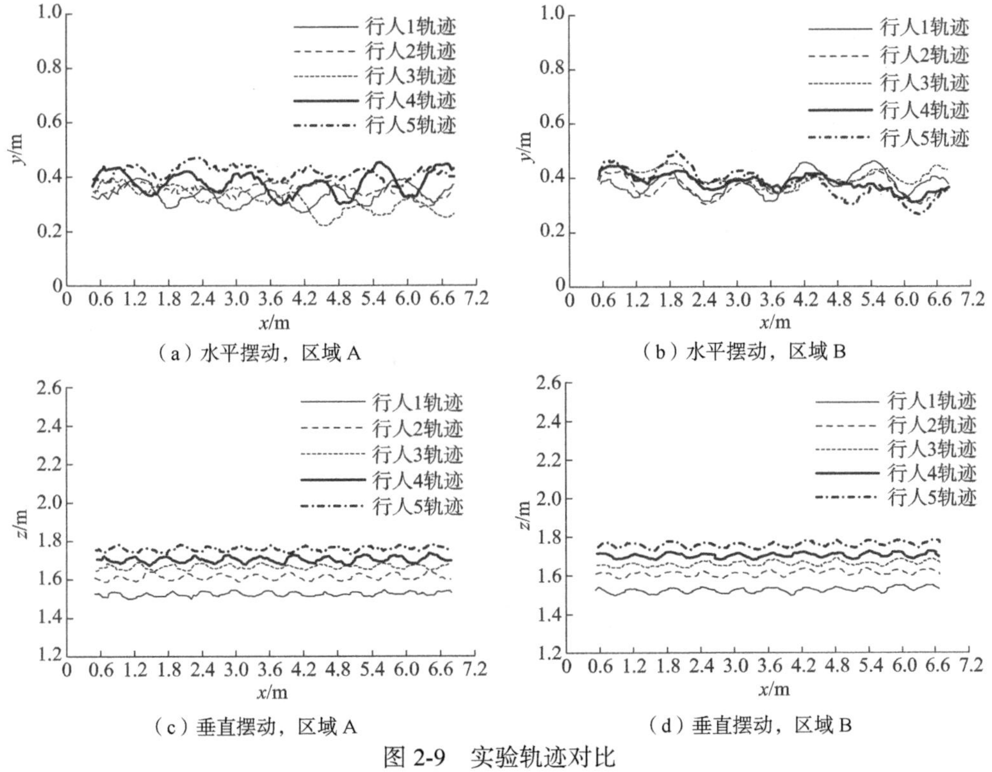

（a）水平摆动，区域 A　（b）水平摆动，区域 B

（c）垂直摆动，区域 A　（d）垂直摆动，区域 B

图 2-9　实验轨迹对比

水平方向上，图 2-9（a）和（b）分别为 5 名实验者在区域 A 和区域 B 上运动时的轨迹，我们可以看到明显的摆动现象。通过对比两种不同的情况，当行人在无约束区域上运动时，运动轨迹是杂乱没有规律的；而当行人运动在有约束的“台阶”区域上时，运动轨迹几乎相互重叠的，并且运动轨迹的波动间隔为1.2m，而这正好是两倍的步长。

垂直方向上，图 2-9（c）和（d）分别为 5 名实验者在区域 A 和区域 B 上运动时的轨迹，同样可以看到明显的摆动现象，其中，z 轴的大小为行人的身高（分别为 1.52m、1.61m、1.66m、1.70m 及 1.76m）。类似地，当行人在无约束区域上运动时，轨迹摆动不一致；而当行人运动在有约束的“台阶”区域上时，轨迹非常一致，并且轨迹的波动间隔为 0.6m，而这一长度正好为水平方向上轨迹摆动间隔的一半，即 1 个步长。

2）轨迹拟合

通过前面的研究我们发现，无论是水平方向还是垂直方向，行人的运动轨迹都有明显的摆动现象。当行人在地面区域上自由运动时，其步长和频率不一致，而当行人在有约束的区域上运动时，他们的行为受到限制，自动调整步伐，运动轨迹趋向一致，此时他们的运动速度也会周期性波动，且速度分布与轨迹摆动相互统一。因此，我们对他们的运动轨迹进行了线性拟合，如图 2-10 所示。

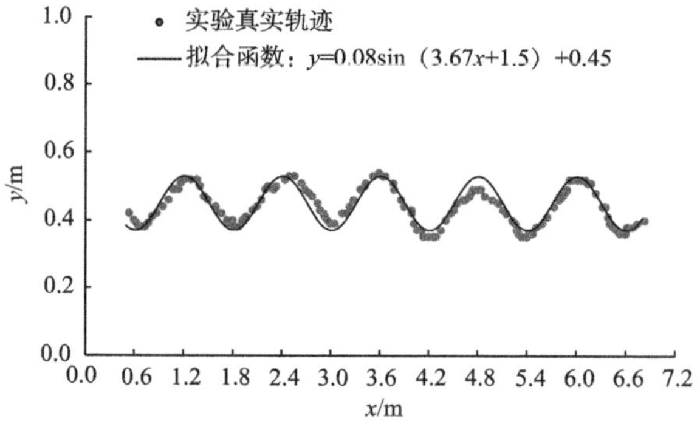

（a）水平方向

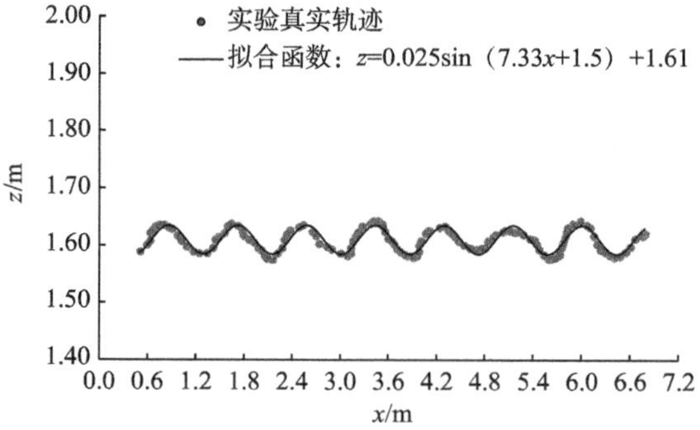

（b）垂直方向

图 2-10　行人运动轨迹拟合

图 2-10 分别为某实验者在区域 B 上运动时，其水平和垂直方向上的运动轨迹（实心点）及其拟合函数。我们使用矩阵实验室（matrix laboratory，简称 MATLAB）工具，用正弦函数对其运动轨迹点进行了拟合，R^2 分别为 0.889 和 0.865，拟合性很好。因此，当行人在类似于“台阶”等有约束的区域上运动时，他们的运动轨迹可以用正弦或余弦函数较好地拟合。

通过以上分析，我们可以得出以下结论：①无论是水平方向还是垂直方向，行人的运动轨迹都有明显的摆动现象。②当行人在地面区域上自由运动时，其步长和频率与个人运动习惯及身材大小等因素有所不同。而当行人在有约束的区域上运动时，他们的行为受到限制，自动调整步伐，因此运动轨迹趋向统一。③行人在有约束的区域上运动时，他们的轨迹可以用正弦或余弦函数较好地拟合。

2.2.2　楼梯直线运动实验

1. 实验介绍

1）实验场景

如图 2-11 所示，楼梯直线行走实验在某教学楼一二层之间的楼梯区域进行，整个实验区域包括宽都为 3.07m 的上、下两个平台和中间台阶区域。其中，上、下两个平台的长分别为 2.45m 和 3.24m，中间台阶区域共有 16 个台阶，每个台阶都高 0.17m、深 0.33m，因此整个台阶区域水平方向长为 16×0.33m=5.28m，垂直高为 16×0.17m= 2.72m，坡度为 27.3°。

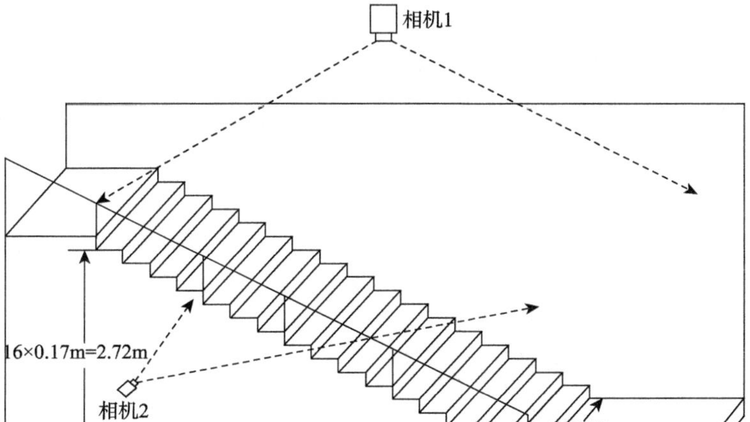

图 2-11　楼梯区域场景示意图

2）实验过程介绍

楼梯区域是一个典型的三维区域（x-y-z 轴），相比地面区域上的二维运动（x-y 轴），行人在楼梯区域运动时会有垂直方向（z 轴）的上、下摆动。本实验分别从水平和垂直两个方向，研究三维视角下楼梯区域行人上、下楼梯的运动特征。与地面区域实验相似，楼梯区域实验的过程也会被两台频率为 25 帧/s 的高清摄像机记录下来，其中摄像机 1 被固定在实验区域正上方 15m 处，用来拍摄行人水平方向的运动过程，摄像机 2 则被固定在正侧方 10m、高 2m 的三脚架上，以记录行人垂直方向上的运动过程。

实验中，共有 6 名在校大学生参加，其中 5 名男生、1 名女生，他们的身高为 1.55~1.76m，年龄为 20~26 岁。如图 2-12 所示，在上楼实验中，实验者排队从下方平台沿着台阶中线到达上方平台，图 2-12（a）和（c）分别为上楼实验中垂直和水平方向运动场景。下楼时，如图 2-12（b）和（d）所示，实验者从上方平台按照相反的路径回到下方平台。同样地，实验过程中所有实验者都穿上白色 T 恤并戴上红色的帽子，相互之间保持一定的距离，不允许相互超越。为了研究不同速度下行人上、下楼的运动特征，我们分别在“较慢”、“悠闲”、“正常”、“匆忙”及“快速”等不同的状态下进行了一系列的实验。此外，为了安全，我们要求所有实验者每步一个台阶，不能跨台阶，防止踩空出现危险，每组相同的实验都重复五次。

（a）上楼，垂直方向

（b）下楼，垂直方向

（c）上楼，水平方向

（d）下楼，水平方向

图 2-12　楼梯区域实验场景

2. 实验分析

1）楼梯区域行人摆动行为分析

从以上地面区域行人实验中发现，无论是水平方向还是垂直方向上，行人的运动轨迹都有明显的摆动现象，且在类似于二维台阶等有约束的区域运动时，速度分布和轨迹摆动具有周期性规律。楼梯区域是一个典型的三维区域（*x-y-z* 轴），相比地面区域上的二维运动（*x-y* 轴），行人在楼梯区域运动时会有垂直方向（*z* 轴）的上、下摆动，因而楼梯区域行人的运动行为更加复杂。从图 2-13 我们可以清楚地观察到，在水平和垂直方向上，行人在楼梯区域上的运动轨迹也出现明显的摆动现象。

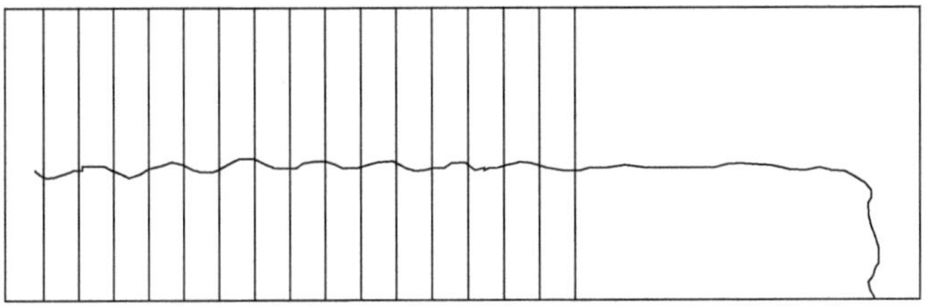

（a）水平方向轨迹

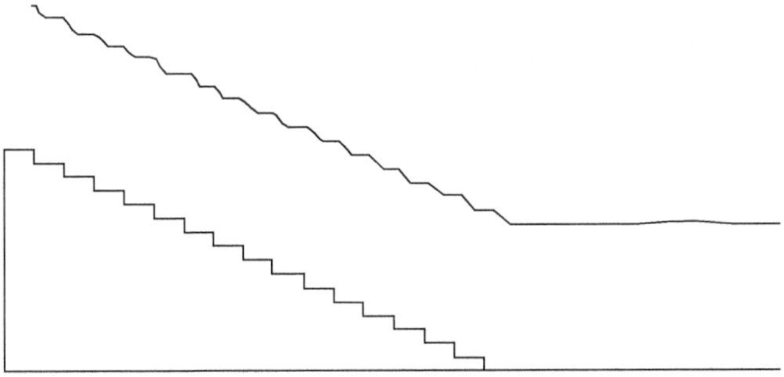

（b）垂直方向轨迹

图 2-13　行人上楼真实轨迹

下面详细分析行人在楼梯区域运动时轨迹摆动振幅、频率等参数与运动速度的关系。

2）摆动振幅与速度的关系

图 2-14 所示，通过对楼梯区域实验高精度运动轨迹进行提取分析，我们得到了行人运动轨迹的振幅与速度之间的关系，其中振幅是指左右摆动最远位置离中间线的距离。从图 2-14（a）、（b）及（c）可以看出，当行人运动速度从 0.2m/s 到 1.0m/s 时，摆动振幅呈线性递减趋势。从水平方向上来看，当行人上、下楼的

速度非常慢时，他们的摆动振幅接近 0.1m，而当速度较快时，他们的摆动振幅逐渐降到 0.02m 左右。从垂直方向上来看，在上楼时，他们的摆动振幅最高可达 0.06m，随速度的加快逐渐降到 0.015m 左右；而当行人下楼时，他们的摆动振幅却几乎与运动速度无关，一直保持在 0.03m 左右。通过对比视频我们发现，当行人下楼时，由于担心踩空而摔倒，他们努力控制自己的脚步和身体以保持平衡，因此他们垂直方向上的运动始终保持一个比较小的振幅。

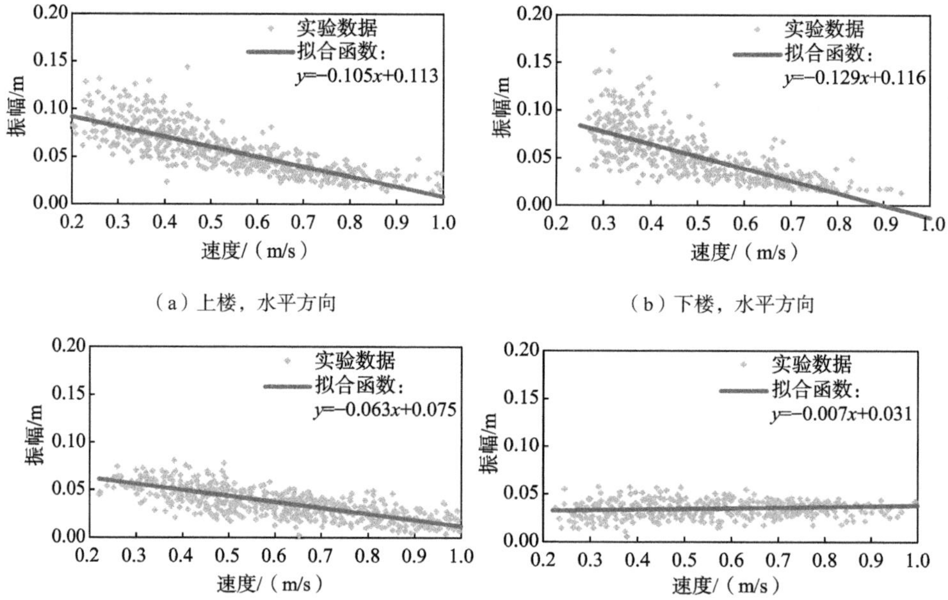

（a）上楼，水平方向　（b）下楼，水平方向

（c）上楼，垂直方向　（d）下楼，垂直方向

图 2-14　行人上、下楼运动轨迹的振幅与速度之间的关系

通过线性拟合，我们得到行人上、下楼时振幅（a，单位：m）与他们的速度（v，单位：m/s）之间存在如下的线性关系：

$$a=\begin{cases}-0.105v+0.113\text{（上楼，水平方向）}\\-0.129v+0.116\text{（下楼，水平方向）}\\-0.063v+0.075\text{（上楼，垂直方向）}\\-0.007v+0.031\text{（下楼，垂直方向）}\end{cases}\tag{2-10}$$

3）摆动频率与速度的关系

如图 2-15 所示，通过对楼梯区域实验高精度运动轨迹进行提取分析，我们得到了行人运动轨迹的频率与速度之间的关系，其中频率（单位：Hz）是指行人摆动的一个完整周期的倒数。可以看到，当行人运动速度从 0.2m/s 到 1.0m/s 时，他们的摆动频率呈线性递增趋势。从水平方向上来看，当行人上、下楼的速度非常慢时，他们的摆动频率接近 0.3Hz，而当他们的速度较快时，他们的摆动频率逐渐增加到 1.5Hz 左右。从垂直方向上来看，在上楼时，当速度非常慢时，他们的摆动频率在 0.6Hz 左右，而当他们的速度较快时，他们的摆动频率逐渐增加近 3.0Hz。因此，当行人在楼梯区域运动时，他们的水平方向的摆动频率是垂直方向上的一半。换言之，水平方向的摆动周期是垂直方向上的两倍。

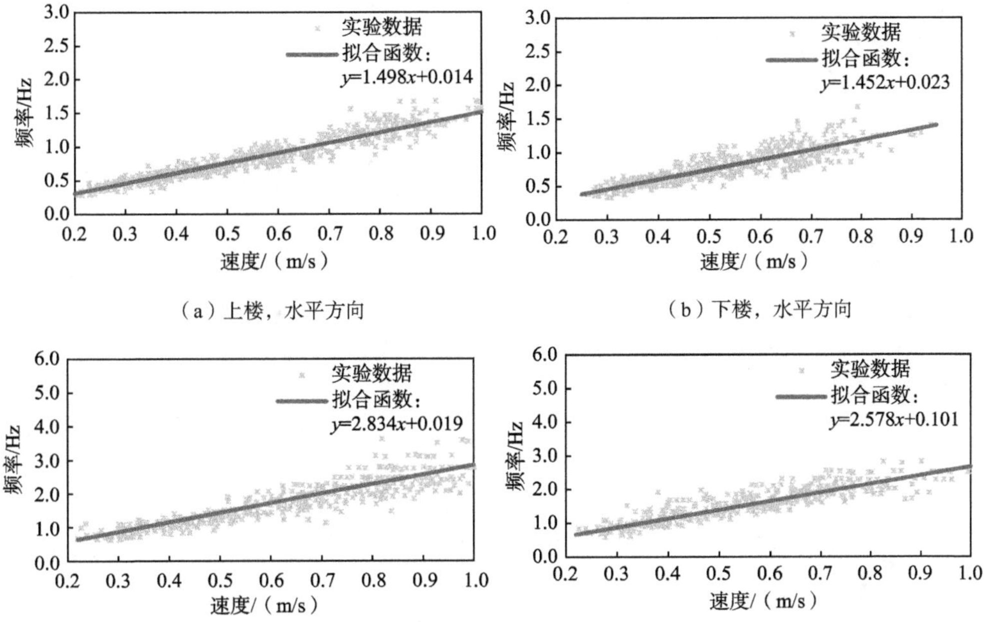

（a）上楼，水平方向　（b）下楼，水平方向

（c）上楼，垂直方向　（d）下楼，垂直方向

图 2-15　行人上、下楼运动轨迹的频率与速度之间的关系

通过线性拟合，我们得到行人上、下楼时频率（f，单位：Hz）与其速度（v，单位：m/s）之间存在如下的线性关系：

$$f=\begin{cases}1.498v+0.014\text{（上楼，水平方向）}\\1.452v+0.023\text{（下楼，水平方向）}\\2.834v+0.019\text{（上楼，垂直方向）}\\2.578v+0.101\text{（下楼，垂直方向）}\end{cases}\tag{2-11}$$

2.2.3　楼梯转圈运动实验

1. 实验介绍

在楼梯直线运动实验中，行人前后间隔较大，相互之间的干扰较小，为进一步研究楼梯区域行人运动的微观行为，我们开展了行人楼梯转圈运动实验，如图 2-16 所示。本实验和楼梯直线运动实验在同一楼梯区域进行，实验者均为在校大学生或老师。实验共分为四组，人数分别为 N=6，N=10，N=15，N=20。如图 2-17 所示，L1 和 P1 分别为上、下平台区域，中间为阶梯区域（共 16 个台阶），行人从 A1 处进入楼梯，沿着 A1-B1-C1-D1 的顺序在楼梯区域绕 5 圈，最后从 A1 处离开楼梯区域。其中，A1-B1 段为下楼段，C1-D1 段为上楼段，B1-C1 段、D1- A1 段则分别为最下方和最上方的台阶。实验中，所有行人须戴上红色的帽子，并被要求每步都只能迈一个台阶，位于高层的高清摄像机垂直于楼梯斜面对实验过程进行记录。

（a）N=6

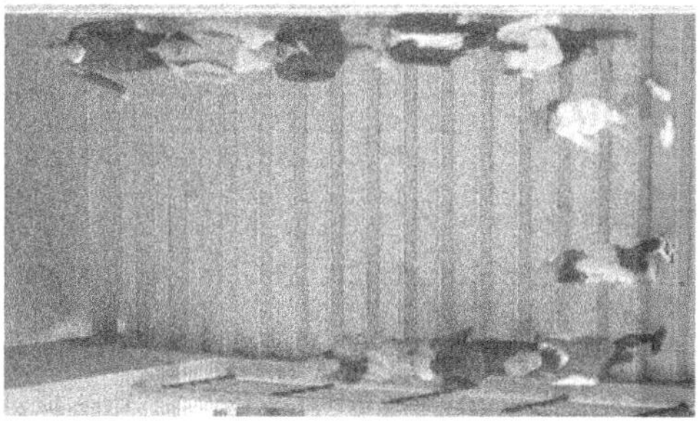

（b）N=10

（c）N=15

（d）N=20

图 2-16 楼梯区域行人转圈行走实验场景

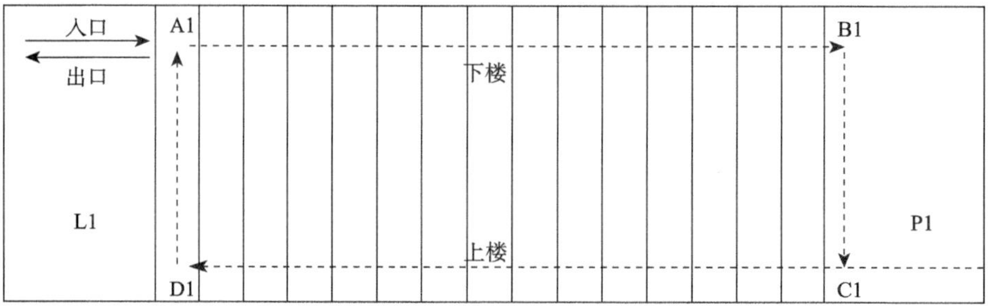

图 2-17 行人楼梯转圈实验

2. 实验结果分析

现有的关于楼梯区域行人运动速度的研究，大多将楼梯区域看成一个整体，从宏观角度进行分析，即计算行人从进入到离开的时间差，从而得出行人的运动速度，这种计算方式简单方便，但是无法分析行人在不同区域的微观运动特征。基于视频处理技术，我们可以得到实验中行人的高精度运动轨迹，从而计算得到行人的微观速度分布情况。

如图 2-18 所示，人数分别为 N=6、N=10、N=15、N=20 在楼梯区域转圈运动的微观速度分布图，从中我们可以清晰地观察到：行人上楼和下楼的速度分布图颜色有明显的深浅交错变化，呈现出“阶梯状”，即行人上、下楼微观速度与楼梯台阶结构完全一致。当行人在最上方和最下方台阶上水平运动时，速度分布较为均匀，并未出现“阶梯状”。这是因为，当上、下楼时，由于实验中规定行人每步都只能迈出一个台阶，因此他们的步伐受到楼梯台阶的限制，且由于重力的作用，行人在迈脚的过程中速度发生变化，微观速度随台阶呈现出规律性的变化；而当行人在最上方和最下方台阶上水平运动时，相当于在地面区域上运动，每个人的步长大小都不受约束，使得步伐不统一，因此微观速度分布较为均匀。

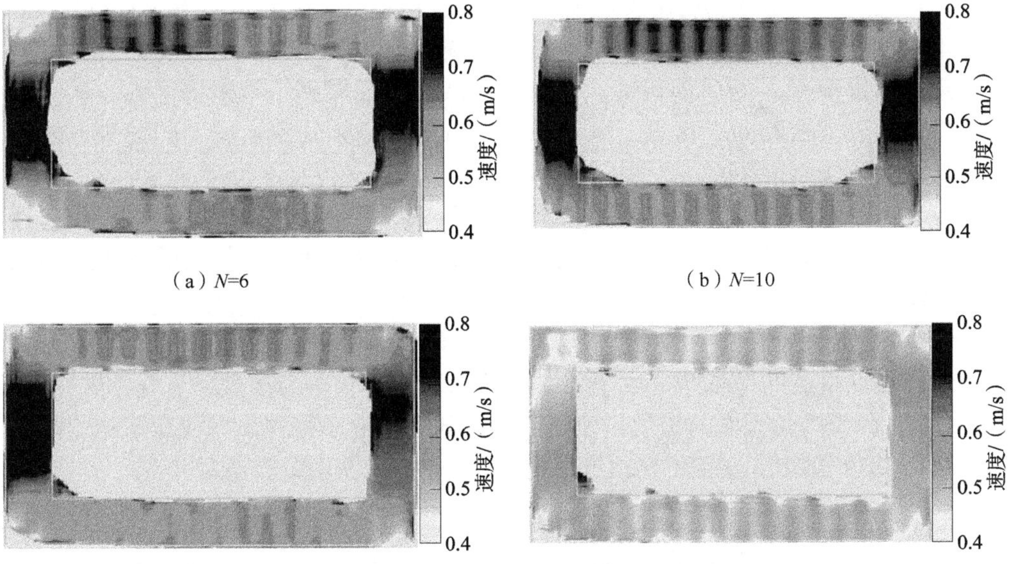

（a）N=6　（b）N=10

（c）N=15　（d）N=20

图 2-18　不同人数的行人微观速度分布图

表 2-2 为不同人数时，行人在不同区域的平均速度情况。当人数分别为 N=6，N=10 时，楼梯区域没有形成拥挤态，行人前后空间足够行动较为自如，因此运动速度相差不大，即都为自由态速度。随实验人数从 N=10 到 N=15，再增加

到 N=20，楼梯区域行人的密度逐渐增加，开始产生拥挤，此时行人的速度逐渐减小。因此，随实验人数的增加，行人的速度整体上逐渐减小。

表 2-2 不同人数时各区域的平均速度

学生人数/人	平均速度/（m/s）			
	AB 段	BC 段	CD 段	DA 段
6	0.70	0.79	0.58	0.85
10	0.73	0.77	0.52	0.85
15	0.63	0.72	0.51	0.82
20	0.55	0.55	0.43	0.55

此外，以 N=15 为例，行人在 AB 段、BC 段、CD 段、DA 段的平均速度分别为 0.63m/s、0.72m/s、0.51m/s、0.82m/s，不难看出，行人在楼梯区域转圈时，在地面区域（DA 段和 BC 段）运动的平均速度要大于他们上、下楼（CD 段和 AB 段）的平均速度，且上楼的平均速度要小于下楼的平均速度。

2.2.4 小结

本节主要介绍了地面运动实验、楼梯直线运动实验和转圈运动实验，通过视频处理技术提取行人的运动轨迹，研究行人从地面区域到三维楼梯区域、从“无约束”区域到“有约束”区域、从简单运动行走到复杂转圈运动不同场景下的行为差异。实验结果表明：

（1）无论是在地面区域还是三维楼梯区域，行人运动时，他们水平和垂直方向都存在摆动现象，且在台阶区域这种摆动现象更加明显，行人的轨迹摆动规律更加统一。

（2）行人在台阶上运动时，他们的运动轨迹可以用正弦或余弦函数较好地拟合，且运动轨迹的振幅与速度呈负线性关系，摆动频率与速度呈正线性关系。

（3）台阶约束行人的步伐，使他们的微观速度分布呈现出深浅交错的“阶梯状”，而在地面区域，他们的步伐没有受到限制，因此速度分布较为均匀。

2.3 常态下楼梯区域行人运动行为观察实验

2.3.1 观察场地介绍

为研究常态下不同人群上、下楼的运动特征，我们选择某天桥为观察场地，如图 2-19 所示，该天桥靠近福建省立医院，早高峰时期人流量较大，且不同年龄的群体分布较为均匀，因此数据具有很好的代表性。

（a）上楼　　（b）下楼

图 2-19　观察场地图

在观察时间内，我们用高清摄像机共记录了 366 名行人上、下楼的运动过程，上、下楼行人分别有 194 人和 172 人，从实验录像中获得了行人运动速度、密度、流量值，以及它们之间的相互关系，并对行人上、下楼过程中的一些典型行为进行了分析。观察楼梯段的结构尺寸如表 2-3 所示。

表 2-3　楼梯尺寸表

楼梯参数	楼梯台阶数/级	楼梯宽/m	台阶高度/m	台阶深度/m	运动距离/m	楼梯面积/m^2
数值	39	3.75	0.13	0.3	16.3	61.2

2.3.2　实验结果分析

1. 速度、密度、流量分析

1）上、下楼平均速度对比

根据实验视频获得的数据，我们首先对行人上、下楼的速度特征进行了对比分析。如表 2-4 所示，我们共获得了 366 名行人的速度数据，上、下楼行人分别有 194 人和 172 人。通过统计，所有行人的平均速度为 0.639m/s，其中行人上楼的平均速度为 0.602m/s，下楼的平均速度为 0.680m/s，下楼比上楼时的速度快 12.96%。不难看出，行人下楼速度要明显快于上楼速度，说明重力的作用对行人上、下楼速度有较为明显的影响。

表 2-4　上、下楼平均速度

运动方向	样本量/人	平均速度/（m/s）
上楼	194	0.602
下楼	172	0.680
合计	366	0.639

如图 2-20 所示，我们进一步分析了行人上、下楼的速度分布情况，从中可以看出，行人上、下楼的速度为 0.3~1.2m/s，且服从正态分布，其中上楼时，行人运动速度主要分布在 0.30~1.25m/s，下楼时的速度主要分布在 0.5~0.8m/s。从正态分布曲线形态来看，上楼时行人的速度分布较为集中（方差为 1.2），而下楼时速度分布较为分散（方差为 1.5）。因此，行人上、下楼的速度特征存在一定的差异，在重力的作用下，行人下楼的速度更快，但是个体间的速度差异较大。

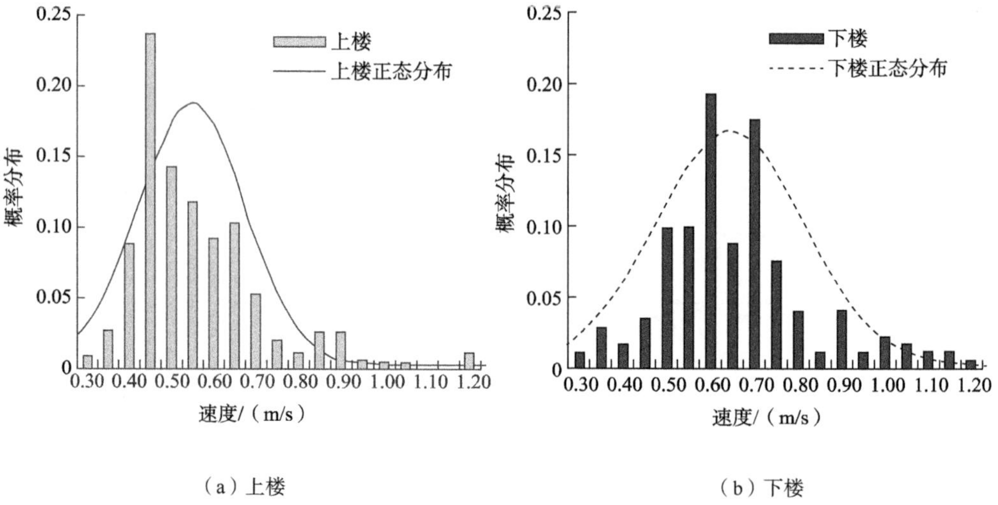

图 2-20　上、下楼速度分布对比

2）密度–速度关系

密度的大小能够反映出行人在楼梯区域的分布情况，即密度越小，行人越稀疏，密度越大，行人越拥挤。如图 2-21 所示，我们对行人的平均速度（$\bar{v}$）与平均密度（$\bar{p}$）之间的关系进行了线性拟合：上楼时，$\bar{v}=-0.532\,\bar{p}+0.749$；下楼时，$\bar{v}$=−0.201 $\bar{p}$ +0.736。可以看出，整体上行人的平均速度随平均密度的增加而减小，从拟合函数的斜率 0.532 > 0.201 可以看出，行人上楼时平均密度对平均速度的影响更大。具体来说，上楼时，行人的平均密度为 0~0.63 人/m^2，当行人平均密度接近于 0 时，即前方几乎没有人阻挡时，行人的最高平均速度可达 1.18m/s，随平均密度的增加，行人平均速度逐渐下降；下楼时，行人的平均密度对平均速度的影响较小，行人的平均密度接近于 0 时，行人的平均速度为 0.71m/s，当平均密度逐渐增加为 0.61 人/m^2 时，他们的平均速度为 0.58m/s。可见，行人上、下楼的平均速度与平均密度呈线性关系，平均密度越大，平均速度越小，且行人上楼时平均密度对平均速度的影响比下楼时更大。

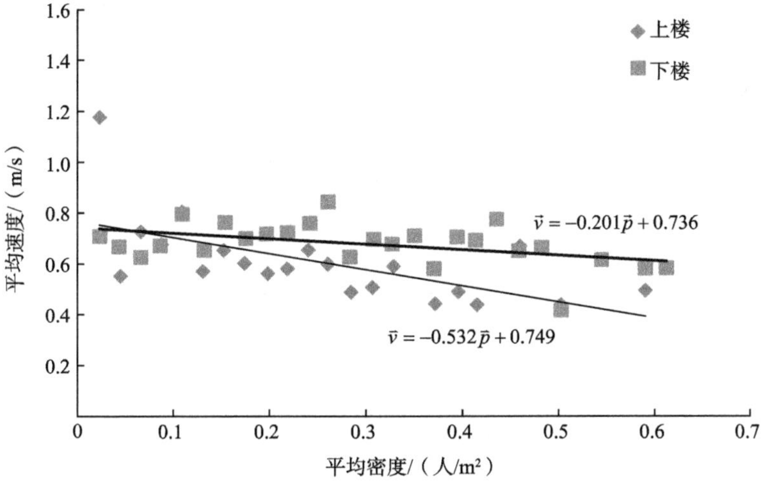

图 2-21　上、下楼平均密度–平均速度关系

3）密度–流量关系

图 2-22 描述了某 360s 内，上、下楼行人进入和离开楼梯区域的时间。上楼方向，共记录了 46 名行人进出楼梯的情况，他们通过楼梯区域的平均时间为 33.6s；下楼方向，共记录了 64 名行人进出楼梯的情况，他们通过楼梯区域的平均时间为 24.3s。从这段时间的观察数据来看，行人下楼的时间比上楼时短 27.7%，且下楼比上楼通过的人数多 39.1%。此外，图 2-22 中曲线的斜率可以反映出行人进出楼梯的人流量变化情况：上楼时，曲线的斜率变化不大，说明行人流进出量比较稳定；而下楼时，曲线斜率有两次较大的波动，即在 40~55s、215~230s 两个时段附近，曲线斜率陡然增大，说明这两个时段内进入或离开楼梯区域的行人数量较多，楼梯区域较拥挤。

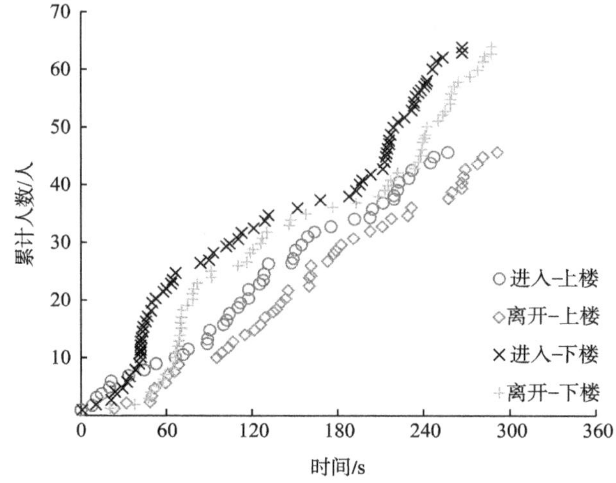

图 2-22　上、下楼行人进出情况

流量是指单位时间内楼梯区域通过的行人数量，即流量越小，单位时间内行人通过的数量越少，流量越大，单位时间内通过的行人数量越多。图 2-23 为上、下楼过程中行人的平均密度（$\bar{p}$）与平均流量（$\bar{f}$）关系的线性拟合：上楼时，$\bar{f}=0.491\bar{p}+0.016$；下楼时，$\bar{f}=0.579\bar{p}+0.023$。可见，当平均密度接近 0 时，平均流量也几乎为 0，此时楼梯区域行人很少；随平均密度的增加，平均流量呈线性递增趋势。需要指出的是，一些研究者发现，当平均密度增加到一定量时，平均速度急剧下降，导致平均流量反而开始降低，而本观察实验中由于平均密度低于 0.7 人/m^2，人群拥挤程度相对较小，因此并未观察到此现象。此外，从拟合直线的斜率来看，0.579 > 0.491，说明下楼时行人通过楼梯的效率更高。

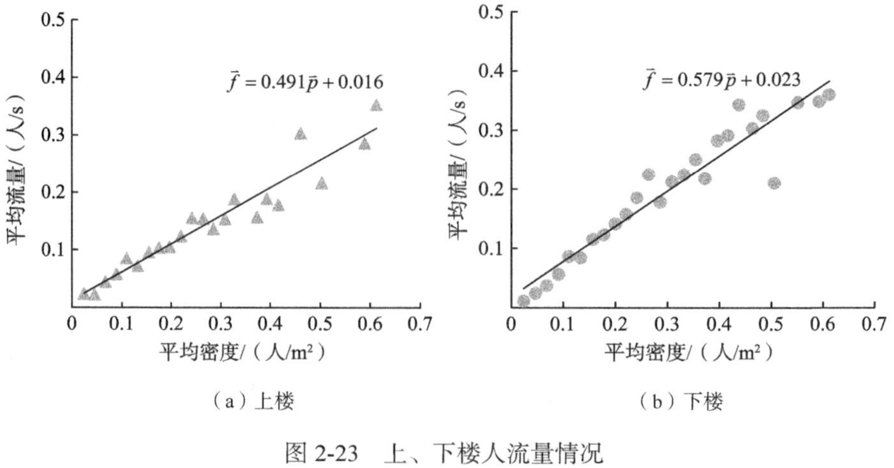

（a）上楼　　（b）下楼

图 2-23　上、下楼人流量情况

2. 行人运动速度影响因素分析

1）性别

为了研究行人在楼梯区域疏散效率的影响因素，我们分别从性别、年龄、是否群组、是否携带行李等方面进行了分析。由于身体和生理上的差别，男性在体能和力量上一般要强于女性。我们首先分析了性别对行人在楼梯区域速度的影响程度，通过单因素方差检验，上楼时，p=0.001<0.05；下楼时，p=0.047<0.05。因此，无论上楼还是下楼，性别因素对速度的影响效果都显著。表 2-5 为不同性别行人上、下楼平均速度的统计数据，上楼时，观察到的男、女性人数分别为 91 人、103 人，他们的平均速度分别为 0.65 m/s、0.56m/s，男性比女性的平均速度高16.1%；下楼时，男、女性人数都为86人，他们的平均速度分别为 0.71 m/s、0.65m/s，此时男性比女性的平均速度高9.2%。可见，无论上楼还是下楼，男性的平均速度都高于女性，且上楼时性别因素的影响更大。

表 2-5　不同性别行人上、下楼平均速度对比

运动方向	性别	样本量/人	平均速度/（m/s）
上楼	男	91	0.65
	女	103	0.56
下楼	男	86	0.71
	女	86	0.65

我们进一步探究上、下楼过程中男、女性的速度分布情况，图2-24分别为上楼和下楼过程中男女的速度分布及正态分布曲线。上楼时，如图 2-24（a）所示，有95.5%的男性平均速度集中在0.35~1.10m/s，而99.0%的女性平均速度集中在 0.30~1.00m/s，通过计算，男、女性速度的方差分别为 0.31、0.14，说明此时女性的速度分布更加集中；下楼时，见图2-24（b），有96.5%的男性平均速度集中在0.25~1.20m/s，98.8%的女性平均速度集中在0.25~1.20m/s，此时男、女性速度的方差分别为 0.19、0.32，男性的速度分布相对集中。从速度范围和方差大小来看，上楼时性别因素导致的速度差异比下楼时更大。

通过以上分析，性别因素对行人上、下楼运动速度和疏散效率有较大的影响，且上楼时性别因素造成的速度差异比下楼时更加明显。

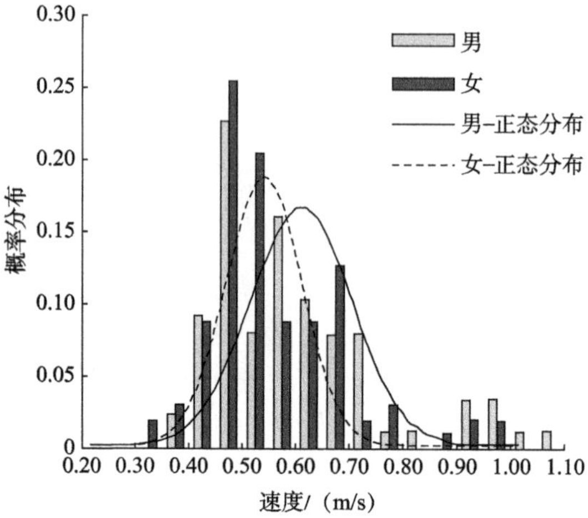

（a）上楼

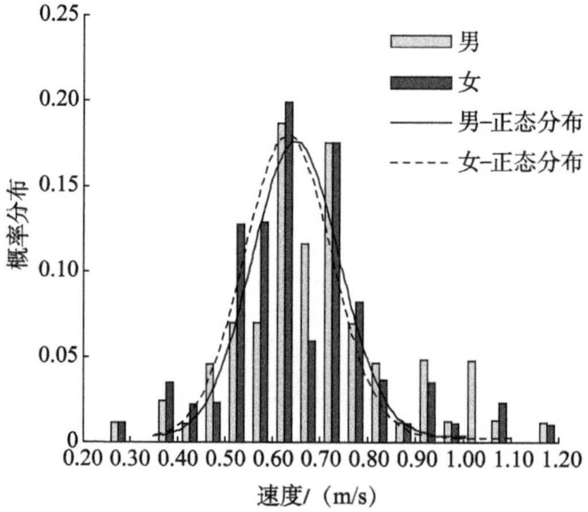

（b）下楼

图 2-24　男女上、下楼速度分布对比

2）年龄

不同年龄层次行人的运动特征和体能等有较大差异，我们将行人的年龄层次分为儿童、青年、中年、老年四个层次，以分析年龄因素对行人在楼梯区域运动速度的影响程度。表2-6为不同年龄层行人上、下楼平均速度的统计数据。上楼时，观察到的儿童、青年、中年、老年四个年龄层的人数分别为 3 人、79 人、77 人、35 人，他们的平均速度分别为 0.46m/s、0.66m/s、0.60m/s、0.49m/s，四者的平均速度比为 1∶1.43∶1.30∶1.07；下楼时，观察到的儿童、青年、中年、老年四个年龄层的人数分别为 3 人、64 人、75 人、30 人，他们的平均速度分别为 0.51m/s、

0.77m/s、0.67m/s、0.53m/s，四者的平均速度比为 1：1.51：1.31：1.04。无论是上楼还是下楼，平均速度最快的都是青年人，其次是中年人，最后是老年人和儿童，因此青年人和中年人的平均速率要远远大于老年人和儿童。

表 2-6　不同年龄层的行人上、下楼平均速度对比

运动方向	年龄分组	样本量/人	平均速度/（m/s）
上楼	儿童	3	0.46
	青年	79	0.66
	中年	77	0.60
	老年	35	0.49
下楼	儿童	3	0.51
	青年	64	0.77
	中年	75	0.67
	老年	30	0.53

通过单因素方差检验，上楼时，p=0.016<0.05；下楼时，p=0.001<0.05。因此，无论上楼还是下楼，年龄因素对速度的影响效果都显著。可见，年龄因素对行人上、下楼运动速度和疏散效率有较大的影响。

3）是否群组

在上、下楼的过程中，单独运动的行人更多地体现出自己的运动特征，而那些相互认识的行人会尽可能保持一致的步伐，因此这两种行为的差异可能对上、下楼整体速度产生一定的影响。表 2-7 为行人结伴或独行时上、下楼平均速度的统计数据。上楼时，观察到的结伴和独行的人数分别为 55 人、139 人，他们的平均速度分别为 0.51m/s、0.64m/s，此时独行行人的平均速度比结伴行人的平均速度快 25.5%；下楼时，观察到的结伴和独行的人数分别为 47 人、125 人，他们的平均速度分别为 0.60m/s、0.71m/s，此时独行行人的平均速度比结伴行人的平均速度快 18.3%。可见，综合上、下楼情况，行人独行比结伴时的速度平均高 21.9%。

表 2-7　结伴和独行行人上、下楼平均速度对比

运动方向	是否群组	样本量/人	平均速度/（m/s）
上楼	结伴	55	0.51
	独行	139	0.64
下楼	结伴	47	0.60
	独行	125	0.71

通过单因素方差检验，上楼时，p=0.068<0.05；下楼时，p=0.001<0.05。因此，无论上楼还是下楼，群组因素对速度的影响效果都显著，即群组因素对行人运动速度有很大的影响，结伴而行在一定程度上降低了行人在楼梯区域的

运动速度。

4）是否携带行李

在上、下楼的过程中，行人一般会背着书包或者携带一定大小的行李。一般而言，携带少量的物品对行人的运动不会造成太大的影响，但是当物品太重或体积太大时会严重影响行人的运动。由于本实验在室外人流量较大的天桥，不可能对每一名行人的行李都进行重量和体积的测量，因此，只能通过视频进行粗略的判断：行李很大或者重量对行人的肢体运动产生了一定的影响时，则为携带了行李，否则为没有携带行李。需要指出的是，由于所选观察场地过往的行人大多为附近居民，且判断是否携带行李的标准要求较高，所以得到的携带了较大行李的行人比例较少。

表 2-8 为是否携带行李时行人上、下楼平均速度的统计数据。上楼时，观察到的携带和未携带行李的人数分别为 22 人、172 人，他们的平均速度分别为 0.55m/s、0.61m/s；下楼时，观察到的携带和未携带行李的人数分别为 9 人、163 人，他们的平均速度分别为 0.64m/s、0.68m/s。通过单因素方差检验，上楼时，p=0.487>0.05；下楼时，p=0.487>0.05，影响效果不显著。因此，无论上楼还是下楼，行人是否携带行李对他们速度的影响较小。

表 2-8　是否携带行李时行人上、下楼平均速度对比

运动方向	是否携带行李	样本量/人	平均速度/（m/s）
上楼	是	22	0.55
	否	172	0.61
下楼	是	9	0.64
	否	163	0.68

2.3.3　小结

本节主要针对常态下楼梯区域行人运动行为开展观察研究。共记录了某天桥 366 名行人上、下楼的运动过程，获得了他们的速度、密度、流量等参数，并对方向、性别、年龄、是否群组、是否携带行李等影响行人运动速度的因素进行了分析。实验结果表明：

（1）常态下，行人上、下楼的速度为 0.2~1.3m/s，且服从正态分布。行人下楼速度快于上楼速度。行人运动速度与人群密度呈负线性关系，密度越大，速度越小。

（2）性别、年龄、是否群组等因素对行人上、下楼速度有显著影响，是否携带行李对行人上、下楼速度影响不显著。

2.4　应急状态下楼梯区域行人疏散实验

2.4.1　实验场地及疏散演习安排

1. 实验场地

本实验主要研究应急状态下楼梯区域行人上、下楼疏散运动特征。如图 2-25 所示，本实验开展的场地与楼梯直线行走实验中的相同，但是多了一段台阶部分 S2 和上部平台 T，因此整个实验区域包括宽度为 3.07m 的上、中、下三个平台和中间两段台阶区域。其中，上、中、下三个平台的长度分别为 3.24m、2.45m 和 3.24m，中间每部分台阶区域都有 16 个台阶，每个台阶都高 0.17m、宽 0.33m，因此每个台阶区域水平方向都长为 16×0.33m=5.28m，垂直高为 16×0.17m=2.72m，坡度为 27.3°。

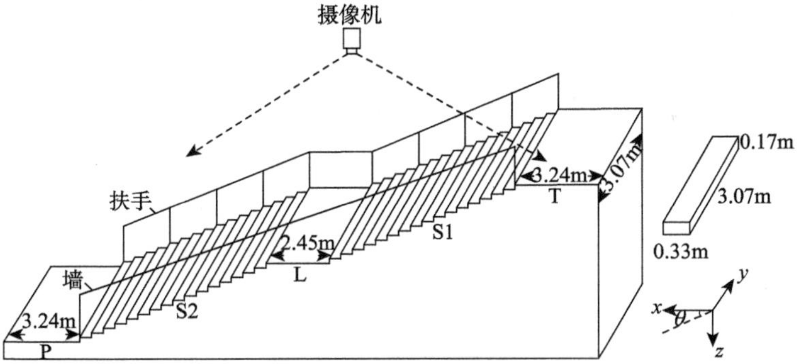

图 2-25　实验楼梯区域结构示意图

2. 实验过程介绍

共 50 名在校大学生参加了本实验，其中有 30 名男生，20 名女生，他们身高为 1.52~1.85m，年龄为 20~26 岁。实验中，每次随机从中挑选出 10 人、20 人、30 人、40 人进行上、下楼模拟疏散。上楼时，如图 2-26（a）所示，实验者随机分散在靠近下部平台的地面区域，在听到疏散指令后，立即开始冲到下方平台，然后穿过两段台阶区域和中间平台，最后到达上方平台；下楼时，如图 2-26（b）所示，实验者从上方平台沿着相反的方向，最终疏散到一楼地面。为避免随机误差，相同的实验重复三次。类似地，整个实验过程被一台固定在实验区域正上方的高清摄像机记录下来，所有实验者都穿上白色 T 恤并戴上红色的帽子，方便后期通过颜色识别等视频处理技术对行人运动特征进行分析。

（a）上楼

（b）下楼

图 2-26　40 人上、下楼疏散场景

2.4.2　实验结果分析

1. 上、下楼宏观运动特征对比

1）平均速度

图 2-27 为疏散实验中上、下楼平均疏散速度与人数之间的关系，详细数据见表 2-9。需要指出的是，为了统一标准，这里的计算数据只包括两段台阶区域和中间平台区域，不包括上、下两个平台的数据。不难看出，随人数的增加，上、下楼平均疏散速度越来越小。当人数为 10 人时，上楼和下楼的平均疏散速度分别为 1.884m/s 和 1.805m/s，当人数增加到 40 人时，上、下楼平均疏散速度分别下降为 1.551m/s 和 1.479m/s。

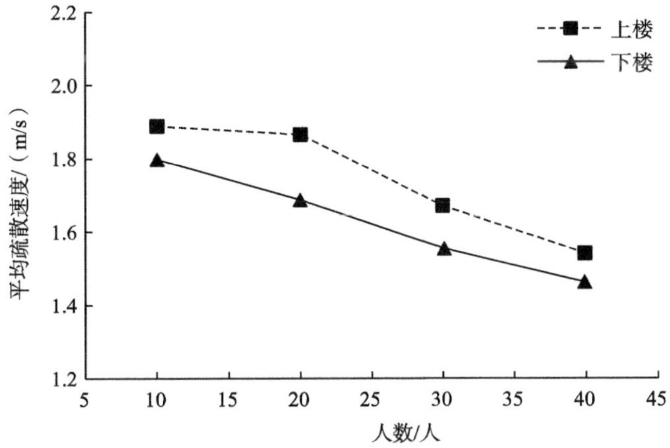

图 2-27　上、下楼平均疏散速度与人数之间的关系

表 2-9　上、下楼平均疏散速度对比

人数/人	上楼平均疏散速度/（m/s）	下楼平均疏散速度/（m/s）
10	1.884	1.805
20	1.866	1.693
30	1.674	1.565
40	1.551	1.479

此外，从图 2-27 或表 2-9 可以看出，无论是 10 人、20 人、30 人还是 40 人，上楼的平均疏散速度都略大于下楼的平均疏散速度，这与已有文献（表 2-10）报道的常态下的实验结果正好相反。在常态下，行人上、下楼速度相对较慢，由于受到重力的作用，行人在下楼时相对省力，而上楼时要克服重力的作用，因此下楼平均疏散速度要略大于上楼平均疏散速度。而本实验在应急状态下进行，人们的平均疏散速度较快（本实验中达到了 1.5~1.9m/s），由于楼梯特殊的三维结构，下楼时人们为避免踩空而跌倒努力控制自己的脚步，不至于速度过快而产生危险，而上楼时相对不太担心跌倒，反而平均疏散速度更快一些。

表 2-10　本书研究与文献中行人上、下楼平均疏散速度（水平方向）对比

作者	年份	实验状态	上楼平均疏散速度/（m/s）	下楼平均疏散速度/（m/s）
Fujiyama 和 Tyler[23]	2010	常态	0.59	0.72
本书研究（常态观察）	2017	常态	0.60	0.68
本书研究（应急疏散演练）	2017	应急疏散	1.68	1.58

2）疏散效率

为了研究行人上、下楼的疏散效率，我们通过实验视频计算了不同情况下的行人疏散总时间（疏散警报响起到最后一名行人离开楼梯区域的时间）。

图 2-28 为实验中行人上、下楼梯疏散效率对比。结果显示，实验中人数分别为 N=10、N=20、N=30、N=40，上楼疏散时间分别为 t=12.36s、t=14.12s、t=17.84s、t=21.76s，下楼疏散时间分别为 t=12.28s、t=13.52s、t=16.28s、t=18.88s。不难看出，下楼疏散总时间比上楼时短，即单位时间内下楼疏散的人数更多，因此下楼比上楼疏散效率更高。

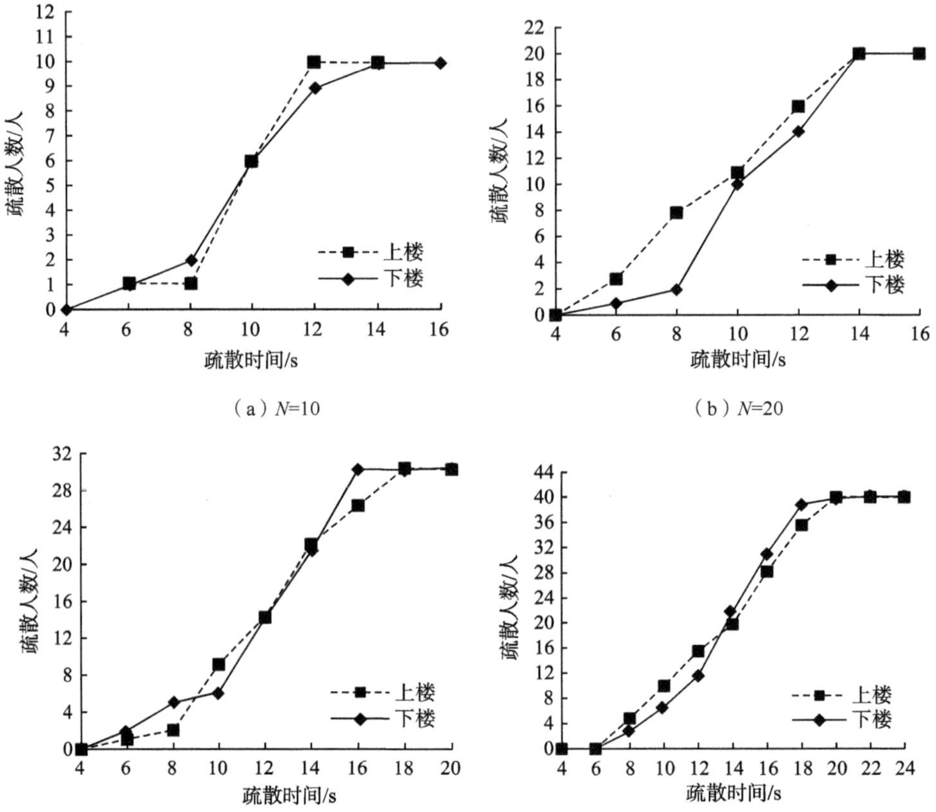

（a）N=10　（b）N=20

（c）N=30　（d）N=40

图 2-28　上、下楼应急疏散效率对比

2. 上、下楼微观运动特征对比

1）疏散轨迹

采用前面提到的视频处理技术，我们获得了所有实验场景中行人的运动轨迹。图 2-29 展示了实验中人数为 N=10、N=20、N=30 和 N=40 时的上、下楼疏散轨迹图，我们从中发现了一些典型的现象，如摆动现象、路径选择及分层现象等。

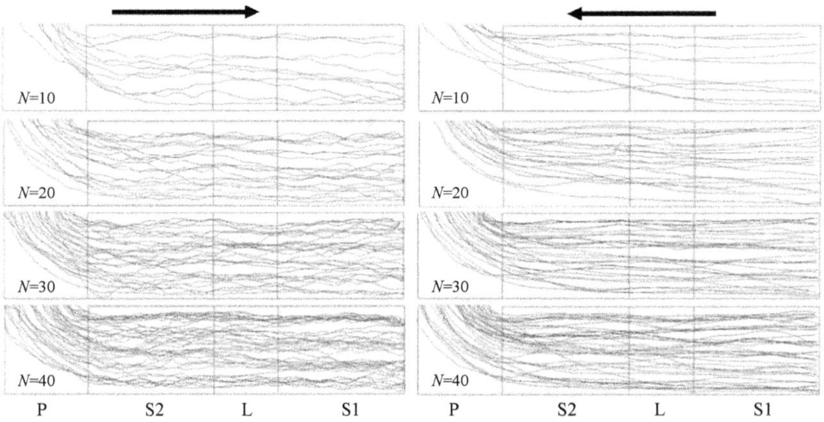

（a）上楼　　　　（b）下楼

图 2-29　上、下楼梯实验轨迹图

摆动现象。从图 2-29 可以看出，上、下楼轨迹有较大的差异：上楼时轨迹的摆动现象非常明显，而下楼的轨迹相对平滑一些。造成这种差异的原因可能包括重力因素和安全因素：重力因素方面，上楼时行人要克服重力的作用，四肢运动振幅大，导致身体摆动明显，下楼时，重力反而有助于行人下行，消耗较少的能量，所以身体摆动振幅小；安全因素方面，由于楼梯特殊的三维结构，下楼比上楼更危险。下楼时，因担心踩空摔倒而努力让身体运动振幅更小，因此摆动现象不如上楼时明显。

路径选择。在疏散过程中，为了获得更大的逃生机会，人们往往会选择一条路径最短或时间最短的疏散通道，本实验中可以验证这一点。从图 2-29 中可以看出，无论上楼还是下楼，当人数较少时，在下方平台处行人轨迹的转角更小，此时实验者倾向于选择最近的线路疏散；而随实验人数的增加，为避免拥挤造成等待时间过长，部分人开始选择绕更远的路，即此时轨迹的转角更大。

分层现象。对比人数分别为 N=10、N=20、N=30、N=40 的上、下楼疏散轨迹，发现当实验人数较少时，行人轨迹的分布较为随机；随着人数的增加，人口密度开始增大，疏散轨迹分布更加均匀，且逐渐开始出现分层现象。以上楼为例，人数为 N=30 时的轨迹与人数分别为 N=10、N=20 时的轨迹相比分布更加均匀，当人数达到 N=40 时，可以看到轨迹排列成四束，即分为四层。

2）速度分布

通过前面所提到的视频处理技术，我们提取了实验者的运动轨迹，并计算出他们的速度分布等微观数据。图 2-30 为人数 N=40 在楼梯区域（主要包括两段台阶区域和中间平台区域）上、下楼疏散的速度分布图，其中颜色越深代表速度越快。从速度分布中我们可以发现分区现象、偏移现象及过渡现象。

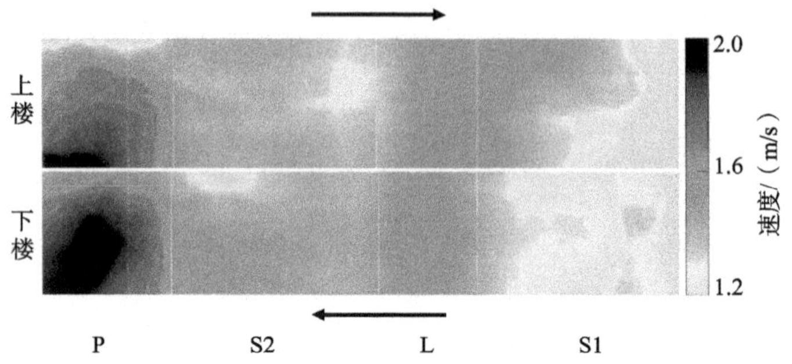

图 2-30　微观速度分布图

分区现象，即由于受到楼梯结构的影响，行人的速度分布有一定的规律性。横向上（从左往右看），有三大块颜色区域，横向上（从左往右看），在两段台阶及中间平台区域有三大块颜色区域，两边速度颜色较浅的对应着两段台阶区域（对应速度为 1.3~1.5m/s），而中间颜色较深的部分对应着中间平台区域（对应速度大于 1.8m/s），不难看出，行人在中间平台区域的速度要大于在台阶区域的速度；纵向上（从上往下看），靠近栏杆的一侧行人运动速度更大，特别是上楼时，靠近栏杆一侧的行人运动速度明显比其他区域要高出很多。一方面，行人可以手扶栏杆借助手臂的力量往上冲，增加上行速度；另一方面，不管是否抓住了栏杆，都让行人有心理上的安全感，不会过于担心因踩空而摔倒，所以步伐更快。

偏移现象，即行人在台阶区域和平台区域之间转换时，速度没有立刻改变，而是有一定的延迟，这种现象在上楼时尤为明显。如图 2-30 所示，上楼的速度分布向右发生了一定偏移，这说明行人在台阶区域和平台区域之间转换时，出于安全考虑，他们对步伐进行了必要的调整，使速度不会变化太突然，因此中间深色区域分布更宽，且从中间平台区域沿着上楼方向延伸了一部分。而在下楼时，人们更加担心因踩空而跌倒，且平均速度相对慢一些，所以在台阶区域和平台区域之间的调整更快，所以偏移现象没有上楼明显。

过渡现象，即行人从台阶区域到平台区域时，速度逐渐增加，从平台区域到台阶区域时，速度逐渐减小。图 2-31 为人数 N=10 至 N=40 上、下楼的所有实验数据的叠加，x 轴为水平方向楼梯区域的坐标，其中浅灰色部分对应着两部分台阶区域，中间深灰色部分对应着中间平台区域。从图 2-31 中可以看出，行人在台阶区域上的平均速度为 1.3~1.6m/s，而在中间平台区域平均速度最高达到 1.8~2.2m/s，但在台阶区域和平台区域之间的平均速度转换是逐渐变化的过程。以上楼（图 2-31 从左往右看）为例，行人平均速度经历“一上一下”两阶段：上升阶段，行人刚刚踏上台阶时平均速度为 1.2m/s 左右，随后平均速度逐渐增加到 1.6m/s，冲上平台后平均速度继续增加到 2.0m/s；下降阶段，平均速度从最高点

2.0m/s 开始下降，进入下一个台阶区域时平均速度降为 1.5m/s，离开台阶区域时速度已经缓慢下降到 1.3m/s 左右。

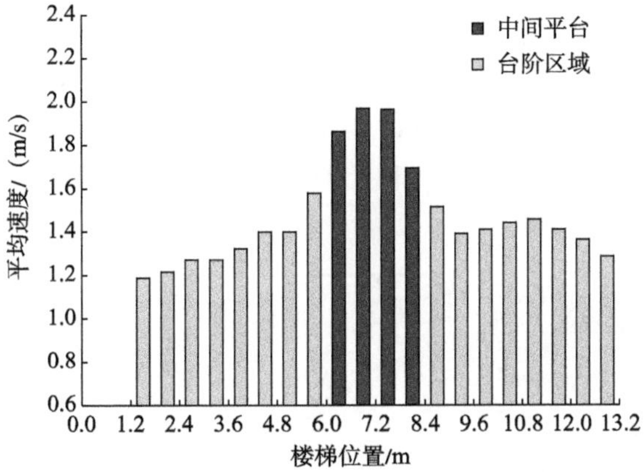

图 2-31　速度分布与楼梯位置的关系

3）密度分布

图2-32上、下两幅图分别为40人上、下楼疏散过程中的密度分布图，参数设置区间为 0.5~1.0m^{-2}，密度对应疏散过程中行人的拥挤程度。从图 2-32 中可以看出，行人的密度分布同样与楼梯区域位置紧密相关，且速度大的区域，其密度反而更小。以下楼为例，行人在中间平台区域的密度约为0.75m^{-2}，在两段台阶区域的密度达到 0.9m^{-2} 以上，在一楼平台区域的密度大于 1.0m^{-2}。通过对比发现，下行过程的密度分布要比上行密度分布的深色区域更大，说明行人下楼疏散的密度大于上楼疏散的密度，这意味着下楼疏散过程中行人更拥挤。此外，上、下两个出口附近密度很大，说明在出口区域行人很容易造成拥挤。因此，行人在楼梯区域疏散时，造成拥挤的地方主要在台阶区域和出口附近，且下楼疏散时行人更加集中，更容易产生危险。

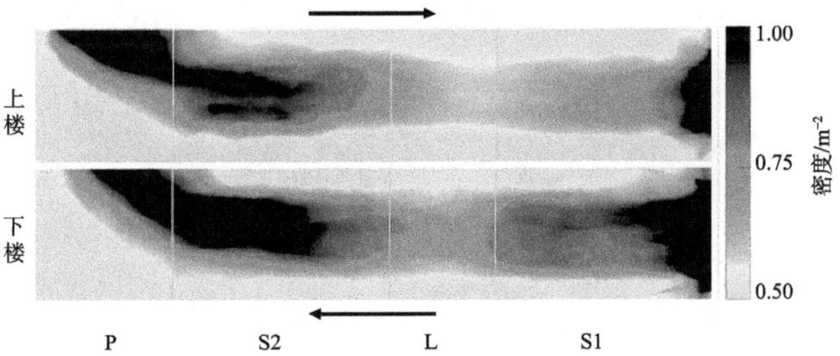

图 2-32　40 人上、下楼密度分布图对比

4）流量分布

图2-33上、下两幅图分别为40人上、下楼疏散过程中的流量分布图，参数设置区间为 0.5~1.5ms^{-1}。流量是速度与密度的乘积，反映行人的通行能力。从图 2-33 中可以看出，上、下两个出口附近流量最大，约为 1.5ms^{-1}，即出口区域行人更集中。此外，下楼疏散时行人的流量比上楼时更大，说明下楼时行人疏散的通行能力更好。结合速度和密度分布情况，我们发现上、下楼应急疏散微观运动特征与楼梯区域结构有紧密的联系，且上楼时行人安全性更好，但下楼疏散时行人更集中，通行能力更好。

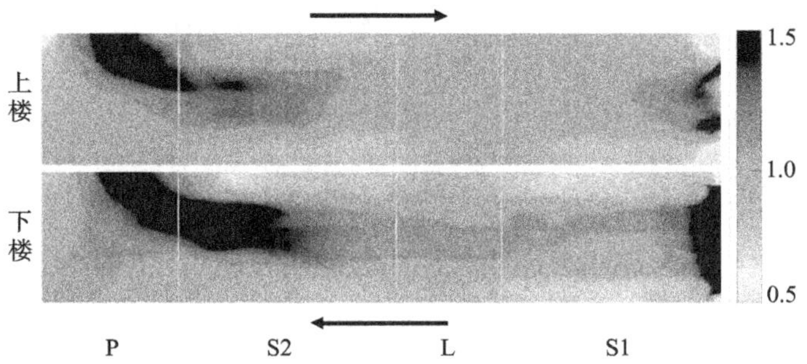

图 2-33　40 人上、下楼流量分布图对比

2.4.3　小结

本节主要介绍了楼梯区域应急疏散实验，分别从宏观和微观角度对行人上、下楼应急疏散效率、速度、密度、流量等运动特征进行了对比分析。

（1）在应急状态下，由于楼梯特殊的三维结构，下楼时行人为避免踩空而跌倒努力控制自己的步伐，每步跨越的台阶数都比上楼时小。此时安全性的考虑比重力作用对行人的速度影响更大，导致上楼平均疏散速度比下楼时略快，这与常态正好相反；行人运动轨迹存在摆动现象、路径选择及分层现象，从速度分布中我们可以发现分区现象、偏移现象及过渡现象。

（2）对于有中间平台的楼梯区域，行人在平台区域和在台阶区域的行为有明显的差异，其微观疏散速度、密度和流量等随楼梯结构呈现出明显的层次分布。行人在三维台阶上的疏散速度受到一定的限制，比平台区域上的速度慢 12.5%~22.2%，但台阶区域行人密度比在平台区域上更大。此外，上、下楼疏散时，造成拥挤的地方主要在楼梯出入口附近和台阶区域。因此，楼梯结构对行人上、下楼微观行为有显著影响。

（3）相同人数情况下，下楼时行人密度更加集中，单位时间内疏散的人数更多，疏散总时间更短，因此下楼比上楼疏散效率更高。此外，随总疏散人数的增加，整体疏散效率得到提高，但潜在的危险性也在增加。因此，要提前在楼梯入口和台阶区域等处设置行人流疏导装置，防止在突发事件发生时因行人过度拥挤而造成危险。

2.5　楼梯区域行人疏散行为机制及模型仿真

2.5.1　三维社会力模型建模

1. 模型构建

社会力模型是一种典型的连续性模型，其基本理念是通过参考牛顿力学来建立行人基本运动行为模型，从社会力角度提出心理力和物理力，两者共同影响行人运动，因而模型将行人自身驱动力、人与人之间及人与障碍物之间的排斥力等作为模型主要参数[56~60]。

基于以上实验的一些重要发现，我们提出一个改进的三维社会力模型。首先，在传统的二维（x-y 轴）社会力模型的基础上，考虑垂直方向（z 轴）上的运动，构建三维（x-y-z 轴）社会力模型；其次，考虑行人水平和垂直方向上的摆动特征，加入水平和垂直两个方向上的摆动力，以更好地再现行人运动轨迹和分层现象，使得行人楼梯疏散仿真更加精确。

1）构建基础的三维社会力模型

社会力模型是基于社会心理和行人力的一个行人行为模型。它假定每名行人都满足运动粒子法则，并使用力向量来描述真正的力和内在动机，每名行人都通过自身的内在驱动力 $\boldsymbol{F}_i^{\text{drive}}$ 运动起来，在此过程中人受到外界的阻力，如人与人之间的相互排斥力 $\boldsymbol{F}_{ij}^{\text{force}}$ 及周围物体如墙等对其的排斥力 $\boldsymbol{F}_{iw}^{\text{force}}$，此过程中，随着行人 i 与行人 j 及墙壁 w 之间距离的变化，其心理排斥力和接触排斥力有所变化。设质量为 M_i 的行人在 t 时间的真实速度为 v_i，则行人 i 在 t 时间的速度变化可由加速度方程描述：

$$M_i \frac{\mathrm{d}v_i}{\mathrm{d}t} = \boldsymbol{F}_i^{\text{drive}} + \sum_{j(\neq i)} \boldsymbol{F}_{ij}^{\text{force}} + \sum_{w} \boldsymbol{F}_{iw}^{\text{force}} \tag{2-12}$$

N 名行人中，每名质量为 M_i 的行人 i 都以一定的期望速度 v_0 朝着期望方向 $\boldsymbol{e}_i^0$ 运动，其真实速度 v_i 与期望速度的差异由松弛时间 τ 来修正，其驱动力可以表示为

$$F_i^{\text{drive}} = M_i \frac{v_i^0(t)e_i^0(t) - v_i(t)}{\tau} \tag{2-13}$$

其中，行人 i 空间位置 $s_i(t)$ 的变化可由 $v_i(t) = \mathrm{d}s_i/\mathrm{d}t$ 来计算。

此外，可以通过相互排斥力 $A_i e^{(r_{ij}-d_{ij})/B_i} \boldsymbol{n}_{ij}$ 来描述行人 i 与行人 j 因心理趋向而彼此之间相互远离，A_i 与 B_i 均为常量，$d_{ij} = \|s_i - s_j\|$ 为行人 i 和行人 j 之间的距离，$r_{ij} = (r_i + r_j)$ 相互作用的行人 i 和行人 j 的半径和，$\boldsymbol{n}_{ij} = (n_{ij}^1, n_{ij}^2) = (s_i - s_j)/\|s_i - s_j\|$ 为行人 j 指向行人 i 的单位向量。这意味着，当行人间距离 d_{ij} 小于它们的半径和 r_{ij} 时，行人相互接触。

最后，在社会力模型中需要考虑的两个额外的力分别是抵抗身体挤压的身体接触力 $k(r_{ij} - d_{ij})\boldsymbol{n}_{ij}$，以及阻碍相切运动的滑动摩擦力 $\kappa(r_{ij} - d_{ij})\Delta v_{ji}^t t_{ij}$。此处 $\boldsymbol{t}_{ij} = (-n_{ij}^2, n_{ij}^1)$ 为正切方向并且 $\Delta v_{ji}^t = (v_j - v_i)\boldsymbol{t}_{ij}$ 意味着正切速度差异，k 与 κ 分别表示相应的常数。

因此，行人 i 与行人 j 的作用力可以根据方程定义为

$$\boldsymbol{F}_{ij}^{\text{force}} = A_i e^{(r_{ij}-d_{ij})/B_i} \boldsymbol{n}_{ij} + kg(r_{ij} - d_{ij})\boldsymbol{n}_{ij} + \kappa g(r_{ij} - d_{ij})\Delta v_{ji}^t \boldsymbol{t}_{ij} \tag{2-14}$$

当行人之间并未触碰时，函数 $g(x)$ 等于 0，否则为复数 x。

类似地，与墙壁 w 的作用力也可以通过方程得到

$$\boldsymbol{F}_{iw}^{\text{force}} = A_i e^{(r_i-d_{iw})/B_i} \boldsymbol{n}_{iw} + kg(r_i - d_{iw})\boldsymbol{n}_{iw} + \kappa g(r_i - d_{iw})(-v_i t_{iw})\boldsymbol{t}_{iw} \tag{2-15}$$

其中，d_{iw} 表示到墙壁 w 的距离；$\boldsymbol{n}_{iw}$ 表示垂直于墙壁的单位向量；$\boldsymbol{t}_{iw}$ 表示正切于墙壁的方向。

行人上、下楼梯的过程是一个典型的三维运动，不仅包括水平方向（x-y 轴）上的运动，还包括垂直方向（z 轴）上的运动。因此，我们将在传统的二维社会力模型的基础上，考虑垂直方向上的运动，构建三维（x-y-z 轴）社会力模型。

图 2-34 为三维楼梯运动速度分解示意图，行人的真实速度 v_i 可以被分解为 v_x、v_y 及 v_z，即

$$v_i = \sqrt{v_x^2 + v_y^2 + v_z^2} \tag{2-16}$$

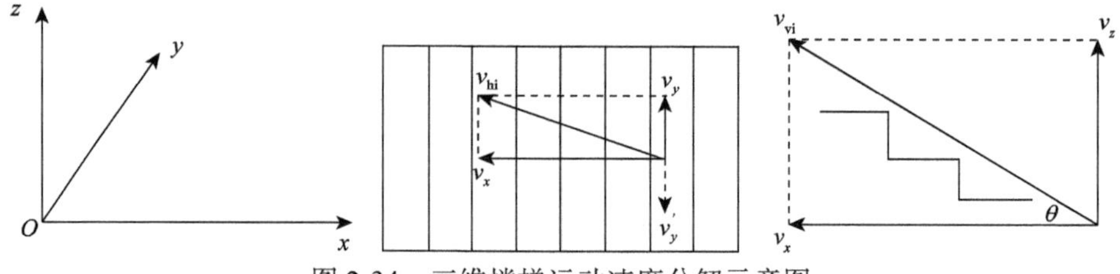

图 2-34　三维楼梯运动速度分解示意图

其中，水平方向上的速度 v_{hi} 为 v_x 和 v_y 的合速度：$v_{\mathrm{hi}}=\sqrt{v_x^2+v_y^2}$；垂直方向上的速度 v_{vi} 为 v_x 和 v_z 的合速度：$v_{\mathrm{vi}}=\sqrt{v_x^2+v_z^2}$。根据实验观察，行人在楼梯区域运动时，垂直方向上的速度 v_z 依赖于水平方向上的速度 v_x，即

$$v_z=v_x\tan\theta \tag{2-17}$$

其中，θ 为楼梯的坡度。当行人在台阶区域上运动时，θ 为楼梯真实坡度值；当行人在中间平台等平坦区域运动时，θ 被设为 0°。

2）考虑行人摆动特征

根据前面的实验观察，行人上、下楼过程中在水平和垂直方向上都出现明显的“摆动现象”，且这种现象与行人疏散过程中的“分层现象”等紧密联系。因此，能否模拟出这种摆动现象对楼梯行人疏散的仿真精度有着重要的影响。本节中，我们将在前面研究的基础上，对原始社会力模型进行改进，使其能较好地再现摆动现象和运动轨迹等特征。

为了更好地揭示水平和垂直方向摆动的规律，我们通过实验轨迹，分析了水平位移 y 和垂直位移 z 与时间 t 之间的函数关系。我们发现，位移 y 或 z 与时间 t 的关系可以用正弦函数来表示，即

$$y=a_y\sin\left(\omega_y t+\phi_y\right) \tag{2-18}$$

$$z=a_z\sin\left(\omega_z t+\phi_z\right) \tag{2-19}$$

其中，参数 a、ω 及 ϕ 分别表示振幅、角速度和初相位。

对式（2-18）和式（2-19）分别求一阶导数，可以得到水平方向和垂直方向的速度，分别为 $v_y=\omega_y a_y\cos\left(\omega_y t+\phi_y\right)$ 和 $v_z=\omega_z a_z\cos\left(\omega_z t+\phi_z\right)$。

继续求导即可以得到水平和垂直方向运动的加速度 $a_y=-\omega_y^2 a_y\sin\left(\omega_y t+\phi_y\right)$ 和 $a_z=-\omega_z^2 a_z\sin\left(\omega_z t+\phi_z\right)$。

因此，对于质量为 m_i 的行人 i，其水平方向上的振动力 $\boldsymbol{F}_i^{\mathrm{osc\_lateral}}$ 可以定义为

$$\begin{aligned}\boldsymbol{F}_i^{\mathrm{osc\_lateral}}&=a_y m_i\boldsymbol{n}_i\\&=-m_i\omega_y^2 a_y\sin\left(\omega_y t+\phi_y\right)\boldsymbol{n}_i\\&=-m_i\left(2\pi f_y\right)^2 a\sin\left(2\pi f_y t+\phi_y\right)\boldsymbol{n}_i\end{aligned} \tag{2-20}$$

其中，f、a 和 ϕ_0 分别为行人水平方向摆动的频率、振幅和初相位；$\boldsymbol{\eta}_i$ 为单位向量，表示行人的水平运动方向。

类似地，垂直方向上的振动力 $\boldsymbol{F}_i^{\mathrm{osc\_vertical}}$ 可以定义为

$$\boldsymbol{F}_i^{\mathrm{osc\_vertical}}=-m_i\left(2\pi f_z\right)^2 a_z\sin\left(2\pi f_z t+\phi_z\right)\boldsymbol{\eta}_i \tag{2-21}$$

其中，$\boldsymbol{\eta}_i$表示垂直运动的单位向量。

而由地面行走实验可知，行人频率或振幅与运动速度呈线性关系，即

$$f = a_f \|v_i\| + b_f \tag{2-22}$$

$$s = a_s \|v_i\| + b_s \tag{2-23}$$

其中，a_f、b_f、a_s和b_s为对应的线性拟合参数。

基于以上讨论，为了模拟行人上、下楼时水平和垂直方向上的摆动，我们在原始社会力模型基础上，加入水平和垂直方向上的摆动力$\boldsymbol{F}_i^{\text{osc_lateral}}$和$\boldsymbol{F}_i^{\text{osc_vertical}}$，如图 2-35 所示，则改进的三维社会力模型可以表示为

$$m_i \frac{\mathrm{d}v_i}{\mathrm{d}t} = \boldsymbol{F}_i^{\text{drive}} + \sum_{j(\neq i)} \boldsymbol{F}_{ij}^{\text{force}} + \sum_{w} \boldsymbol{F}_{iw}^{\text{force}} + \boldsymbol{F}_i^{\text{osc\_lateral}} + \boldsymbol{F}_i^{\text{osc\_vertical}} \tag{2-24}$$

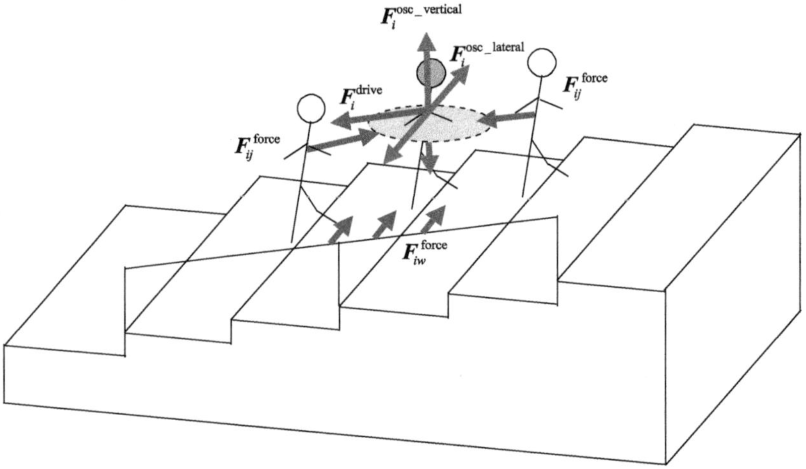

图 2-35　改进的三维社会力模型各作用力示意图

2. 模型基本参数设定

本书使用的社会力模型仿真软件为本团队自主编写，主要参数设置如下：行人直径为$2r_i$=0.4m，质量m_i=60kg，松弛时间τ=0.5s；上楼时，心理排斥力系数A_i=1 000N，B_i=0.08m，而下楼时行人密度更集中，所以下楼时心理排斥力系数比上楼时小，心理排斥力系数被设置为 A_i=900N；人体弹性系数 k=819.62kg/s^2，滑动摩擦力系数κ=510.49kg/（m · s）。此外，行人在各平台上的期望速度v_0设置为 1.9m/s。常态下，行人在台阶区域时上、下楼的期望速度分别为 0.60m/s 和 0.68m/s；应急状态下，行人在台阶区域时上、下楼的期望速度分别为 1.55m/s 和

1.50m/s；楼梯的坡度α为 27.3°。

2.5.2　常态下楼梯区域行人运动行为仿真研究

1. 行人运动轨迹仿真

在原有的二维社会力模型基础上，考虑行人摆动现象，分别在水平和垂直方向上加入振动力，得到改进的三维社会力模型。如图 2-36 所示，分别为 30 人下楼过程中的水平方向、垂直方向和斜角方向不同观察角度的行人运动轨迹仿真结果，不难看出，改进的三维社会力模型可以很好地再现行人运动轨迹的摆动现象，三维视角使得研究者可以更加直观地分析行人在楼梯区域的运动过程。

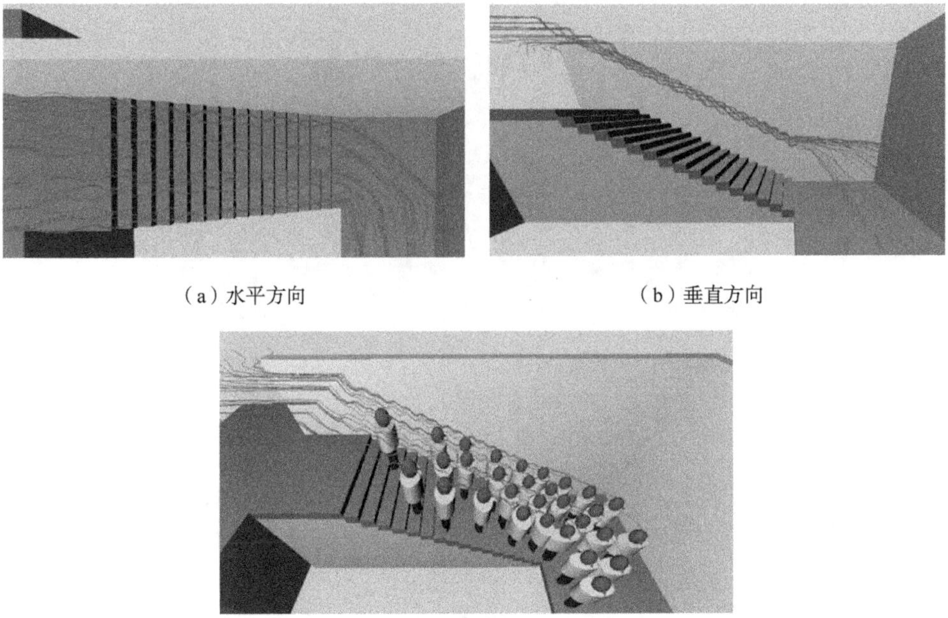

（a）水平方向　　（b）垂直方向

（c）斜角方向

图 2-36　行人下楼三维运动轨迹仿真

2. 微观速度分布仿真

通过实验数据我们发现，行人在类似于台阶等有约束的区域上运动时，其运动速度也会周期性波动，可以用正弦或余弦函数较好地拟合，且速度分布与轨迹摆动相互统一，楼梯区域转圈行走实验中行人的微观速度分布图就可以很好地说明这一点。因此，我们进行了楼梯转圈仿真模拟，图 2-37 为人数 N=15 时在楼梯区域转圈的实验和仿真场景图，不难看出，仿真场景与实验场景非常一致。

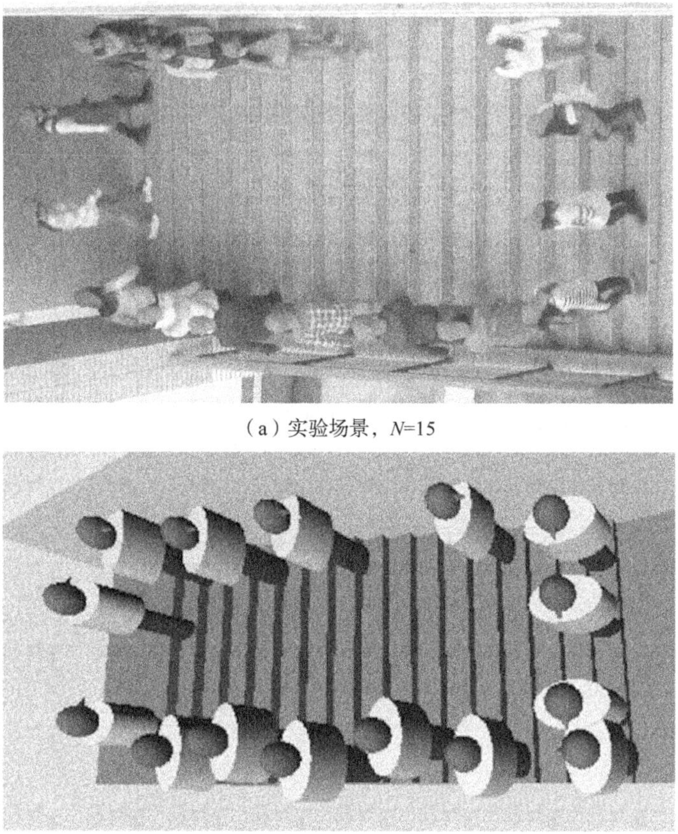

（a）实验场景，N=15

（b）仿真场景，N=15

图 2-37 楼梯区域行人转圈实验与三维仿真对比

为了更好地验证模型的合理性，我们对行人转圈过程中的微观分布图进行了模拟仿真。图 2-38 为人数分别为 N=6、N=10、N=15、N=20 时在楼梯区域转圈运动的实验和仿真微观速度分布图。需要指出的是，与实验中一样，模拟仿真中，行人每一步都只能踏一个台阶。从中我们可以清晰地观察到，仿真微观速度分布图中，行人上楼和下楼的微观速度分布图颜色也有明显的深浅交错变化，呈现出“阶梯状”，即行人上、下楼微观速度与楼梯台阶区域结构完全一致。当行人在最上方和最下方台阶区域上水平运动时，速度分布较为均匀，并未出现“阶梯状”。当人数分别为 N=6、N=10 时，楼梯区域没有形成拥挤态，随实验人数从 N=10 至 N=15，再增加到 N=20，楼梯区域行人的密度逐渐增大，开始产生拥挤，此时行人的速度逐渐减小。通过实验和仿真结果的对比，不难看出，仿真结果与实验结果一致，即改进的三维社会力模型可以很好地再现行人在楼梯区域的运动轨迹和微观速度分布图，说明模型和参数设置合理。

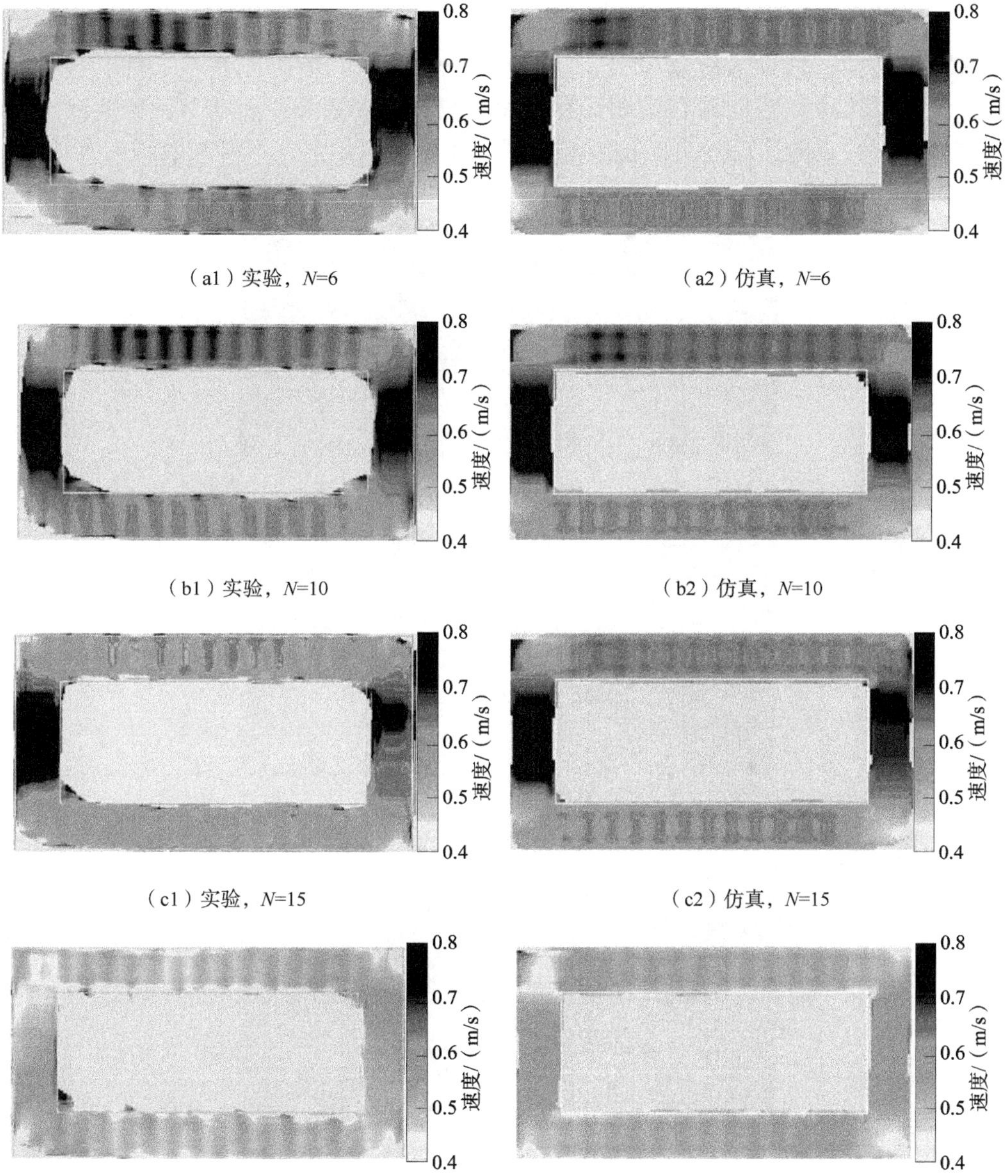

（a1）实验，N=6　（a2）仿真，N=6

（b1）实验，N=10　（b2）仿真，N=10

（c1）实验，N=15　（c2）仿真，N=15

（d1）实验，N=20　（d2）仿真，N=20

图 2-38　楼梯行人转圈微观速度分布实验与仿真对比

3. 双向运动疏散效率仿真研究

过街天桥、商场、地铁等公共场所的楼梯区域，往往会出现同时有行人上、下楼的情况，针对可能存在的行人上、下楼双向运动，我们进行了常态下（上、下楼期望速度分别为 0.6m/s、0.68m/s）不同疏散策略及不同上、下楼人数比例的仿真模拟研究，楼梯区域宽为 3m，长为 13m。图 2-39 为无秩序（直上直下运动）、有秩序（双侧均靠右运动）及中间有隔板（双侧分开运动）三种情况下行人在楼梯区域双向运动的疏散仿真场景图，图中展示的上、下楼人数均为 N=60。

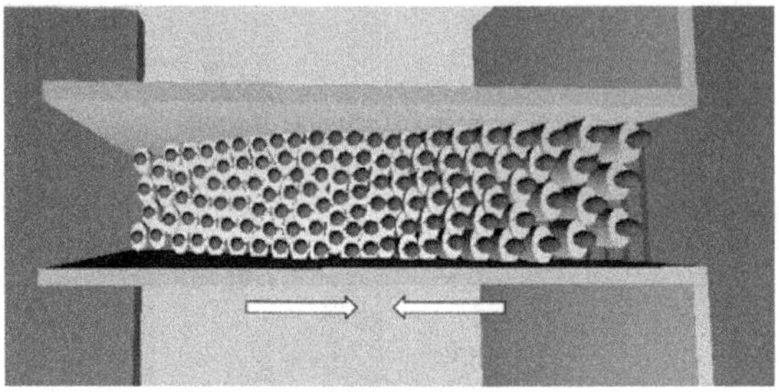

（a）无秩序（N=60）

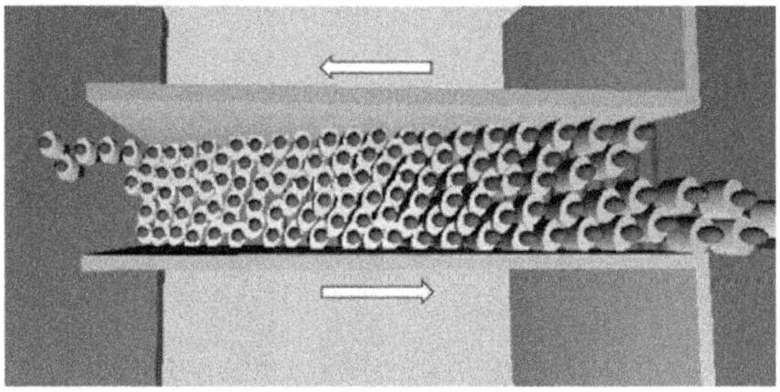

（b）有秩序（N=60）

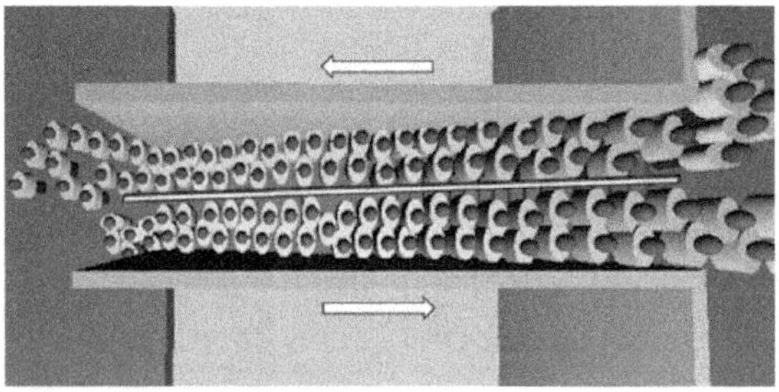

（c）中间有隔板（N=60）

图 2-39　不同策略的双向动疏散仿真场景图

1）无秩序

图 2-40 为无秩序状态下，不同人数比例上、下楼的疏散仿真结果，其中上、下楼人数分别从 0 人到 100 人，每隔 10 人依次递增。需要指出的是，当上楼或下楼人数为 0 人时，代表单向下楼或者上楼；当上楼和下楼人数都大于 0 人时，代表楼梯区域同时存在上楼和下楼行人，此时为双向运动。

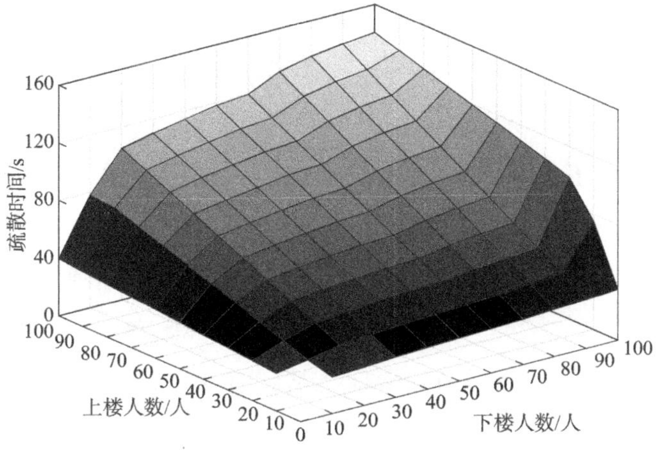

图 2-40　无秩序双向疏散仿真结果

不难看出，与单向运动相比，楼梯区域行人双向运动时的疏散总时间急剧增加。例如，单向下楼（上楼人数为 0 人）时，若下楼人数为 10 人，疏散时间为 25.3s，人数为 100 人，疏散时间达到 35.5s。当同时有 10 人上楼 10 人下楼时，疏散时间为 29.8s，下楼人数为 100 人，疏散时间为 75.1s。因此，当楼梯区域出现双向运动时，若在无秩序状态下，即使某个方向上的人数较少，也会使疏散时间成倍增加。此外，从图 2-40 中可以看出，当上、下楼人数小于等于 20 人时，随着人数的增加，疏散时间增加的速度较快，但是当人数大于等于 30 时，随着人数的增加，疏散时间的增加速度减小。例如，当下楼人数为 100 人，上楼人数从 0 人增加到 20 人时，疏散时间分别为 35.5s、75.1s、98.2s，分别增加 39.6s 和 23.1s，但是当上楼人数从 30 人增加到 100 人时，疏散时间从 104.0s 增加到 140.2s，每增加 10 人，疏散时间平均增加 5.2s。

2）有秩序

图 2-41 为有秩序状态下，不同人数比例上、下楼的疏散仿真结果。类似地，与单向运动相比，楼梯区域行人双向运动时的疏散总时间也在急剧增加。例如，单向下楼（上楼人数为 0 人）时，若下楼人数为 10 人，疏散时间为 25.3s，人数为 100 人，疏散时间达到 35.5s。当同时有 10 人上楼 10 人下楼时，疏散时间为 30.2s，下楼人数为 100 人，疏散时间为 59.5s。因此，即使在有秩序状态下，双向运动也会使疏散时间成倍增加。

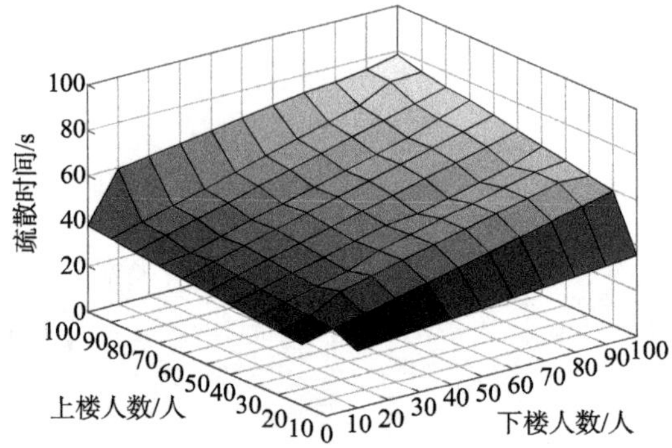

图 2-41　有秩序双向疏散仿真结果

此外，与无秩序状态相比，当行人上、下楼都靠右运动时，疏散总时间明显减少。例如，在无秩序状态下，当上、下楼人数都为 100 人时，疏散时间为 140.2s，但是当行人上、下楼都靠右运动时，疏散时间仅为 78.3s，为无秩序状态下的 55.8%，几乎减少了一半。仿真数据说明，当楼梯区域行人出现上、下对冲运动时，若行人都有统一的规则，严格遵守靠右运动的规则，可以显著地减少疏散总时间，有利于行人更快地疏散至安全区域。

3）中间有隔板

图 2-42 为楼梯中间有隔板状态下，不同人数比例上、下楼的疏散仿真结果。与以上两种情况不同的是，当中间有隔板时，上、下楼行人相对独立，分两边进行疏散，上、下楼行人不存在身体上的接触或碰撞，此时疏散总时间由花费时间长的一边决定。例如，当下楼疏散人数为 100 人时，不管上楼人数是多少，疏散总时间都为 45.4s。因此，不同人数比例情况下的疏散时间几乎呈对称关系，此时疏散总时间可以被看成楼梯宽减少一半的单向疏散时间。

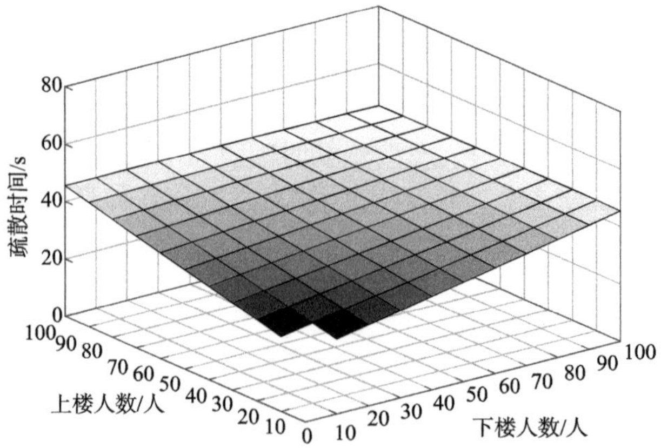

图 2-42　中间有隔板双向疏散仿真结果

双向运动时，当疏散人数较大时，则中间有隔板状态下可以很好地减少疏散时间，但是单向运动时，中间有隔板状态下反而增加疏散时间。例如，当上、下楼人数均为 100 人时，无秩序状态和有秩序状态的疏散时间分别为 140.2s、78.3s，中间有隔板时只需花费 45.4s；但是单向运动时，如上楼人数为 0 人，下楼人数为 100 人时，无秩序状态和有秩序状态的疏散时间都为 35.5s，但是中间有隔板时仍需花费 45.4s。因此，仿真数据说明，当上、下楼对冲人数较多时，建议通过在中间加隔板等方式进行分流，但是当人数较少时，建议通过引导行人进行有秩序疏散即可。

2.5.3　应急状态下楼梯区域行人疏散仿真研究

1. 40 人上、下楼应急疏散仿真研究

1）疏散场景仿真

为了验证改进的三维社会力模型对应急状态下行人疏散的典型特征的仿真模拟效果，我们分别对 40 人上、下楼应急疏散场景、疏散轨迹、疏散效率进行了仿真模拟，并与原始社会力模型的模拟结果和实验结果进行对比研究。图 2-43 为 40 人上、下楼的三维仿真疏散场景，其清晰直观地展现了行人在楼梯区域的疏散过程。

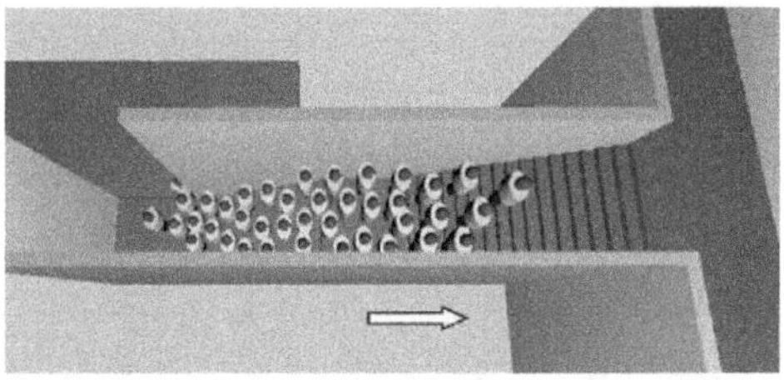

（a）上楼

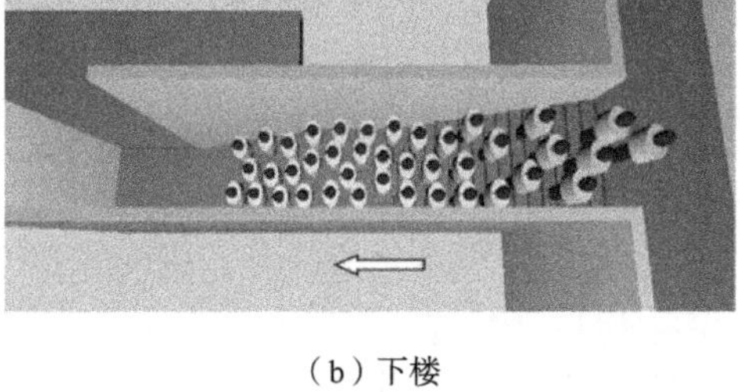

（b）下楼

图 2-43　40 人上、下楼的三维仿真疏散场景

2）疏散轨迹仿真

图 2-44 为实验、改进的三维社会力模型仿真、原始社会力模型仿真得到的行人上、下楼轨迹图。我们主要从摆动现象和分层现象两个方向进行对比。

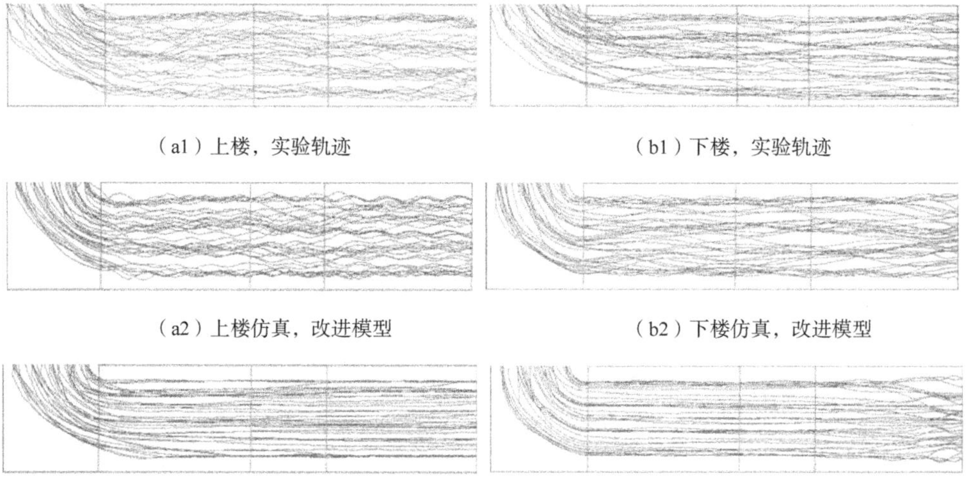

（a1）上楼，实验轨迹　（b1）下楼，实验轨迹

（a2）上楼仿真，改进模型　（b2）下楼仿真，改进模型

（a3）上楼仿真，原始模型　（b3）下楼仿真，原始模型

图 2-44　40 人上、下楼梯实验和仿真轨迹对比

（1）摆动现象，摆动现象是行人运动过程中的典型行为之一，在行人上、下楼时，他们的摆动现象尤为明显。通过对比不难看出，改进的三维社会力模型的仿真轨迹与实验轨迹高度相似，可以很好地模拟摆动现象，而使用原始社会力模型仿真的轨迹则无法模拟出摆动的行人轨迹。

（2）分层现象，分层现象的行程对行人疏散效率有较大的影响，能否模拟出与实验相同的分层数量是检验模型和参数是否合理的重要指标之一。通过对比发现，改进的三维社会力模型可以很好地再现真实的分层数量，如 40 人上楼时，实验中行人分成四层，改进的三维社会力模型仿真轨迹也分成四层，但使用原始社会力模型仿真时，行人仿真轨迹没有出现明显的分层现象。因此通过仿真轨迹的对比不难发现，改进的三维社会力模型能够很好地模拟出行人上、下楼过程中的摆动现象和分层现象。

3）疏散效率仿真

接着对 40 人上、下楼逃生疏散效率进行了模拟仿真，分别使用原始社会力模型和改进的三维社会力模型，并与实验疏散效率的数据进行了对比，每隔 2s 记录一次已成功逃离的总人数。如图 2-45 所示，不难看出，改进的三维社会力模型的仿真结果与实验数据更加吻合。上楼时，实验中第一个人疏散时间为 6.4s，而最后一个人成功逃离共用时近 22s，改进的三维社会力模型仿真模拟得到第一个人和最后一个人分别用时 7.7s 和 21.58s；下楼时，第一个人和最后一个人的实验数据分别为 6.6s 和 18.6s，改进的三维社会力模型仿真模拟得到对应的值分别为 7.3s 和 18.2s。通过对比实验和仿真疏散效率折线，两者吻合度较好，说明本书研究的模型和参数设置较为合理。

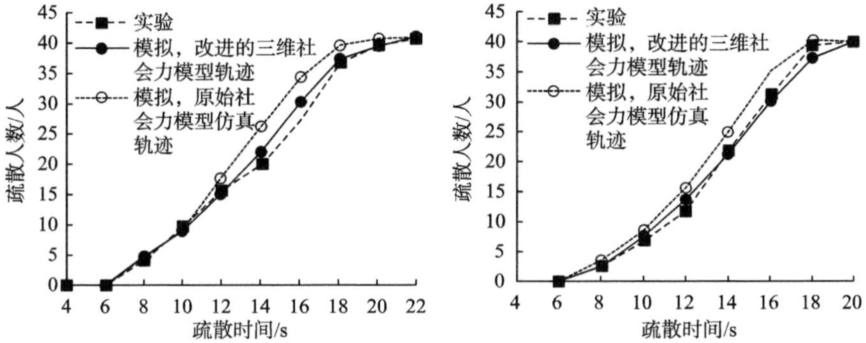

（a）上楼　　（b）下楼

图 2-45　40 人上、下楼实验与仿真疏散效率对比

2. 疏散效率影响因素仿真研究

为了研究应急疏散状态下对行人疏散效率的影响因素，分别对疏散人数、期望速度、楼梯宽度、是否有中间隔板等因素进行了分析。需要指出的是，由于现实生活中，应急状态下行人疏散大多为单向疏散，因此未考虑双向疏散的情况，且只以下楼情况为例进行分析。

1）改变人数和期望速度

首先，我们对不同人数和不同期望速度状态下的行人下楼疏散效率进行了研究。图 2-46 为 N=30 和 N=130 的下楼疏散仿真场景，不难看出，与 N=30 相比，N=130 时楼梯区域行人的密度大很多，且在入口区域形成明显的拥挤态。

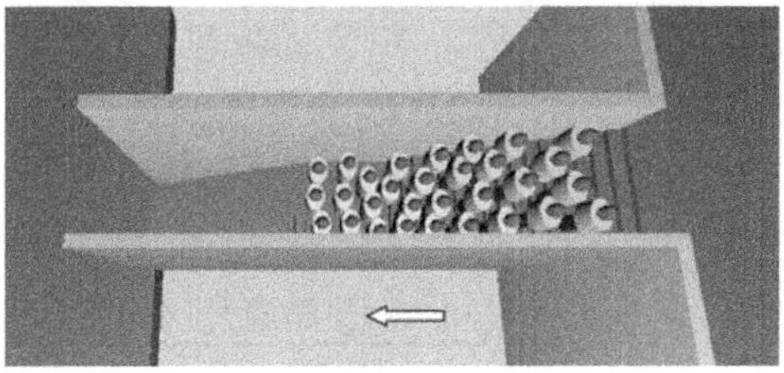

（a）N=30

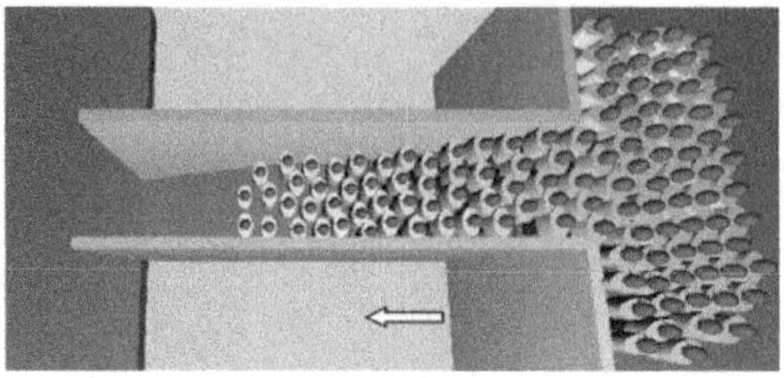

（b）N=130

图 2-46　不同人数下楼疏散仿真场景图

图 2-47 和表 2-11 为不同人数（分别为 10 人至 150 人，间隔 20 人）和不同期望速度（分别为 0.6m/s 至 2.0m/s，间隔 0.2m/s）情况下的行人下楼疏散效率仿真结果。一方面，增加疏散人数会显著增加疏散时间，如当期望速度为 1.6m/s 时，若下楼人数由 10 人增加到 150 人，疏散时间则由 14.8s 增加到 22.0s；另一方面，保持疏散人数不变，当期望速度小于 1.4m/s 时，增加期望速度，疏散时间显著减少，但是当期望速度大于 1.4m/s 时，增加期望速度对疏散时间影响不大。例如，当人数为 150 人时，期望速度由 0.6m/s 增加到 1.2m/s 时，疏散时间由 44.2s 到 24.6s，几乎减少了一半。但是当期望速度分别为 1.6m/s、1.8m/s、2.0m/s 时，疏散时间分别为 22.0s、21.8s、22.0s，几乎没有改变。

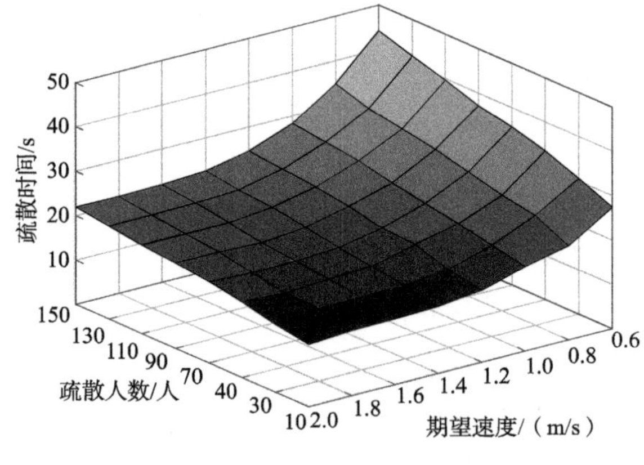

图 2-47　不同人数和期望速度的疏散效率仿真结果

表 2-11　不同人数和期望速度的疏散效率仿真结果

人数/人	期望速度/（m/s）							
	0.6	0.8	1.0	1.2	1.4	1.6	1.8	2.0
10	27.4	21.2	19.0	16.2	15.0	14.8	14.6	14.0
30	30.6	24.8	20.6	17.6	16.4	16.2	16.2	15.2

续表

人数/人	期望速度/（m/s）							
	0.6	0.8	1.0	1.2	1.4	1.6	1.8	2.0
50	33.5	26.1	22.1	20.0	17.6	17.1	16.5	17.0
70	35.6	28.0	23.4	20.4	18.5	18.0	17.8	18.3
90	37.2	29.8	24.8	22.0	19.8	18.8	19.2	19.2
110	39.7	31.2	26.5	23.1	21.0	20.0	20.0	20.0
130	41.8	32.5	27.4	23.8	21.6	21.2	21.0	21.0
150	44.2	34.8	28.4	24.6	22.6	22.0	21.8	22.0

2）改变人数和楼梯宽度

其次，我们对不同人数和不同楼梯宽度情况下的行人下楼疏散效率进行了研究。图 2-48 为楼梯宽度为 1.8m 和 3.8m 状态下的下楼疏散仿真场景。我们已经知道，当期望速度大于 1.4m/s 时，增加期望速度对疏散时间影响不大。此外，因为是应急状态下的疏散，参考实验数据，此处行人下楼的期望速度设置为 1.6m/s。

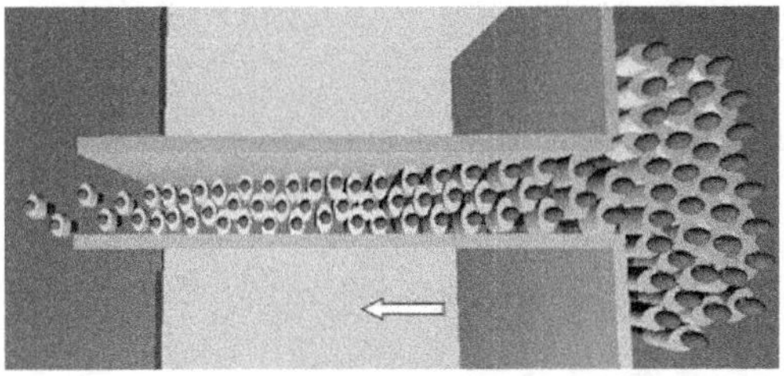

（a）楼梯宽度为 1.8m

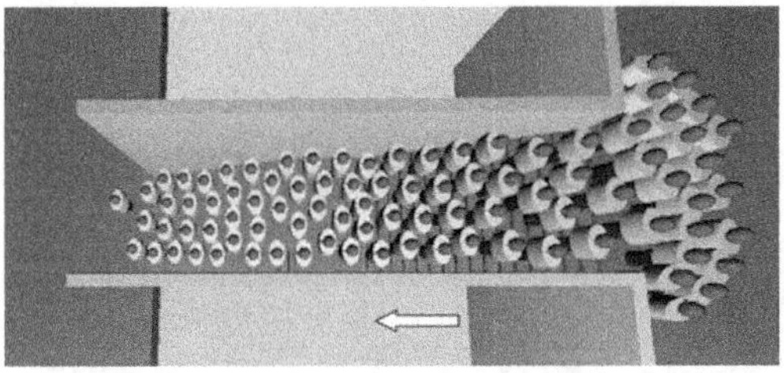

（b）楼梯宽度为 3.8m

图 2-48　不同楼梯宽度疏散仿真场景图

图 2-49 为不同人数（分别为 10 人至 150 人，间隔 20 人）和不同楼梯宽度（分别为 1.4m 至 4.2m，间隔 0.4m）状态下的行人下楼疏散效率仿真结果。一方面，当人数较少时，楼梯宽度对疏散时间的影响较小。例如，当人数为 10 人时，楼梯宽度由 1.4m 增加至 4.2m，疏散时间由 15.8s 减少至 13.8s，时间变化不大；另一方

面，楼梯宽度对疏散效率有很大的影响，随楼梯宽度的增加，疏散时间显著减少。例如，当楼梯宽度为 1.4m，疏散人数由 10 人增加到 150 人时，疏散时间分别为 15.8s 和 32.2s，增加了约 1 倍；但是当楼梯宽度为 4.2m，疏散人数由 10 人增加到 150 人时，疏散时间分别为 13.8s 和 20.0s，仅仅增加了 0.45 倍。因此，人在地铁、商场等人群聚集区域，一旦遇到突发事件的应急疏散，楼梯既是疏散通道，又是疏散瓶颈区域，为了提高疏散效率，应尽可能配备足够宽的楼梯。

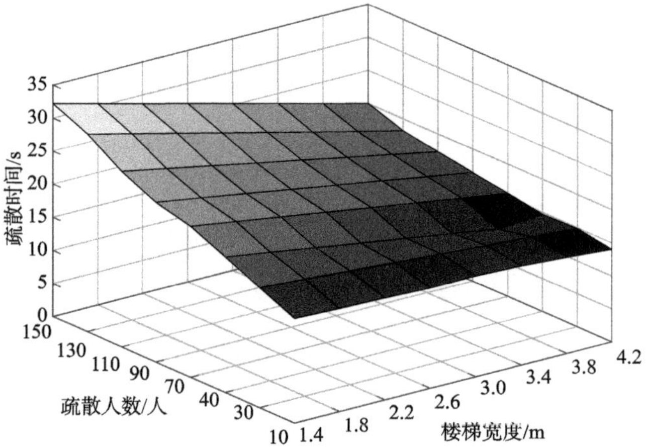

图 2-49　不同人数和楼梯宽度的疏散效率仿真结果（一）

3）改变人数和中间有隔板

最后，我们在不同人数和不同楼梯宽度状态下，考虑楼梯中间是否有隔板这一因素后对行人下楼疏散效率的影响进行了研究。图 2-50 为中间有隔板时的疏散仿真场景。需要指出的是，除了中间有隔板，其他参数设置与前两个小节仿真模拟场景一致，由于只考虑单向运动，行人可以同时在隔板两侧进行疏散。

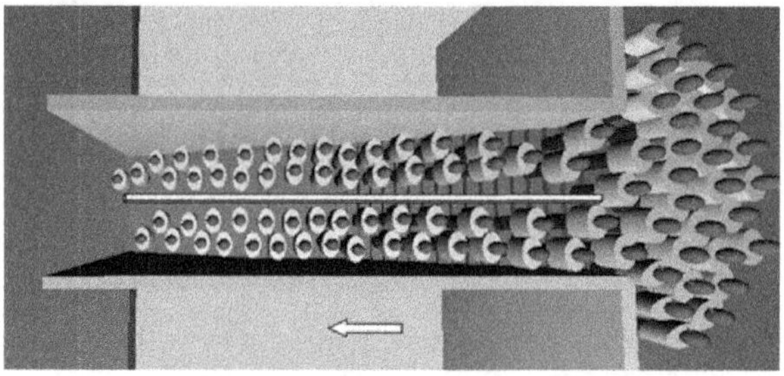

图 2-50　中间有隔板时的疏散仿真场景图

图2-51为不同人数（分别为10人至150人，间隔20人）和不同楼梯宽度（分

别为 1.4m 至 4.2m，间隔 0.4m）情况下，中间有隔板状态下的行人下楼疏散效率仿真结果。通过对比发现，在单向应急疏散状态下，中间有无隔板对行人疏散效率影响不大。

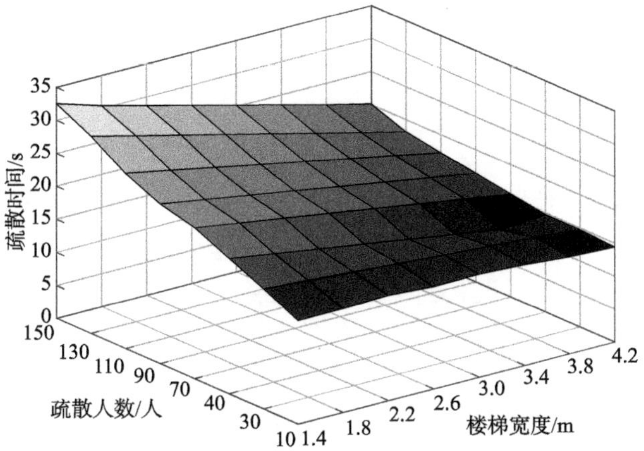

图 2-51　不同人数和楼梯宽度的疏散效率仿真结果（二）

2.5.4　小结

本节提出了一个考虑行人摆动特征的三维社会力模型，分别对常态和应急状态下楼梯区域行人疏散进行了仿真研究，验证了模型的合理性，并给出了楼梯区域行人疏散安全策略和建议。

常态疏散仿真中，首先对行人的运动轨迹、微观速度分布、速度-密度关系等进行了仿真研究，并与实验数据进行对比，验证了模型的有效性。其次针对可能存在的行人上、下楼双向运动，进行了不同疏散策略（无秩序、有秩序及有中间隔板）状态下不同上、下楼人数比例双向对冲的仿真研究。结果表明，双向对冲会明显增加行人疏散总时间，降低疏散效率；在无秩序状态下，行人上、下楼对冲很容易造成拥挤，当行人进行有秩序疏散或在楼梯区域设置中间隔板时，能够明显减少双向疏散时间。

应急状态仿真中，首先对 40 人上、下楼的疏散场景、疏散轨迹、疏散效率等进行了模拟仿真，验证了模型的合理性。其次以下楼为例，对不同人数、不同期望速度、不同楼梯宽度、中间是否有隔板等状态下的疏散效率进行了仿真研究。结果表明，期望速度由 0.6m/s 增加到 1.4m/s 时，行人疏散时间显著减少；当期望速度大于 1.4m/s 时，继续增加期望速度对行人疏散时间影响不大；增加楼梯宽度能显著减少疏散时间；应急状态下单向疏散时，在楼梯区域设置中间隔板对疏散时间影响不大。本章研究结果可以为建筑楼梯的设计及人群疏导管控提供一定的参考依据。

2.6 本章小结

2.6.1 研究结论

本章从三维视角出发，开展了不同情况下楼梯区域行人疏散实验，利用视频处理技术，提取行人的运动轨迹，并对速度、密度、流量等典型疏散特征进行了分析。此外用改进的三维社会力模型进行模拟仿真，给出疏散策略建议。主要研究成果有以下几个方面。

（1）开展了地面运动、楼梯直线和转圈运动实验。发现行人在运动时，在水平和垂直方向都有明显的摆动现象，其运动轨迹可以用正弦或余弦函数较好地拟合；行人在台阶上运动时，其轨迹的振幅与速度呈负线性关系，摆动频率与速度呈正线性关系；台阶约束行人的步伐，使他们的微观速度分布呈现出深浅交错的“阶梯状”。

（2）开展了常态下楼梯区域行人运动行为观察研究。通过视频数据，获得了他们的速度、密度、流量等参数，并对影响行人运动速度的因素进行了分析。结果表明：常态下，行人下楼速度大于上楼速度；行人运动速度与人群密度呈负线性关系，密度越大，速度越小；性别、年龄、群组等因素对行人上、下楼速度有显著影响，是否携带行李对行人上、下楼速度影响不显著。

（3）开展了应急状态下楼梯区域不同人数的疏散实验。分别从宏观和微观角度对行人上、下楼应急疏散效率、速度、密度、流量等运动特征进行了对比分析。结果表明：应急状态下，上楼速度反而大于下楼速度，但下楼时行人密度更大，使得下楼时人流量更大，因而下楼疏散效率更高；行人上、下楼的微观速度、密度和流量等随楼梯结构呈现出明显的层次分布。

（4）提出了改进的三维社会力模型，通过对常态和应急状态下疏散场景、疏散轨迹、疏散效率等典型特征进行仿真对比，证明了模型和参数设置的合理性。在此基础上，通过仿真模拟，研究了常态下行人双向运动时，无秩序、有秩序和中间有隔板情况下的疏散效率，发现有秩序组织和隔板分流等措施可以有效提高常态下行人双向疏散效率。此外，进行了应急状态下单向疏散仿真模拟，研究了疏散人数、期望速度、楼梯宽度、中间是否有隔板等因素对行人疏散效率的影响。仿真结果显示，增加楼梯宽度能显著减少疏散时间，在楼梯区域设置中间隔板对应急单向疏散效率影响不大。

2.6.2　研究展望

本章分别对常态和应急状态下楼梯区域行人典型行为进行了实验和仿真研究，取得了一定的研究成果，但仍然存在较多不足之处，有待今后进一步研究，主要包括以下几个方面。

（1）在楼梯疏散实验中，未考虑实验者的体力消耗情况，特别是对于一些身体较弱的人员，多组重复疏散实验使得行人体力大量消耗，对疏散造成较大影响。因此，在今后的疏散演示过程中，应当将体力消耗因素考虑在内。

（2）在进行常态观察和应急疏散演习过程中，只在单一楼梯区域进行了研究，未考虑不同楼梯结构（如坡度、长度等）对行人疏散行为的影响。

（3）本书研究范围仅限于楼梯区域，没有涉及多层或整个建筑物等更复杂的疏散场景，而在现实生活中，一旦遇到突发事件，很可能包含房间疏散、走廊疏散等不同场景的行人疏散过程。

（4）在用改进的三维社会力模型进行仿真模拟时，疏散个体参数（如半径、身高、期望速度等）被设置成相同的值，未考虑个体体型、体能等方面的差别，可能对计算结果有一定的影响。

第3章　不同交通系统统一自减速行为机制

3.1　环形队列、直线队列实验设计

3.1.1　实验设计

1. 环形队列实验设计

在行人、自行车和汽车环形队列实验中，实验者都是根据自身意愿在单一的环形轨道上正常移动的。三种不同的交通系统实验不是只进行了一次，而是通过改变实验者数量进行了数次实验，实验场景如图 3-1 所示。

（a）行人实验　　（b）自行车实验　　（c）汽车实验

图 3-1　行人、自行车和汽车环形队列实验场景图

行人环形队列实验在福州大学进行，实验场地被设置成一个周长为 52m 的环形轨道，实验者由大学生组成。每次实验人数都从 5 人到 70 人不等，这样就可以通过改变人数来改变环形轨道场地上的密度。实验者的平均肩宽和体重分别是 0.4m 和 58kg。当每次实验开始时，每一名实验者都被要求戴上红色的帽子并按照

自己的意愿正常运动。

同样，我们在周长为 52m 的环形轨道上进行了自行车环形队列实验。实验也做了数次，每次实验的骑行者都从 5 人到 23 人不等，且这些骑行者由大学生组成。每次实验中，自行车的平均长度为 1.57m，每名骑行者的体重与所骑自行车的重量之和的平均值为 90kg。同时，当每次自行车环形队列实验开始时，骑行者都被要求戴上红色的帽子并按照逆时针方向在跑道上正常骑行。

汽车环形队列实验是在日本名古屋巨蛋的一个室内职业棒球比赛场地进行的[137]，实验场地是一个周长为 314m 的环形轨道。实验做了数次，每次实验的汽车数量都从 10 辆到 40 辆不等，且所有的汽车都有相同的型号和规格（丰田威姿：1.3L，3.89m 长，自动变速器）。汽车驾驶员由 52 名大学生组成，每次实验中的第一个驾驶员起初都被要求缓慢行驶，直到全部的汽车进入轨道后，所有的实验者才根据自己的意愿以 30km/h 的目标速度安全驾驶。每次实验的汽车轨迹都是通过高分辨率的激光扫描仪观察得到的。

2. 直线队列实验设计

环形队列实验描述的是封闭、静止状态下的交通流特征，并不包括类似于交通信号灯下那种一走一停的开放、动态的交通环境。为了更加全面地分析不同环境下的交通流特征，本书研究开展了自行车和行人的直线队列实验来专门模拟类似于交通信号灯环境下的行人和自行车的运动特征，图 3-2 为行人实验设计示例图，只是将行人替换为自行车。

（a）实验开始

（b）实验结束

图 3-2　行人实验设计示例图

图 3-2 精确地描述了直线队列实验的设计过程。我们在每次实验的开始都会发出指令，此时所有排队等候的行人或骑行者就像看见绿色信号灯一样，开始行走或者骑行，如图 3-2（a）所示。从图 3-2（b）中可以看到，当队列中的第一名实验者到达终点停下来时，后面所有跟随的实验者就像看见了红色信号灯一样，

开始逐渐停下来，直到实验结束。上面是实验的设计方案，那么在具体的实验中，我们就根据该方案来开展直线队列实验，实验场景如图 3-3 所示。

（a）行人实验

（b）自行车实验

图 3-3　行人、自行车直线队列实验场景图

直线队列实验也是在福州大学进行的，实验场地被设置成长为 36.16m，宽为 1.2m 的直线轨道。实验者由不同性别的大学生组成，在每次行人实验或者自行车实验中，这些大学生都会按照上面设计好的实验方案正常行走或者骑行在直线轨道上。行人直线队列实验进行了数次，每次实验的人数都从 10 人到 60 人不等，并且实验者的平均肩宽为 0.4m，平均体重为 58kg。同样，在自行车直线队列实验中，我们通过改变每次实验自行车的数量来改变直线轨道上自行车的密度。每次实验的自行车数量都从 4 辆到 9 辆不等，并且这些自行车平均长度为 1.57m，骑行者的体重与自行车质量之和的平均值为 90kg。同时，为了便于后面提取轨迹，每次行人或者自行车直线队列实验的参加者都被要求戴上红色的帽子。

3.1.2　基于视频技术的数据采集方法

目前，交通流领域的数据采集主要有三种方法：人工观测法、自动检测法和视频采集法。人工观测法是指研究者利用肉眼观察交通流现象，并借助一些常用的观测工具（停表、卷尺、计算器等）和统计方法对交通流现象进行测量的方法。该方法具有灵活简单、易于操作等特点，因此应用十分广泛。然而，利用该方法采集交通流数据需要投入大量的时间和精力而且容易出错、误差大，进而影响到所收集数据的科学性[161]。自动检测法是指研究人员利用先进的设备或仪器对交通流现象进行检测的方法。该方法是伴随微电子技术、信息处理技术和传感技术的普及而产生的，其采集交通流数据的具体过程如下：首先道路上的交通状况被传感器自动检测到，其次传感器把这些交通信息传给信号装置并由信号装置将其转化为电信号，最后电信号就被相应的数据处理装置转换成交通流数据[162]。自动检测法又包括很多不同的数据采集方法，如全球定位系统

（global positioning system，GPS）检测法、微电子技术检测法、超声波检测法及日本汽车环形队列实验中用到的激光检测法。这些方法都有着各自的优点，然而其设备都比较昂贵，因此应用还不是很广泛。相对而言，视频采集法是目前交通流领域应用最为广泛的数据采集方法，它是利用高清摄像机对交通状况进行录像，然后再通过相应的轨迹提取软件从视频录像中提取所需要的数据。该方法相较于前面的两种方法具有以下优点。

（1）消耗的人力和成本费用更少。

（2）受天气影响小，并且利用高清摄像机拍摄到的视频录像精度高、误差小，便于以后的加工处理。

（3）收集到的视频录像可以长期保存，便于以后长期地观察与测量，具有可再现性。

1. 视频录像的收集

由于视频采集法具有以上的优点，本书研究在采集实验数据时也采用该方法。根据定义可知，利用视频采集法的关键在于使用高清摄像机来收集整个实验过程的视频录像，所以为了获得最全面和清晰的视频录像，我们在实验场地附近的一栋建筑物顶端找到了一个理想的视角来放置高清数码摄像机并记录下了实验的全过程，如图 3-4 所示。

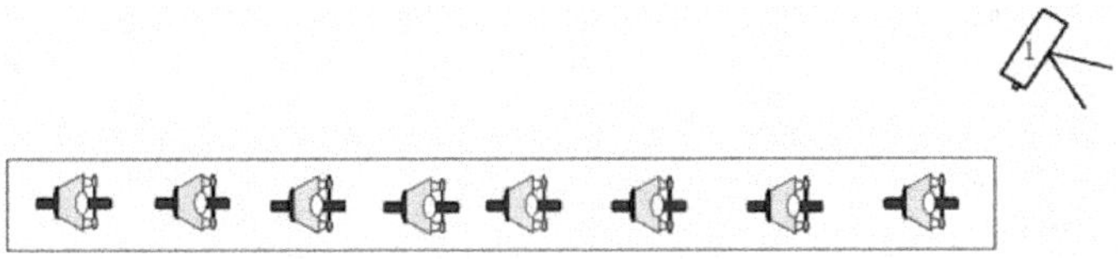

（a）自行车直线队列实验

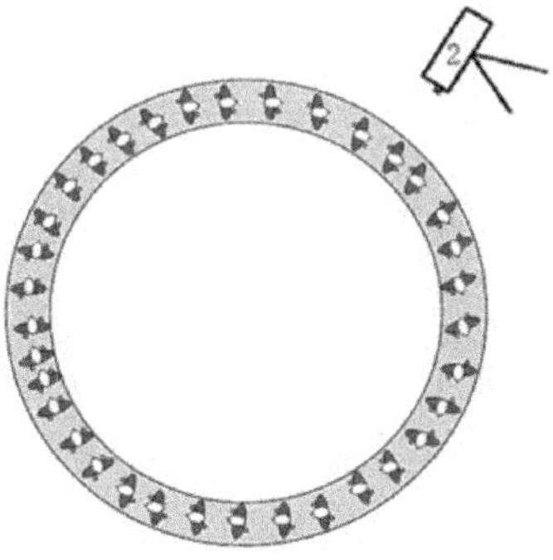

（b）行人环形队列实验

图 3-4　实验视频录像平面示例图

图 3-4（a）和图 3-4（b）分别描述了采集自行车直线队列实验视频录像和行人环形队列实验视频录像的平面示意图。图 3-4 中标号“1”“2”的物体为摄像机，位于实验场地右上方足够高的位置，因此可以清晰地拍摄到整个实验过程的全景录像。依据此方法，我们拍摄了每次实验的视频录像，这些高精度的视频录像为之后提取每次实验中行人或自行车的轨迹坐标打下了坚实的基础。

2. 轨迹提取

实验视频录像收集完成之后就可以利用本团队自主研发的轨迹提取软件来提取视频录像中每个行人或自行车的轨迹坐标。首先，在软件的图像校正页面将每次实验的视频录像导入轨迹提取软件中，由于实验中每名实验者在视频录像上的图像坐标都与他们在实验场地上的真实位置坐标存在差异，所以需要利用近景摄影测量中的 DLT 算法来对导入软件中的视频录像进行坐标转换。DLT 算法根据凸透镜成像原理来建立图像坐标与真实位置坐标之间的对应关系，即在视频图像中选取四个不共线的参考点来确定每名实验者在视频录像中的坐标和真实位置坐标；再根据两种坐标之间的转换系数和计算公式来确定视频录像上每个点的坐标与它在真实的实验场地上所对应的坐标，用公式描述为

$$x_k = \frac{m_1 + m_2 x_i + m_3 y_i}{1 + m_7 x_i + m_8 y_i} \tag{3-1}$$

$$y_k = \frac{m_4 + m_5 x_i + m_6 y_i}{1 + m_7 x_i + m_8 y_i} \tag{3-2}$$

其中，(x_k, y_k)为所在实验场地的真实位置坐标；(x_i, y_i)为在视频录像中的图像坐标；$m_1 \sim m_8$为图像坐标对应真实位置坐标的转换系数。根据式（3-1）和式（3-2）可知，只要能够知道$m_1 \sim m_8$这八个常数转换系数，就可以根据每次实验中行人或自行车的图像坐标来求解出其在实验场地的真实二维坐标。因此，我们在实验场地上找到一个矩形的四个端点作为参考点，并测量出它们的真实二维坐标，如图 3-5 所示。

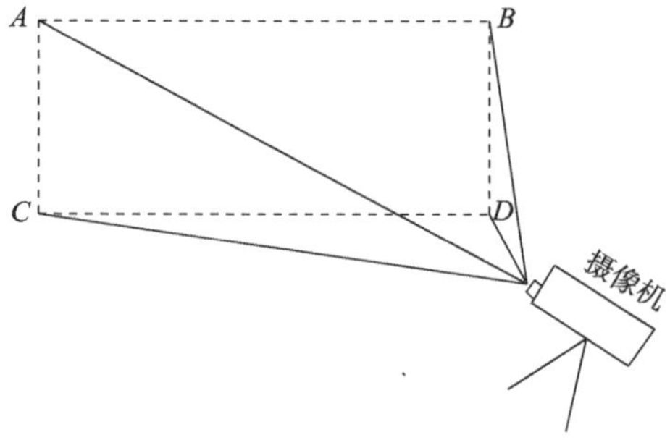

图 3-5　四个参考点的选取

图 3-5 中，点 A、点 B、点 C 和点 D 为选取的四个参考点，其在实验场地上的真实二维坐标分别为 (x_{ka}, y_{ka})、(x_{kb}, y_{kb})、(x_{kc}, y_{kc}) 和 (x_{kd}, y_{kd})。根据这四个参考点的坐标，在视频录像中得到这四个参考点的图像坐标分别为 (x_{ia}, y_{ia})、(x_{ib}, y_{ib})，(x_{ic}, y_{ic}) 和 (x_{id}, y_{id})，将这四个参考点的坐标代入式（3-1）和式（3-2）中可得到关于 $m_1 \sim m_8$ 这八个转换系数的矩阵方程。求解该转换方程便可以得到关于 $m_1 \sim m_8$ 这八个转换系数的具体值，再将这些值代入式（3-1）和式（3-2）中，就都可以求出视频录像中每名实验者的真实二维坐标[163]。

图像校正完毕后，就可以进入目标识别页面。首先在目标识别页面中点击装载红色按钮，软件会自动识别每名实验者头顶上的红色帽子，并在帽子上生成一个黄色圆圈，这表示软件已经进入提取轨迹状态。其次对队列实验中每名实验者进行编号，并点击播放按钮，每次实验的视频录像就都会在软件中逐帧播放。最后伴随视频录像的播放，软件会自动保存每一帧下每名实验者的轨迹，这样就会产生每名实验者的历史轨迹，如图 3-6 所示，且每名实验者的具体轨迹坐标数据都会被自动保存到 Microsoft Office Access 关系数据管理系统中。

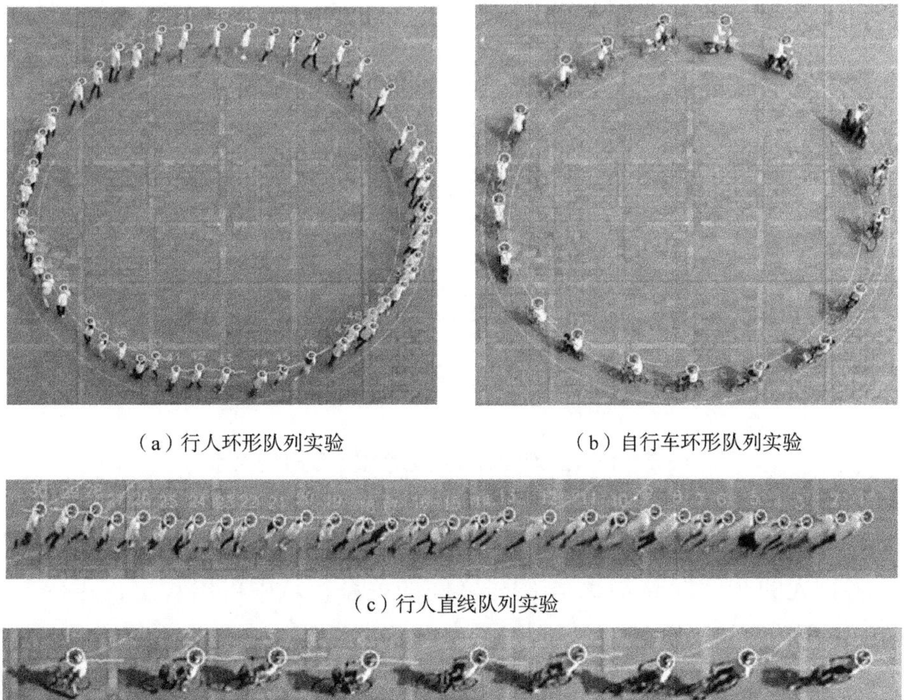

（a）行人环形队列实验　（b）自行车环形队列实验

（c）行人直线队列实验

（d）自行车直线队列实验

图 3-6　轨迹提取示例图

3.2　行人、自行车、汽车运动特征对比分析

3.2.1　队列速度波动规律

每次实验中，整个队列速度的波动规律都可以通过每名实验者速度标准差的大小来反映，而对行人、自行车和汽车三种交通流在队列环境下的速度波动规律进行研究，可以帮助我们更好地理解这三种交通流运动特征上的异同点。

1. 行人队列实验

基于前面开展的行人队列实验数据，我们研究分析了每名实验者的速度标准差 σ_v 与编号之间的关系，结论如图 3-7 所示。

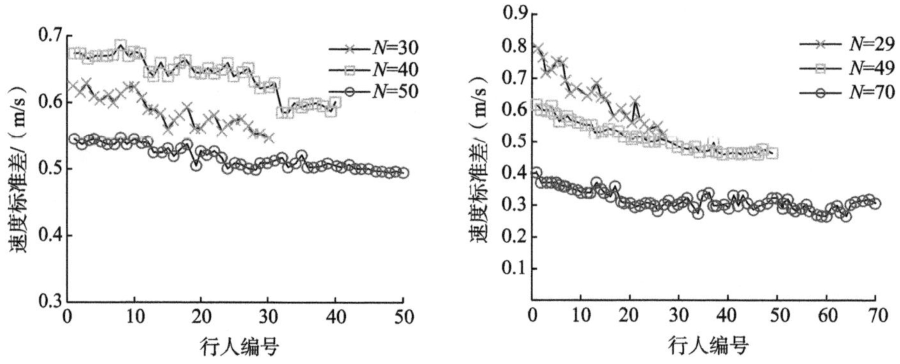

（a）行人直线队列实验　　（b）行人环形队列实验

图 3-7　行人队列实验速度标准差与编号的关系

图 3-7（a）展示了在行人数量分别为 N=30、N=40 和 N=50 的行人直线队列实验中每名行人的速度标准差 σ_v 与编号之间的关系，从中可以看出，随行人编号的递增，速度标准差 σ_v 呈波浪状线性向下延伸的趋势，即队列速度波动幅度随队列的延伸整体上呈递减的趋势。图 3-7（b）描述的是在行人数量分别为 N=29，N=49 和 N=70 的行人环形队列实验中，每名行人运动的速度标准差 σ_v 与编号之间的关系，从三条呈递减趋势的线条中不难得出类似于直线队列实验中的结论，即行人的速度标准差都随每名行人编号的增加而整体上呈减少的趋势。因此，无

论是直线队列实验，还是环形队列实验，行人队列速度的波动幅度从整体来看都是向队列后面逐渐递减的，也就是说越处于队列后面的行人，他们的速度波动就越小。

2. 自行车队列实验

文献综述中提到过许多学者通过实验来研究自行车在不同场景下的速度特征，然而很少有学者研究自行车队列速度的波动规律。本书研究借助所开展的两种不同实验场景下的自行车队列实验来对此进行研究，结论如图 3-8 所示。

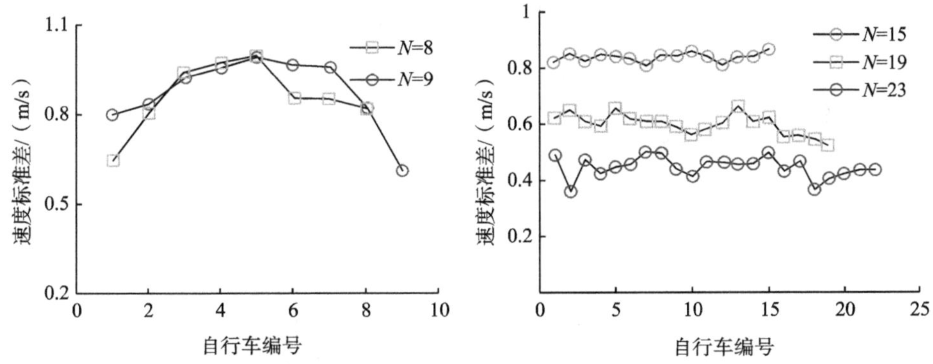

（a）自行车直线队列实验　　　（b）自行车环形队列实验

图 3-8　自行车队列实验速度标准差与编号的关系

图 3-8（a）展示了在自行车数量分别为 N=8 和 N=9 的直线队列实验中，每辆自行车速度标准差 σ_v 与编号之间的关系，从中不难发现，随自行车编号的递增，速度标准差 σ_v 呈先增后减的趋势，形状类似于倒“U”。因此，在自行车直线队列实验中，中间车辆的速度波动幅度要明显大于两端的自行车。图 3-8（b）则反映了在实验者数量分别为 N=15、N=19 和 N=23 的自行车环形队列实验中，每辆自行车速度标准差 σ_v 与编号之间的关系，从中可以看到它们的图像都是呈波浪状线性延伸的趋势，既没有明显的上升趋势也没有明显的下降趋势，所以在环形队列实验中，每辆自行车速度的波动与其在队列中所处的位置之间没有直接关系。

3. 汽车队列实验

Jiang 等于 2015 年在合肥市一条全长为 3.2km 的林荫大道上做了一个汽车直线队列实验，实验一共用到 25 辆汽车，实验场地与结论如图 3-9 所示[135]。

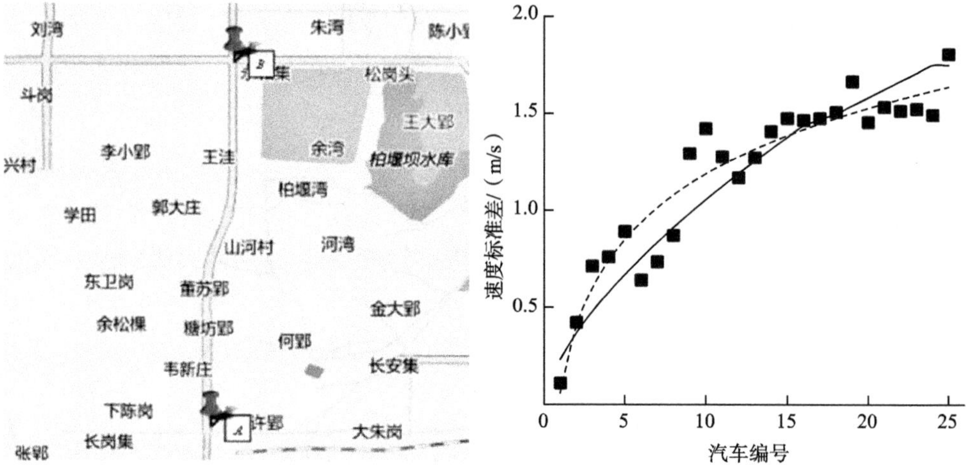

（a）实验场地　　　　（b）实验结论

——— 模拟结果的拟合线　　- - - - - - 实验结果的拟合线

图 3-9　Jiang 等的汽车直线队列实验[135]

图3-9（a）是实验场地，其中点A、B分别是实验的起点和终点，实验轨道是一条直线轨道。图 3-9（b）是实验结论，从中可以看出编号在 15 之前的每辆汽车，其速度标准差σ_v都随汽车编号的增加而增加，而当编号超过 15 时，这种速度标准差的上升趋势趋于平稳状态[135]。然而，通过分析日本汽车环形队列实验数据却得出一个不同的结论，如图 3-10 所示。

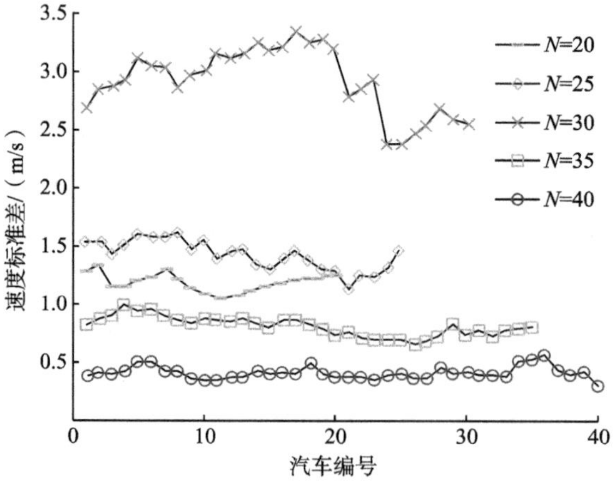

图 3-10　汽车环形队列实验速度标准差与编号的关系

图 3-10 展示了汽车数量分别为 N=20、N=25、N=30、N=35 和 N=40 共五次实验中汽车速度标准差σ_v的变化规律，从中不难看出，在汽车数量为 N=35 的实验

中，每辆汽车的速度标准差都随车辆编号的增加呈现一种先递增后缓慢递减的趋势。在另外四次实验中，每辆汽车的速度标准差都会随编号的增加而呈现一种波浪状线性延伸的趋势。因此可以得出在汽车环形队列实验中，每辆汽车的速度标准差并不会随编号的增加而增加，甚至速度标准差和汽车编号两者之间不存在直接的关系，这完全不同于Jiang等从汽车直线队列实验中得出的观点。产生这种明显差异的根本原因在于，直线队列实验中，队列首部的第一辆汽车的期望速度基本上为全程自由态行驶；而在日本环形队列实验中，当车辆数量较多时，队列首部的第一辆汽车与队列尾部的最后一辆汽车相遇，因而其队列首部车辆的期望速度不再是全程自由态行驶。

4. 原因分析

通过上面对行人、自行车和汽车三种交通流在不同队列环境中的速度波动规律进行分析，可以归纳出：在直线队列中，伴随队列位置向后延伸，汽车速度的波动幅度逐渐递增直至平稳，行人运动速度的波动幅度逐渐递减，而自行车速度的波动幅度呈先递增后递减的趋势。然而，在环形队列实验中，自行车和汽车的速度波动幅度与队列位置之间没有明显的联系，而行人的速度波动幅度与直线队列中的相类似，也呈现逐渐递减的趋势。

在 Jiang 等的文章中，并没有对汽车速度在直线队列中的波动规律做出解释，而结合具体的实验和相关的文献，本书研究对上面归纳出的结论做出的解释如下：首先，在直线队列实验中，三种不同交通流的速度波动规律呈现出的不同是，实验者对三种交通流的控制能力和所受到的心理压力双重因素影响的结果。行人、自行车和汽车三种交通流物理特征的差异，在直线队列运动中，行人控制自己身体的能力是最好的且所受到的心理压力也是最小的，前面行人运动速度和距离的改变不会对后面的跟随者带来影响，这就导致队列速度的波动呈递减的趋势。同理，汽车驾驶员在实验中受到的心理压力最大且他们控制汽车的能力明显比控制自己的身体和自行车要差，一旦汽车间的距离小于安全距离时，后面的跟随者会立即做出调整，进而导致自身速度大幅波动，这样就使得整个队列速度波动变得越来越大，但随着队列的增长，波动逐渐平稳。而自行车实验的参加者控制自行车的能力和受到的心理压力处于行人实验和汽车实验之间，这就导致速度波动最大的地方位于队列中间，所以整个队列标准差呈现倒“U”形。

其次，自行车和汽车两种交通流的速度波动在直线队列和环形队列实验中所表现出的差异，可以理解为在封闭的环形队列实验中，每名实验者位置的概念被弱化了，自然不再有速度波动与位置之间的联系。然而在位置被弱化的行人环形队列实验中，每名行人运动速度的波动都依旧类似于直线队列中呈递减的趋势，这主要还是得益于从一开始行人便可以很好地控制自己的速度。虽然整个环形队列没有了前后位置之分，但是当每次实验开始时都还是编号为 1 的实验者先走，后面的跟随者只需尽快找到自己觉得合适的速度便一直跟随下去，而这个寻找合适速度的过程显然是编号越靠后，调整的时间就越少，进而导致整个队列的速度波动仍然呈现递减的趋势。当然，这些原因分析还需要得到进一步的实验论证。

3.2.2 基于轨迹时空图的运动特征研究

1. 直线队列实验

对行人和自行车直线队列实验数据进行处理，可以得到每名实验者的轨迹时空图，如图 3-11 所示。

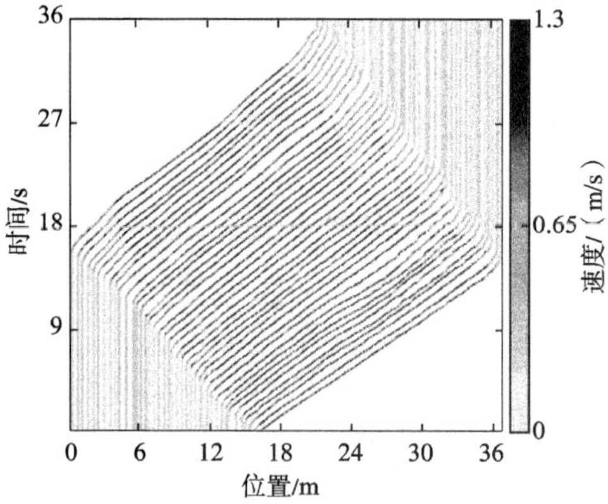

（a）行人直线队列实验（N=40）

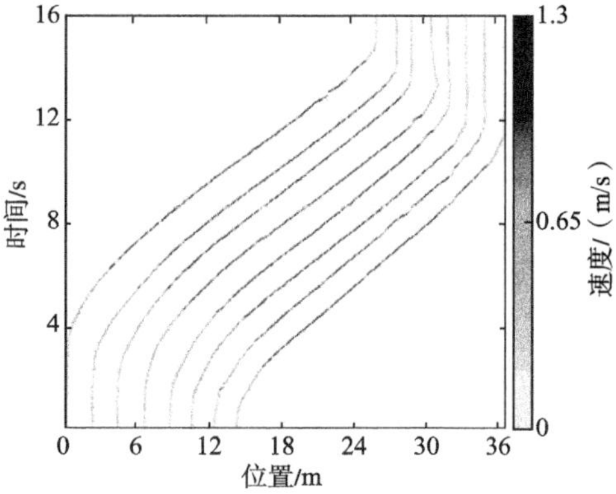

（b）自行车直线队列实验（N=8）

图 3-11 直线队列实验轨迹时空图

图 3-11 分别展示了在实验者数量为 N=40 的行人直线队列实验和 N=8 的自行车直线队列实验中每名实验者的轨迹时空图。两幅轨迹时空图都记录了全长为 36.16m 的整个直线跑道，图中每一条线都代表一名实验者的轨迹，从这些轨迹中可以看出，实验中的每名实验者都经历了一个从停到走再到停的过程，这完全符合我们最初的实验设计。由于在两端开口的直线队列实验中每名实验者的轨迹都只有一个从停到走再到停的过程，所以每次实验的轨迹时空图都大致相同，在此就不再重复展示。

2. 环形队列实验

不同于两端开口的直线队列轨迹时空图，封闭的环形队列轨迹时空图能够直接反映出因密度改变而带来的交通流运动特征的变化。因此，借助日本的汽车环形队列实验数据，再加上本课题小组开展的自行车和行人环形队列实验数据，可以画出不同密度下的行人、自行车和汽车环形队列实验的轨迹时空图，然后对比研究这些封闭的环形队列轨迹时空图可以帮助我们找到这三种不同交通流的运动特征。

1）行人环形队列实验

借助大量的环形队列实验数据，可以画出不同密度状态下的行人环形队列实验轨迹时空图，如图 3-12 所示。

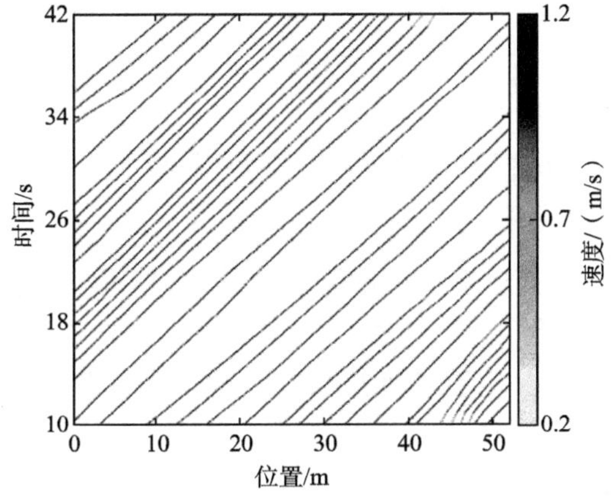

（a）行人环形队列实验（N=19）

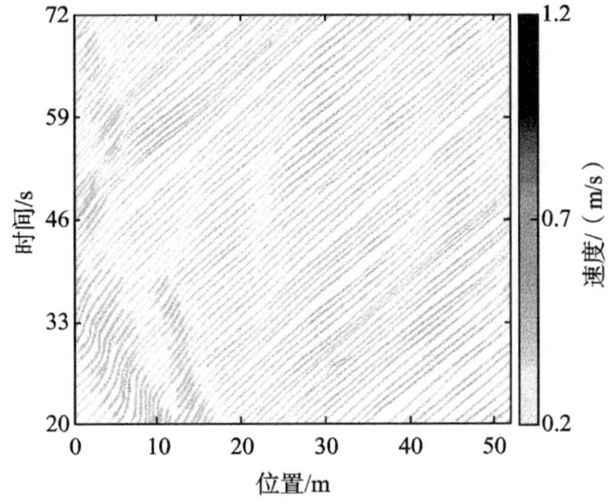

（b）行人环形队列实验（N=49）

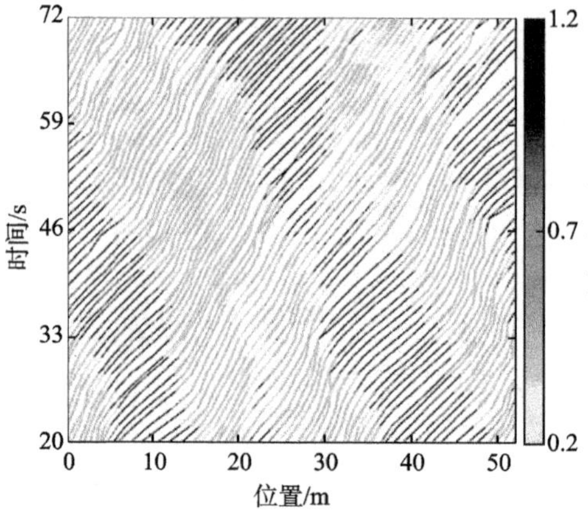

（c）行人环形队列实验（N=59）

图 3-12　行人环形队列实验轨迹时空图

图 3-12 中的（a）、（b）、（c）三幅图展示了实验者数量分别为 N=19、N=49 和 N=59 的行人环形队列实验轨迹时空图。这三幅行人环形队列轨迹时空图都记录了周长为 52m 的整个环形跑道，从中可以清楚地看出随队列人数密度的增加，行人环形队列经历从自由流到拥挤流的过渡。当实验者数量为 N=19，即整个队列的密度约为 0.37m^{-1} 时，整个队列的行人流是自由流，每名实验者都可以按照自己的期望速度自由运动。当实验者数量为 N=49，即整个队列的密度约为 0.94m^{-1} 时，队列速度开始出现波动，轨迹时空图中也有短暂的停波（stop waves）出现，这时的行人流称为过渡流，即自由流向拥挤流过渡的流态。当实验者数量为 N=59，即整个队列的密度约为 1.13m^{-1} 时，轨迹时空图中停、走波不断交替出现，队列中的行人一走一停地艰难前行，此时的行人流处于拥挤流的流态。

2）自行车环形队列实验

同样，利用真实的自行车环形队列实验数据可以画出不同密度状态下每辆自行车的环形队列实验轨迹时空图，如图 3-13 所示。

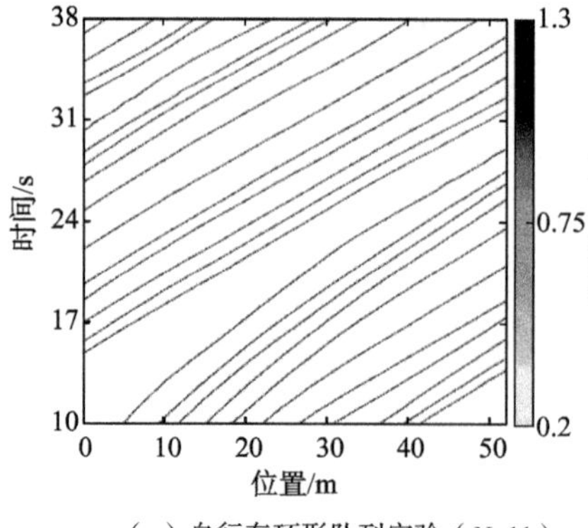

（a）自行车环形队列实验（N=11）

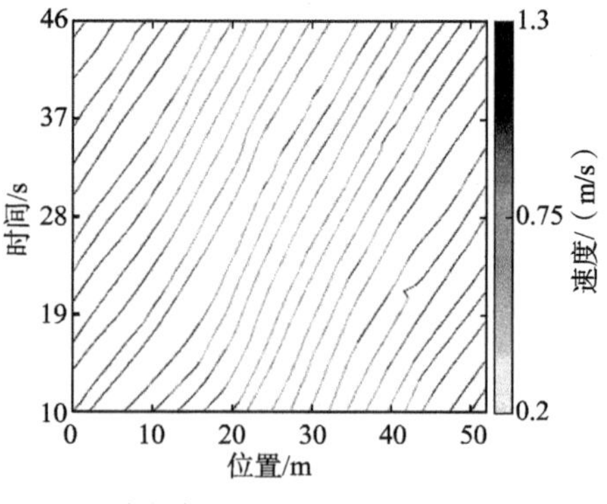

（b）自行车环形队列实验（N=19）

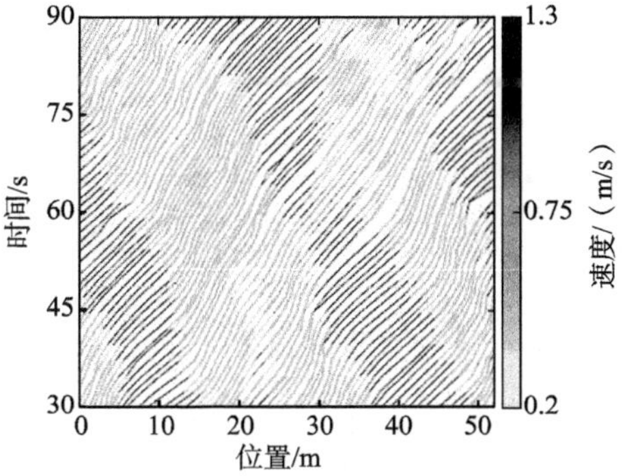

（c）自行车环形队列实验（N=23）

图 3-13　自行车环形队列实验轨迹时空图

图 3-13 中的三幅图展示了自行车数量分别为 N=11、N=19 和 N=23 的自行车环形队列实验轨迹时空图，每幅轨迹时空图也都记录了整个周长为 52m 的环形跑道。从图 3-13（a）~（c）对应整个跑道的密度依次为 $0.21m^{-1}$、$0.37m^{-1}$ 和 $0.44m^{-1}$，类似于前面对行人环形队列轨迹时空图的分析，不难看出这三幅图也分别对应整个自行车流从自由流到过渡流再到拥挤流的转变。

3）汽车环形队列实验

通过科学合理的方法对日本汽车环形队列实验数据进行处理，得到不同密度下汽车的环形队列实验流轨迹时空图，如图 3-14 所示。

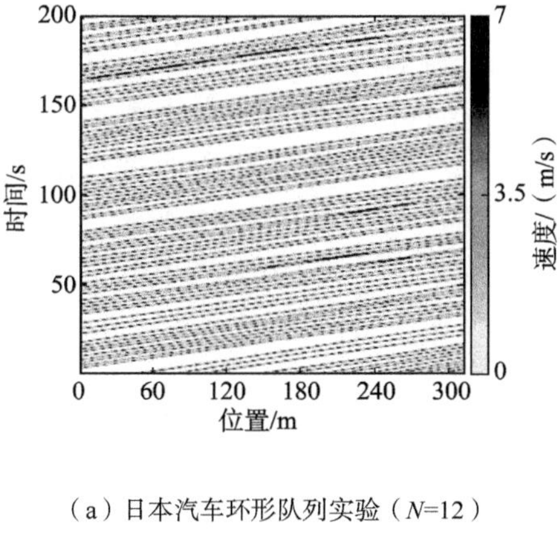

（a）日本汽车环形队列实验（N=12）

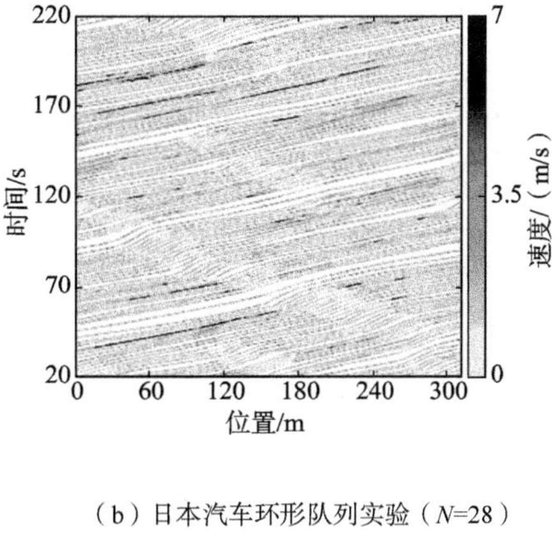

（b）日本汽车环形队列实验（N=28）

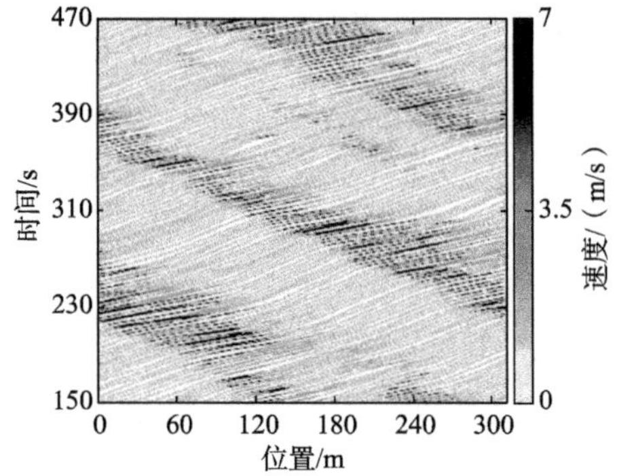

（c）日本汽车环形队列实验（N=35）

图 3-14　汽车环形队列实验轨迹时空图

图 3-14 展示了全程为 314m 的汽车环形队列实验轨迹时空图，其中图 3-14（a）中的汽车数量为 N=12，对应的队列密度为 0.04m^{-1}，这时实验中的每辆汽车都可以按照期望速度自由行驶，汽车流处于自由流流态。当汽车数量为 N=28，即队列密度为 0.09m^{-1} 时，实验中每辆汽车的速度都开始出现波动，如图 3-14（b）所示，整个队列的汽车流属于从自由流向拥挤流过渡的过渡流流态。在图 3-14（c）显示的轨迹时空图中，汽车数量为 N=35，对应的队列密度达到了 0.11m^{-1}，汽车行驶变得异常艰难，整个队列的轨迹时空图中停波和走波开始不断交替出现，汽车流达到了拥挤流流态。因此，类似于行人流和自行车流，随队列中汽车密度的增加，整个汽车流也经历从自由流到过渡流再到拥挤流的转变。

实验数据得出的行人和自行车直线队列实验轨迹时空图帮助我们清楚地观察到直线队列实验中每名实验者的运动轨迹和特征。根据行人、自行车和汽车在不同密度下的环形队列实验轨迹时空图发现，随整个队列密度的增加，这三种交通流都要经历从自由流向拥挤流的过渡。具体来说就是，自由流形成在密度较低的队列实验中，这时行人、自行车或者汽车可以按照期望速度在队列上平稳移动。然而当密度适度增加时，过渡流开始出现，队列中行人、自行车或者汽车的速度开始产生波动。当环形队列中行人、自行车或者汽车的密度足够大时，实验中就会交替出现停波和走波，整个队列处于拥挤流流态，正常移动变得异常艰难。

3.2.3　停、走波的传播规律

停、走波在英文文献中常被翻译为“stop-and-go waves”，而它实际上是分开的两个概念。在交通流领域中，一种交通流从第一个静止的智能体运动开始逐渐传播到最后一个静止的智能体运动的过程中所形成的一条流动的波浪叫作走波（go waves），而从第一个运动的智能体停止运动开始逐渐传播到最后一个运动的智能体停止运动的过程中所形成的一条波浪称为停波（stop waves）。停、走波一般产生在较为拥挤的交通环境中，且交通流的密度越大，交通环境越拥挤，不同的交通流智能体停下来的次数就越多，因此停、走波的交替次数就越频繁。就像前文对轨迹时空图的分析一样，很多学者利用停、走波的这种特征并结合轨迹时空图来研究不同密度大小下的交通流运动状态和特征。然而，很少有学者研究轨迹时空图中停、走波的传播规律，所以本书研究结合每次实验的视频录像和相关的软件来研究停、走波的传播时间和传播速度与队列长度之间的关系。

1. 停、走波的传播时间与队列长度之间的关系

队列长度是指队列实验中实验者的数量，因此每次不同人数的队列实验中停波或走波的传播时间就都能够与队列长度之间建立起关系，结论如图 3-15 所示。图 3-15 展示了在不同队列实验中，停波和走波的传播时间与队列长度（实验者数量）之间的关系。其中，图 3-15（a）显示的是行人直线队列实验，图中线上的六个点分别代表在参加人数为 N=10、N=20、N=30、N=40、N=50 和 N=60 的实验中走波和停波的传播时间，根据两条线的走势不难发现，在行人直线队列实验中，随队列长度的增加，停、走波的传播时间也逐渐增加。图 3-15（c）则显示了行人环形队列实验结论，图中的八个点分别代表在参加人数为 N=5、N=10、N=19、N=29、N=39、N=49、N=59 和 N=70 的实验中停、走波的传播时间，由这两条线可以看出在行人环形队列实验中，走波和停波的传播时间随队列长度的增加而增加。

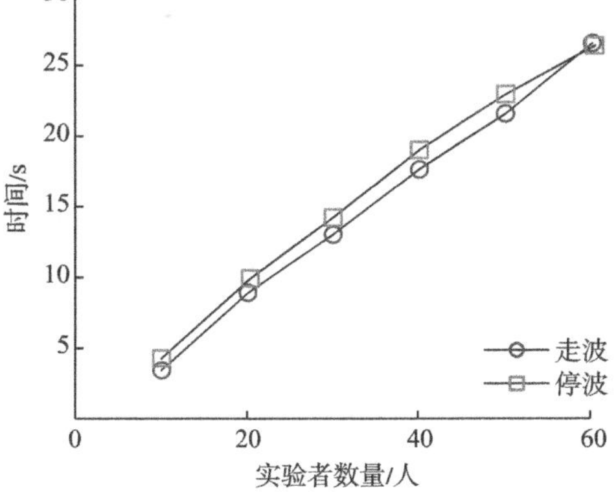

（a）行人直线队列实验

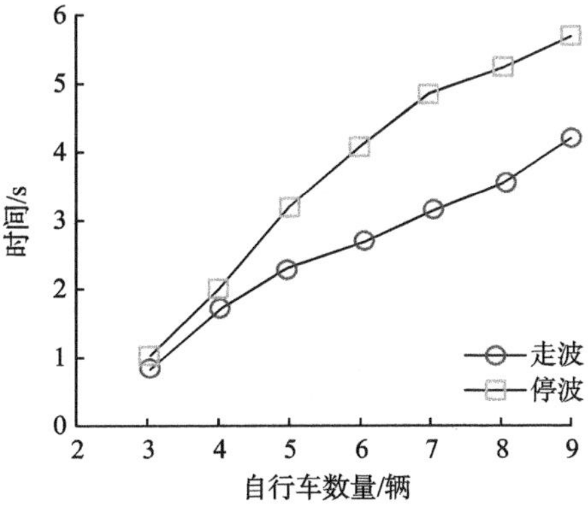

（b）自行车直线队列实验

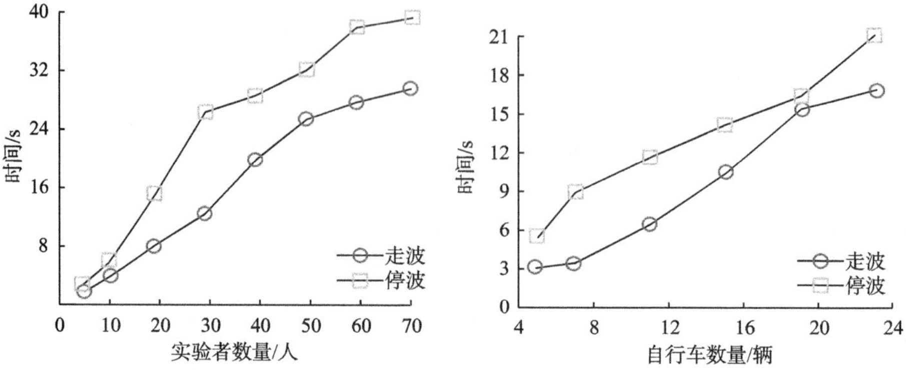

（c）行人环形队列实验　　（d）自行车环形队列实验

图 3-15　停、走波的传播时间与队列长度之间的关系

剩下的两幅图中，图 3-15（b）显示的是自行车数量分别为 *N*=3、*N*=4、*N*=5、*N*=6、*N*=7、*N*=8 和 *N*=9 的七次自行车直线队列实验结果，而图 3-15（d）显示的是自行车数量分别为 *N*=5、*N*=7、*N*=11、*N*=15、*N*=19 和 *N*=23 的六次自行车环形队列实验结果，从这两幅关于自行车环形队列实验的图中不难得出与直线队列和环形队列实验相同的结论。因此，大量的实验数据证明，在行人和自行车直线队列和环形队列实验中，停、走波的传播时间随队列长度的增加而增加。

2. 停、走波的传播速度与队列长度之间的关系

根据每次实验视频录像中的位置信息和时间信息，都可以找到实验中停、走波传播速度的规律，如图 3-16 所示。

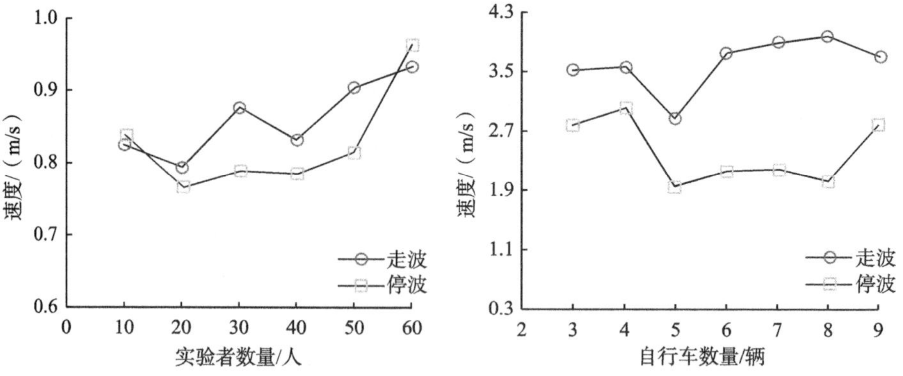

（a）行人直线队列实验　　（b）自行车直线队列实验

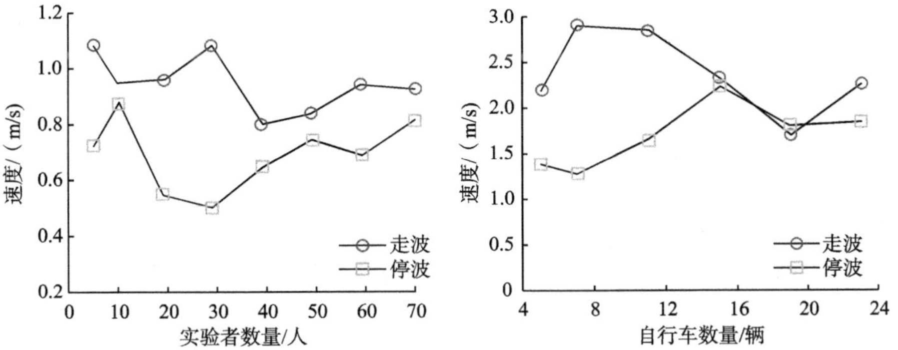

（c）行人环形队列实验　　（d）自行车环形队列实验

图 3-16　停、走波的传播速度与队列长度之间的关系

图 3-16 展示了在不同队列实验中，走波和停波的传播时间与队列长度之间的关系。类似于前面对停、走波传播时间的分析，从这四幅图中不难发现，停波和走波的传播速度与队列长度之间没有关系。例如，在图 3-16（d）中，实验者（自行车）数量为 N=15 的走波传播速度要明显大于 N=19 时的速度，而 N=19 时的走波传播速度却又明显小于 N=23 时的速度，所以可以判断在自行车环形队列实验中，走波的传播速度与队列长度之间没有关系。同理，从剩下的三幅图中可以找到相同的结论，所以在行人和自行车队列实验中，停、走波的传播速度与队列长度之间没有关系。此外，通过计算速度的平均值可以找到走波和停波传播速度的大小关系，如图 3-17 所示。

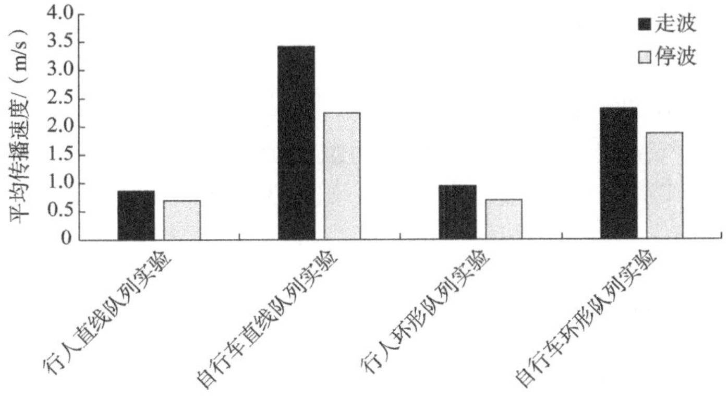

图 3-17　停、走波的平均传播速度比较图

图 3-17 是停、走波的平均传播速度比较图，横轴表示实验类型，纵轴表示停、走波的平均传播速度。从图 3-17 中可以看出，在行人直线队列实验中，六次实验得出的走波平均传播速度约为 0.86m/s，大于停波平均传播速度约为 0.69m/s。同样，在行人环形队列实验中，由八次实验得出的走波平均传播速度约为 0.94m/s，也大于停波平均传播速度约为 0.69m/s，所以无论是哪种行人队列实

验，走波的平均传播速度都比停波快。对于自行车直线队列和环形队列实验，从图 3-17 中可以得出走波的平均传播速度要明显快于停波的平均传播速度。因此，在行人和自行车队列实验中，走波的平均传播速度要比停波快。

通过上面的分析可以得出，停、走波的传播时间与队列长度呈正相关关系，而停、走波的传播速度却跟队列长度之间没有联系。同时，在行人和自行车队列实验中，走波的传播速度要快于停波，这些发现都较好地填补了交通流研究的一些空缺。遗憾的是，虽然我们获取到了日本汽车环形队列实验的视频录像和轨迹坐标，但是这些视频录像并没有记录下队列汽车逐一启动和停止的过程，这就导致能够观察到停波和走波的只有车辆数较多的两三次实验，所以拥有的汽车实验数据还不能够用来研究汽车队列停、走波的传播规律。

3.2.4　基于基本图的运动特征研究

3.2.2 节中通过研究轨迹时空图已经初步找到行人、自行车和汽车这三种交通流在运动特征上的相似性，但是这种定性研究得出的结论还不能够完全揭露这三种交通流之间的相似性。因此，本节通过基本图对这三种交通流的运动特征展开定量研究，以揭示造成这种相似性的潜在心理机制。

1. 直线队列实验基本图

对间隔 0.2s 的直线队列实验中每名实验者坐标轨迹都进行处理，就可以得到大量描述密度和速度及密度和流量之间关系的散点，这些散点结合起来就构成了密度–速度关系基本图及密度–流量关系基本图。

1）行人直线队列实验

行人直线队列实验数据可以帮助我们画出行人流在直线队列实验中的密度–速度关系基本图和密度–流量关系基本图，如图 3-18 所示。

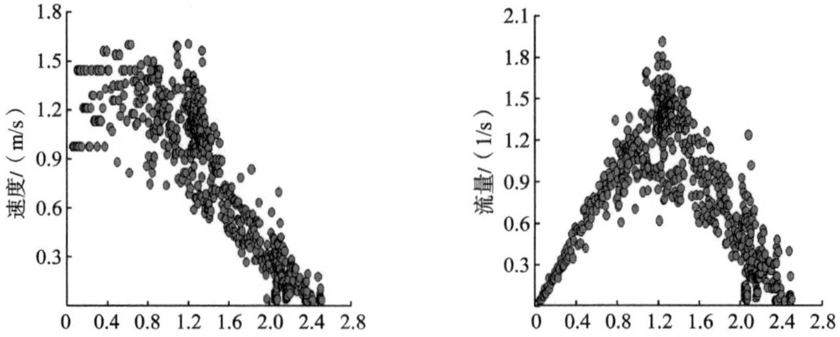

（a）密度–速度关系基本图　　（b）密度–流量关系基本图

图 3-18　行人直线队列实验基本图

图 3-18（a）描述的是行人直线队列实验中密度–速度关系基本图，从图中可以看出，当密度 $\rho < 1.0/\text{m}$ 时，队列中的行人以大约 1.2m/s 的平均速度自由运动。然而，当 $1.0/\text{m} \leqslant \rho < 2.4/\text{m}$ 时，行人的移动速度开始逐渐下降，并且可以看到在密度大于 1.5/m 后，这种下降的速度随密度的增加而逐渐减小。当 ρ 达到 2.4/m 左右时，每名实验者的速度都开始接近于 0，移动开始变得非常艰难。

图 3-18（b）展示了行人直线队列中密度–流量关系基本图，从图中可以看出，当 $\rho < 1.0/\text{m}$ 时，队列中自由流占据主导地位，行人流量随密度的增加而平稳上升。当 $1.0/\text{m} \leqslant \rho < 1.5/\text{m}$ 时，队列中存在自由流和拥挤流两种流态，所以行人流处于从自由流向拥挤流过渡的过渡流流态。当 $\rho \geqslant 1.5/\text{m}$ 时，队列中拥挤流开始占据主导地位，行人流量随密度的增加而逐渐减少。因此，行人直线队列实验的密度–流量基本图可以分为 $\rho \in [0,1.0)/\text{m}$ 、 $\rho \in [1.0,1.5)/\text{m}$ 和 $\rho \in [1.5,2.4)/\text{m}$ 三个区域，分别对应着自由流、过渡流和拥挤流三种交通流态。

2）自行车直线队列实验

基于自行车直线队列实验数据，我们可以获得自行车直线队列实验中的密度–速度关系基本图和密度–流量关系基本图，如图 3-19 所示。

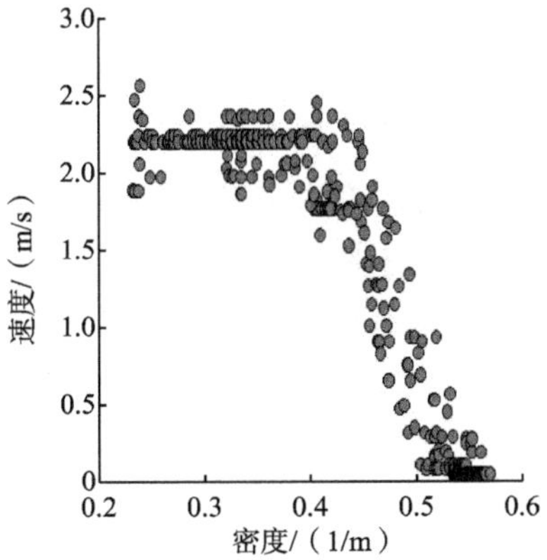

（a）密度–速度关系基本图

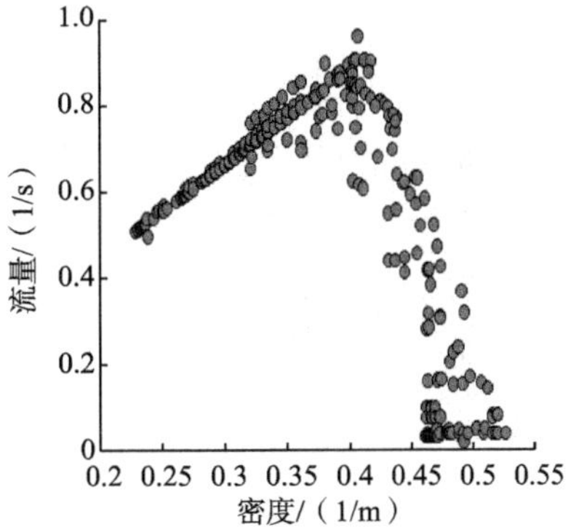

（b）密度–流量关系基本图

图 3-19　自行车直线队列实验基本图

图 3-19（a）描述的是自行车直线队列实验中密度–速度关系基本图，从图中可以看出，当 $\rho < 0.35/\text{m}$ 时，实验者自由骑行的速度大多在 2.0~2.5m/s。当 $0.35/\text{m} \leqslant \rho < 0.55/\text{m}$ 时，每名实验者的骑行速度都逐渐下降，直到 ρ 达到 0.55/m 左右时，骑行速度逐渐接近于 0，移动开始变得非常艰难。

图 3-19（b）展示了自行车直线队列实验中密度–流量关系基本图，类似于行

人直线队列实验中密度-流量关系基本图，自行车直线队列实验中密度-流量基本图也可以分为 $\rho\in[0,0.35)/\mathrm{m}$ 、 $\rho\in[0.35,0.45)/\mathrm{m}$ 和 $\rho\in[0.45,0.55)/\mathrm{m}$ 三个区域，分别对应着自由流、过渡流和拥挤流三种不同的自行车流态。当 $\rho<0.35/\mathrm{m}$ 时，队列中自由流占据主导地位，自行车流量随密度的增加而平稳上升。当 $0.35/\mathrm{m}\leqslant\rho<0.45/\mathrm{m}$ 时，队列中自行车流处于从自由流向拥挤流过渡的过渡流流态。当 $\rho\geqslant0.45/\mathrm{m}$ 时，队列中拥挤流开始占据主导地位，自行车流量随密度的增加而逐渐减小。

因此，比较行人和自行车直线队列的两种基本图发现它们在变化趋势上非常的相似。首先，在密度-速度关系基本图中，每种交通流实验的参加者都以自己期望的速度在低密度区域自由移动，而当密度增加到一定程度时，随密度的再次增加，每名实验者的速度就都开始逐渐减少。其次，在密度-流量关系基本图中，自由流一开始在低密度区域形成，此时流量随行人或者自行车密度的增加而增加。最后密度达到中间大小时，自由流便开始渐渐向拥挤流过渡，直到队列中行人或者自行车的密度足够大时，拥挤流就开始占据主导地位，整个队列的流量随密度的增加开始减小。这个就是由基本图形状的相似性得出的行人和自行车两种不同交通流在直线队列运动中的相似性特征，这种相似性特征还会延续到环形队列实验。

2. 环形队列实验基本图

对间隔 2s 的环形队列实验中每名实验者坐标轨迹都进行处理，就可以得到大量描述密度和速度及密度和流量之间关系的散点，这些散点结合起来就构成了关于汽车、行人和自行车三种不同交通流在环形队列实验中的密度-速度关系基本图和密度-流量关系基本图，如图 3-20 所示。

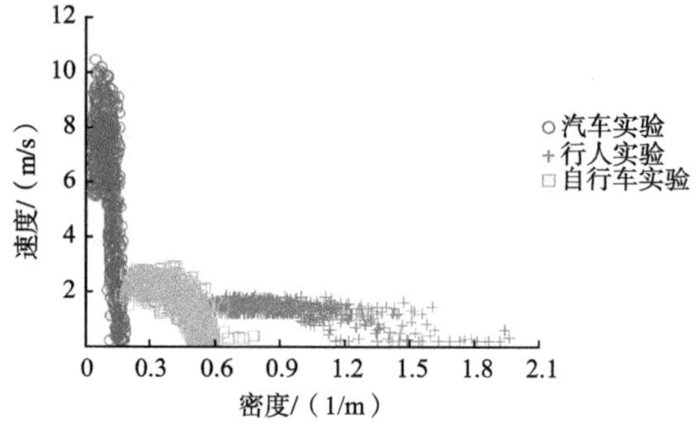

（a）密度-速度关系基本图

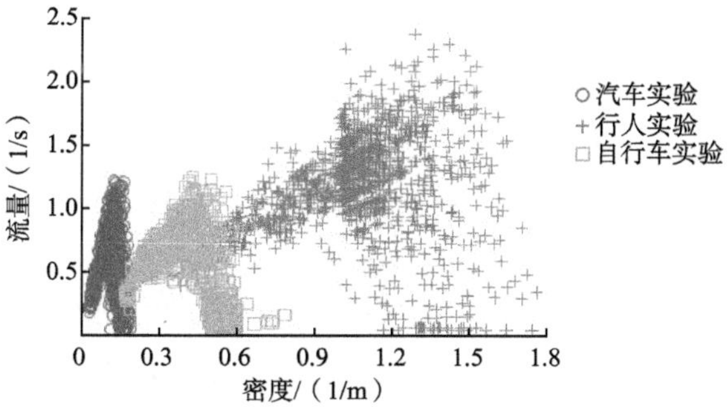

（b）密度-流量关系基本图

图 3-20　环形队列实验基本图

为了便于比较行人、自行车和汽车三种交通流运动特征的相似性，本书特意将这三种不同交通流的密度-速度关系基本图和密度-流量关系基本图放在一幅图中进行对比分析。从图 3-20 中的两幅图可以看到，虽然每幅图在大小和尺寸上都有差别，但是关于这三种不同交通流的密度-速度关系基本图和密度-流量关系基本图的形状都大体相同。从图 3-20（a）描述的关于行人、自行车和汽车三种交通流在环形队列实验中的密度-速度关系基本图中可以看出，每种交通流实验的参加者都在低密度区域按照期望速度自由移动。当密度到达一个较大的区间时，这三种交通流的速度都开始随密度的增加而减小，直到密度到达一个足够大的值时，队列中行人、自行车和汽车的速度都会渐渐趋近于 0，移动开始变得非常艰难。

图 3-20（b）描述的关于行人、自行车和汽车在环形队列实验中的密度-流量关系基本图，都形如具有左右两个分支的反“λ”状，左侧是低密度区域，也是自由流区域，此区域的三种交通流流量都随密度的增加而平稳上升。右侧是高密度区域，也是拥挤流区域，该区域的三种交通流流量都随密度的增加而减小。中间将密度-流量基本图分为左右两侧的区域是过渡流区域，该区域的汽车、行人或者自行车流由自由流逐渐过渡到拥挤流。

通过定量分析五组队列实验的密度-速度关系基本图和密度-流量关系基本图，可以找到行人、自行车和汽车三种不同交通流相同的运动特征，而这些运动特征与前面通过定性分析轨迹时空图得到的结论又完全吻合，至此本书研究得出结论：行人、自行车和汽车这三种不同交通流在轨道交通运动中的运动特征从本质上来说是相似的。

3.2.5 统一心理驾驶行为

1. 统一心理驾驶行为方程

近年来，许多学者为了更深层次地研究不同交通流的运动特征，特意引入了距离–速度关系基本图，该图可以用来反映距离和速度之间的基本关系，而其中的距离 $d = 1/\rho$ [103]。因此，本书研究为了便于揭示造成这种相似性的内在原因，在这里也引入行人、自行车和汽车的距离–速度关系基本图，如图 3-21 所示。

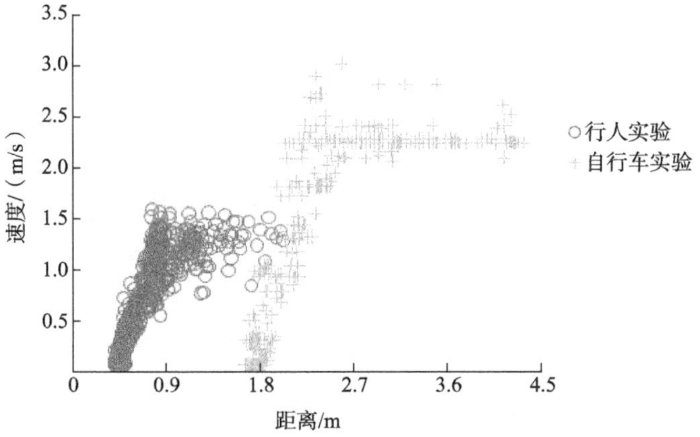

（a）直线队列实验

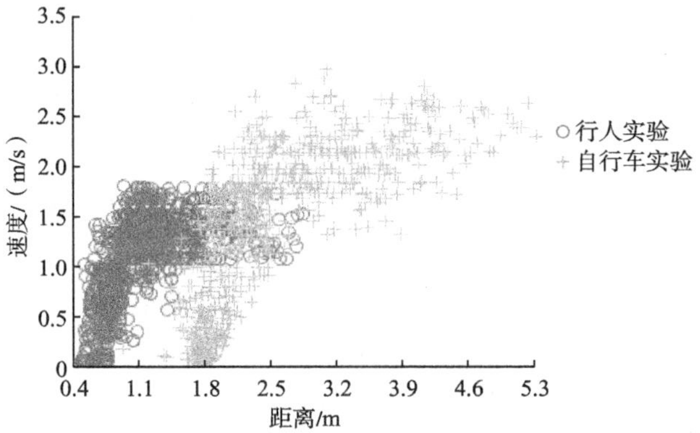

（b）环形队列实验

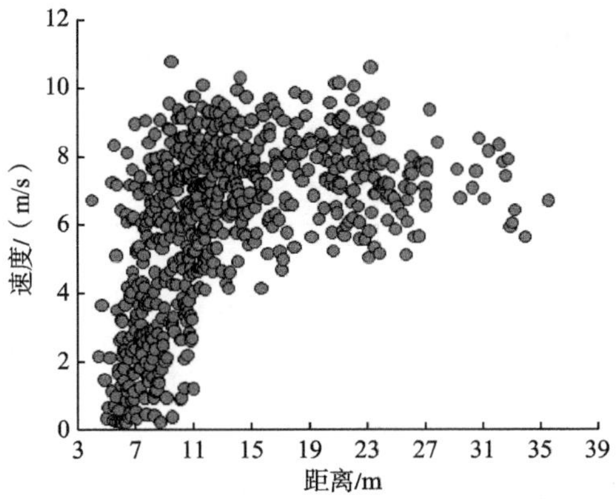

（c）汽车环形队列实验

图 3-21　距离-速度关系基本图

图 3-21 中的三幅图描述了所有五种队列实验：行人直线队列实验、自行车直线队列实验、行人环形队列实验、自行车环形队列实验和汽车环形队列实验的距离-速度关系基本图。从中不难看出，虽然它们在大小上有所不同，但是这五幅图的散点的分布非常相似。首先，每种实验的参加者 k 在距离 d 小于一个临界值时，为了避免与前面的实验者发生碰撞都会停下来（v=0）。其次，所有实验者的移动速度都随距离的增加而逐渐线性增加。最后，当距离达到一个足够大的值时，所有实验者就都可以按照自己的期望速度自由移动了。

因此，在真实的交通环境中，虽然行人、自行车和汽车受到不同的物理限制，如惯性的不同导致其加速、减速机制有所差别，但是其本质的运动特征是非常相似的，这主要是因为无论是行人、骑自行车的人还是开汽车的人在运动过程中都要去平衡期望速度和安全性之间的关系，即当距离小于等于临界值时，一个人为了避免发生碰撞就必须停止运动；而当距离足够大时，他就希望达到最快的期望速度自由行驶。在这个过程中，当他的移动受到周围的人或周围交通工具（汽车或自行车）的影响时，期望速度受到限制，并且真实的速度随距离的增加而逐渐线性增加。这个就是根据距离-速度关系基本图和驾驶人心理角度得出的一个统一心理驾驶行为。不难发现这个统一心理驾驶行为就是将距离-速度关系基本图分为三段来描述的，因此统一心理驾驶行为可以用方程描述为

$$v=\begin{cases}0, & L\leqslant d_{\min}\\ c\left(L-d_{\min}\right), & d_{\min}<L<d_{\min}+v_{\max}/c\\ v_{\max}, & L\geqslant d_{\min}+v_{\max}/c\end{cases}\tag{3-3}$$

其中，v 表示汽车、行人或者自行车的移动速度；L 表示智能体 k 与前面的智能体 k+1 质心之间的距离；$d_{\min}$ 为距离 d 的临界值；$v_{\max}$ 为自由速度；c 为斜率。

图 3-22 可以帮助我们理解这个方程和里面的一些参数。

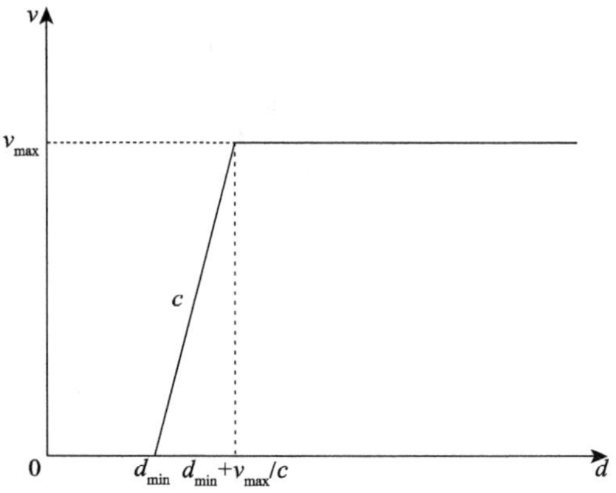

图 3-22　理想的距离-速度关系示例图

图 3-22 描述的是理想的距离-速度关系示例图，从图中可以看出，当距离 L 小于等于距离的临界值d_{min}时，汽车、行人或者自行车的速度就为 0。当距离 L 的范围为 d_{min} 到 $d_{min}+v_{max}/c$ 时，汽车、行人或者自行车的速度就等于 $c(L-d_{min})$。当距离 L 大于等于$d_{min}+v_{max}/c$时，所有的汽车、行人或者自行车就都按照自由速度v_{max}移动。

2. 参数正态分布检验

由实验数据得到的距离-速度关系基本图可以知道，在现实的交通环境中，统一心理驾驶行为方程中的三大参数：距离的临界值d_{min}、自由速度v_{max}和斜率c不是一个固定的值，而是围绕一个值波动，如图 3-23 所示，可以看到d_{min}、v_{max}和c有一个确定的波动范围，分别是$[d_{min}-\delta_d, d_{min}+\delta_d]$、$[v_{max}-\delta_v, v_{max}+\delta_v]$和$[c-\delta_c, c+\delta_c]$。

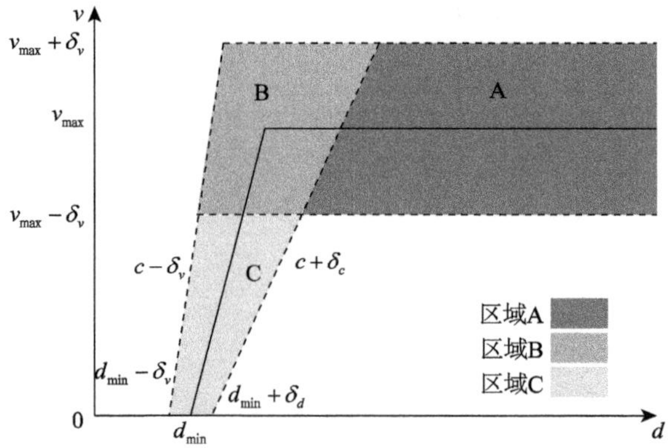

图 3-23　真实的距离-速度关系示例图

图 3-23 中用不同颜色标出的 A、B、C 三个区域分别对应着汽车、行人和自行车的自由流、过渡流和拥挤流，而实线和虚线则对应着三个参数的平均值和边界值。本书研究也像交通流领域的许多学者那样来假设模型中的参数均服从正态分布，所不同的是大量的实验数据被用来论证这一假设，即统一心理驾驶行为方程中的三个参数：距离的临界值 d_{min}、自由速度 v_{max} 和斜率 c 都服从正态分布，如表 3-1 所示。

表 3-1　参数正态分布检验

实验类型	实验者数量	参数名称	平均值	标准差	偏度	峰度	K-S 检验 p 值	S-W 检验 p 值
行人直线队列实验	N=60	d_{min}	0.44m	0.13	−0.39	1.32	0.075	0.135
		v_{max}	1.15m/s	0.06	0.56	0.22	0.200	0.147
		c	2.09s^{-1}	0.61	0.73	0.40	0.200	0.054
	N=50	d_{min}	0.46m	0.21	0.19	−0.52	0.082	0.367
		v_{max}	1.12m/s	0.06	0.44	−0.64	0.117	0.087
		c	1.97s^{-1}	0.49	0.49	−0.14	0.097	0.109
	N=40	d_{min}	0.47m	0.17	0.72	0.09	0.063	0.053
		v_{max}	1.37m/s	0.09	−0.36	−0.82	0.200	0.159
		c	1.79s^{-1}	0.32	0.14	0.32	0.200	0.627
	N=30	d_{min}	0.46m	0.14	0.29	1.49	0.200	0.111
		v_{max}	1.16m/s	0.04	0.34	−0.57	0.200	0.156
		c	1.92s^{-1}	0.57	0.43	−0.57	0.200	0.127
自行车直线队列实验	N=8	d_{min}	1.88m	0.25	−1.11	0.76	0.195	0.275
		v_{max}	2.25m/s	0.29	−0.95	1.10	0.200	0.640
		c	1.50s^{-1}	0.06	−0.94	−0.01	0.200	0.353
	N=7	d_{min}	1.74m	0.01	−0.28	−0.04	0.200	0.769
		v_{max}	2.63m/s	0.07	0.57	−0.30	0.200	0.609
		c	1.08s^{-1}	0.03	−0.07	−0.08	0.200	0.309
行人环形队列实验	N=49	d_{min}	0.48m	0.11	−0.48	0.45	0.200	0.396
		v_{max}	1.21m/s	0.06	0.71	−0.78	0.200	0.284
		c	1.31s^{-1}	0.09	0.59	0.94	0.200	0.201
	N=39	d_{min}	0.52m	0.08	−0.11	−0.29	0.200	0.991
		v_{max}	1.30m/s	0.08	−0.40	−0.33	0.147	0.094
		c	1.48s^{-1}	0.17	−0.21	0.42	0.200	0.944
	N=29	d_{min}	0.53m	0.15	−0.34	−0.11	0.200	0.094
		v_{max}	1.39m/s	0.11	−0.02	−0.74	0.164	0.187
		c	1.55s^{-1}	0.21	−0.28	1.41	0.132	0.179

续表

实验类型	实验者数量	参数名称	平均值	标准差	偏度	峰度	K-S 检验 p 值	S-W 检验 p 值
自行车环形队列实验	N=19	d_{min}	1.73m	0.01	−0.26	−0.89	0.200	0.439
		v_{max}	1.46m/s	0.06	0.40	−0.57	0.200	0.667
		c	1.06s^{-1}	0.03	0.27	−1.10	0.200	0.253
	N=15	d_{min}	1.74m	0.04	0.30	−1.05	0.200	0.528
		v_{max}	2.28m/s	0.05	0.42	−0.98	0.200	0.493
		c	1.12s^{-1}	0.03	0.31	0.014	0.200	0.947
	N=11	d_{min}	1.80m	0.07	−0.02	−1.42	0.200	0.421
		v_{max}	3.25m/s	0.04	−0.02	1.39	0.200	0.660
		c	1.13s^{-1}	0.04	0.21	−1.22	0.200	0.660
汽车环形队列实验	N=34	d_{min}	5.90m	0.21	−0.44	−0.14	0.200	0.643
		v_{max}	8.23m/s	0.21	0.65	−0.21	0.200	0.114
		c	1.02s^{-1}	0.01	0.30	−0.91	0.126	0.117
	N=30	d_{min}	6.09m	0.41	−0.20	−0.27	0.200	0.863
		v_{max}	7.95m/s	0.32	−0.25	−0.72	0.200	0.627
		c	1.06s^{-1}	0.03	0.29	0.94	0.200	0.141

可以看到，利用 SPSS 统计软件，本书研究计算了d_{min}、v_{max}和c三个参数在每次试验中的平均值、标准差、偏度、峰度、K-S 检验p值和 S-W 检验p值共六项统计指标。其中，偏度和峰度可以用来描述实验数据所构成的分布与标准正态分布之间的差异程度，标准正态分布的偏度和峰度值都为 0，而表 3-1 中呈现的关于每次实验的偏度和峰度绝对值都比较接近于 0，所以可以初步判断每次实验中的三个参数都服从正态分布。更重要的是，表 3-1 还统计了每次实验中三个参数在 K-S 检验和 S-W 检验中的检验p值，而这两个值都可以直接用来判断关于统一心理驾驶行为方程中的三个参数在每次队列实验中都是否服从正态分布。具体来说就是，如果由实验数据得出的这三个参数在 K-S 检验和 S-W 检验下的检验p值大于规定的显著性水平α（α一般取 0.01 或 0.05），那么就应该接受这三个参数服从正态分布的假设[164, 165]。

表 3-1 中显示的五种队列实验：行人直线队列实验、自行车直线队列实验、行人环形队列实验、自行车环形队列实验和汽车环形队列实验在每次不同实验者数量实验中的三个参数d_{min}、v_{max}和c的 S-W 检验和 K-S 检验的p值都要大于显著性水平α（α=0.05），因此得出结论：满足行人、自行车和汽车三种不同交通流的统一心理驾驶行为方程中的三个参数，即距离临界值d_{min}、自由速度v_{max}和斜率c都服从正态分布。

3.2.6　小结

本节对行人直线队列实验、自行车直线队列实验、行人环形队列实验、自行车环形队列实验和汽车环形队列实验的轨迹时空图、密度-速度关系基本图和密度-流量关系基本图进行对比分析，发现行人、自行车和汽车这三种不同交通流在轨道交通中的运动特征本质上是相似的，造成这种相似性的内在机制是这三种交通流存在一种统一的心理驾驶行为，即当距离小于距离的临界值时，行人、骑自行车的人或者开汽车的人为了避免发生碰撞就必须停止运动；而当距离足够大时，他们就希望达到最快的期望速度自由行驶。在这个过程中，当他们的移动受到周围的汽车、行人或自行车的影响时，期望速度受到限制，并且真实的速度随距离的增加而逐渐线性增加。同时，一个分段函数方程被用来描述这一行为，为了让统一心理驾驶行为方程更贴合真实，本书研究通过大量的实验数据来论证方程中的三个基本参数：距离的临界值 $d_{\min}$、自由速度 $v_{\max}$ 和斜率 c 在各种队列实验中均服从正态分布。

3.3　行人、自行车和汽车统一自减速模型构建及仿真

目前，交通流领域还没有提出一种统一的模型可以用来同时研究行人、自行车和汽车三种交通流，因此本书研究的最终目的就是希望首先通过对这三种交通流在不同队列环境下的相似运动特征研究来找到一个可以描述这种相似运动特征的统一行为方程。其次，利用该方程对一种成熟的交通模型进行改进以构建一个用来同时研究汽车、行人和自行车在不同轨道环境下的统一交通模型。最后，为了论证所提出的统一交通模型的科学合理性，本书研究利用该模型来再现真实实验下的行人、自行车和汽车三种不同交通流的基本图和轨迹时空图。

3.3.1　统一交通模型构建

本书研究利用社会力模型和统一心理驾驶行为方程相结合来构建一个统一的交通模型。在构建统一交通模型之前，需要结合具体的实验对前面的社会力模型做一些调整。在五组社会实验中，每次实验者都被要求在队列中自由运动且不能发生超越行为，所以实验者之间并没有发生碰撞行为，人体弹性系数 δ 和滑动摩擦力系数 κ 都要设为 0，实验者 k 和实验者 j 之间的排斥力 $\boldsymbol{F}_{kj}$ 应该描述为

$$\boldsymbol{F}_{kj} = A_k e^{(r_{kj} - d_{kj})/B_k} n_{kj} \tag{3-4}$$

其中，e 为自然常数。

同理，实验者 k 与障碍物 o 之间的作用力 $\boldsymbol{F}_{ko}$ 应该描述为

$$\boldsymbol{F}_{ko} = A_k e^{(r_k - d_{ko})/B_k} n_{ko} \tag{3-5}$$

因此，调整后的最终社会力模型为

$$M_k \frac{\mathrm{d}v_k}{\mathrm{d}t} = M_k \frac{v_k^0(t) e_k^0(t) - v_k(t)}{\tau} + \sum_{j(\neq k)} A_k e^{(r_{kj} - d_{kj})/B_k} n_{kj} + \sum_o A_k e^{(r_k - d_{ko})/B_k} n_{ko} \tag{3-6}$$

为了让该模型能够作为一种统一的交通模型来研究行人、自行车和汽车三种不同的交通流，将前面能够描述三种不同交通流相似运动特征的统一心理驾驶行为方程引入并对该模型进行改造，这时模型中的期望速度为

$$v^0 = \begin{cases} 0, & L \leqslant d_{\min} \\ c(L - d_{\min}), & d_{\min} < L < d_{\min} + v_{0\max}/c \\ v_{0\max}, & L \geqslant d_{\min} + v_{0\max}/c \end{cases} \tag{3-7}$$

其中，v_0 为期望速度；$v_{0\max}$ 为期望的自由速度；$d_{\min}$ 为距离的临界值；c 为斜率。从中不难发现，改造后的社会力模型中，期望速度不再是一个固定值，而是随距离的变化而不断改变：当距离 L 小于等于临界距离 $d_{\min}$ 时，为了避免发生碰撞，三种交通流中的每个智能体都会将期望速度降到 0；而当距离 L 超过 $d_{\min}$ 时，每个智能体都将以期望自由速度 $v_{0\max}$ 自由行驶，其他情形下每个智能体的期望速度 v_0 都等于 $c(L - d_{\min})$。同时，由前面的实验数据论证可知其中的三个参数：临界距离 $d_{\min}$、期望自由速度 $v_{0\max}$ 和斜率 c 均服从正态分布。

至此，行人、自行车和汽车三种不同交通流的统一交通模型被构建出来了。为了论证其科学合理性，接下来利用该模型对行人直线队列实验、自行车直线队列实验、行人环形队列实验、自行车环形队列实验和汽车环形队列实验共五组社会实验进行模拟，并再现实验得出的三种基本图和轨迹时空图。

3.3.2 直线队列实验仿真

利用提出的统一交通模型，本书研究首先对行人直线队列实验和自行车直线队列实验进行模拟。为了让模拟更加贴近真实的实验，模拟中轨道的长 l_c 和宽 w_c 与真实实验相同，分别为 36.16m 和 1.2m，行人和自行车直线队列模拟的测量区域 l_m 分别取 1.3m 和 5m，松弛时间 τ 取 0.2s。同时为了改变轨道中自行车流或者行人流的密度，行人直线队列模拟做了数次，人数依次为 N=10、N=20、N=30、N=40、N=50 和 N=60；自行车直线队列模拟按照自行车数量从 4 辆到 9 辆不等进

行了数次。每名行人的平均长度 $2r_k$ 都为 0.4m，平均质量 m_k 都为 58kg；每个自行车的平均长度 $2r_k$ 都为 1.57m，平均质量 m_k 都为 90kg。同时，统一交通模型中的三个重要参数：期望自由速度 $v_{0\max}$、临界距离 $d_{\min}$ 和斜率 c 都被设置为服从正态分布。每次行人直线队列或者自行车直线队列模拟中，排斥力作用长度 A_k、排斥力作用范围 B_k、期望自由速度 $v_{0\max}$、临界距离 $d_{\min}$ 和斜率 c 的具体值如表 3-2 所示。

表 3-2　行人、自行车直线队列模拟参数设置

模拟类型	$v_{0\max}$ /（m/s）	$d_{\min}$ /m	c/（s^{-1}）	A_k /N	B_k /m
行人直线队列	N（1.2，0.1^2）	N（0.45，0.1^2）	N（2，0.55^2）	100	0.08
自行车直线队列	N（2.25，0.1^2）	N（1.8，0.1^2）	N（1.5，0.1^2）	500	0.08

注：N 表示正态分布

1. 轨迹时空图

统一交通模型可以模拟出行人直线队列和自行车直线队列实验的轨迹时空图，如图 3-24 所示。

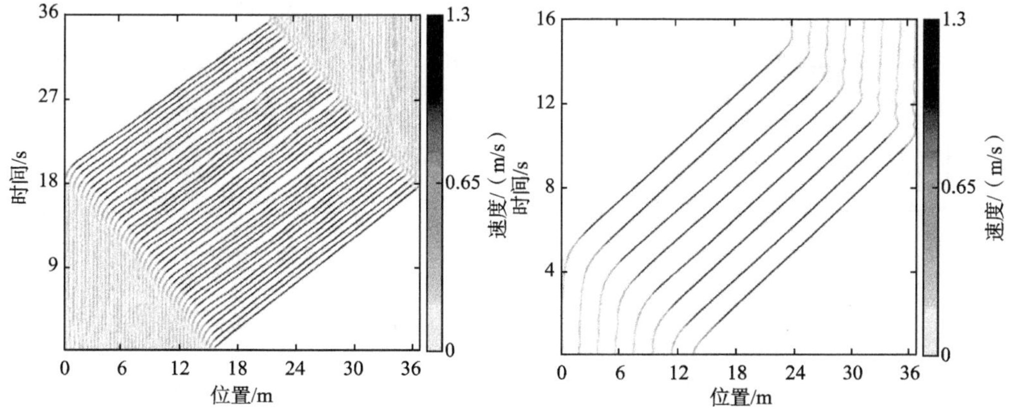

（a）行人直线列队模拟（N=40）　　（b）自行车直线队列模拟（N=8）

图 3-24　直线队列实验轨迹时空图模拟

图 3-24 中，（a）、（b）两幅图依次展示了智能体数量为 N=40 的行人直线队列模拟和智能体数量为 N=8 的自行车直线队列模拟的轨迹时空图，可以看出，每个智能体在统一交通模型模拟中都经历了一个从停到走再到停的过程。通过对比模拟的直线队列实验轨迹时空图和真实的直线队列实验轨迹时空图不难发现，统一交通模型可以较好地再现直线队列实验的轨迹时空图。

2. 基本图

利用统一交通模型模拟出来的数据与真实的实验数据，对比实验与模拟中的行人、自行车直线队列密度-速度关系基本图和密度-流量关系基本图，如图 3-25 所示。

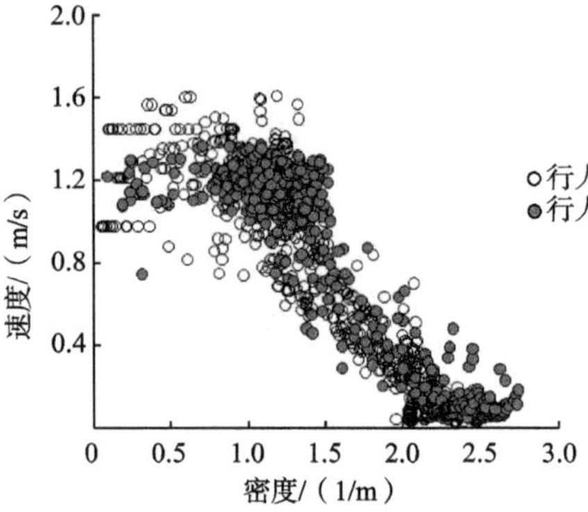

（a）密度-速度关系基本图（行人）

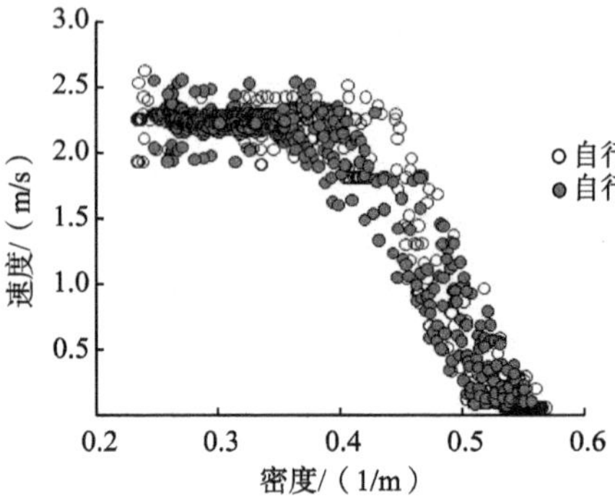

（b）密度-速度关系基本图（自行车）

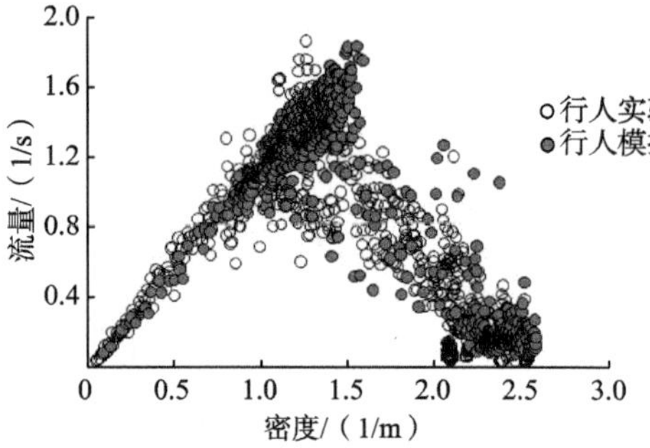

（c）密度-流量关系基本图（行人）

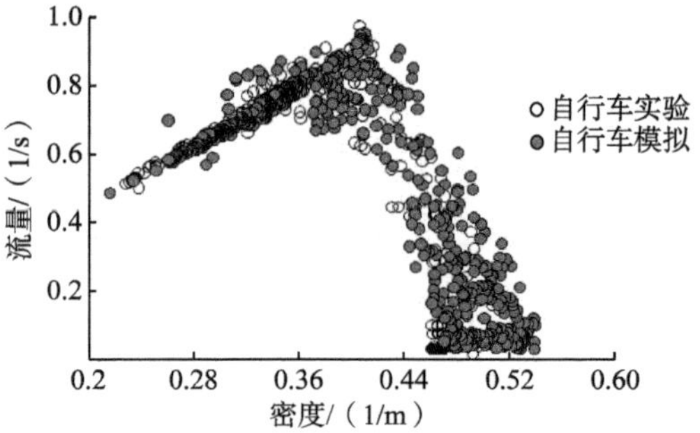

（d）密度-流量关系基本图（自行车）

图 3-25　直线队列密度-速度和密度-流量关系基本图（实验和模拟对比）

在图 3-25 的四幅图中，实心圆圈代表的是模拟结果，空心圆圈代表的是实验结果，其中，图 3-25（a）描述了行人直线队列中密度-速度关系的模拟和实验对比图。由模拟结果可以看到，当 $\rho<1.0/\mathrm{m}$ 时，队列中的行人以大约 1.2m/s 的平均速度自由运动。然而，当 $1.0/\mathrm{m}\leqslant\rho<2.5/\mathrm{m}$ 时，行人的移动速度开始随密度的增加而逐渐减小，并且可以看到当密度 ρ 达到 $2.5/\mathrm{m}$ 左右时，每名实验者的速度都开始接近于 0，移动开始变得非常艰难。图 3-25（c）则描述了行人直线队列中密度-流量关系的模拟和实验对比图，由实心圆圈的形状不难发现，模拟结果得出的密度-流量关系基本图也可以分为自由流、过渡流和拥挤流三个区域，对应的密度区间分别为 $\rho\in[0,1.0)/\mathrm{m}$ 、 $\rho\in[1.0,1.5)/\mathrm{m}$ 和 $\rho\in[1.5,2.5)/\mathrm{m}$ 。当 $\rho<1.0/\mathrm{m}$ 时，队列中自由流占据主导地位，行人流量随密度的增加而平稳增加。当

$1.0/\text{m} \leqslant \rho < 1.5/\text{m}$ 时，队列中存在自由流和拥挤流两种流态，行人流处于过渡流流态。当 $\rho \geqslant 1.5/\text{m}$ 时，队列中拥挤流开始占据主导地位，行人流量随密度的增加而逐渐减少。

通过对行人直线队列模拟的密度-速度关系基本图和密度-流量关系基本图的分析不难发现，这些特征和前面实验中的结论完全吻合，而且同样的结论在自行车直线队列模拟的两种基本图中可以发现。事实上在这四幅对比图中，代表模拟结果的实心圆圈和代表实验结果的空心圆圈拟合在一起就足以论证，统一交通模型可以较好地再现直线队列中密度-速度关系基本图和密度-流量关系基本图。更为重要的是，统一交通模型还可以较好地再现直线队列中距离-速度关系基本图，如图 3-26 所示。

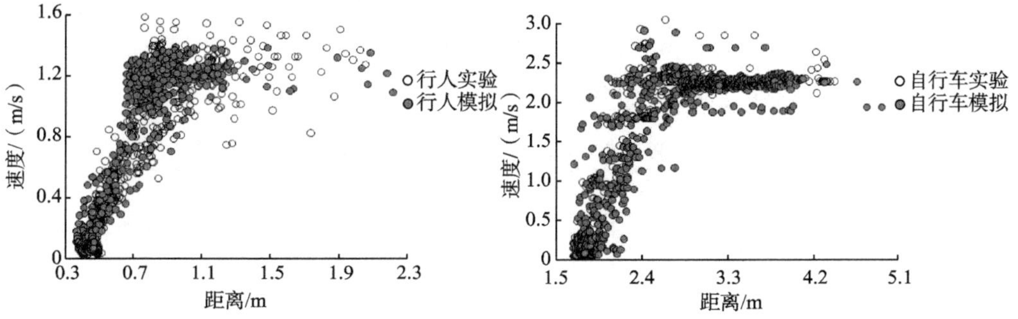

（a）行人队列　　（b）自行车队列

图 3-26　直线队列距离-速度关系基本图（实验和模拟对比）

从图 3-26 的模拟结果可以看出，在直线队列模拟中，首先行人或者自行车 k 在距离 L 小于临界值 $d_{\min}$ 时，为了避免与前面的智能体发生碰撞而停止运动（$v=0$）。其次随距离 L 的上升，所有智能体的速度也都会逐渐线性上升。最后当距离 L 达到一个足够大的值时，所有实验者就都可以按照自己的期望速度自由移动了，所有这些特征都与实验结果完全吻合。同时，由这两幅图的模拟结果能得出统一交通模型可以较好地再现直线队列中距离-速度关系基本图的结论。

至此，本书研究已经讨论统一交通模型可以再现直线队列实验中行人、自行车两种交通流的轨迹时空图和三种基本图，而这几种图又是研究交通流运动特征的重要工具，所以统一交通模型可以较好地再现直线队列实验中行人和自行车的行为特征。

3.3.3　环形队列实验仿真

利用统一交通模型，还可以对三种环形队列实验即汽车环形队列实验、行人环形队列实验和自行车环形队列实验进行模拟。为了让模拟更加贴近真实实验，在模拟中，汽车、行人和自行车模拟的环形轨道周长l_c依次设为 314m、52m 和 52m，测量区域l_m依次取 12m、5m 和 1.3m，松弛时间τ取 0.5s。同时为了改变环形轨道中三种交通流的密度，汽车环形队列模拟做了数次，汽车数量从 10 辆到 40 辆不等；行人环形队列模拟做了数次，人数依次为 N=5、N=10、N=19、N=29、N=39、N=49、N=59 和 N=70；自行车环形队列模拟也做了数次，自行车数量依次为 N=5、N=7、N=11、N=15、N=19 和 N=23。每名行人的平均肩宽都为 $2r_k$ =0.4m，平均质量都为 m_k =58kg；每辆自行车的平均长度都为 $2r_k$ =1.57m，平均质量都为 m_k =90kg；每辆汽车的平均长度都为 $2r_k$ =3.89m，平均质量都为 m_k = 1 145kg。同时，在汽车、行人和自行车三种交通流的环形队列模拟中，统一交通模型中的三个重要参数：期望自由速度 $v_{0\max}$ 、临界距离 $d_{\min}$ 和斜率 c 都被设置为服从正态分布。另外几个参数：排斥力作用长度 A_k 、排斥力作用范围 B_k 、期望自由速度 $v_{0\max}$ 、临界距离 $d_{\min}$ 和斜率 c 的具体值如表 3-3 所示。

表 3-3 环形队列模拟参数设置

模拟类型	$v_{0\max}$ /（m/s）	$d_{\min}$ /m	c/（s^{-1}）	A_k /N	B_k /m
汽车环形队列	N（8.25，0.25^2）	N（6.1，0.3^2）	N（1.05，0.05^2）	2 000	0.08
行人环形队列	N（1.35，0.1^2）	N（0.5，0.11^2）	N（1.45，0.15^2）	100	0.08
自行车环形队列	N（2.5，0.12^2）	N（1.75，0.05^2）	N（1.1，0.05^2）	500	0.08

注：N 表示正态分布

将这些参数代入统一交通模型中，就可以对三种交通流的环形队列实验进行模拟仿真，仿真场景图如图 3-27 所示，图中一个圆形粒子代表一个行人、自行车或者汽车，不同圆圈的颜色深浅代表不同的瞬时速度，箭头表示运动的方向。

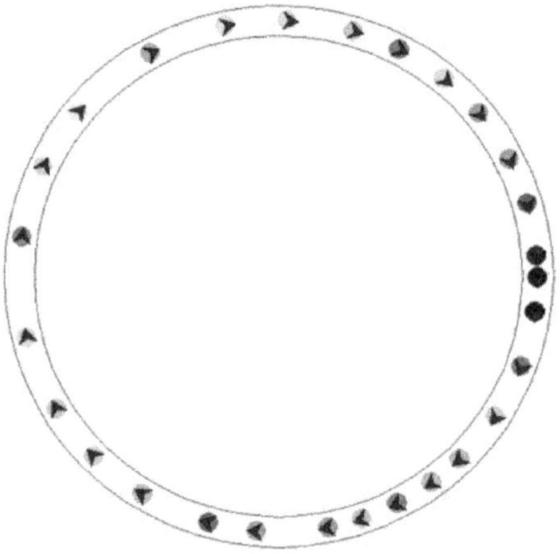

图 3-27 环形队列仿真场景图

1. 轨迹时空图

利用统一交通模型再现行人、自行车和汽车环形队列实验的轨迹时空图，如图 3-28 所示。

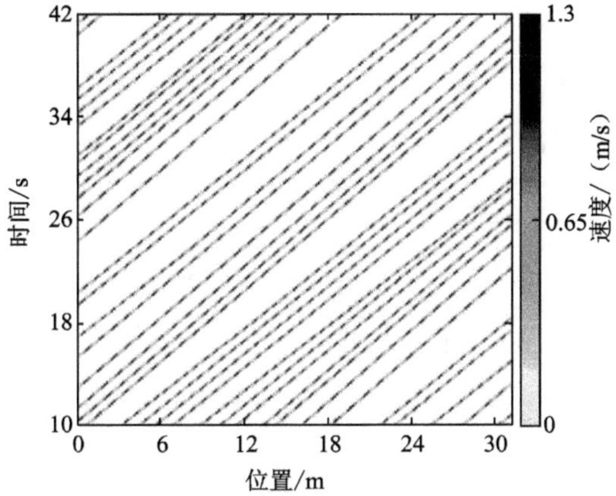

（a）行人环形队列实验的轨迹时空图模拟（N=19）

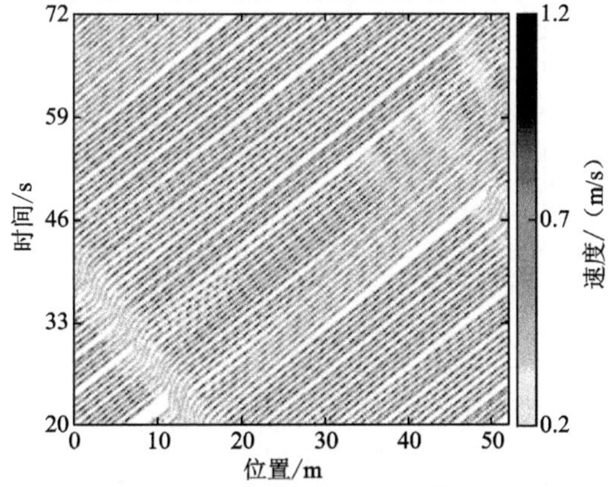

（b）行人环形队列实验的轨迹时空图模拟（N=49）

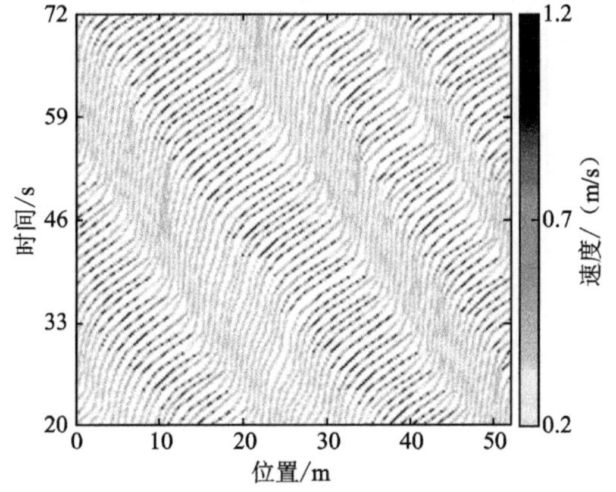

（c）行人环形队列实验的轨迹时空图模拟（N=59）

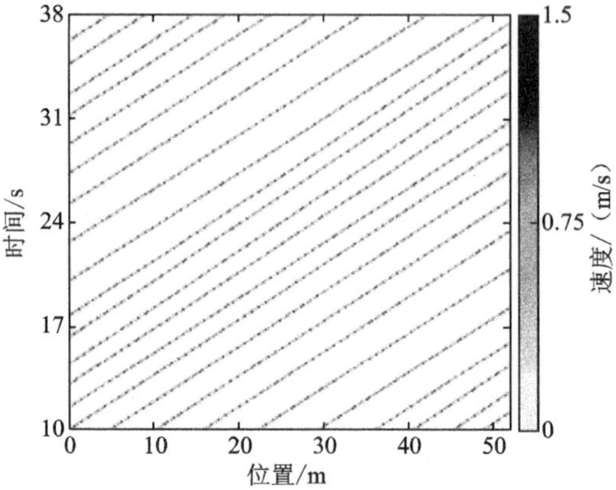

（d）自行车环形队列实验的轨迹时空图模拟（N=11）

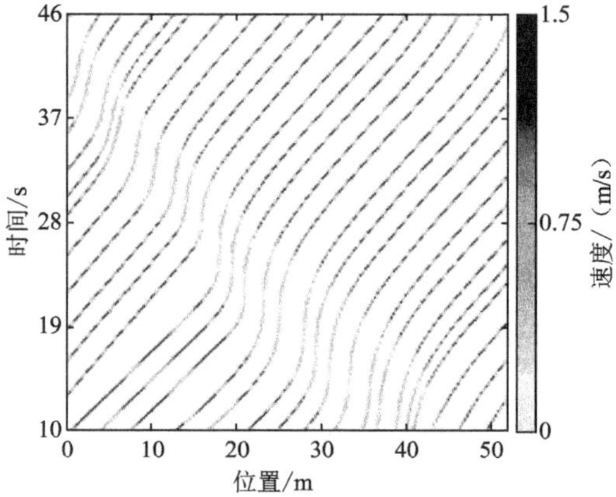

（e）自行车环形队列实验的轨迹时空图模拟（N=19）

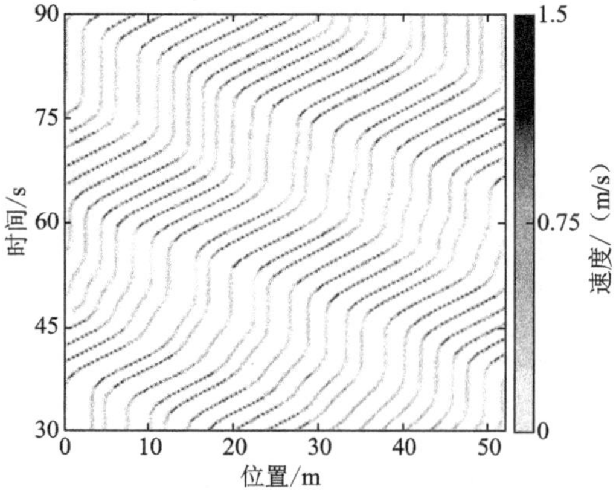

（f）自行车环形队列实验的轨迹时空图模拟（N=23）

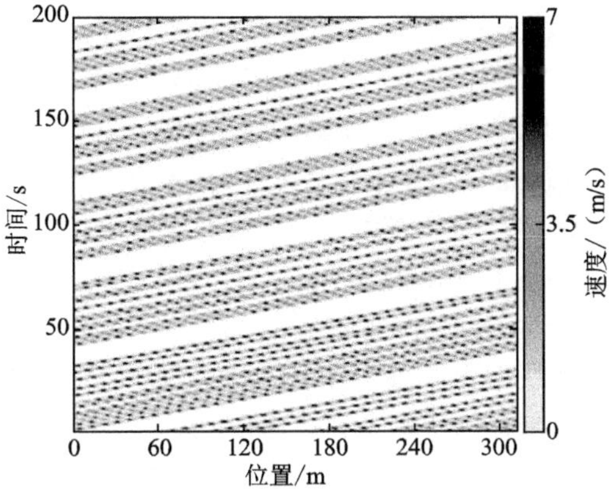

（g）汽车环形队列实验的轨迹时空图模拟（N=12）

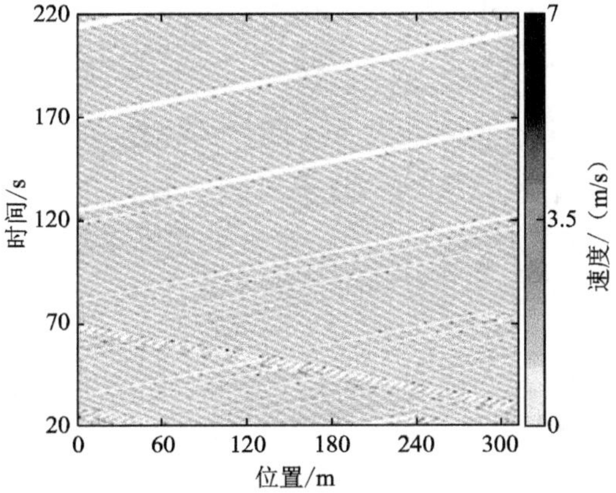

（h）汽车环形队列实验的轨迹时空图模拟（N=28）

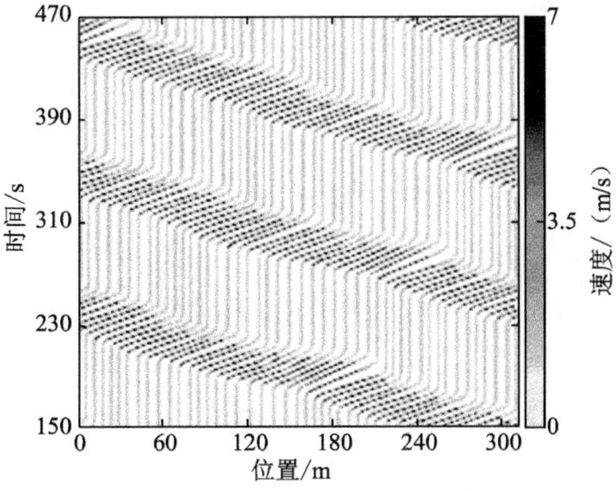

（i）汽车环形队列实验的轨迹时空图模拟（N=35）

图 3-28　行人、自行车和汽车环形队列实验轨迹时空图模拟

从图 3-28 中可以清楚地看出，环形队列模拟中的行人、自行车和汽车三种交通流随密度的逐渐增加都经历了从自由流到过渡流再到拥挤流的过程。在图 3-28（a）、（d）和（g）中，三种交通流都处于自由流流态，行人、自行车或者汽车在该低密度区域以期望的自由速度平稳移动。在图 3-28（b）、（e）和（h）中，行人、自行车和汽车在模拟中的速度开始出现波动，三种交通流处于过渡流流态。在图 3-28（c）、（f）和（i）中，由不断交替出现的停、走波可以知道，模拟中的三种交通流处于拥挤流流态。

通过比较模拟的环形队列实验轨迹时空图和现实的环形队列轨迹时空图发现，统一交通模型可以较好地再现行人、自行车和汽车三种交通流的自由流，过渡流，拥挤流，停、走波及它们的运动特征。然而，由于现实实验中，行人、自行车和汽车三种交通流之间的差异更大且现实实验更加随意，所以看到模拟的轨迹时空图要比现实实验的轨迹时空图更加平滑和有序，但这并不影响前面所得出的结论。

2. 基本图

为了进一步论证统一交通模型的有效性，我们开展了环形队列仿真研究，利用该模型来再现行人、自行车和汽车环形队列实验的三种基本图：密度-速度关系基本图、密度-流量关系基本图和距离-速度关系基本图，如图 3-29 所示。

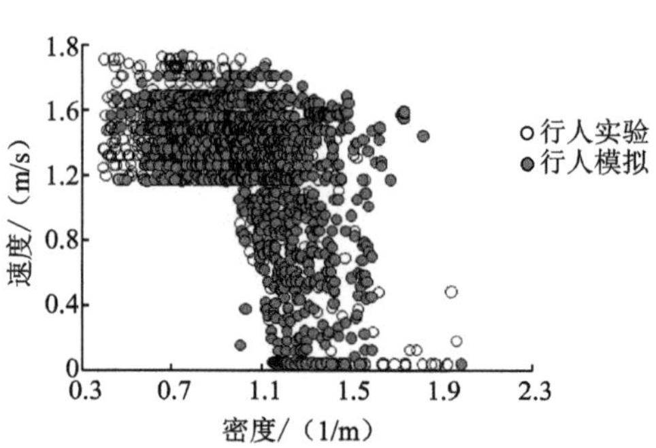

（a）密度-速度关系基本图（行人）

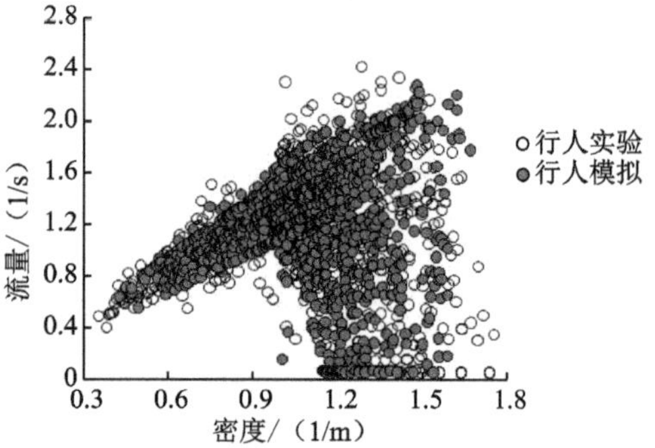

（b）密度-流量关系基本图（行人）

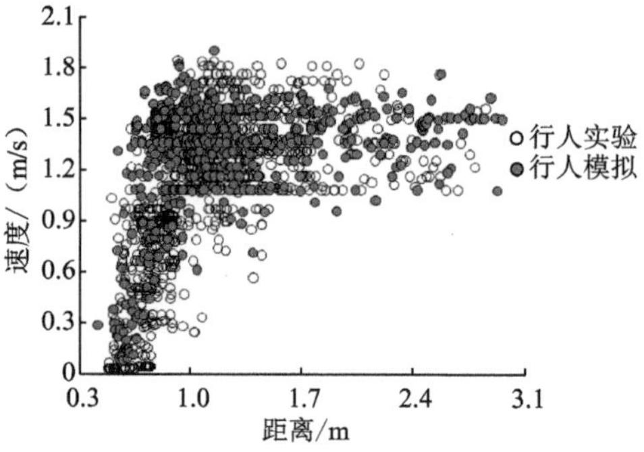

（c）距离-速度关系基本图（行人）

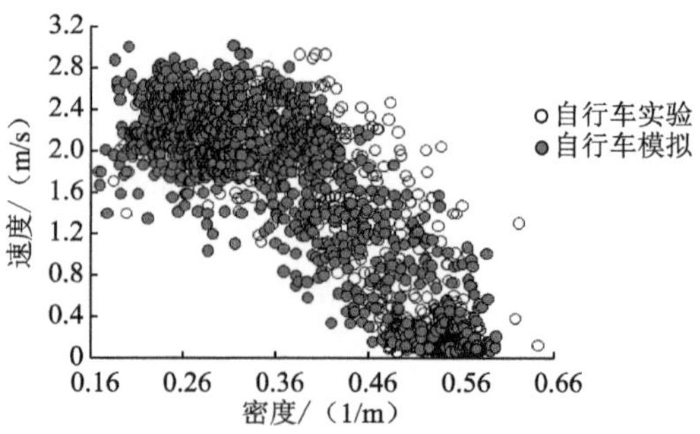

（d）密度-速度关系基本图（自行车）

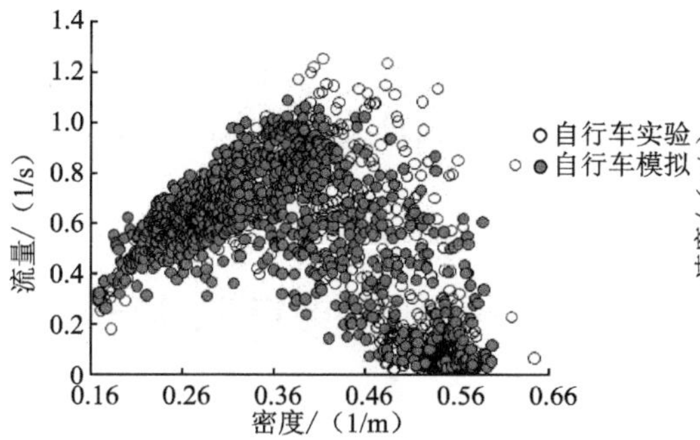

（e）密度-流量关系基本图（自行车）

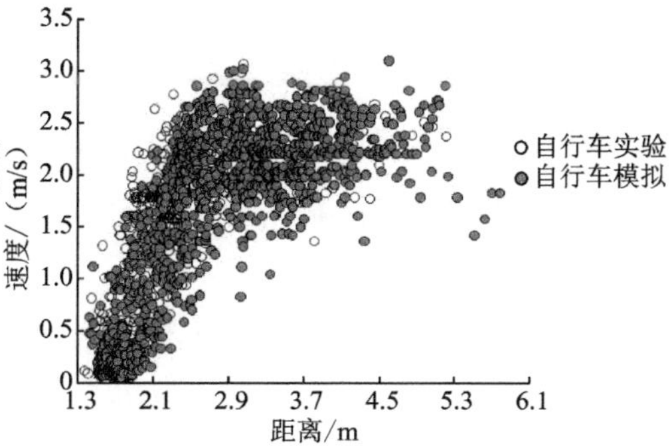

（f）距离-速度关系基本图（自行车）

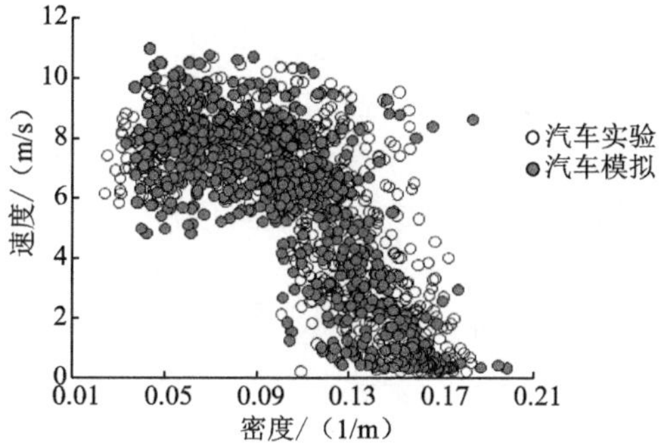

（g）密度-速度关系基本图（汽车）

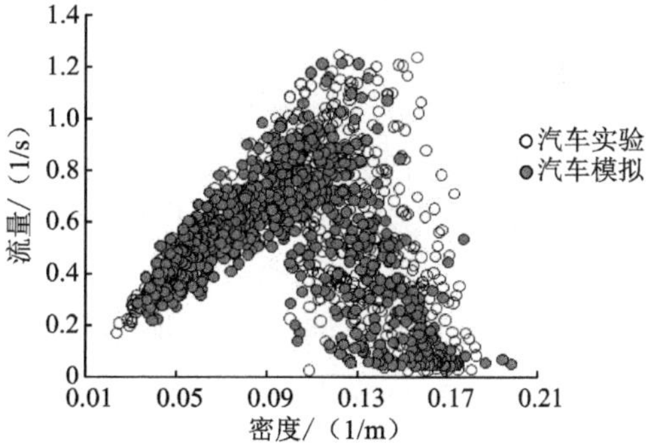

（h）密度-流量关系基本图（汽车）

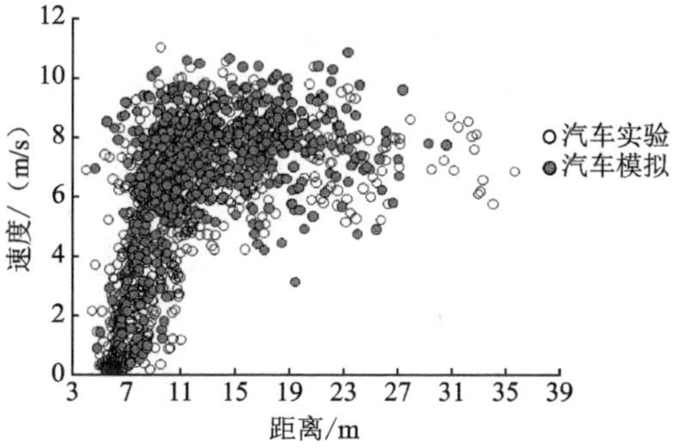

（i）距离-速度关系基本图（汽车）

图 3-29　行人、自行车和汽车环形队列实验的三种基本图（实验和模拟对比）

图 3-29 展示了行人、自行车和汽车环形队列实验中三种基本图：密度-速度关系基本图[（a）、（d）和（g）]，密度-流量关系基本图[（b）、（e）和（h）]及距离-速度关系基本图[（c）、（f）和（i）]的实验和模拟拟合情况。

从这九幅图可以看出，每幅图中代表模拟结果的实心圆圈都可以拟合代表空心圆圈的现实实验结果，所以统一交通模型可以较好地再现行人、自行车和汽车三种交通流在环形队列中的密度-速度关系基本图、密度-流量关系基本图及距离-速度关系基本图。

3.4 常态与应急状态下行人统一自减速行为机制

3.4.1 引言

在常态和应急状态下，模拟行人运动特征的研究逐渐引起了人们的广泛关注。行人的微观行为已经能通过一些统计物理学模型得到很好的再现，包括社会力模型、元胞自动机模型、格子气模型。一般来说，在常态和应急状态下，行人表现出不同的行为特征。为了给建筑环境提供重要的设计指导，并为在常态和应急状态下的行人提供有效的指导策略，我们必须要了解这两种不同条件下行人的运动特征及它们之间存在的关系。

在过去的几十年，许多研究学者从不同的方面研究了行人的行为特征。行人在常态和应急状态下表现出的不同行为引起了研究者的普遍关注。然而，目前几乎没有文献对常态和应急状态下的自减速行为机制进行系统比较。Parisi 等提出了一个改进的社会力模型，它包含了一个自减速行为机制，其目的是避免模拟过程中行人不断地推倒其他行人[166]。Yuen 和 Lee 将视觉信息引入单向行人流模型中，以研究行人的速度机制[167]。这些研究结果主要基于常态条件的实验数据。而我们仍然不知道这样类似的行人自减速行为机制是否也存在于应急状态中，尤其是现实中的地震和火灾这样的极度恐慌情形。另外，这些研究模型的行为参数是任意设置的，缺少实验数据来证明其有效性。为了在常态和应急状态下获得更多真实准确的行人行为参数，我们要进一步开展行人实验。

考虑到在有着相同规则与目标的秩序良好的环境中，行人在常态和应急状态下的运动都是由自身驱动的，这些行人运动可能有一些相同的典型特征，而且它们与人类行为存在着复杂联系。因此，为了揭示常态和应急状态下头距离（head distance）-速度之间的相似性和差异性，以及为了研究是否能通过一个统一的行为公式描述这种头距离-速度关系，我们在常态和应急状态下开展了一系列的行人实验，包括常态环形运动、应急房间疏散、常态和应急状态下的走廊疏散。实验数据表明，在常态和应急状态下的头距离-速度关系存在极大相似性，实际上是一种统一的安全驱动的自减速行为机制的结果。也就是说，行人会在特定的空间中采用一种安全速度来避免与他人发生碰撞并保持个人空间。即使在应急状态下，当头距离接近临界值时，为了减少碰撞且尽可能地避免身体发生接触，行人仍然会减小速度，并表现出防御行为。另外，如果一个人的头距离足够大，那么他就能达到最快期望速度。我们发现，当行人间的运动相互制约时，行人的期望速度与头距离存在线性关系。本书研究提出了一个考虑自减速行为机制的改进社会力模型，并进行了一系列与真实实验一致的仿真模拟。

3.4.2　常态和应急状态下的行人实验

为了获取在不同情形下真实且准确的行人参数数据，我们必须要在常态和应急状态下开展行人运动实验。在本书研究中，我们开展了常态下的一系列不同实验者人数的环形运动实验，其中最少人数为 N=5，最多人数为 N=70。类似地，在应急状态下，我们开展了一系列无障碍物和中间有隔板的房间疏散实验。然而，上述的两个实验是在两种不同场景下进行的。为了研究在相同场景下行人的自减速行为机制，我们开展了常态和应急状态下的走廊实验。

1. 常态下的环形运动行人实验

在德国，已有研究者进行常态下的环行运动行人实验[168]。然而，在这个实验中，行人运动轨迹只覆盖了 4m 的直线范围，且没有记录并考虑整个圆周轨迹区域内的行人轨迹。因此，我们在我国进行了一个新的环形运动行人实验，要求实验者按各自正常的步伐在一个周长为 52m 的圆周中运动，且不要求使用相同步调。行人实验中的实验者由大学生组成。为了在圆周轨道上获得各种不同密度，我们开展了一系列有不同人数的实验，行人数量从 5 人到 70 人不等。行人的平均肩宽为 0.4m，体重为 58kg。图 3-30 展示了在常态下，实验者人数分别为 N=29、N=49 和 N=70 时的环形运动行人实验。

（a）N=29　　（b）N=49　　（c）N=70

图 3-30　常态下的环形运动行人实验

2. 应急状态下的房间疏散实验

为了在应急状态下获得准确的行人行为参数，我们在我国的一个教学楼平地上进行了一系列无障碍物和中间有隔板的房间疏散实验。80 名大学生自愿参加，他们的身高为 1.50~1.76m，年龄为 22~26 岁。在每个实验中，实验者都被任意地分配在符合户内环境健康规定的区域内，区域大小为 8.4m×4.2m。当应急声音信号发出时，实验者从一个大小为 7.8m×8.4m 的房间逃脱。门宽为 1.0m，足以让两个人同时疏散。而且，由于技术上的瓶颈和行人疏散实验上的时间限制，隔板要对称地放在靠近出口区域。这个隔板的长为 3.0m、厚为 0.2m，隔板与门之间距离设置为 1.2m。为了减小由于实验者初始位置不同而产生的波动，应急状态下的无障碍物和中间有隔板的疏散实验各重复进行三次。在实验期间，为了在应急状态中识别出行人的赶超行为，我们要求前 40 名实验者戴红色帽子，后 40 名实验者戴蓝色帽子。在整个实验过程中，一些实验者最后放弃了实验。为了保证分析结果的一致性，我们考虑将首先逃离出的 65 名行人（大约占总共疏散的行人的 80%）的平均疏散时间用于所有场景中。

图 3-31（a）展示了在应急状态下无障碍物的房间疏散实验，图 3-31（b）展示了中间有隔板的房间疏散实验。从中可以清楚地看出，在这两种疏散实验中，后面戴蓝色帽子的部分行人（圆圈框出）赶上了前面戴红色帽子的行人（矩形框出），这揭示出了在真实应急状态下的人群推挤和抢道行为。

（a）无障碍物

（b）中间有隔板

图 3-31　应急状态下房间疏散行人实验

3. 常态和应急状态下的走廊实验

在同一个走廊里，我们开展了一系列常态和应急状态下的行人实验，如图 3-32 所示。我们研究了两种情况：①所有行人都用正常的步调通过走廊；②所有行人都用最快的速度通过走廊以应急逃生。45 名实验者里有 21 名男性和 24 名女性，年龄为 22~26 岁。他们都是大学生并且自愿参加实验。走廊长为 10.6m、宽为 2.4m，且没有障碍物。门宽为 0.88m，出口宽为 1.84m，并且都在走廊的右侧。首先实验者全部在等候室等待实验开始，一旦实验开始，他们会从等待室出来，进入走廊，其次从右边的出口离开走廊。每次实验在相同的条件下都重复三次。

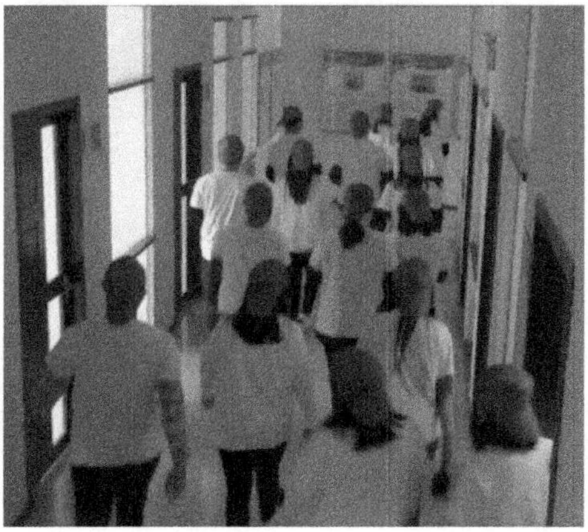

（a）常态

（b）应急状态

图 3-32 常态和应急状态下的走廊实验

3.4.3 基于视频处理技术提取实验轨迹

为了在常态和应急状态下获得最真实且准确的头距离-速度行为参数，在整个疏散过程中，我们需要探测追踪所有实验者，并准确记录他们的坐标来获得连续空间的运动轨迹。在本书研究中，所有实验者在进行常态和应急状态下的实验时都被要求戴上红色或者蓝色帽子，这样有利于追踪轨迹。在整个视频记录中，我们要使用 mean-shift 视频处理算法来连续追踪行人。图 3-33 展示了用 mean-shift 视频处理算法自动提取行人在常态和应急状态下的实验轨迹。从图 3-33 中可以看到，mean-shift 视频处理算法的效果是非常值得信赖的。

（a）常态环形实验

（b）应急状态房间疏散实验

（c）常态走廊行人实验　　（d）应急状态走廊行人实验

图 3-33　基于视频处理技术的实验轨迹提取

由于存在透视投影和镜头畸变，我们在实验中使用了 DLT 算法来完成摄像机标定。以 mean-shift 视频处理算法和 DLT 算法为基础，我们从视频记录中自动提取常态和应急状态下整个实验过程中高精确度的行人连续运动轨迹。

3.4.4　常态与应急状态下统一的自减速行为机制

基于上述提到的自动提取的高精度行人轨迹，我们展示了常态与应急状态下头距离–速度关系，并提出了一个统一的自减速行为机制用于解释所观察到的头距离–速度关系的相似性与差异性。

1. 基于视觉障碍场的行人头距离

过去的研究显示，视觉是行人用来控制动作的主要信息来源。例如，Moussaïd 等认为行人由视觉信息引导，并应用两种简单的认知程序来适应他们的步行速度和方向[169]。因此，视觉信息十分重要，我们采用并扩展了文献[170]视觉障碍场的概念来描述多方向行人运动，并且基于视觉障碍场计算常态和应急状态下行人的头距离。

图 3-34 分别描绘了基于视觉障碍场的一维环形行人实验、二维房间疏散实验和二维走廊疏散实验的视觉障碍场示意图。在图 3-34（a）中，通过直接计算行人 i 的质心与其前面行人 k 之间的距离，可以容易地确定单列移动实验中行人的头距离 L。然而，与单列实验的进展不同，在二维房间和走廊实验中，我们将行人 i 的头距离定义为他到在其车道上的行人的距离，如图 3-34（b）和（c）所示。

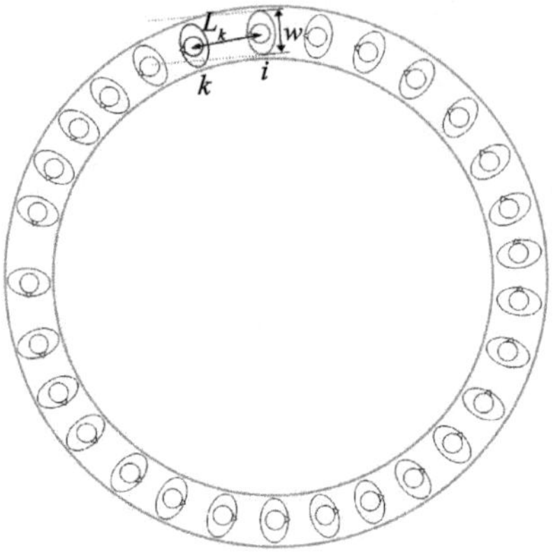

（a）一维环形行人实验

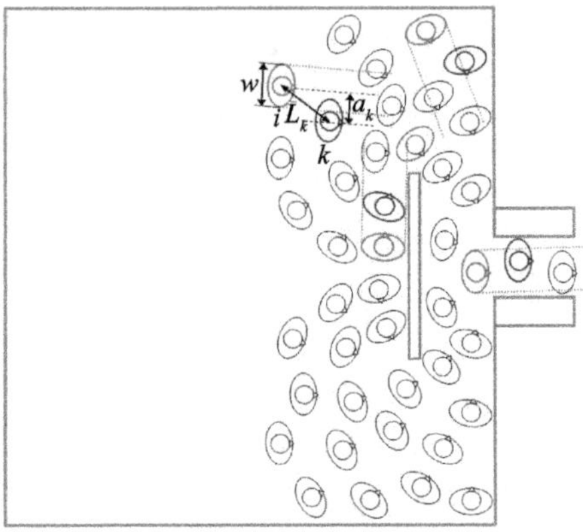

（b）二维房间疏散实验

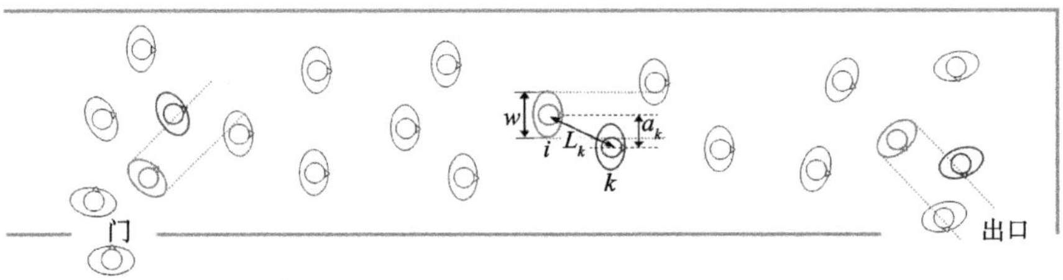

（c）二维走廊疏散实验

图 3-34　视觉障碍场示意图

值得注意的是，行人的车道实际上不存在。然而，为了根据视觉信息来确定行人的头距离，我们假设存在虚拟的车道，虚构的车道被定义为行人前进方向、宽度为行人肩宽的轨迹。因此，多方向行人流二维平面行人的头距离 L 可由以下公式计算：

$$L = \min\left\{L_k, \forall a_k < \lambda \frac{w_i + w_k}{2}\right\}, 0.5 < \lambda \leqslant 1.0 \quad (3\text{-}8)$$

其中，L_k 为行人 i 与行人 k 的头距离；a_k 为两名行人中心之间的水平距离；λ 为行人排斥水平系数；w_i 和 w_k 分别为行人 i 与行人 k 肩宽。本书研究中，行人的排斥水平系数设定为 λ =1，这意味着不允许重叠。

2. 统一的自减速行为机制

基于高精度的行人轨迹和视觉障碍场的行人头距离，常态和应急状态下的头距离-速度关系可以进一步确定和计算。图 3-35 展示了常态下环形运动实验和应急状态下房间疏散实验的行人头距离-速度关系。选取数据时间间隔为 0.2s，且删除实验刚开始和结束时的部分数据，我们分别获得了常态下环形运动和应急状态下房间疏散实验的样本量 K=9 435 和 K=5 510。

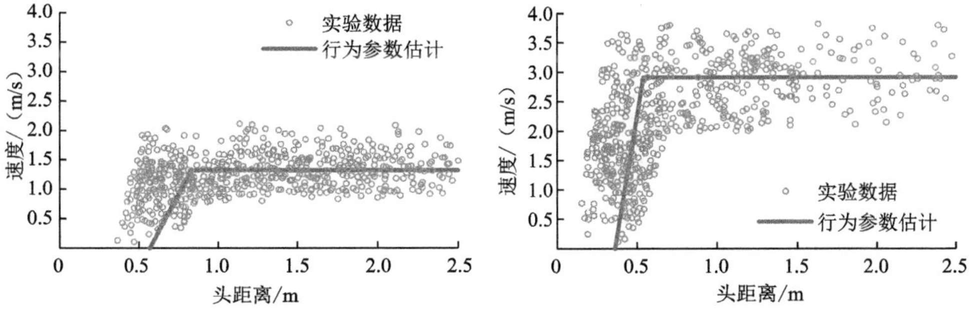

（a）常态下环形运动实验　（b）应急状态下房间疏散实验

图 3-35　常态下环形运动实验和应急状态下房间疏散实验的行人头距离–速度关系图

类似地，图 3-36 展示了常态和应急状态下走廊疏散实验中行人头距离–速度关系。我们分别获得了常态下和应急状态下实验的样本量 K=1 047 和 K=1 061。与图 3-35 相比，走廊实验场景比较宽敞，因此常态和应急状态高密度下的拥挤态几乎没有。

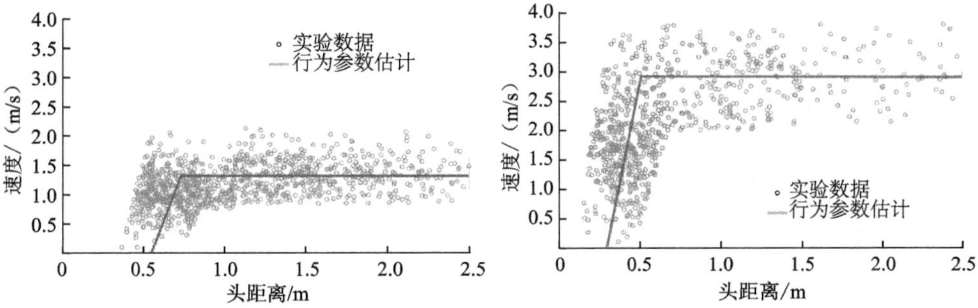

（a）常态下走廊实验　（b）应急状态下走廊实验

图 3-36　常态和应急状态下走廊疏散实验中行人头距离–速度关系图

对比图3-35与图3-36的头距离–速度关系，我们发现，常态和应急状态下的头距离–速度关系的数据点尽管幅度不同，但几乎具有相同的形状。所有行人在头距离 L 低于临界值时都会停止（v=0），以避免碰撞并保留他们的个人空间。即使在应急状态下，人们仍然倾向于减小速度并表现出防御性的行为，如当头距离接近临界值时，尽可能多地用手臂保护身体不受影响。此外，行人的移动速度随头距离的增加而开始线性增加。当头距离足够大时，所有的行人都以最快的期望速度移动。

这意味着虽然在不同的恐慌情况下，但行人在常态和应急状态下的特点和行为实际上是非常相似的，这表明在行人运动中有一个统一的行为机制。在常态和应急状态下，头距离–速度关系的强烈相似性清楚地表明，这种统一的机制本质上是一种安全驱动的自减速行为机制，行人试图在给定的空间内采取安全的速度，以避免碰撞和保存他们的个人空间，这种统一的自减速行为机制可以用以下公式描述：

$$v=\begin{cases}0, & L\leqslant d_{\min}\\ k\left(L-d_{\min}\right), & d_{\min}<L<d_{\min}+v_{\max}/k\\ v_{\max}, & L\geqslant d_{\min}+v_{\max}/k\end{cases} \quad (3\text{-}9)$$

其中，v 表示行人的移动速度；L 表示基于视觉障碍场的行人头距离；$d_{\min}$ 表示距离临界值；$v_{\max}$ 表示最快自由速度；k 表示比例常数。

接着，我们利用常态和应急状态实验的测量数据，应用广义最小二乘法来估计特征行为参数的平均值，包括最快自由速度 $v_{\max}$ 、比例常数 k 和距离临界值 $d_{\min}$ 。通过最小二乘法估计的残差是独立的，并且如果噪声重新分配是紧凑的，则通常具有良好的性质。

在常态下的环形实验中，当行人头距离超过 $d_{\min}+v_{\max}/k=0.95\,\text{m}$ 时，行人的最快自由速度对应 $v_{\max}=0.94\,\text{m/s}$。然而，当头距离小于 $d_{\min}=0.62\,\text{m}$ 时，行人在 $T=1/k=0.35\,\text{s}$ 的安全响应时间内将速度减小至0，以保持其个人空间，从而保护自己免受过多的挤压和保持舒适。

在应急状态下的房间疏散实验中，当头距离超过 $d_{\min}+v_{\max}/k=0.63\,\text{m}$ 时，行人的最快自由速度增加至 $v_{\max}=1.88\,\text{m/s}$，与常态下相比增加了 1 倍。当所有的行人在头距离达到临界值 $d_{\min}=0.36\,\text{m}$ 时，在 $T=1/k=0.14\text{s}$ 的安全响应时间内几乎都瞬间停止运动，以便最大限度地降低碰撞水平并保护身体，但身体接触几乎是不可避免的。

此外，与常态下走廊实验中 $v_{\max}$=1.32m/s、$d_{\min}$=0.57m、k=5.01s^{-1} 的行为参数相比，在同一走廊实验场景下，应急状态下 $v_{\max}$=2.91m/s 和比例常数 k=16.35s^{-1} 明显较高，距离临界值 $d_{\min}=0.36\,\text{m}$ 要短得多。

基于上述分析，可以总结出常态和应急状态下行人行为的特点及其关系。在应急状态下，最快自由速度 $v_{\max}$ 明显高于常态。与常态相比，应急状态下行人的个人空间要小得多，行人的距离临界值 $d_{\min}$ 相应缩短。此外，在应急状态下，比例常数 k 较高，意味着行人在较短的安全响应时间 $T=1/k$ 内将速度降低到 0，以保持个人空间，并最大限度地降低碰撞水平。尽管存在一些差异，但常态和应急状态下的头距离-速度关系的强烈相似性表明，在行人交通中，一个统一的自减速行为机制正在发挥作用。

3.4.5 常态和应急状态下考虑自减速行为机制的改进社会力模型

1. 考虑自减速的改进社会力模型

我们用一个常态和应急情况下的改进的社会力模型将自减速行为机制纳入动态系统模型中，该模型由以下公式描述[171]：

$$m_i \frac{\mathrm{d}\boldsymbol{v}_i}{\mathrm{d}t} = \boldsymbol{F}_i^{\text{drive}} + \sum_{j(\neq i)} \boldsymbol{F}_{ij} + \sum_{w} \boldsymbol{F}_{iw} \tag{3-10}$$

其中，行人 i 的自驱动力 $\boldsymbol{F}_i^{\text{drive}}$ 由以下公式计算：

$$\boldsymbol{F}_i^{\text{drive}} = m_i \frac{v_i^0(t)\boldsymbol{e}_i^0(t) - v_i(t)}{\tau} \tag{3-11}$$

N 名行人中，每名质量为 m_i 的行人 i 都以一定的期望速度 v_i^0 朝着期望方向 $\boldsymbol{e}_i^0$ 运动，其真实速度 $\boldsymbol{v}_i$ 与期望速度的差异由松弛时间 τ 来修正。

此外，两名行人彼此远离的心理倾向可以用排斥性互动力来描述。特别是，如果行人在应急状态下相互碰撞，则需要进一步考虑两个附加的力，分别是反抗其他行人的身体力和阻止相对切向运动的滑动摩擦力。因此，行人 i 和行人 j 之间的相互作用力 $\boldsymbol{F}_{ij}$ 可由以下公式描述：

$$\boldsymbol{F}_{ij} = A_i e^{(r_{ij} - d_{ij})/B_i} \boldsymbol{n}_{ij} + kg(r_{ij} - d_{ij})\boldsymbol{n}_{ij} + \kappa g(r_{ij} - d_{ij})\Delta v_{ji}^t \boldsymbol{t}_{ij} \tag{3-12}$$

其中，A_i、B_i、k 与 κ 均为常量；d_{ij} 为行人 i 和行人 j 之间的距离；r_{ij} 为相互作用的两名行人 i 和 j 的半径和；$\boldsymbol{n}_{ij}$ 为由行人 j 指向行人 i 的单位向量；$\boldsymbol{t}_{ij}$ 表示切向；切向相对速度为 Δv_{ji}^t；函数 $g(x)$ 在行人之间没有接触时（$r_{ij} < d_{ij}$）为 0，否则取值为 x。

类似地，与墙壁 w 的作用力 $\boldsymbol{F}_{iw}$ 可由以下公式描述：

$$\boldsymbol{F}_{iw} = A_i e^{(r_i - d_{iw})/B_i} \boldsymbol{n}_{iw} + kg(r_i - d_{iw})\boldsymbol{n}_{iw} + \kappa g(r_i - d_{iw})(-v_i \boldsymbol{t}_{iw})\boldsymbol{t}_{iw} \tag{3-13}$$

其中，d_{iw} 为到墙壁 w 的距离；$\boldsymbol{n}_{iw}$ 为垂直于墙壁的单位向量；r_i 为行人 i 半径；v_i 为行人 i 速度；$\boldsymbol{t}_{iw}$ 表示与墙壁相切的方向。

在改进的社会力模型中，行人根据头距离变化而改变所需的期望速度 v_0，如统一自减速行为机制方程所示。因此，常态和应急状态下行人的期望速度 v_0 可以由以下公式确定：

$$v = \begin{cases} 0, & L \leqslant d_{\min} \\ k(L - d_{\min}), & d_{\min} < L < d_{\min} + v_{\max}/k \\ v_{\max}, & L \geqslant d_{\min} + v_{\max}/k \end{cases} \tag{3-14}$$

其中，最快自由速度 $v_{\max}$、比例常数 k 和距离临界值 $d_{\min}$ 都可以根据常态和应急状态实验的统计测量数据来确定。

2. 改进社会力模型的参数设置

接下来采用改进的社会力模型，我们在常态和应急状态下再现行人实验。常态模拟中的圆形轨道周长、应急状态房间疏散模拟中房间和障碍物的几何尺寸及走廊的几何参数都与实验场景完全相同。为了达到高精度，在常态圆形轨道上我们进行了行人数量分别为 N=5、N=10、N=19、N=29、N=39、N=49、N=59、

N=70 的一系列模拟仿真。对于常态和应急状态，社会力模型的相应参数设置为 $A_i = 998.97$ N、B_i=0.08m、k=819.62kg/s^2 及 κ=510.49kg/（m・s），这些参数参考我们以前的文献。对于每名行人，直径都为 $2r_i$ =0.4m，质量都为 M_i =58kg，松弛时间的合理估计都为 τ =0.5s。

此外，行为参数最快自由速度 $v_{\max}$、比例常数 k 和行人的最小临界间距 $d_{\min}$ 均根据实验数据设置。这意味着常态环形运动模拟中，行人的行为参数为 $v_{\max}$ =0.94m/s、$d_{\min}$ =0.62m 和 k=2.89s^{-1}。在应急状态房间疏散模拟中，相应的行为参数为 $v_{\max}$ = 1.88m/s、$d_{\min}$ =0.36m 和 k=6.93s^{-1}。类似地，在常态走廊疏散模拟中，行人的行为参数为 $v_{\max}$ =1.32m/s、$d_{\min}$ =0.57m 和 k=5.01s^{-1}。应急状态走廊疏散模拟中，行人的行为参数为 $v_{\max}$ =2.91m/s、$d_{\min}$ =0.36m 和 k=16.35s^{-1}。

为了验证本书研究所提出的改进的社会力模型的正确性，我们将考虑自减速模型和未考虑自减速模型的模拟结果进行比较。在未考虑自减速的模型中，行人的期望速度 v_0 保持不变，在常态环形运动中行人期望速度设置为 $v_0 = v_{\max}$ =0.94m/s，在应急状态房间疏散模拟中行人期望速度设置为 $v_0 = v_{\max}$ =1.88m/s，在常态走廊疏散模拟中行人期望速度设置为 $v_0 = v_{\max}$ =1.32m/s，在应急状态走廊疏散模拟中行人期望速度设置为 $v_0 = v_{\max}$ =2.91m/s。

3. 使用改进社会力模型的模拟场景

图 3-37 演示了考虑自减速行为机制的改进社会力模型的模拟场景。图 3-37（a）中，39 名行人在常态下以逆时针方向走在一个周长为 52m 的圆形轨道上。图 3-37（b）中，可以观察到在初始队列排在前面的戴红色帽子的行人（矩形框出）有些已经被后面戴蓝色帽子的行人（圆圈框出）超越，这与现实实验中的恐慌人群推拉行为一致。图 3-37（c）中，描绘了走廊疏散场景模拟，可以清楚地看到，一些行人以自由速度从门进入走廊，而有些人改变他们的移动方向并从右边狭窄的出口离开走廊。

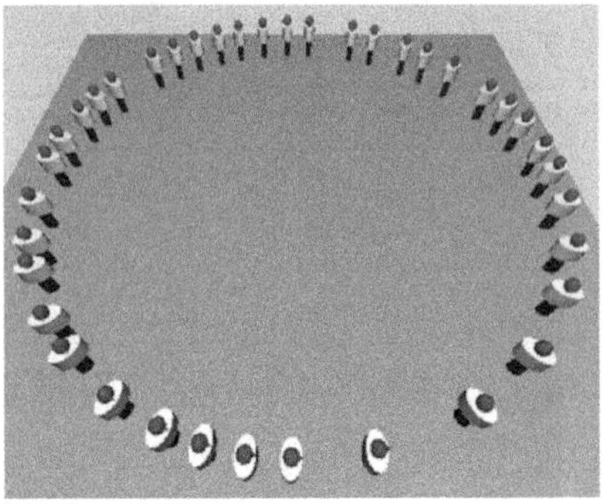

（a）环形运动模拟

（b）房间疏散模拟

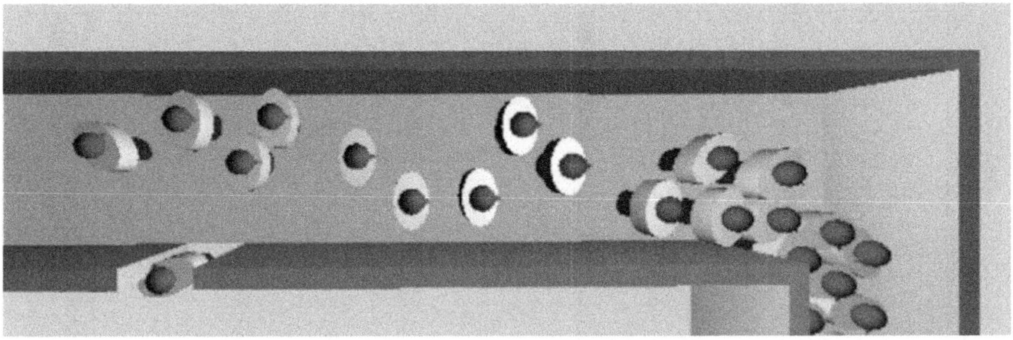

（c）走廊疏散模拟

图 3-37　改进社会力模型的模拟场景

3.4.6　仿真结果与实验数据验证

1. 常态下环形运动模拟

基于高精度实验轨迹及行人模拟轨迹，可以确定和计算动态行人交通流行为特征，如加速度，减速度和停、走波。图 3-38 描绘了不同实验者数量 N=29、N=49 和 N=70 的实验轨迹时空图与考虑、未考虑自减速模型的模拟轨迹时空图比较结果。纵轴表示时间（s），横轴表示位置（m）。在这些轨迹时空图中，记录区域为 52m，覆盖圆形轨道上的整个移动过程。此外，在所有这些图中，显示每名行人的瞬时速度 $v_i(t)$。

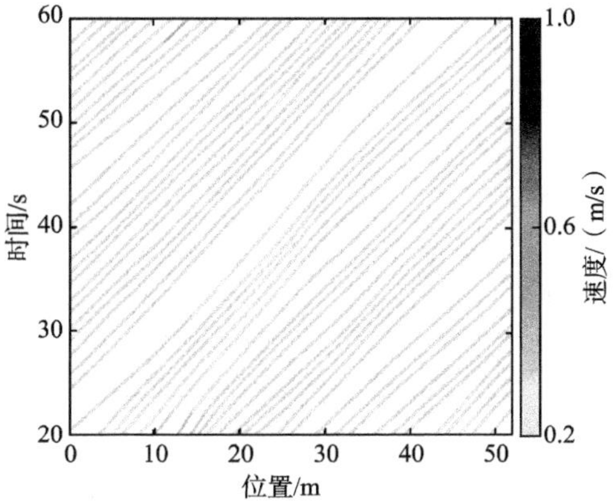

（a）实验数据（N=29）

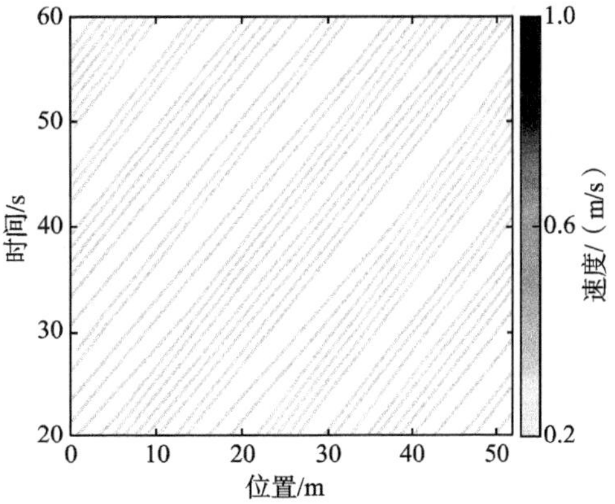

（b）考虑自减速模拟（N=29）

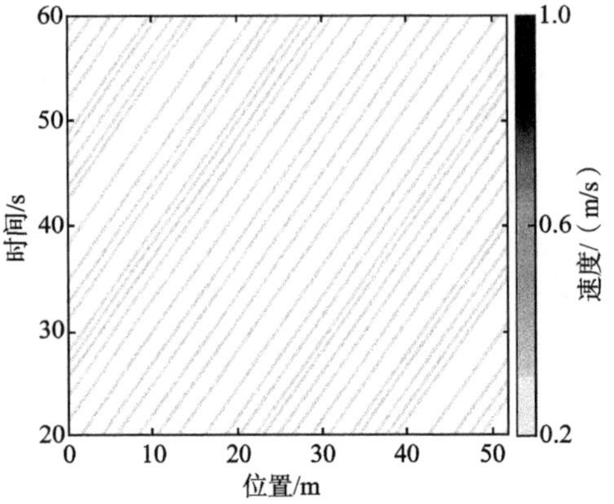

（c）未考虑自减速模拟（N=29）

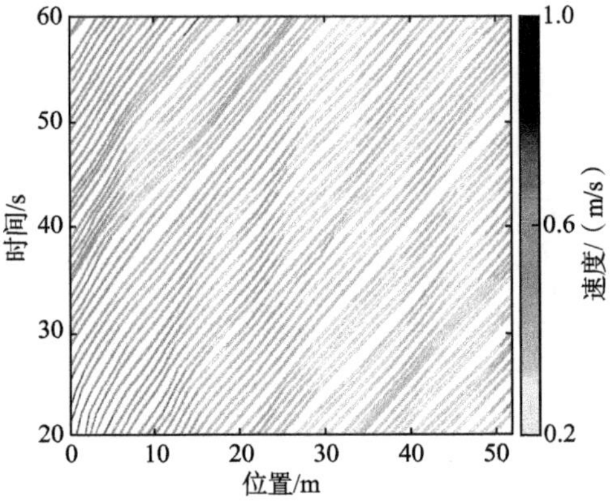

（d）实验数据（N=49）

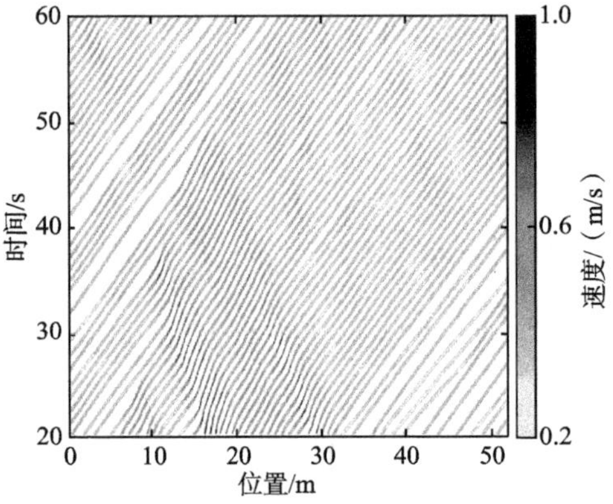

（e）考虑自减速模拟（N=49）

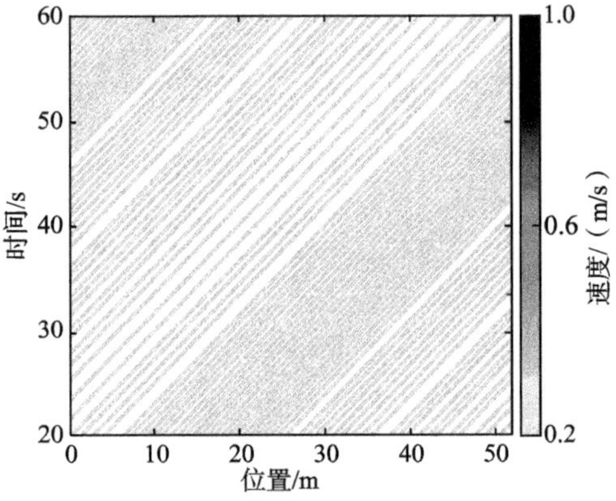

（f）未考虑自减速模拟（N=49）

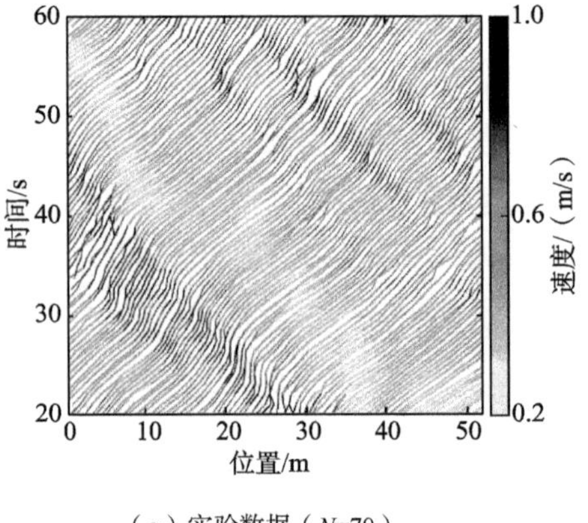

（g）实验数据（N=70）

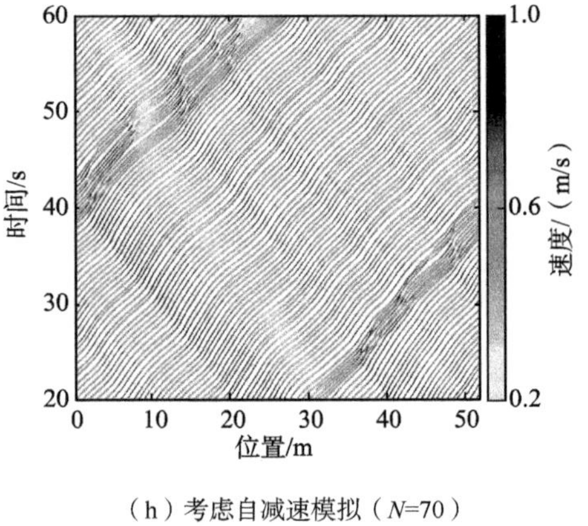

（h）考虑自减速模拟（N=70）

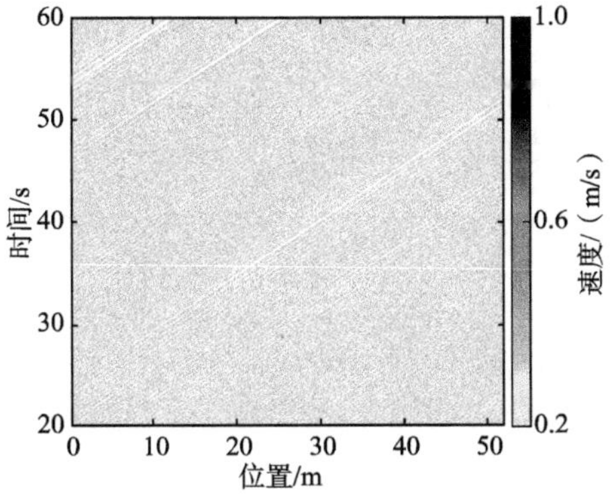

（i）未考虑自减速模拟（N=70）

图 3-38　实验轨迹时空图与考虑、未考虑自减速模型的模拟轨迹时空图比较

在图 3-38（a）、（d）和（g）的实验数据中，随整体密度或实验者个数的增加，可以清楚地观察到自由流向拥挤流的转变。这意味着图 3-38（a）中在低密度条件下为自由流，所有行人都能以所需的期望速度平稳行进。然而，图 3-38（d）中过渡流出现在速度波动的中等密度条件下，但不会导致交通拥挤。图 3-38（g）中拥挤流发生在高密度条件下，可以观察到典型的停、走波。

图 3-38（b）、（e）和（h）展示了使用考虑自减速行为机制的社会力模型的行人运动模拟轨迹时空图，其中也可以清楚地观察到从自由流到拥挤流的转变。通过比较图 3-38（b）、（e）和（h）中的模拟轨迹时空图和图 3-38（a）、（d）和（g）中的真实轨迹时空图，我们发现常态下行人运动特征包括自由流，拥挤流和停、走波可以通过自减速行为机制的社会力模型进行再现。因为在真实的行人实验中存在更多的随机性和异质性，所以模拟结果比实验结果稍微平滑和有序。总体上，模拟轨迹时空图表现出与现实实验数据的高度相似性。

图 3-38（c）、（f）和（i）显示了使用未考虑自减速行为机制的社会力模型的行人模拟轨迹时空图。当实验者人数分别增加到 N=49、N=70 时，实验数据和模拟结果之间存在显著差异。随着整体密度的增加，行人的步行速度几乎保持不变，过渡流及停、走波在整个模拟过程中都没有出现。因此，行人自减速行为机制对模拟结果有重要的影响，为了再现实验中观察到的行人运动特征，自减速行为机制不能被忽视。

2. 应急状态下房间疏散模拟

图 3-39 清楚地描绘了实验数据、考虑自减速模拟数据和未考虑自减速模拟数据之间的平均疏散时间比较。实验数据显示，若在出口区域放有隔板，则平均疏散时间从原来的 17.60s 减少至 15.92s，行人平均疏散时间明显改善。在自减速行为机制的社会力模型中，模拟平均疏散时间也从原来的 18.00s 减少至 16.41s，得

到了显著的提升。房间疏散实验中的真实平均疏散时间与考虑自减速模拟数据的平均疏散时间相当接近。然而，在未考虑自减速的模拟数据中，无障碍物和中间有隔板模拟平均疏散时间分别为14.10s和12.20s，明显小于房间疏散实验数据。

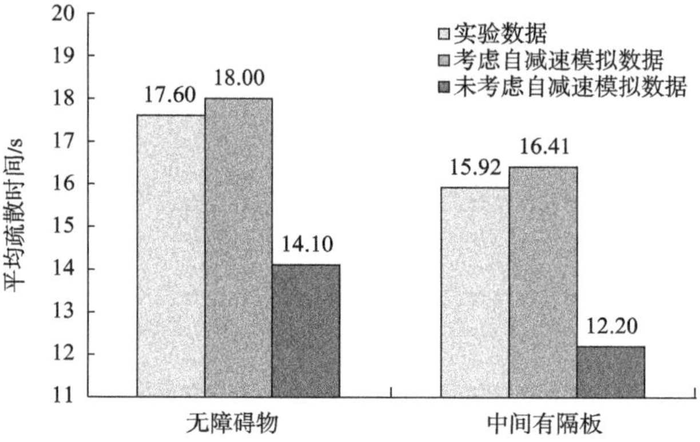

图3-39 实验数据、考虑自减速模拟数据和未考虑自减速模拟数据的平均疏散时间比较

3. 常态和应急状态下走廊疏散模拟

基于高精度实验轨迹及行人模拟轨迹，我们可以计算速度分布。图3-40展示了实验数据、考虑自减速模拟数据和未考虑自减速模拟数据的速度分布的比较结果。在图3-40（a）和（d）的实验数据中，我们都可以看出，从走廊底部到顶部有逐渐的速度变化，这表明在同一实验场景下，统一的自减速行为机制在常态和应急状态下的行人交通中发挥作用。行人以自由的速度由门进入走廊，并改变他们的行进方向，从右边的狭窄出口离开走廊。这种转弯行为使出口区域更加拥挤，后面行人由于自减速行为机制往往会提前减速。因此，在拥挤流之前存在着大面积的过渡流。

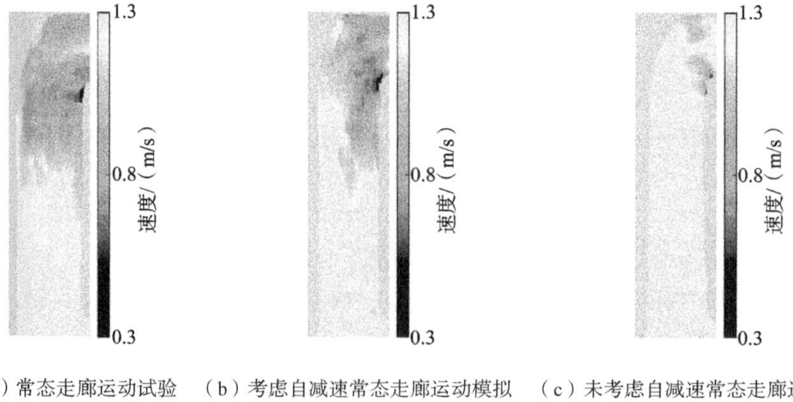

（a）常态走廊运动试验 （b）考虑自减速常态走廊运动模拟 （c）未考虑自减速常态走廊运动模拟

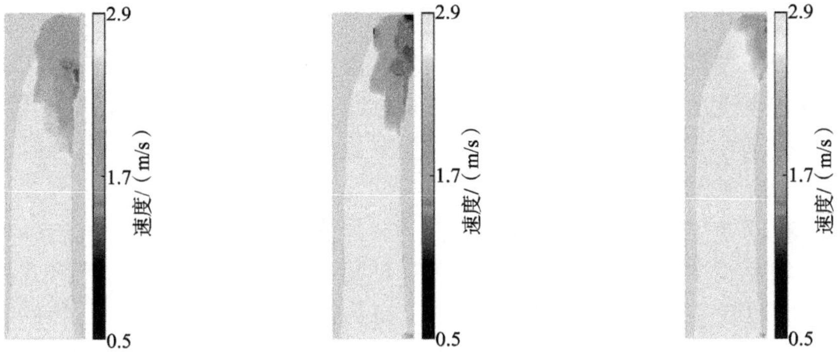

（d）应急状态走廊疏散实验　（e）考虑自减速应急状态走廊疏散模拟　（f）未考虑自减速应急状态走廊疏散模拟

图 3-40　实验数据、考虑自减速模拟数据和未考虑自减速模拟数据的速度分布比较

图 3-40（b）和（e）展示了考虑自减速行为机制的常态走廊运动和应急状态走廊疏散的模拟速度分布，在常态和应急状态下都可以观测到自由流到拥挤流的转变。通过比较图 3-40（b）和（e）中的模拟速度分布和图 3-40（a）和（d）中的真实速度分布，我们发现，在常态和应急状态下，行人实验中的自由流和拥挤流的运动特征可以通过自减速行为机制的社会力模型成功再现。

图 3-40（c）和（f）展示了未考虑自减速行为机制的模拟速度分布。显然，实验数据与模拟结果之间存在显著差异。行人运动速度几乎保持不变，因此整个模拟过程中过渡流不明显，与行人实验中的真实行为特征不符。当行人接触时，由于身体力和滑动摩擦力，在出口附近仍然存在减速过程，但出口附近的模拟速度分布远远高于真实速度。

综上所述，我们在行人实验和数值模拟的帮助下已经证明，在常态和应急状态下都存在统一的自减速行为机制，本书研究所提出的自减速行为机制的社会力模型可以在常态和应急状态下成功地再现行人实验中的真实运动特征。

3.4.7　结果讨论

为了揭示常态和应急状态下行人头距离-速度关系的相似性和差异性，我们首先在三个不同的场景中进行了一系列行人实验。为了最大限度获得头距离-速度关系的真实行为参数，所有实验者在常态和应急状态实验期间都被要求佩戴红色或蓝色的帽子，以便高精度地自动提取行人的空间连续运动轨迹，且整个实验过程采用视频追踪技术。此外，在视觉信息的启发下，我们引入了一种新的方法来确定基于视觉障碍场的单向行人流一维平面和多向行人流二维平面的头距离计算方法。

其次，我们基于高精度运动轨迹和视觉障碍场对行人实验的头距离数据进行了分析。我们发现即使在应急状态下，人们仍然倾向于减小速度，并且在头距离接近临界值时表现出防御性的行为，以尽可能地减少接触以保护身体。虽然这种自减速行为机制在常态下是众所周知的，但是据我们所知，目前还没有研究表明其是否适用于应急状态。

再次，我们使用一个统一的自减速行为机制方程描述这种行为机制，其将速度与头距离相关联。在常态和应急状态下，使用广义最小二乘法估计该方程的行为参数。在应急状态下的房间疏散实验中，当头距离超过 0.63 m 时，我们观察到的行人自由速度急剧增加到 1.88 m/s，与常态下的环形运动的自由速度 0.94 m/s 相比，增长了 1 倍。此外，所有行人的安全响应时间都约为 0.14 s，当他们的头距离接近最小临界值 0.36m 时，虽然身体的接触几乎是不可避免的，但他们会尽可能地降低碰撞水平，保护身体。类似地，在走廊实验中，与常态相比，应急状态下行人的自由速度和比例常数明显偏大，距离的临界值要短得多。

最后，我们使用考虑自减速行为机制的统一模型进行与实验相同设置的模拟仿真，常态环形运动中的模拟轨迹时空图与停、走波，应急状态下房间疏散的模拟疏散时间和疏散速度折线、常态和应急状态下走廊疏散的模拟速度分布均与实验结果非常一致。

应该指出，这里得出的结论是基于有限数量的实验。在我们的行人应急疏散实验中，观察到的行人在房间疏散和走廊疏散场景中的自由速度分别为 1.88m/s 和 2.91m/s，比现实生活中的我国雅安地震疏散中的自由速度 1.48m/s 快，这意味着本书中行人实验的疏散行为与恐慌中的现实疏散行为相当接近。随着人类文明的快速发展和疏散安全知识的逐渐普及，在应急状态下，特别是在受过训练的疏散指导人员的引导下或有障碍物的疏散过程中，当头距离接近危险的临界值时，大多数行人往往会放慢速度和表现出防御性行为，以避免被不断推挤和伤害别人。

在极度恐慌的情况下，我们认为行人的自由速度会明显增加，行人的距离临界值会更短，达到人体的极限。因此，在未来的工作中，我们计划在应急状态下收集更多的实验和实证数据，以进一步验证本书研究中提出的发现，特别是我们将尝试提取无秩序恐慌状态下行人的真实轨迹数据，探讨统一的自减速行为机制是否仍然能够用于描述如此混乱的恐慌局面。此外，我们将尝试使用皮肤电阻反应（skin conductance response，SCR）在常态和应急状态下测量行人的生理反应，以建立行为反应与认知之间的直接联系，并从社会心理学观点解释统一的自减速行为机制。

3.5 本章小结

3.5.1 研究总结

本章主要对行人、自行车和汽车三种不同交通流的运动特征进行了深入研究，通过对行人直线队列实验、自行车直线队列实验、行人环形队列实验、自行车环形队列实验和汽车环形队列实验总共五组社会实验数据的分析，得出行人、自行车和汽车三种不同交通流的运动特征从本质上是相似的。根据这一本质的相似性特征构建出一种用来研究行人、自行车和汽车三种交通流的统一交通模型，这弥补了交通流领域都是单一的交通模型（只能用来研究一种交通流）的现状。

本章以真实的可控实验数据为依据，通过对实验数据进行研究分析，主要取得了以下成果。

（1）开展真实的行人、自行车直线队列和环形队列实验，并对实验方案的设计、实验视频录像的获取、图像坐标和真实位置坐标之间的转换及实验视频轨迹的提取进行了分析，以保证实验数据的科学有效性。

（2）针对行人、自行车和汽车三种交通流的队列速度波动规律进行研究，发现不同交通流在同一队列运动中的速度波动有所差异，且同一交通流在不同队列运动中的速度波动可能存在差异。

（3）以真实的实验数据为基础，对比分析了行人、自行车和汽车三种交通流在不同队列密度下的轨迹时空图，发现这三种交通流随整个队列密度的增加都要经历从自由流向拥挤流的过渡。同时，分析了行人和自行车两种交通流在不同队列运动中所产生停、走波的传播规律，得出停、走波的传播时间与队列长度呈正相关关系，而停、走波的传播速度却跟队列长度之间没有联系，并且走波的传播速度要快于停波。

（4）对比分析行人、自行车和汽车三种交通流的基本图数据，发现这三种交通流的密度-速度关系基本图、密度-流量关系基本图及距离-速度关系基本图的形状很相似，再结合这三种交通流在轨迹时空图上的相似性得出，虽然这三种交通流由于自身物理特征的限制，其速度波动规律有所差异，但是它们的运动特征本质上是相似的。同时，这种相似的运动特征主要得益于人们所共有的统一心理驾驶行为，即当头距离小于临界值时，行人、骑自行车的人或者开汽车的人为了避免发生碰撞就必须停止运动；而当头距离足够大时，他们就希望达到最快的期望速度自由行驶。此外，当移动受到周围汽车、行人或自行车的影响时，他们的期望速度受到限制，并且真实的速度随头距离的增加而逐渐线性增加。

（5）根据统一心理驾驶行为，构建出一个统一心理驾驶行为方程，并且真实的实验数据论证了方程中的三个参数：自由速度、距离临界值和斜率均服从正态分布。将统一心理驾驶行为方程与社会力模型相结合，构造出一种用来同时研究行人、自行车和汽车三种不同交通流的统一交通模型，利用该模型对五组真实的社会实验进行模拟仿真，发现统一交通模型可以较好地再现三种交通流在不同队列实验中的轨迹时空图和三种基本图，进而有效地论证了该模型的科学合理性。

（6）此外，为了探索能否通过一个统一的行为公式来描述常态和应急状态下的头距离-速度关系，我们研究了在这两种条件下的头距离-速度关系的相似性和差异性。首先，在常态和应急状态下的三种不同场景中开展了一系列行人实验，基于视觉障碍场和高精确度的行人轨迹，获得了头距离-速度关系的行为参数。常态和应急状态下的头距离-速度关系的相似性表明了一个统一的行为机制在所有行人交通中都发挥作用。这种机制是一个极为重要的安全驱动的自减速行为机制，也就是说，行人会在特定的空间中采用一种安全速度来避免与他人发生碰撞并保持个人空间。我们注意到，即使在应急状态下，当头距离接近临界值时，为了减少碰撞且尽可能地避免身体发生接触，行人仍然会减小速度，并表现出防御行为。其次，与常态相比，应急状态下行人的自由速度明显更高，且最小临界间距更短。特别地，安全反应时间的倒数，即比例常数，在应急状态下更高。这就意味着，在应急状态下，行人会在较短的安全反应时间里将速度减至0。最后，我们提出了一个改进的社会力模型来整合这种自减速行为机制，并以在常态和应急状态实验中观测到的数据作为模型中自减速行为机制参数。通过使用统一的自减速模型，我们在常态和应急状态下进行了与实验环境相同的仿真实验，模拟结果验证了该统一自减速行为机制的科学性和正确性。

3.5.2　研究展望

本章以大量的实验数据为基础，对行人、自行车和汽车三种不同交通流的运动特征进行研究，得出了许多创新性的成果，这些成果弥补了交通流领域所存在的一些空缺，尤其是统一交通模型的提出，不仅可以改变现有交通模型只能研究一种交通流的现状，更重要的是它为更加复杂的混合交通流研究提供了思路和方向。我们虽然取得了一些成果，但是仍然存在许多不足之处和待研究的工作。

（1）为了让所构建的统一交通模型可以适应更多的交通环境，我们在效仿国外学者进行环形队列实验时，特意加入了类似于交通信号灯环境下的直线队列实验。然而，由于条件的限制，一直都无法开展汽车队列实验。因此，在以后的研究中，进一步开展汽车直线队列和环形队列实验十分有必要。

（2）本章在行人、自行车和汽车三种不同交通流的速度波动规律研究中，对三种交通流的速度波动差异做出了适当的解释，但是这种解释仍缺乏具体的实验数据作为依据，尤其是在心理压力因素方面，需要采用相关的心理设备来定量测量实验过程中行人、骑自行车的人及开汽车的人的心理压力具体数值大小。

（3）可控实验与真实的交通流状况仍存在一定的差异。因此，未来我们会提取行人、自行车和汽车在真实混合交通流路况下的实时轨迹，以验证本章所提出的统一交通模型能否描述真实的混合交通流特征。

第 4 章　不可视环境下行人疏散微观行为机制

4.1　不可视环境下行人疏散实验设计

4.1.1　实验设计

本次实验选取福州大学旗山校区东三教学楼 306 教室为实验场地，将教室内的桌椅全部搬出，撤到一片空旷的室内区域，然后使用课桌围成一个长为 7.6m、宽为 6m 的长方形区域。实验组织者本着自愿的原则，共计召集 60 名志愿者参加到本次疏散实验中，实验者均为福州大学在校大学生。由于本实验模拟的是不可视环境下行人的疏散行为，基于这一特定条件要求，实验者须佩戴黑色眼罩，完全遮挡住视线进行实验。此外，考虑到后期需要使用轨迹提取软件对实验者的运动轨迹进行提取，实验者均统一穿着白色 T 恤、深色裤子和鞋子，佩戴大红色鸭舌帽。

疏散实验对现实场景情况进行模拟。居住建筑物出口的宽度通常分为 1.2m、1.5m、1.8m、2m、2.4m 五种类型，本书研究选取出口有效宽度分别为 1.2m、1.8m、2.4m 三种类型。居住建筑物的出口转角角度有三种：90°、120°、150°。本书研究选取的出口转角角度为 90°。对于居住建筑物的出口数量而言，公寓的出口通常是 1 个，学生公寓的出口数量一般是两个或者两个以上。本次实验一共设置五种不同的实验场景，分别如下：①出口宽度为 1L，出口数量为 1 个的实验场景；②出口宽度为 1L，出口数量为两个的实验场景；③出口宽度为 1L，出口数量为 3 个的实验场景；④出口宽度为 2L，出口数量为 1 个的实验场景；⑤出口宽度为 3L，出口数量为 1 个的实验场景。如图 4-1 所示。针对以上五种实验场景，又设置参加实验人数分别为 1 人、10 人、20 人、30 人的四组变量。本书研究分别从疏散行人的数量和初始分布、出口宽度、出口数量、是否发声交流及设置引导者等方面展开实验研究。

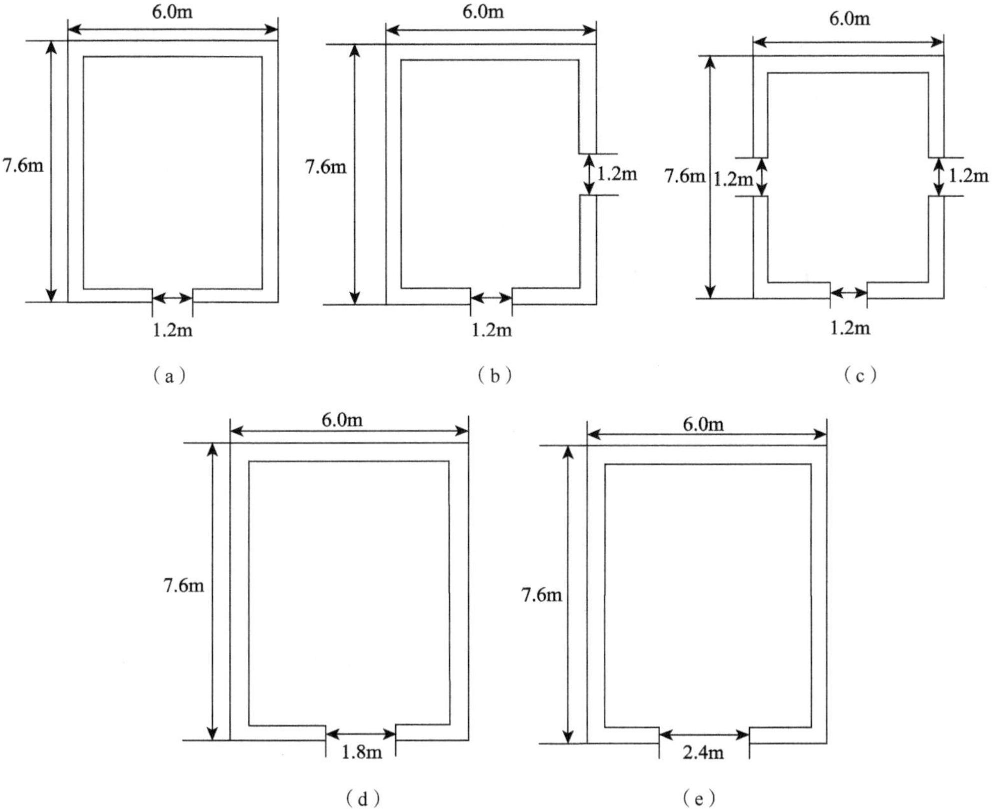

图 4-1　五种实验场景图

实验流程：

（1）实验者被要求全部戴上黑色眼罩，由引导员将其带领到疏散实验场地中，并引领其站立在规定的位置上面，以使其对实验场地内的结构和设置完全陌生。

（2）实验开始前，实验指挥人员发出指令，然后实验者在自己的位置上面原地转五圈，目的是使实验者失去方向感。

（3）应急警报响起，即发出疏散指令，此时疏散实验开始，摄像机全程记录疏散实验过程。

（4）所有实验者都被要求以自己尽量快的速度从房间内疏散出去，最后一名实验者疏散出房间出口，则视为本次疏散实验结束。

4.1.2　行人数据的采集方法

1. 图像处理

摄像机作为本实验研究获取数据的重要工具，其拍摄角度的选取及拍摄位置的设定也非常重要。一般而言，为了尽可能避免视线被遮挡，工作人员通常将摄像机架设在待观测区域的正上方，通过俯视的角度拍摄实验场地所在区域，以便更清晰地观测实验者运动的方向和轨迹。

如果因实验场地的特殊性，摄像机无法架设在待观测区域的正上方，那么则需要将摄像机的位置增高，使摄像机的成像角度尽可能保持与地面平行，然后通过后期坐标转换和坐标校正的方法，减小获取的视频观测数据与真实数据之间的误差。

在本次疏散实验中，我们使用两台高清数码摄像机分别记录整个实验过程，一台架设在教室左上角，一台架设在教室后方墙体中间的位置，如图 4-2 所示。

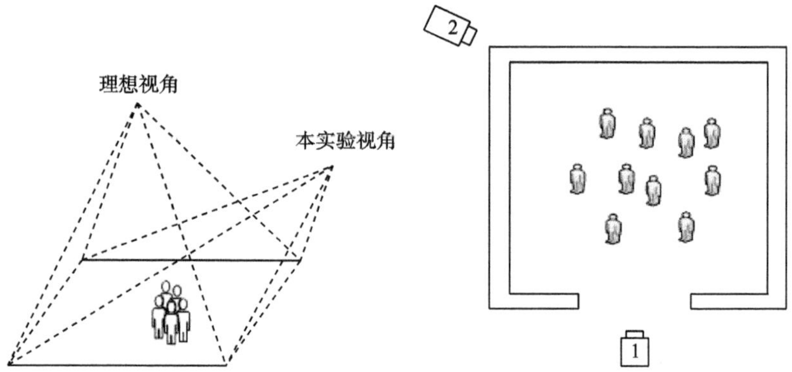

图 4-2　本书研究实验研究摄像机架设角度图

通过摄像机拍摄获取的视频数据资料为 MP4 格式，全称 MPEG-4Part14，是一种使用 MPEG-4 的多媒体电脑文件格式，扩展名为 mp4，它主要存储数字音频和数字视频文件。MP4 的优点是压缩质量优、转换容易。

本实验的视频数据，其帧频率为 25 帧/s。那么，视频每一帧的画面播放时间平均为 1/25s，即 0.04s，这样可以逐帧播放视频，更准确地提取行人运动的轨迹坐标。

2. 轨迹提取

本实验的视频数据是通过高清摄像机拍摄整个实验过程获得的，以每秒 25 帧对每一帧视频数据资料进行提取和记录，然后运用本课题小组自行开发的视频图像处理技术轨迹提取软件，利用 mean-shift 视频处理算法对多目标行人轨迹进行提取，对实验者进行目标识别追踪，从而提取出实验者的现实运动轨迹数据。首先打开视频图像处理技术轨迹提取软件，将需要提取的视频数据导入软件当中，其次对视频拍摄到的画面进行坐标矫正，再次将视频中的行人进行逐一标号，伴随视频的播放，软件对行人每一帧运动的位置坐标信息进行保存，最后生成历史轨迹数据，如图 4-3 所示。

图 4-3　软件提取实验轨迹图

3. 参数选取与设定

Helbing 等将社会力模型的参数设定如下：行人质量 M=80kg，行人肩宽 $2r$=0.5m，排斥力作用强度 A=2 000N，排斥力作用范围 B=0.08m，适应调整时间 τ=0.5s[57]。这一参数标准很符合欧美人的身体特征，但是对于亚洲人明显是不适合的，这些参数设置偏大。

综合亚洲人的体格特征指标及本实验研究小组收集的实验者的身体特征值信息，我们设定如下参数：行人质量 M=58kg，行人肩宽 $2r$=0.4m，适应调整时间 τ=0.5s。

除此之外，在模拟的区域中，规定正北方向为 0°或 360°，正东方向为 90°，正南方向为 180°，正西方向为 270°。行人沿着墙壁（桌子）疏散时，其脸对应的方向与墙壁呈 60°的夹角。因为通过观察真实的疏散视频数据我们发现，行人在用手触摸墙壁（桌子）进行疏散时，虽然沿着与桌子平行的方向，但是他们的脸朝向的方向并不是与桌子呈 90°的夹角。在模拟仿真时，我们设定行人初始状态脸朝向的方向即其初始运动方向，以便模拟出更真实的不可视环境疏散场景状态。

4.2　不可视环境下行人运动特征分析

4.2.1　行人数量变化下行人运动特征分析

1. 行人数量变化的疏散时间分析

选取初始分布为圆圈分布，出口数量为 1 个，出口宽度为 L=1.2m，实验者在实验过程中不允许发声交流，实验者人数分别为 N=1、N=10、N=20、N=30 的四组实验。每组实验都重复进行三次。

以下是房间内人数随疏散时间变化图，如图 4-4 所示。分别对人数为 N=10、N=20、N=30 的三组疏散实验中房间内的人数求平均数，放在折线图中分析房间内的人数随疏散时间的变化而变化的情况。从图 4-4 中可以看出，在 t=0 到 t=60s 这段时间，三组折线均呈现较快的下降趋势，而后折线趋于平稳下降的状态，因此我们选取分析这段时间内的疏散速率。在实验者人数为 N=10 时，疏散速率为 0.1 人/s；实验者人数为 N=20 时，疏散速率为 0.25 人/s；实验者人数为 N=30 时，疏散速率为 0.4 人/s。当 t=60s 时，初始房间内人数为 N=10 的实验中已经疏散 60%的行人，初始房间内人数为 N=20 的实验中已经疏散 75%的行人，而初始房间内人数为 N=30 的实验中则已经疏散 80%的行人。可见，在初始分布状态相同，出口数量和出口宽度一定的情况下，随实验者人数的增加，疏散速率越来越快。

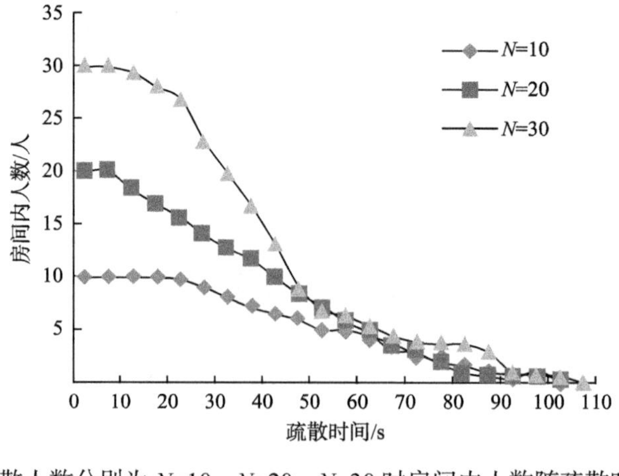

图 4-4　疏散人数分别为 N=10、N=20、N=30 时房间内人数随疏散时间变化图

接着从图 4-5 中分析疏散时间，其中包括总时间和平均时间的变化情况。很

显然，随实验者人数的增加，疏散实验的总时间增加，但是平均时间是随实验者人数的增加在逐渐减少的。在实验者人数分别为 10 人和 30 人的实验当中，30 人的平均时间远远低于 10 人的平均时间。随房间内待疏散人数的增加，在疏散的过程中，人们感知到周围人的运动状态，从而表现出从众行为，跟随周围人一同疏散到室外。

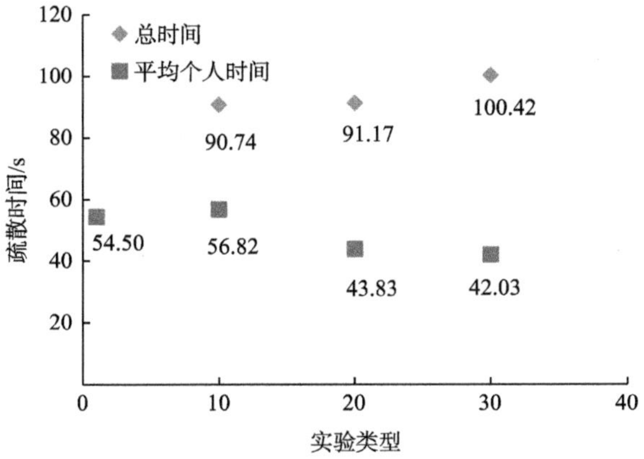

图 4-5　四组实验的总时间和平均时间统计图

以下分别是实验者人数为 N=10、N=20、N=30 的三组实验者对应的疏散时间频率分布图，如图 4-6 所示。当人数为 N=10 疏散实验时，实验者的疏散时间集中在 40s 和 70s 左右的数值。当人数为 N=20 疏散实验和 N=30 疏散实验时，实验者的疏散时间大多分布在 30~50s。

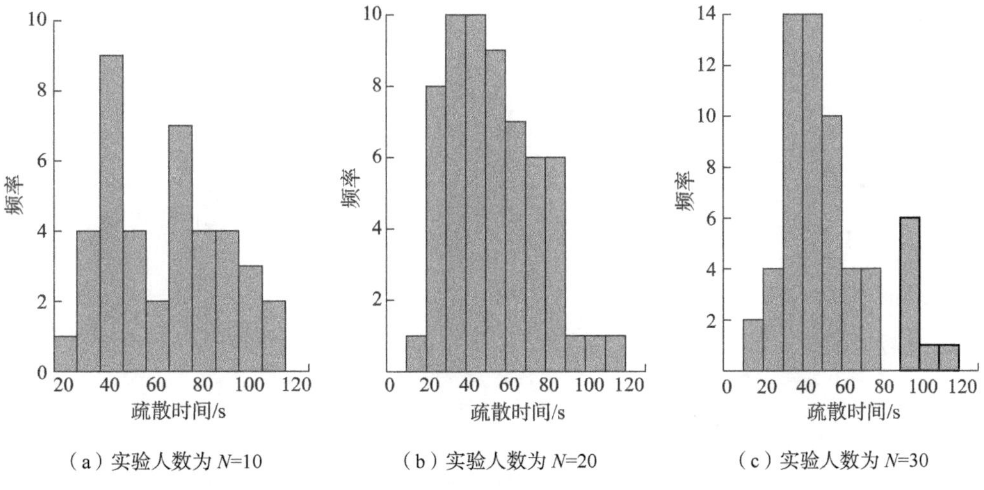

图 4-6　疏散时间频率分布图

2. 行人数量变化的疏散速度分析

从四组实验平均疏散速度（图 4-7）分析我们可以看出，当人数为 1 人的疏散实验时，平均疏散速度为 0.45m/s；当人数为 10 人时，平均疏散速度为 0.40m/s；同时，当人数分别为 20 人和 30 人时，平均疏散速度分别为 0.42m/s 和 0.43m/s，显然平均疏散速度相差并不明显。

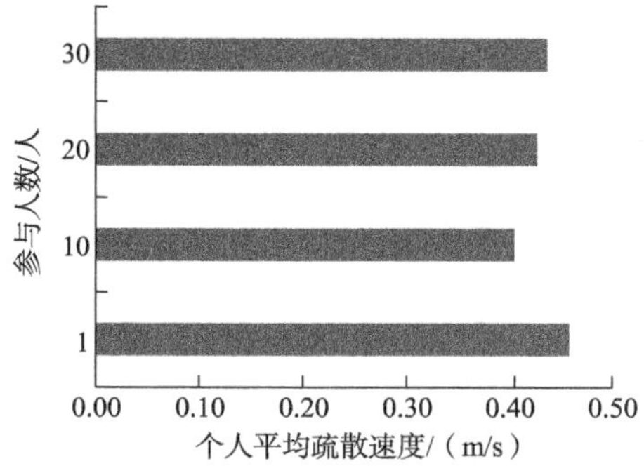

图 4-7　四组实验平均疏散速度

以下分别是参加疏散实验人数为 N=10、N=20、N=30 的三组实验分别对应的疏散速度频率分布图，如图 4-8 所示。当疏散实验人数为 N=10 时，实验者的疏散速度集中在 0.30~0.40m/s。当疏散实验人数为 N=20 时，实验者的疏散速度分布在 0.30~0.45m/s。当疏散实验人数为 N=30 时，实验者的疏散速度数值差异不大且表现得比较集中，大多分布在 0.30~0.60m/s。当疏散实验人数为 N=30 时，其实验者的疏散速度方差很小，且都保持在与平均值相当的水平。这一点反映出随疏散人数的增加，疏散效率提高。

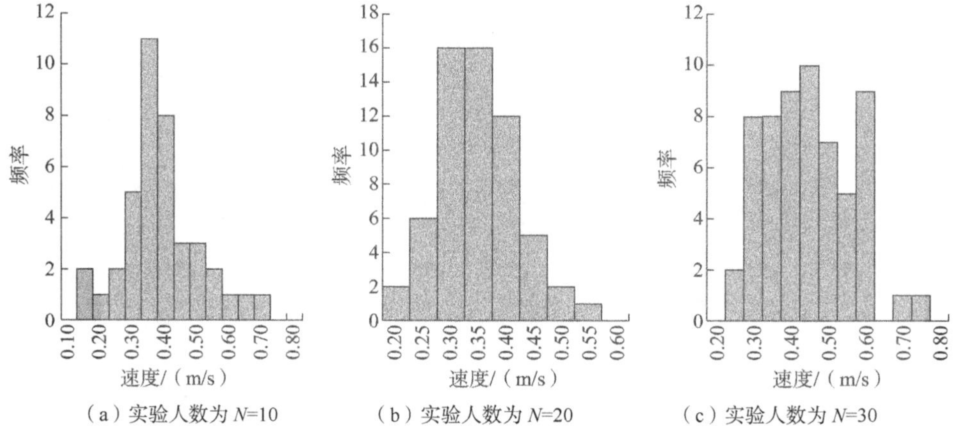

图 4-8　疏散速度频率分布图

4.2.2　不同初始分布下行人运动特征分析

本次实验将实验者设置了两种不同的初始分布状态，分别是初始圆圈分布和初始中间密集分布。通过分析不同的初始分布来研究其对整个疏散过程的影响。根据控制变量法，控制一个或多个变量不变，调节其他变量来研究控制变量对实验结果的影响。我们选取出口数量为 1 个，出口宽度为 L=1.2m 的实验场地。将参加疏散实验人数分别为 N=20、N=30 的两组实验数据进行对比分析，其中初始圆圈分布实验重复进行三次，初始中间密集分布实验重复进行两次。

1. 行人不同分布的疏散时间分析

1）实验人数为 N=20 不同初始分布对疏散的影响

对于人数为 N=20 初始圆圈分布实验，从房间内人数随疏散时间变化图（图 4-9）中我们可以看出，在三次不同的实验过程当中，随疏散时间的增加，房间内实验者的人数都在逐渐减少，其中在 t=30s 至 t=60s 这段时间内，房间内实验者数量减小速度相对较快，在折线图中均呈现陡坡状，显然在这一时段内房间内行人数量减少明显。在 t=80s 时，房间内的绝大多数行人疏散到房间外部。

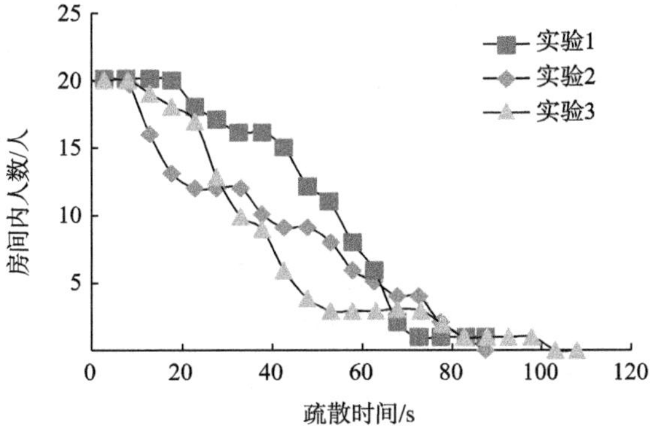

图 4-9　初始圆圈分布的三组实验房间内人数随疏散时间变化图（N=20）

对于人数为 N=20 初始中间密集分布实验，从房间内人数随疏散时间变化图（图 4-10）上我们可以看出，随疏散时间的增加，房间内实验者的人数在逐步减少。在 t=20s 时，房间内的人数便开始出现下降趋势，并且十分明显，在 t=60s 时，实验者的大部分离开房间。

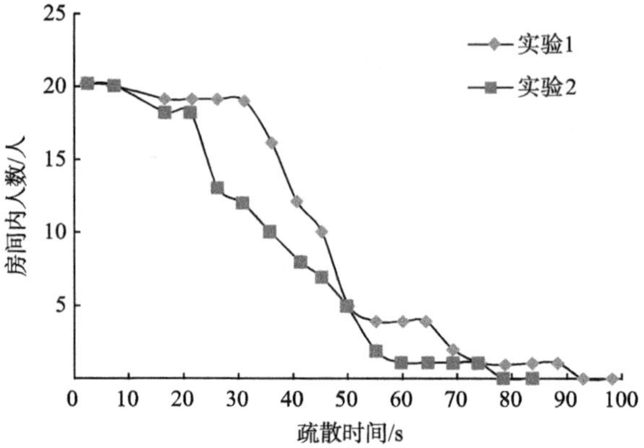

图 4-10　初始中间密集分布的两组实验房间内人数随疏散时间变化图（N=20）

针对两组不同初始分布的疏散实验，比较初始圆圈分布和初始中间密集分布两种不同的初始分布状态下，房间内实验者人数随疏散时间变化的情况。从人数为 N=20 不同初始分布实验房间内人数随疏散时间变化图（图 4-11）上可以看出，在 t=20s 到 t=60s 这段时间内，初始中间密集分布的斜率大于初始圆圈分布。

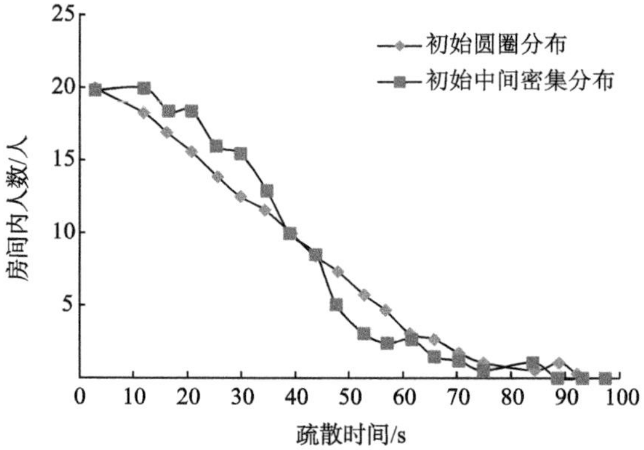

图 4-11　不同初始分布实验房间内人数随疏散时间变化图（N=20）

根据人数为 N=20 初始圆圈分布疏散时间表（表 4-1），在人数为 N=20 初始圆圈分布实验中，总时间为 t=91.17s，实验者的平均时间为 t=43.83s，其中实验 1 的平均时间为 t=41.32s，实验 2 的平均时间为 t=51.47s，实验 3 的平均时间为 t=38.69s。在实验过程中，实验者的平均时间为 t=38.69s，而耗时最长的实验者整个过程则需要 t=100.84s 来完成本次疏散实验。

表 4-1　初始圆圈分布疏散时间表（N=20）

实验	总时间/s	平均时间/s
实验 1	82.00	41.32
实验 2	90.68	51.47
实验 3	100.84	38.69

在人数为 N=20 初始中间密集分布的实验中，总时间为 t=80.3s，实验者的平均时间为 t=39.93s，实验 1 的平均时间为 t=43.9s，实验 2 的平均时间为 t=35.96s。在疏散实验过程中，从房间内最迅速疏散出来的实验者花费的时间仅仅为 t=12s，最慢疏散出来的实验者所需时间为 t=84.24s。如表 4-2 所示。

表 4-2　初始中间密集分布疏散时间表（N=20）

实验	总时间/s	平均时间/s
实验 1	84.24	43.9
实验 2	76.36	35.96

根据统计的实验数据，初始中间密集分布的总时间小于初始圆圈分布的总时间。总体而言，在初始中间密集分布的状态下，实验者从房间内疏散出来的平均个人时间也小于初始圆圈分布的总时间。结合对实验视频的观察可以发现，当初始中间密集分布时，实验者更多地出现了小群体的现象，二三成群，三五成队，通过共同协作，大家一同克服困难，从室内疏散出来，这样能够更快地脱离危险境地。

从人数为 N=20 不同初始分布实验疏散时间频率分布图（图 4-12）可以看出，初始圆圈分布的平均时间要大于初始中间密集分布的平均时间。对于初始圆圈分布的实验，实验者的疏散时间大多集中在 30~50s 附近，而在初始中间密集分布的实验中，实验者的疏散时间没有前者那么集中，分布时间比较不均匀。初始圆圈分布的平均时间为 43.83s，初始中间密集分布的平均时间为 39.93s。由此得出，当实验人数为 N=20 时，初始中间密集分布的疏散效率高于初始圆圈分布的疏散效率。

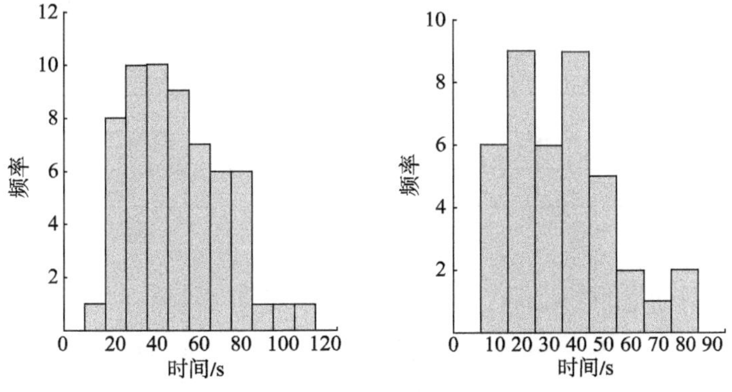

（a）初始圆圈分布　　（b）初始中间密集分布

图 4-12　不同初始分布实验疏散时间频率分布图（N=20）

2）实验人数为 N=30 不同初始分布对疏散的影响

在人数为 N=30 疏散实验中，根据初始圆圈分布和初始中间密集分布两组实验的情况来看，在两组实验中房间内人数的下降频率及速度几乎一致，在 10~45s 这一时段内，房间内人数呈直线下降趋势，房间内减少了 20 人，疏散速率达到 0.57 人/s。从人数为 N=30 不同初始分布实验房间内人数随疏散时间变化图（图 4-13）可以明显地看出，在房间内人数为 N=30 的疏散实验中，实验者不同的初始分布状态对疏散的影响不大，几乎看不到差别。

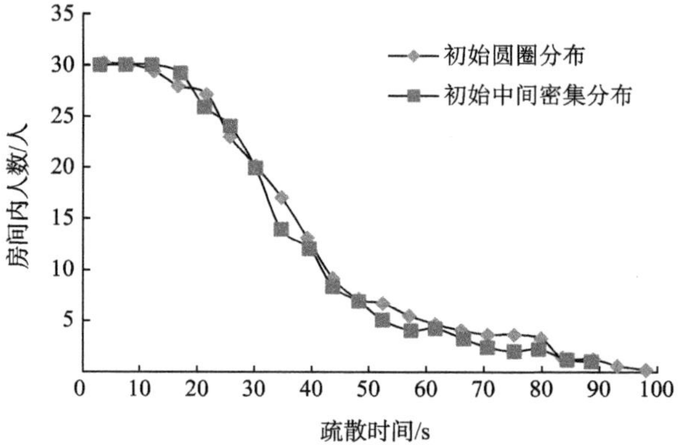

图 4-13　不同初始分布实验房间内人数随疏散时间变化图（N=30）

在疏散实验中，从人数为 N=30 不同初始分布实验疏散时间表（表 4-3）来看，两种初始分布状态的总时间接近，无太大差别，而对于初始中间密集分布实验中的平均时间则略大于初始圆圈分布状态下的平均时间。在初始圆圈分布状态时，实验者最快以 6.88s 从房间内疏散出来，在初始中间密集分布状态的实验中，实验者用时 17s 最迅速地完成疏散实验。

表 4-3　不同初始分布实验疏散时间表（N=30）

初始分布	总时间/s	平均时间/s
初始圆圈分布	100.42	42.03
初始中间密集分布	99.96	46.96

从人数为 N=30 不同初始分布实验疏散时间频率分布图（图 4-14）可以看出，初始圆圈分布的平均时间要小于初始中间密集分布的平均时间。初始圆圈分布的平均时间为 42.03s，初始中间密集分布的平均时间为 46.96s。由此得出，参加疏散实验人数为 N=30 时，初始中间密集分布的疏散效率高于初始圆圈分布的疏散效率。两种初始分布状态下，虽然疏散时间都集中在 30~50s，但是初始圆圈分布的疏散时间在这一范围内出现的频率要远远高于初始中间密集分布。

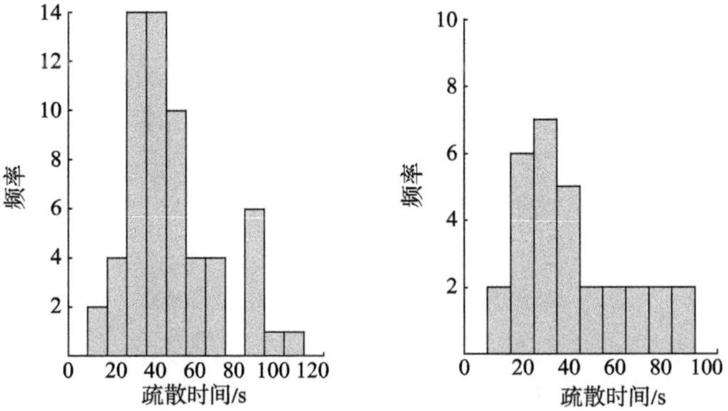

（a）初始圆圈分布　　（b）初始中间密集分布

图 4-14　不同初始分布实验疏散时间频率分布图（N=30）

2. 行人不同分布的疏散速度分析

1）实验人数为 N=20 不同初始分布对疏散的影响

在初始圆圈分布状态下，实验者的平均疏散速度为 0.37m/s，最快疏散速度为 0.59m/s，最慢疏散速度为 0.23m/s。在初始中间密集分布状态下，实验者的平均疏散速度为 0.42m/s，最快疏散速度为 0.68m/s，最慢疏散速度为 0.23m/s。

从人数为 N=20 不同初始分布实验疏散速度频率分布图（图 4-15）中可以看出，初始中间密集分布的疏散速度集中在 0.40m/s 附近的频率较大。初始圆圈分布的疏散速度集中在 0.35m/s 附近的频率较大。

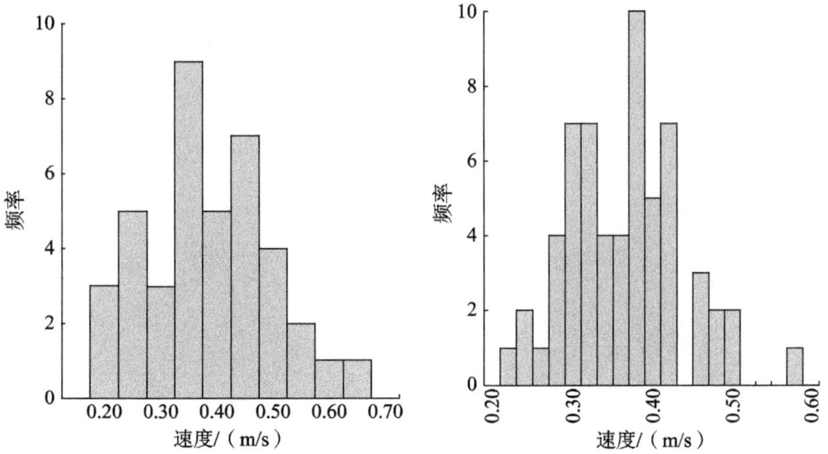

（a）初始圆圈分布　　（b）初始中间密集分布

图 4-15　不同初始分布实验疏散速度频率分布图（N=20）

2）实验人数为 N=30 不同初始分布对疏散的影响

初始圆圈分布的平均疏散速度为 0.43m/s，最快疏散速度为 0.48m/s，最慢疏散速度为 0.23m/s。初始中间密集分布的平均疏散速度为 0.31m/s，最快疏散速度为 0.43m/s，最慢疏散速度为 0.15m/s。初始圆圈分布的平均疏散速度大于初始中间密集分布的平均疏散速度。这一结果与人数为 N=20 的疏散实验结果恰恰相反。

以下是人数为 N=30 初始圆圈分布和初始中间密集分布的实验疏散速度频率分布图，如图 4-16 所示。从图 4-16 中可以看出，初始圆圈分布的疏散速度大多分布在平均值附近，且与平均值数值及出现频率较为接近。但是，从人数为 N=30 初始中间密集分布的实验疏散速度分布图可以看出，实验者的疏散速度分布较散，以疏散速度为 0.3m/s 附近出现的频率最高，其最快疏散速度仅在 0.44m/s 数值附近。而在初始圆圈分布的实验中，实验者的最快疏散速度达到 0.7m/s。

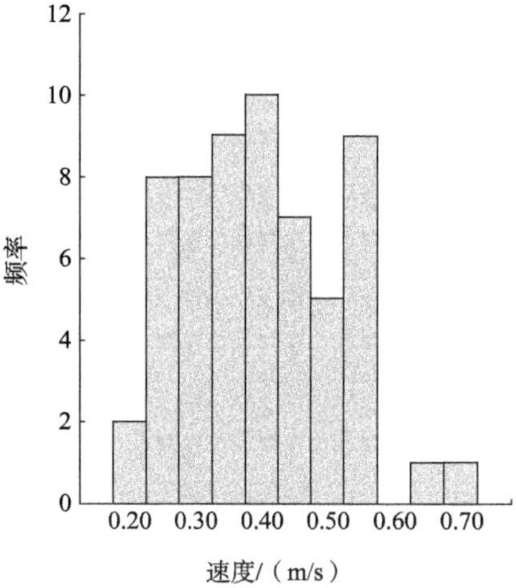

（a）初始圆圈分布

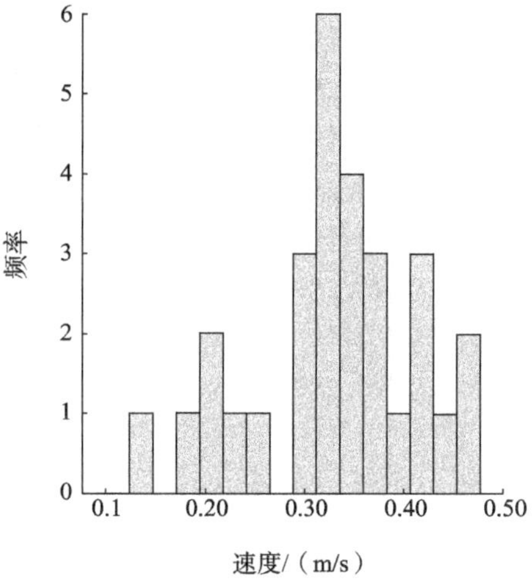

（b）初始中间密集分布

图 4-16　不同初始分布实验疏散速度频率分布图（N=30）

4.2.3　出口数量变化下行人运动特征分析

选取初始分布为中间密集分布，出口宽度为 L=1.2m，参加疏散实验人数为 30 人，出口数量分布分别为 1 个、2 个和 3 个的三组实验进行对比分析，每组实验都重复三次。图 4-17 为 t=0 时，三组不同出口数量的疏散实验现实场景图。

（a）出口数量为 1 个　　（b）出口数量为 2 个　　（c）出口数量为 3 个

图 4-17　三组不同出口数量的疏散实验现实场景图

1. 出口数量变化的疏散时间分析

从图 4-18 中可以看出，对于人数为 N=30 初始中间密集分布实验，出口数量分别为 1 个、2 个和 3 个，房间内人数随疏散时间变化的趋势，在三种不同的出口数量状态下，当出口数量为 3 个时，房间内行人人数的折线下降速度最快，折线的斜率最大，出口数量为 2 个时次之，出口数量为 1 个时，房间内行人人数下降最慢。

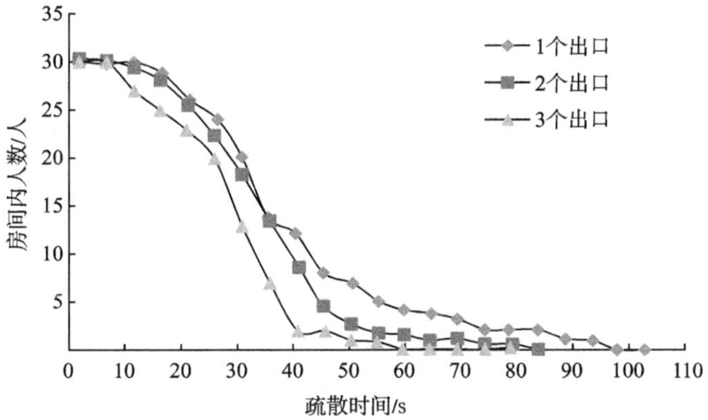

图 4-18　不同出口数量实验房间内人数随疏散时间变化图（N=30）

就实验的疏散时间而言，从表 4-4 可以看出，随出口数量的增加，总时间在逐渐减少，同样平均时间在逐渐减少。增加出口数量，可以有效提高疏散效率。在出口数量为 3 个的疏散实验中，实验的总时间和平均时间均为出口数量为 1 个的总时间和平均时间的 1/2。与出口数量为 2 个和出口数量为 1 个的疏散实验相比，出口数量为 3 个时的总时间和平均时间都减少了将近 30%的幅度。

表 4-4　不同出口数量实验疏散时间表（N=30）

出口	总时间/s	平均时间/s
1 个出口	99.96	46.96
2 个出口	69.88	30.43
3 个出口	52.60	23.70

由表4-4可知，出口数量为1个的实验所用的总时间和平均时间均为最长。从人数为 N=30 不同出口数量实验疏散时间频率分布图（图 4-19）可以看出，在出口数量为 1 个的实验中，实验者的疏散时间大多集中在大于 40s 的数值处。然而，在出口数量为 2 个和 3 个的实验中，实验者的疏散时间大多集中在 10~40s，每个人的疏散时间都较小，所以造成了总时间较小的结果。

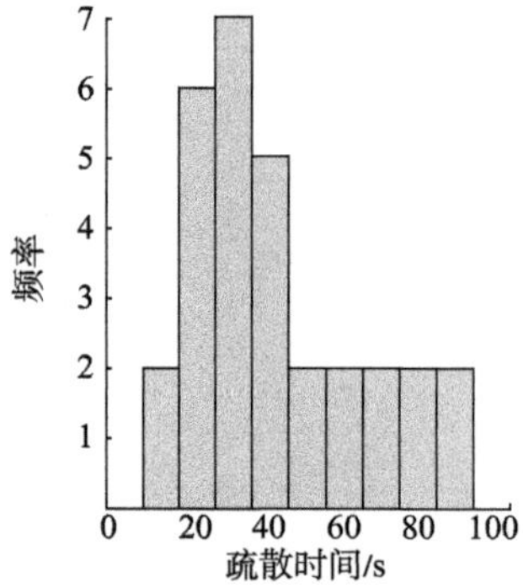

（a）出口数量为 1 个

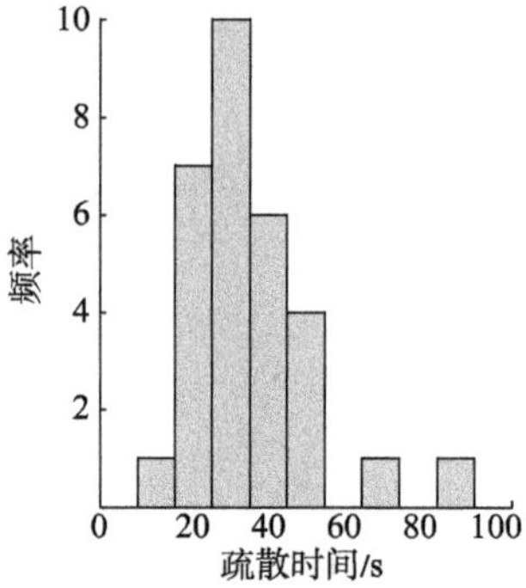

（b）出口数量为 2 个

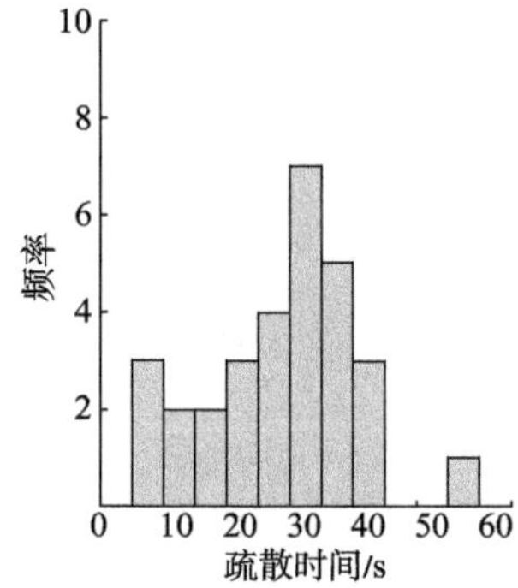

（c）出口数量为 3 个

图 4-19　不同出口数量实验疏散时间频率分布图（N=30）

2. 出口数量变化的疏散速度分析

如图 4-20 所示，随出口数量的增加，实验者平均疏散速度也在增加。从 1 个出口的 0.31m/s 增加到 3 个出口的 0.39 m/s。这同样说明，出口数量的增加，对疏散效率的提升非常有利。

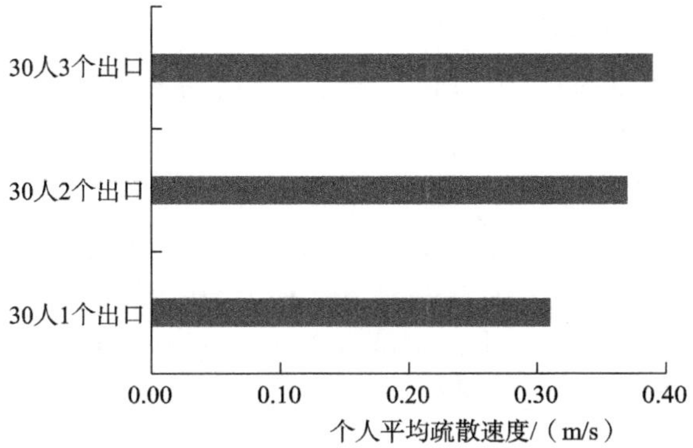

图 4-20　不同出口数量实验个人平均疏散速度（N=30）

在出口数量为 1 个的实验中，疏散速度集中在 0.3m/s 附近。在出口数量为 2 个的实验中，从人数为 N=30 不同出口数量实验疏散速度频率分布图（图 4-21）可以看出，疏散速度集中在 0.3~0.4m/s，最快疏散速度达到 0.6m/s。对于出口数量为 3 个的实验，疏散速度集中在 0.4m/s 附近，而且速度分布特别集中，最快疏散速度接近 1.0m/s。

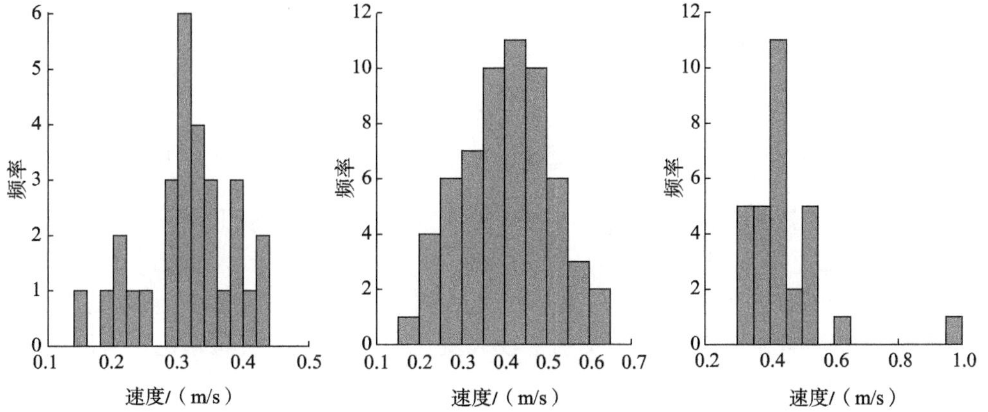

（a）出口数量为 1 个　（b）出口数量为 2 个　（c）出口数量为 3 个

图 4-21　不同出口数量实验疏散速度频率分布图（N=30）

4.2.4　出口宽度变化下行人运动特征分析

选取初始分布为中间密集分布，出口数量为 1 个，参加疏散实验人数为 N=20，出口宽度分布分别为 1L、2L 和 3L 的三组实验进行对比分析，每组实验都重复三次。

1. 出口宽度变化的疏散时间分析

从图 4-22 中可以看到，从 t=10s 开始，三条折线都呈现较快的下降趋势，而后到 t=50s 时，折线趋于平稳下降的状态，其中 3L 出口的折线下降速度最快。在 t=10s 到 t=50s 这段时间，我们分析其的疏散速率，在出口宽度为 1L 的实验中，疏散速率为 0.375 人/s，在出口宽度为 2L 的实验中，疏散速率为 0.4 人/s，在出口宽度为 3L 的实验中，疏散速率为 0.45 人/s。在 t=50s 时，在出口宽度为 1L 的实验中，已经疏散 75%的行人，在出口宽度为 2L 的实验中，已经疏散 80%的行人，在出口宽度为 3L 的实验中，已经将房间内的实验者全部疏散。

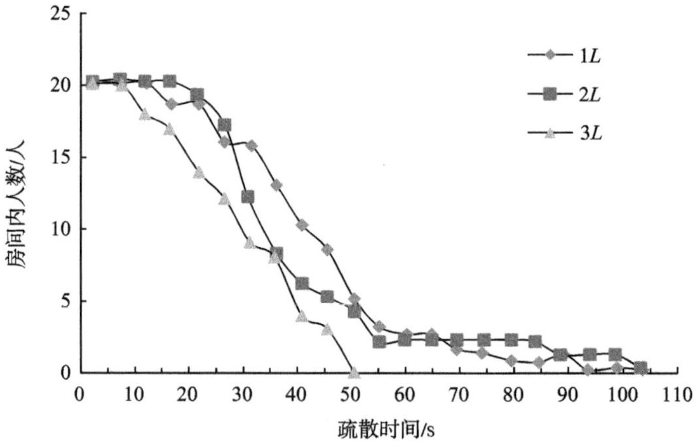

图 4-22 不同出口宽度实验房间内人数随疏散时间变化图（N=20）

从表 4-5 中可以看出，随出口宽度的增加，疏散时间减少，实验的疏散效率在提高。但是，当出口宽度为 1L 和 2L 时，平均时间没有较大变化，且出口宽度为 1.8m 时的疏散时间相比出口宽度为 1.2m 时还有略微的增加。当出口宽度增加到 3L 时，总时间和平均时间才发生了较大变化，较前两组实验相比，总时间减少了近 50%，平均时间减少了近 30%。

表 4-5 不同出口宽度实验疏散时间表（N=20）

出口宽度	总时间/s	平均时间/s
1L	89.30	39.93
2L	98.64	40.45
3L	47.16	29.02

2. 出口宽度变化的疏散速度分析

在人数为 N=20 出口宽度为 1L 的实验中，实验者平均疏散速度为 0.37m/s，出口宽度为 2L 的实验中，实验者的平均疏散速度为 0.33m/s，而在出口宽度为 3L 的实验中，实验者的平均疏散速度达到最快的 0.38m/s。可见，疏散实验的效率也在慢慢提高，但是改变出口宽度对疏散效率的影响没有改变出口数量对疏散效率的影响那么显著，如图 4-23 所示。

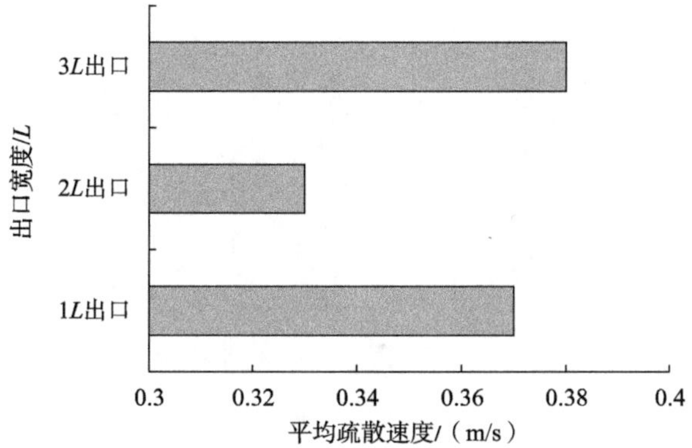

图 4-23　不同出口宽度实验平均疏散速度（N=20）

从图 4-24 中可以看出，大多数行人的疏散速度集中在平均疏散速度附近。但是，对于出口宽度为 2L=1.8m 的这组疏散实验，除了在速度为 0.32m/s 附近集中一部分外，大多数的疏散速度分布比较分散，且疏散的最快速度只达到了 0.45m/s，所以造成了出口宽度为 2L=1.8m 的疏散实验的疏散时间比出口宽度为 L=1.2m 的疏散实验的时间数值大。

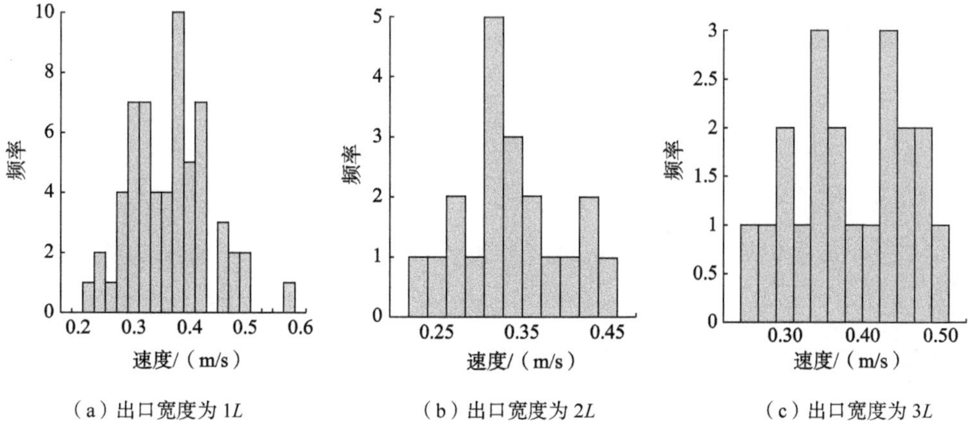

（a）出口宽度为 1L　（b）出口宽度为 2L　（c）出口宽度为 3L

图 4-24　不同出口宽度实验疏散速度频率分布图（N=20）

4.2.5 引导者参加下行人运动特征分析

选取出口宽度为 1L，出口数量为 3 个，参加疏散实验人数为 30 人，初始分布为中间密集分布，研究有引导者（引导者数量为 3 个）和无引导者两种不同的状态，通过对比分析，研究引导者对疏散的影响，每组实验都重复三次。实验开始时，引导者一边大声呼喊“出口在这里”，一边高举双手用力击掌示意出口方向。室内待疏散的行人听到声音，通过他们对方向的感知与判断，迅速向引导者附近位置进行疏散，如图 4-25 所示。

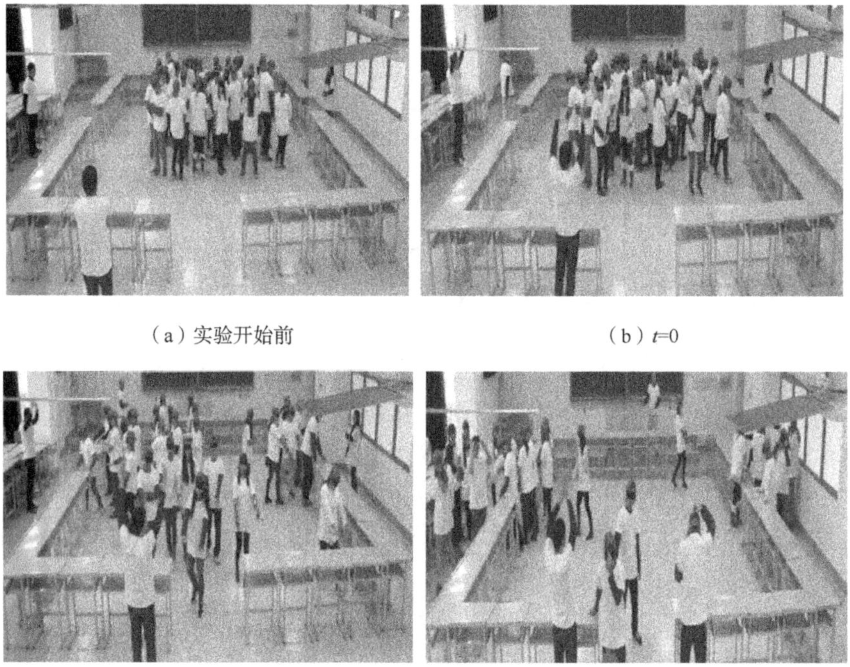

（a）实验开始前　（b）t=0

（c）t=10s　（d）t=15s

图 4-25　不同时间有引导者疏散实验场景图

1. 引导者参加的疏散时间分析

从图 4-26 可以看出，在 t=5s 时，两条折线开始出现快速下降的趋势，代表有引导者的折线几乎呈现直线下降的趋势。仅仅在 t=17.5s 时，便 100%疏散完成了房间内所有实验者。在疏散实验中，引导者通过大声呼喊、在出口附近的位置大声鼓掌等方式引导房间内的实验者快速找到出口，从而从房间内疏散出来，更迅速脱离危险境地。显然有了引导者对实验者的引导，疏散实验的效率得到飞速提升。

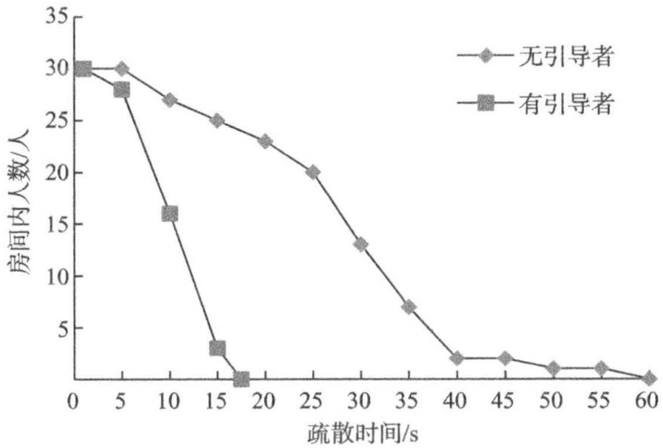

图 4-26　有、无引导者实验房间内人数随疏散时间变化图

从实验疏散时间来看，如表 4-6 所示，在无引导者的情况下，其总时间是有引导者情况下的 3 倍多，平均时间是同样的情况。在大多情况下，实验者通过引导者的引导，他们每个人的疏散时间都在 10s 以内。在疏散实验中，无引导者的参加，使得总时间增加了两倍多。

表 4-6　有、无引导者实验疏散时间表

引导者	总时间/s	平均时间/s
无引导者	52.60	23.70
有引导者	17.50	9.39

从图 4-27 可以看出，有、无引导者时，疏散实验的疏散时间分布存在较大差异。在无引导者参加的实验当中，疏散时间大部分分布在 10~35s 这个数值范围。而在有引导者参加的实验当中，疏散时间大部分分布在 5~15s。

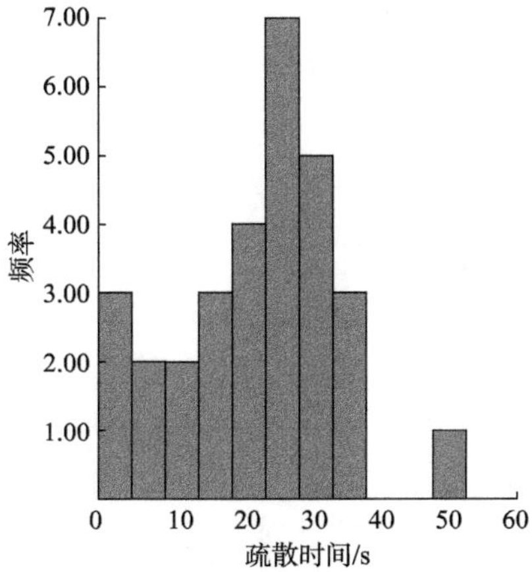

（a）无引导者

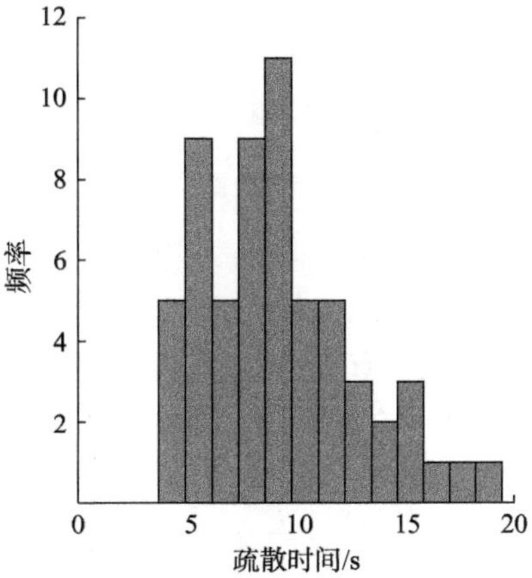

（b）有引导者

图 4-27　有、无引导者实验疏散时间频率分布图

2. 引导者参加的疏散速度分析

在有引导者参加的实验中，实验者的平均速度达到 0.5m/s，其中最快速度为 0.91m/s，最慢速度为 0.32m/s。大多数实验者的疏散速度集中分布在 0.4~0.7m/s。而无引导者参加的实验中，实验者的平均疏散速度为 0.39m/s，疏散速度集中分布在 0.3~0.4m/s，差距非常明显，如图 4-28 所示。

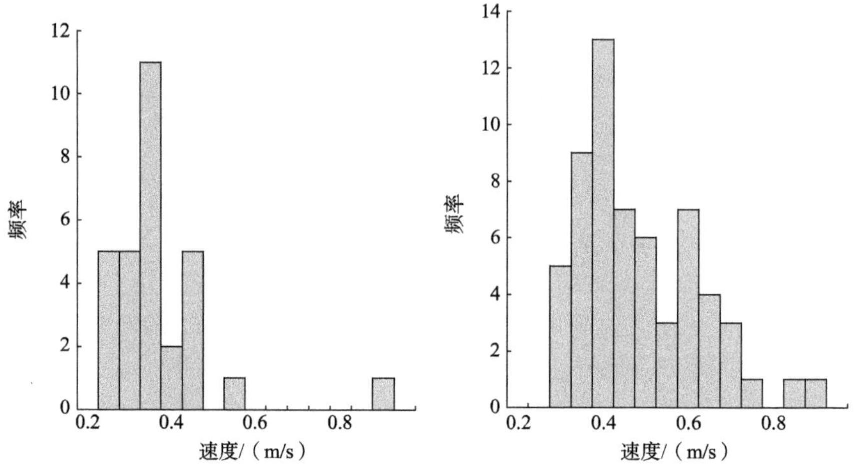

（a）无引导者　　（b）有引导者

图 4-28　有、无引导者实验疏散时间频率分布图

4.2.6　行人发声交流下行人运动特征分析

选取出口数量为 1 个，出口宽度为 1*L*，初始分布为中间密集分布，参加疏散实验人数分别为 *N*=10、*N*=20、*N*=30，对比分析实验者有交流和无交流情况下的实验数据，每组实验都重复三次。

1. 行人发声交流的疏散时间分析

从图 4-29 中可以看出，随疏散时间的增加，房间内人数均减少。在实验者有交流的状态下，折线的下降速度均比无交流状态下要快，其中实验者人数分别为 *N*=10、*N*=20 有交流和无交流两种状态下对比最为明显。在整个疏散过程中，人数为 *N*=10 无交流实验中的疏散速率为 0.11 人/s，人数为 *N*=10 发声交流状态下的疏散速率为 0.22 人/s。人数为 *N*=20 无交流状态下实验者疏散速率为 0.25 人/s，人数为 *N*=20 发声交流状态下的疏散速率为 0.43 人/s。在人数为 *N*=30 无交流状态下的疏散速率为 0.31 人/s，在人数为 *N*=30 发声交流下实验者疏散速率为 0.66 人/s。

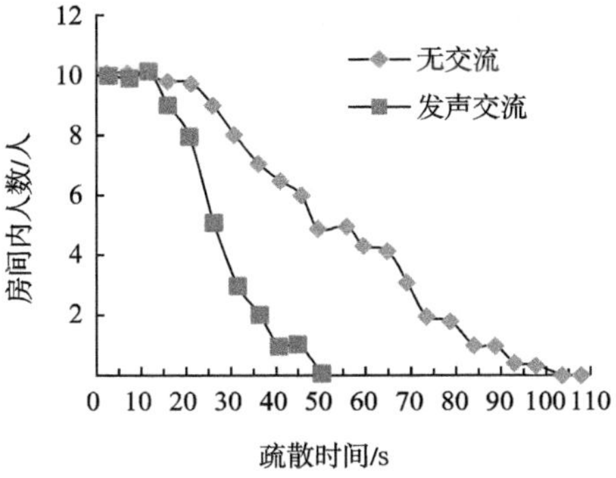

（a）有、无发声交流实验（N=10）

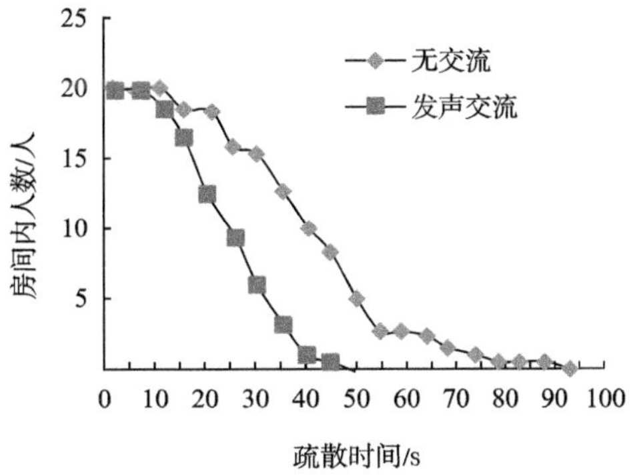

（b）有、无发声交流实验（N=20）

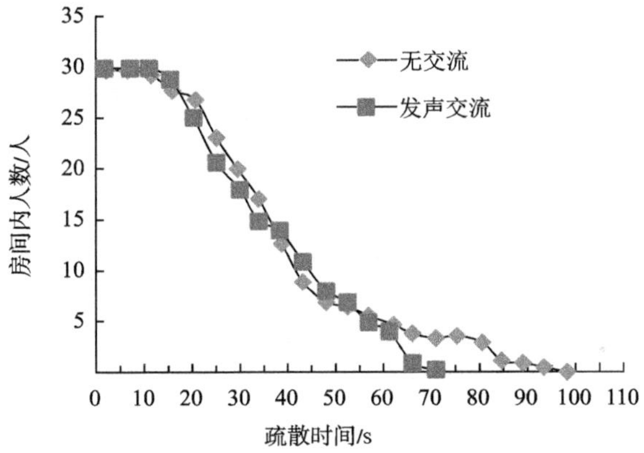

（c）有、无发声交流实验（N=30）

图 4-29　有、无发声交流实验房间内人数随疏散时间变化图

通过对实验中参加疏散人员无交流状态和发声交流状态的对比分析可以看出，如表 4-7~表 4-9 所示，发声交流状态的总时间和平均时间均远远小于无交流状态的总时间和平均时间，其中对于总时间而言，无交流状态疏散的总时间是发声交流状态的两倍。

表 4-7　有、无发声交流实验疏散时间表（N=10）

交流	总时间/s	平均时间/s
无交流	90.74	56.82
发声交流	46.36	26.70

表 4-8　有、无发声交流实验疏散时间表（N=20）

交流	总时间/s	平均时间/s
无交流	80.30	39.93
发声交流	46.80	25.68

表 4-9　有、无发声交流实验疏散时间表（N=30）

交流	总时间/s	平均时间/s
无交流	95.60	35.78
发声交流	45.56	24.60

在整个发声交流的三组实验中，随参加疏散实验人数的增加，总时间从人数为 N=10 实验的 46.36s 减少到人数为 N=30 实验的 45.56s，平均时间从人数为 N=10 实验的 26.7s 减少至人数为 N=30 实验的 24.6s，如表 4-10 所示。总时间和平均时间都有微弱的下降趋势。

表 4-10　发声交流实验疏散时间表

发声交流	总时间/s	平均时间/s
N=10	46.36	26.70
N=20	46.80	25.68
N=30	45.56	24.60

2. 行人发声交流的疏散速度分析

在实验者之间发声交流的实验中，实验人数为 10 人时的平均疏散速度为 0.44m/s，实验人数为 20 人时的平均疏散速度为 0.48m/s，实验人数为 30 人时的平均疏散速度为 0.4m/s。三组实验的平均速度均保持在 0.4m/s 以上的数值水平，如图 4-30 所示。

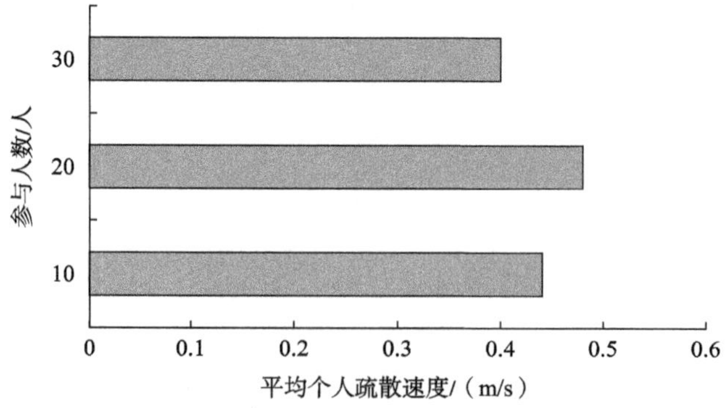

图 4-30　发声交流实验平均疏散速度

从平均疏散速度的分析角度来看，如图 4-31 所示，发生交流状态下的疏散速度比无交流状态下要快，很显然，通过实验者之间的发声交流，大家分析现场所处情况，以及分享和交流与逃离事故现场相关的信息，这样可以帮助自己及周围人更快速、更有效地从房间内疏散出去，其中，在 20 人的一组对比疏散实验中，在实验者发声交流的状态下，他们的疏散速度有显著的增加，提高了 30%。在 30 人的对比疏散实验中，疏散速度提高了近 30%。然而，在 10 人的对比疏散实验中，疏散速度仅提高了 10%。

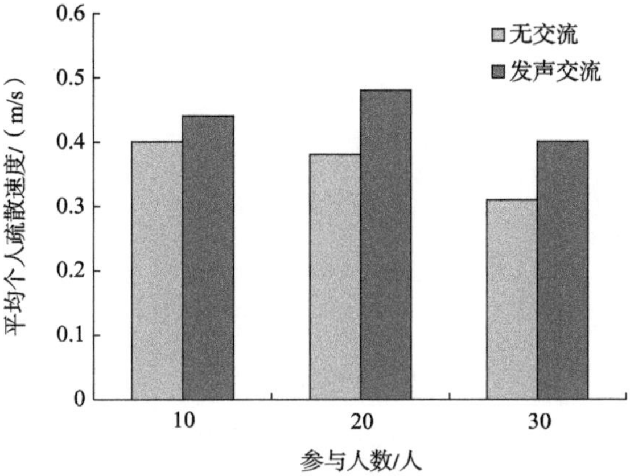

图 4-31　有、无发声交流实验平均疏散速度图

4.3　不可视环境下行人疏散微观行为机制及模型仿真

在行人疏散研究领域，大多数学者研究的是基于可视环境下的行人疏散行为及行人运动规律。在模拟仿真模型的应用方面，学者们主要运用的有元胞自动机模型、格子气模型及社会力模型等。本书研究采用社会力模型来仿真模拟不可视环境下行人疏散行为，考虑到社会力模型具有连续性的特征，可以很逼真地模拟出连续空间内行人的运动行为，尤其在模拟拥挤人群的行人疏散时，可以模拟出人与人之间相互接触的行为，这一特点是其他模型所不具备的。本节接下来利用社会力模型对不可视环境下行人疏散行为进行模拟仿真，并且提出一些有利于提高疏散效率的策略。

4.3.1　出口数量变化下行人疏散模拟

针对不可视环境下的场景，通过改变出口的数量，模拟研究出口数量对行人疏散效率的影响。本次模拟实验分别选取出口数量为 1 个、2 个和 3 个的实验场景进行模拟研究。模型中设置行人的期望速度为 0.4m/s，A=99.8N，B=0.08m，房间内参加模拟仿真实验的人数为 30 人。此外，房间行人的初始分布为中间密集分布。

图 4-32 分别是 1 个出口、2 个出口和 3 个出口的模拟仿真实验轨迹图。

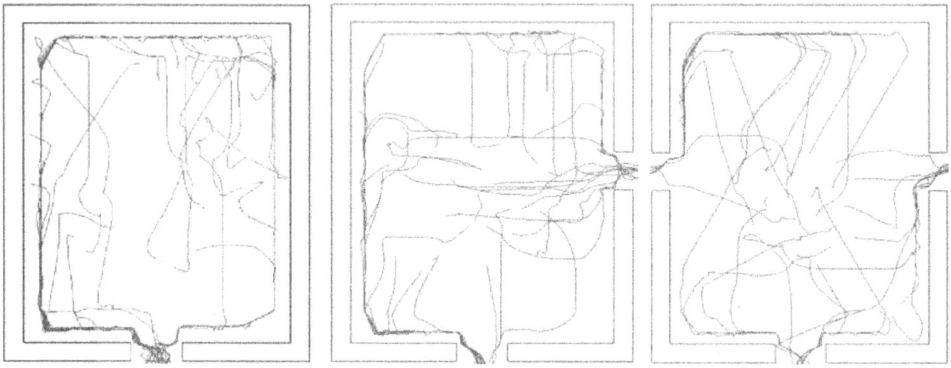

（a）出口数量为 1 个　　（b）出口数量为 2 个　　（c）出口数量为 3 个

图 4-32　三组不同出口数量模拟仿真实验轨迹图

通过对模拟仿真实验中疏散时间的统计，我们可以看出，随房间出口数量的增加，疏散时间逐渐减少。如图 4-33 所示，与出口数量为 1 个相比，当出口数量增加到 2 个时，疏散时间减少近 20%。当出口数量增加到 3 个时，疏散时间减少了将近 40%。由此可见，出口数量的增加可以有效提高房间内的疏散效率。

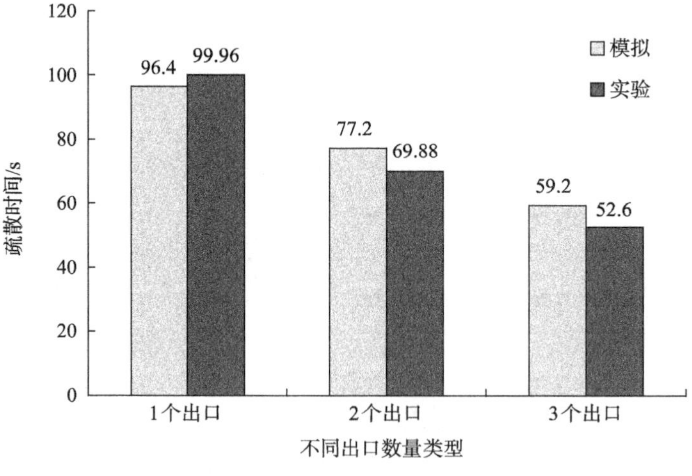

图 4-33　三组不同出口数量模拟仿真实验疏散时间统计图

将不同出口数量的模拟仿真实验与真实的实验数据进行对比分析，从图 4-34 可以看出，真实的实验数据与模拟仿真的实验数据变化趋势十分接近，这说明社会力模型可以较好地模拟出之前实验的真实情况。

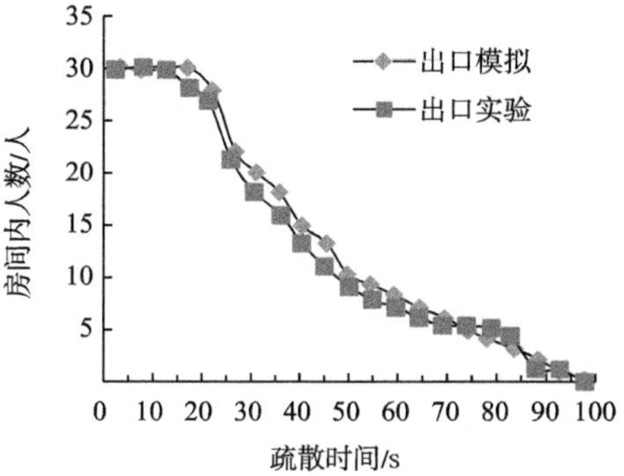

（a）出口数量为 1 个

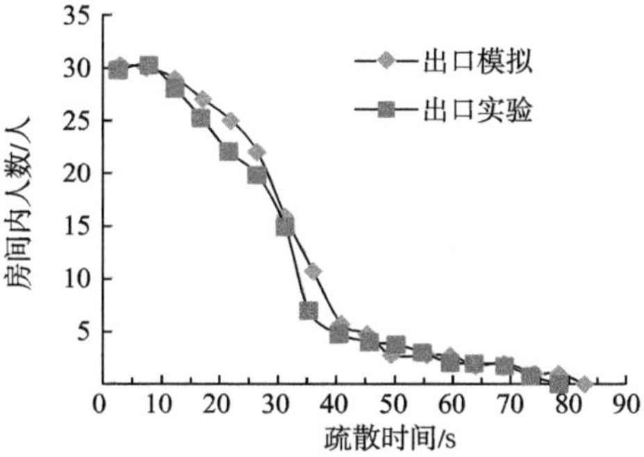

（b）出口数量为 2 个

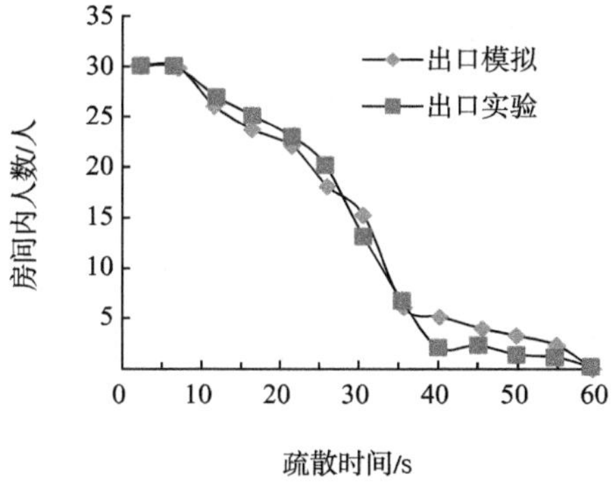

（c）出口数量为 3 个

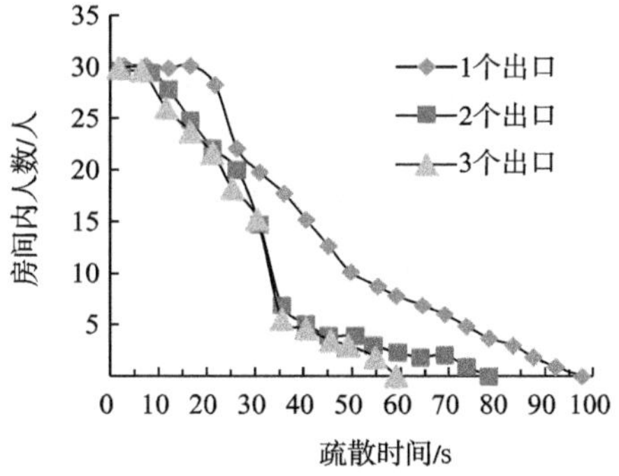

（d）三组不同出口数量模拟仿真

图 4-34　三组不同出口数量模拟仿真实验房间内人数随疏散时间变化图

然后将不同出口数量的模拟仿真实验数据进行对比我们可以清楚地发现，随着出口数量的增加，房间内人数的折线变化越来越陡，其中 3 个出口的折线变化趋势最为陡峭，这说明在 3 个出口的模拟仿真实验中，房间内人数减少的速度最快，2 个出口的模拟仿真实验次之，1 个出口的模拟仿真实验最慢。这一结果也与 4.2.3 节中分析的实验疏散时间相对应，即随出口数量的增加，房间内的人数下降速率也在逐渐增加，行人的疏散效率越来越高。

4.3.2　出口宽度变化下行人疏散模拟

许多学者在研究中发现，在行人疏散的过程中，位于出口区域附近的位置极易产生拱形分布的现象。大量行人在疏散时拥挤在出口区域，会对行人的人身安全造成不必要的二次伤害，甚至产生更严重的后果。出口宽度的不同，对行人疏散也会产生不同的影响。

为了研究出口宽度对不可视环境下行人疏散效率的影响，我们设置与疏散实验相同的室内房间场景，房间大小为 7.6m×6.0m，然后设置三种不同的出口宽度进行模拟仿真实验，出口宽度分别为 1*L*、2*L* 和 3*L*，房间内参加模拟仿真实验的人数设定为 20 人。行人在房间内的初始分布为中间密集分布。模型中设置行人的期望速度为 0.4m/s，*A*=99.8N，*B*=0.08m。规定在模拟时，如果两名行人相遇，则不改变他们原有的运动方向。

从图 4-35 可以看出，通过模拟再现了行人疏散过程中的运动特征，即开始时，行人选择自己脸面向的方向开始进行疏散，一旦触碰到墙壁后，则会选择伸出手通过触摸墙壁沿着出口方向进行平行移动。在疏散的过程中，大部分人不会轻易改变疏散的方向。对于模拟仿真实验，从不同出口宽度角度分析，从图 4-36 可看出，随出口宽度的增加，疏散时间在减少。其中，出口宽度为 2*L* 与出口宽度为 1*L* 的疏散时间只有略微地减少，下降趋势并不明显。出口宽度为 3*L* 较出口宽度为 1*L* 的疏散时间减少了 25%。

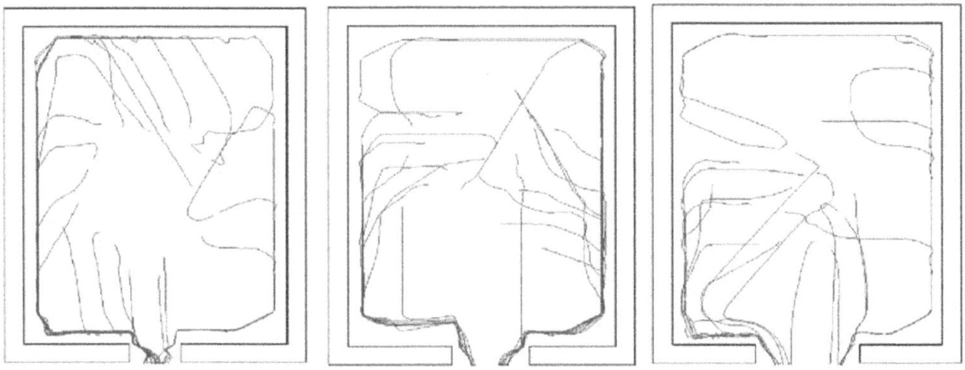

（a）出口宽度为 1*L*　　（b）出口宽度为 2*L*　　（c）出口宽度为 3*L*

图 4-35　三组不同出口宽度模拟仿真实验轨迹图

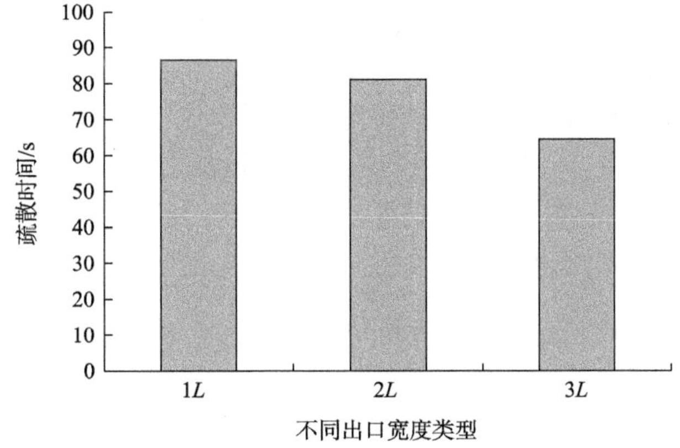

图 4-36　不同出口宽度的模拟仿真疏散时间对比图

从图 4-37 可以看到，出口宽度为 3*L* 的实验折线和模型模拟折线都呈现最陡的下降趋势，出口宽度为 1*L* 的折线下降趋势则最为缓慢。将模拟仿真实验的数据与真实实验进行对比，随疏散时间的增加，房间内人数的下降趋势基本一致，模拟仿真实验数据与真实实验数据是吻合的。

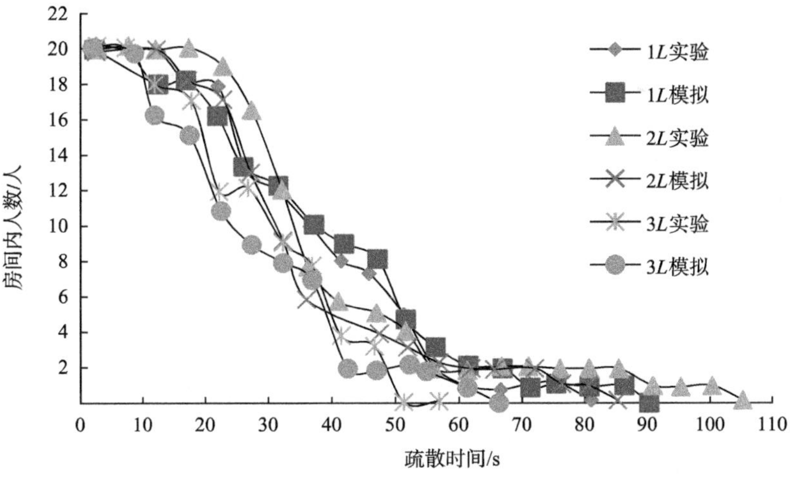

图 4-37　不同出口宽度实验和模拟实验房间内人数随疏散时间变化图

4.3.3　引导者参加下行人疏散模拟

下面接着研究另外一种有助于提高行人疏散效率的情况，让引导者参加到行人疏散的过程中，通过对大家进行有效、科学的引导，帮助提升行人疏散效率。

本次模拟仿真实验中将房间内人数设定为 30 人，房间出口数量为 3 个，出口宽度均为 L=1.2m，引导者为 3 个，每个出口附近都分别设置 1 个。房间内行人初始分布为中间密集分布。模型中设置行人的期望速度为 1.2m/s，A=998N，B=0.08m。图 4-38 为不同时间房间内人数图，通过引导者的参加，行人得以迅速疏散出去。当 t=5s 时，房间内的人数减少为 19 人。直到 t=15 s 时，房间内仅剩下 3 人。

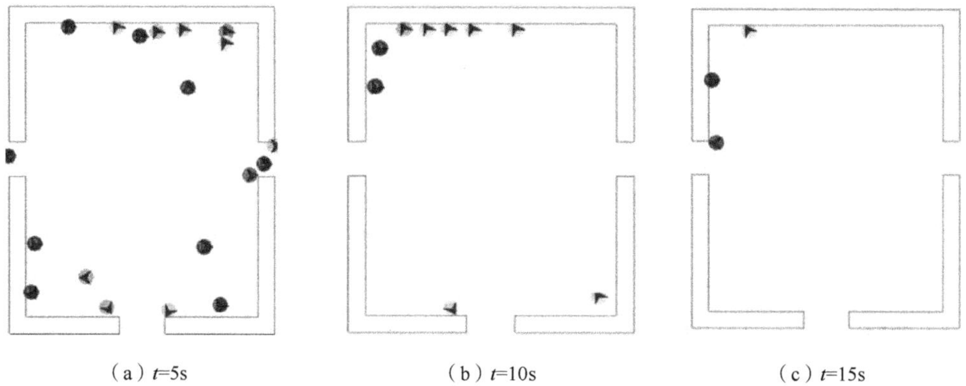

图 4-38　有引导者模拟仿真实验不同时间房间内人数图

通过模拟仿真实验，将有引导者和无引导者的实验数据进行分析，如图 4-39 所示，对比随疏散时间的增加房间内人数的变化趋势。在有引导者的状态下，房间内的人数呈现直线下降的趋势。对于疏散的总时间而言，无引导者疏散实验的总时间是有引导者参加的疏散实验的 3 倍。在有引导者参加的状态下，模拟仿真实验的疏散效率为 1.36 人/s。在无引导者参加的状态下，模拟仿真实验的疏散效率为 0.48 人/s。

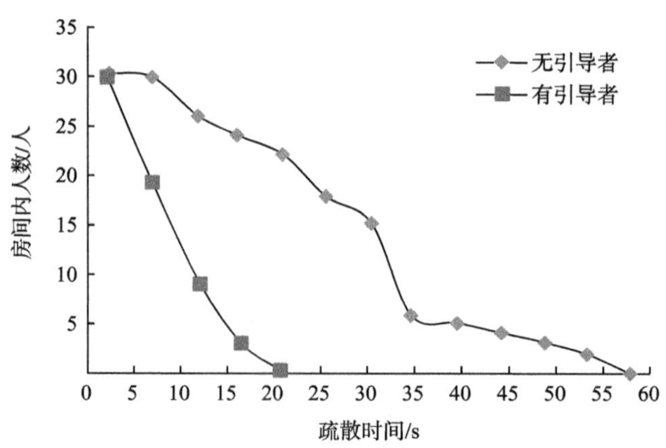

图 4-39　有、无引导者模拟仿真实验房间内人数随疏散时间变化图

4.3.4　发声交流下行人疏散模拟

目前，在行人疏散研究领域，大部分学者研究的情况是行人不发生交流这样的场景。在现实生活中，倘若某一区域发生危险品毒气泄漏、突发火灾等应急突发事件，周边的人民群众需要疏散到安全地带。行人出于对自己人身安全的考虑，需要用毛巾捂住口鼻，那么在疏散的过程中则无法进行正常交流，而且在疏散的过程中，其视线会受到烟雾的影响。在此复杂场景基础上，行人如何选择疏散路径、如何选择疏散策略等都是值得研究的问题。除了这样的场景之外，还有很多场景不会限制人们的交流，如在大规模断电的应急状态下，人们虽然疏散时视线遭受到严重影响，但是行人之间可以通过交流，帮助彼此进行疏散。

本模拟仿真实验将房间内人数分别设定为 N=10、N=20、N=30，房间的出口数量为 1 个，出口宽度为 L=1.2m，模拟仿真实验中房间内的行人全部为初始中间密集分布。模型中设置行人的期望速度为 0.6m/s，A=99.8N，B=0.08m。

下面将行人之间发声交流和无交流的模拟仿真数据进行比较，如图 4-40 所示。从实验结果可以发现，在行人发声交流的状态下，折线变化的斜率角度大，且折线下降趋势迅速，行人从房间内的疏散效率明显提高。我们可以很显然地看出，行人发声交流的折线变化趋势与行人之间无交流的折线变化趋势差别相当明显。从图 4-40 中可以看出，在行人发声交流的状态下，在人数分别为 N=10，N=20 的实验当中，总时间减少了将近 50%，在人数为 N=30 的实验中，总时间减少了近 20%。

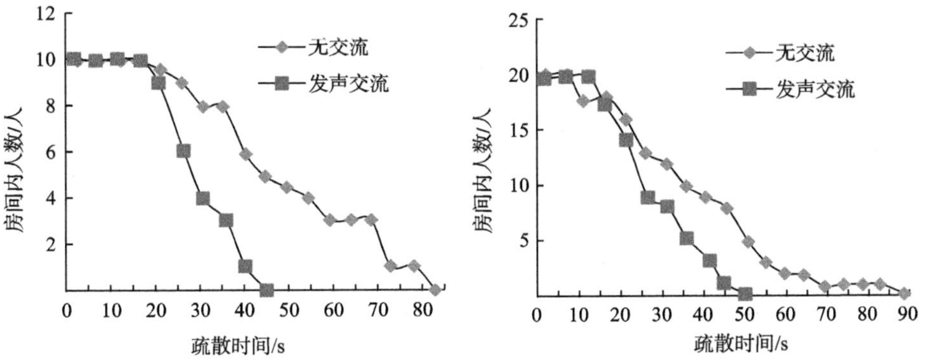

（a）房间内人数为 N=10　　　　（b）房间内人数为 N=20

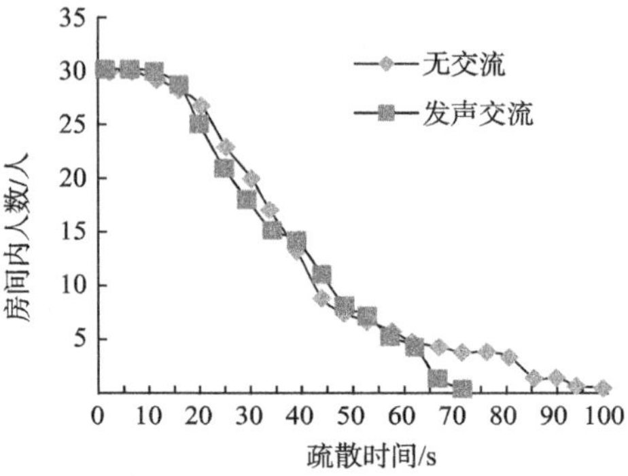

（c）房间内人数为 N=30

图 4-40　3 组有、无交流模拟实验房间内人数随疏散时间变化图

可见，行人之间发声交流能够相互传递疏散信息，在一定程度上，帮助彼此快速、有效地疏散到安全区域，从而脱离危险。

4.3.5　小结

行人疏散时对出口及疏散路径的选择受到许多因素的影响，如行人自身因素，火灾、地震、大规模断电、有害气体泄漏等不同的外部环境因素，因而行人会选择不同的疏散策略。一般而言，行人选择疏散策略大致分为两种：其一是考虑距离因素的疏散策略，其二是考虑时间因素的疏散策略。通常考虑距离因素时，行人优先选择距离自己所在位置较近的出口疏散出去。考虑时间因素时，行人则选择自己可以用最短时间、最快速度能够到达的出口进行疏散。由此可见，在突发事件情况发生时，疏散时间也是重要的考虑因素。

通过前面对疏散实验和模拟实验的对比分析研究发现，改变房间内出口数量可以有效提高实验者从室内疏散到室外的疏散效率。因为随出口数量的增加，疏散效率逐渐提高，并且伴有明显提高的趋势。在公共场所内，在符合设计规定的前提下，尽量多设置消防应急逃生防火门，一旦应急情况发生，身处室内的人可以快速地脱离危险区域，用最短的时间抵达安全地带，尽量减少行人受到的伤害。在出口数量一定的情况下，尽量增加出口宽度，可以适当避免出口区域出现的拥挤现象，减少行人在出口区域疏散时出现的拱形分布的现象。这种拱形分布的拥挤现象会造成行人疏散时的二次伤害，严重的可能导致踩踏事件或者更加严重的后果。

邻近出口的地方，不要随意堆放杂物。在出口的位置，这些杂物在人们遇到应急情况疏散时，会变成疏散通道上的障碍物，严重影响人们的疏散，类似情况会造成人们的生命安全受到威胁，甚至引发不必要的伤害和损失。在房间内的障碍物，直接影响该房间的疏散路径，也影响行人距离出口的路径长度，从而影响行人疏散策略的选择。

倘若行人对一些公共场所的布局结构不熟悉，在应急灾害发生时更容易产生恐慌。那么，在突发事件发生时，合理安排一定数量的安全引导员则是十分必要的。一名合格的安全引导员应该熟练掌握疏散程序和疏散方法，经常性参加应急灭火和疏散演练，熟悉自己所负责区域的疏散通道和安全出口，掌握基本的逃生技能。安全引导员可以有效快速地传递疏散信息，包括出口位置、路径信息、拥挤程度等多方面的信息，在应急疏散时能起到至关重要的指挥和引导作用，帮助行人进行疏散。此外，有关部门要组织好安全引导员的培训工作，对他们进行专业的指导，用科学的手段帮助人们进行逃生。

另外，消防安全标志也起到一定的引导作用。这一设施的合理设置，对建筑物内行人疏散也具有重要的作用。国内外真实应用表明，建筑物内设置消防安全标志，可以有效地帮助人们在浓烟弥漫的情况下，及时识别疏散位置和方向，迅速沿疏散指示标志顺利疏散，避免造成伤亡事故。此外，作为普通民众，我们要在日常生活中学习必要的应急自救常识。这样我们可以在危险发生时，第一时间进行自救或者对他人进行施救，尽最大可能避免人员伤亡。

4.4　本章小结

4.4.1　研究总结

为了对行人疏散领域开展更好、更深入的研究工作，全世界众多学者纷纷对许多不同场景的行人疏散问题展开探讨研究，并且针对行人疏散过程中的行人流特征和行人运动特征提出了许多建模方法，然后将其应用于行人疏散问题的模拟仿真。在这些模型当中，社会力模型可以较好地模拟出连续空间内行人疏散的运动特征。本书研究通过不可视环境的疏散实验和社会力模型模拟仿真相结合的方法，主要对不可视环境下行人疏散行为进行一系列的分析研究。首先，主要从行人数量、出口宽度和数量、行人初始分布、引导者及行人之间是否发声交流等六种实验方案入手，通过模拟疏散实验研究不可视环境下行人疏散行为特征。其次，利用社会力模型进行模拟仿真，选取合适、准确的参数，并对模型进行验证，发现模型能够较好地再现真实场景的情况。最后，将实验数据和模拟数据进行对比分析，并得出提高疏散效率的策略。

通过以上研究工作，本书研究得出以下几条结论。

（1）本书研究提出的社会力模型，在用于研究不可视环境下行人疏散时，能够很好地再现行人疏散过程中的一些运动特征。将社会力模型模拟仿真结果和实验数据进行对比，得出模型模拟仿真结果能够较好地与实验数据吻合，验证了模型的可行性。

（2）通过实验研究，我们发现随房间内人数的增加，疏散效率也在提高，但是，行人初始分布对疏散效率的影响并不明显。当房间内人数为 20 人时，初始中间密集分布的实验疏散效率高于初始圆圈分布的实验。当房间内人数为 30 人时，对于两种不同的初始分布实验，其房间内人数随疏散时间的变化趋势几乎一致，没有明显差别。然后，对于疏散速度的比较，初始圆圈分布的疏散速度大于初始中间密集分布的疏散速度。另外，出口数量和出口宽度的增加都对提高疏散效率有帮助，其中出口数量的增加对提高疏散效率的影响更显著。除此之外，行人之间发声交流能够提高疏散效率，引导者的参加也可以有效提高疏散效率。

（3）本书研究利用社会力模型对实验场景进行再现，通过设置合适的参数，模拟仿真不可视环境下行人疏散行为，分别模拟了出口数量、出口宽度、行人发声交流及引导者对疏散的影响。通过模拟仿真，我们发现随出口数量和出口宽度的增加，均能够提高疏散效率。行人发声交流可以帮助自己及周边的人们进行快速有效的疏散。加入引导者可以有效帮助房间内的人进行疏散。模拟仿真的结果与实验数据一致，两者数据可以较好地吻合，同时进一步验证了社会力模型的可行性。

4.4.2　研究展望

本书研究组织开展不可视环境下的疏散实验，然后使用社会力模型对本书研究进行模拟仿真并得到了一些结论。虽然做了大量细致的工作，但是仍然存在许多不足之处和待研究的工作。

（1）影响行人疏散的因素还有很多，本书研究针对不可视环境下的行人疏散展开研究，但是对行人考虑不够细致。在设计实验时，未考虑实验者的年龄、性别、职业、男女比例等情况。在真实的场景中，人群中不仅包含 20 岁左右的青年人，还包括儿童、老年人等。

（2）本书研究中的实验场景过于简单，在某种程度上不能有效地刻画出复杂场景下的行人疏散，不能再现复杂场景中行人疏散表现出的一些运动特征，如亲缘行为、行人携带行李等。因此，在后续的研究工作中，我们将社会力模型应用于更复杂的场景进行模拟仿真。

（3）由于社会力模型中存在较多参数，模型中参数的设置没有统一标准，每个疏散场景模拟时，都需要采用不同的参数进行模拟仿真。后期还要继续查阅资料，收集大量的行人数据库信息，包含不同年龄、性别行人的肩宽、身高、体重等。此外，需要开展身体拥挤压力测试工作，以便找到适合不同场景的拥挤压力参数。

第 5 章　房间区域行人疏散行为仿真

5.1　地震突发事件下教室疏散

5.1.1　引言

21 世纪以来，应急疏散研究中模拟应急行为逐渐引起人们的关注。行人行为已经能通过一些统计物理学模型成功再现，包括社会力模型[57]、元胞自动机模型[97]、格子气模型[48]等。这些理论模型为交通和建筑环境提供了重要的设计指导，并为火灾、海啸和地震等自然灾害或人为灾害提供了应急疏散策略。此外，随着视频追踪技术的发展，基于视频的行人疏散研究取得进展。然而，应急事件通常是令人意想不到且十分危险的，由于技术瓶颈和道德原因，现实生活中的真实应急实验很少，现有研究工作主要集中在模拟情景下的疏散演习或动物实验，真实灾难事件下的疏散研究仍十分罕见。

随着我国经济的快速发展，越来越多的地震或其他灾害视频数据通过互联网或电视节目进行现场实时发布和报道，如 2013 年 4 月 20 日 08 时 02 分我国雅安地震发生后，我国政府在中国中央电视台播出了地震发生时名山高中教室疏散的真实录像（http://news.cntv.cn/2013/04/23/VIDE1366716241778591.shtml）。该地震震中位于四川省雅安市芦山县，距离成都 116km 的龙门断裂带，在 2008 年汶川地震中受灾严重。地震中教室疏散的整个视频记录可以通过互联网访问（https://video.tudou.com/v/XMjIxNzcyMDkzMg==.html?_fr=oldtd）。这为我们提供了前所未有的机会来研究现实生活中地震灾害发生时的行人疏散行为。

本章研究的主要目的是通过社会力模型来模拟和再现我国 2013 年雅安地震中真实的教室疏散过程，探索和了解现实生活中的行人疏散行为。

5.1.2　基于 DE 算法的校准和优化模型

1. 疏散场景描述

图 5-1（a）展示了 2013 年 4 月 20 日 08 时 02 分我国雅安地震发生时名山高中教室内 66 名行人的疏散路径。在疏散场景中，教室长宽分别为 9m 和 6.6m，教室内有 65 名学生和 1 名教师。此外，教室内每张桌子的长宽都分别为 0.55m 和 0.42m。教室前门宽为 1m，当地震发生时后门处于关闭状态。

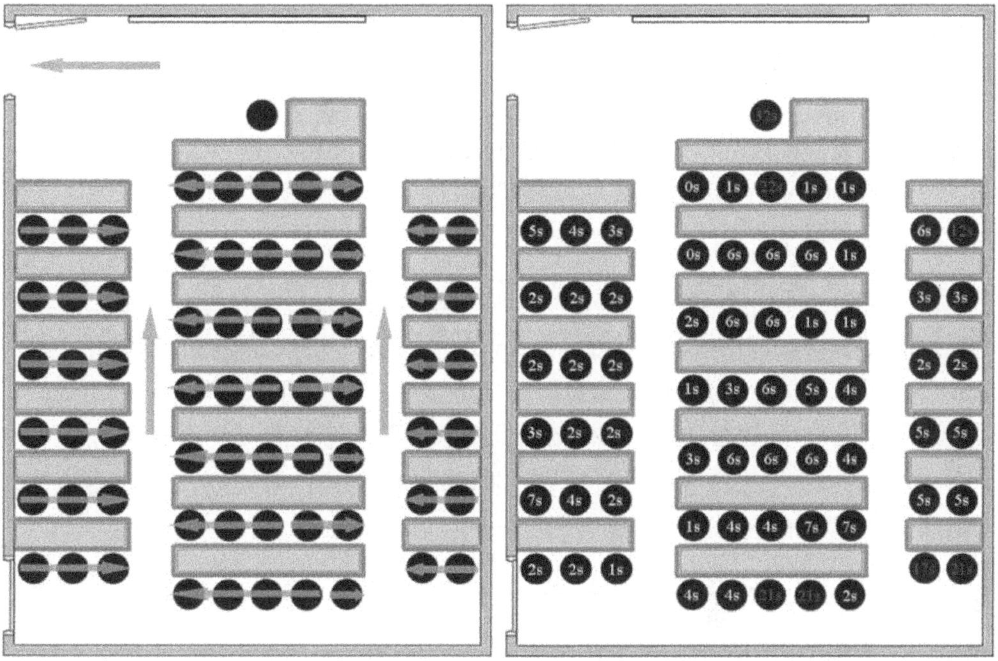

（a）　　　　（b）

图 5-1　雅安地震中教室内行人的路径选择和预疏散时间

在真实视频中，通过精细的手工测量，图 5-1（a）展示了地震疏散期间教室内行人的路径选择。在地震中，行人的路径选择行为主要受到前方路径通行能力和行人到出口距离这两个因素的影响。这意味着行人首先会优先考虑通行能力较强的路径，避免桌椅等障碍物，其次考虑自己到出口的距离，这与现有文献的实验结果一致[172]。

2008 年 5 月 12 日造成巨大生命财产损失的汶川地震发生后，我国四川省的学校加强了地震疏散的模拟演习。在这些模拟演习中，学生被告知当地震首次发生时，要将自己隐藏在自己的书桌下而不要立即逃离教室。然而，由于社会心理等原因，现实生活中意外的地震恐慌行为与以前的模拟演习明显不同，在现实的地震灾害中，当灾害发生时人们需要一定的反应时间或者预疏散时间。

图 5-1（b）清楚地描绘了真实地震灾害中 66 名行人的预疏散时间。从视频录像中发现，两名靠近出口和走廊的学生在发生地震时立即疏散，而其他学生都有 1~32s 的预疏散时间。图 5-1（b）中平均预疏散时间约为 5.24s，部分预疏散时间超过 10s，这是因为那些学生在地震发生时将自己隐藏在桌子下面，直到他们确认环境足够安全才开始疏散。由于地震时教师组织了整个教室的疏散过程，该教师在所有学生都疏散后才离开教室，故该教师的预疏散时间最长，为 32s。

上述研究结果表明，与事先准备的模拟演习中的疏散行为不同，由于社会心理等原因，人们在现实生活中需要一定的反应时间，特别是当地震灾害发生时，为了增加模型的准确性，在行人疏散模拟中应考虑预疏散时间。

2. 社会力模型

社会力模型是一个基于社会心理力和物理力的行人行为模型。它假设每名行人都是满足运动定律的粒子，并使用向量力来描述真实的力和内在的动机。N 名行人中，每名质量为 M_i 的行人 i 都以一定的期望速度 v_i^0 朝着期望方向 $\boldsymbol{e}_i^0$ 运动，其真实速度 v_i 与期望速度的差异由松弛时间 τ 来修正。与此同时，通过作用力 $\boldsymbol{F}_{ij}$ 与 $\boldsymbol{F}_{iw}$，行人 i 与行人 j 及墙壁 w 保持一定的距离。因此，行人 i 在 t 时间的速度变化可由加速度方程描述：

$$M_i \frac{\mathrm{d}v_i}{\mathrm{d}t} = M_i \frac{v_i^0(t)\boldsymbol{e}_i^0(t) - v_i(t)}{\tau} + \sum_{j(\neq i)} \boldsymbol{F}_{ij} + \sum_{w} \boldsymbol{F}_{iw} \tag{5-1}$$

其中，行人 i 空间位置 $s_i(t)$ 的变化可由 $v_i(t) = \mathrm{d}s_i/\mathrm{d}t$ 来计算。

此外，行人 i 和行人 j 远离彼此的心理倾向可以通过相互排斥力 $A_i \mathrm{e}^{(r_{ij}-d_{ij})/B_i}\boldsymbol{n}_{ij}$ 来描述。其中 A_i 与 B_i 均为常量，$d_{ij} = \|s_i - s_j\|$ 是行人 i 和行人 j 之间的距离，$r_{ij} = (r_i + r_j)$ 为相互作用的行人 i 和 j 的半径和，$\boldsymbol{n}_{ij} = (n_{ij}^1, n_{ij}^2) = (s_i - s_j)/\|s_i - s_j\|$ 是由行人 j 指向行人 i 的单位向量。这意味着，当行人间距离 d_{ij} 小于它们的半径和 r_{ij} 时，行人相互接触。社会力中还考虑了两个力，包括反抗其他行人的身体力 $k(r_{ij} - d_{ij})\boldsymbol{n}_{ij}$ 和阻止相对切向运动的滑动摩擦力 $\kappa(r_{ij} - d_{ij})\Delta v_{ji}^t \boldsymbol{t}_{ij}$。在这里，$\boldsymbol{t}_{ij} = (-n_{ij}^2, n_{ij}^1)$ 表示切向，切向相对速度为 $\Delta v_{ji}^t = (v_j - v_i)\boldsymbol{t}_{ij}$，$k$ 与 κ 是对应的常量。

因此，行人 i 和行人 j 之间的相互作用力 $\boldsymbol{F}_{ij}$ 可由式（5-2）描述：

$$\boldsymbol{F}_{ij} = A_i \mathrm{e}^{(r_{ij}-d_{ij})/B_i}\boldsymbol{n}_{ij} + kg(r_{ij}-d_{ij})\boldsymbol{n}_{ij} + \kappa g(r_{ij}-d_{ij})\Delta v_{ji}^{t}\boldsymbol{t}_{ij} \tag{5-2}$$

其中，函数 $g(x)$ 在行人之间没有接触时 $(r_{ij} < d_{ij})$ 为 0，否则取值为 x。

类似地，与墙壁 w 的作用力 $\boldsymbol{F}_{iw}$ 可由式（5-3）描述：

$$\boldsymbol{F}_{iw} = A_i \mathrm{e}^{(r_i-d_{iw})/B_i}\boldsymbol{n}_{iw} + kg(r_i-d_{iw})\boldsymbol{n}_{ij} + \kappa g(r_i-d_{iw})(-v_i t_{iw})\boldsymbol{t}_{iw} \tag{5-3}$$

其中，d_{iw} 表示到墙壁 w 的距离；$\boldsymbol{n}_{iw}$ 表示垂直于墙壁的单位向量；$\boldsymbol{t}_{iw}$ 表示与墙壁相切的方向。

在本章研究中，上述的社会力模型被用来再现 2013 年我国雅安地震中真实教室疏散的恐慌逃生过程。为了最大限度地提升社会力模型的模拟精度，本章研究在疏散模拟中考虑了图 5-1（a）和（b）所示的真实地震中 66 名行人的真实疏散路径和预疏散延迟时间。此外，社会力模型其他相应参数设置如下：对于每名行人，直径都为 $2r_i$ =0.4m，质量都为 M_i =58kg，分别表示我国高中生的平均肩宽和体重；加速调整时间都为 τ =0.5s。

3. DE 算法

在这一部分，我们采用 DE 算法来校正和优化社会力模型的参数。根据上述社会力模型方程，我们需要校正和优化五个关键模型参数，分别是行人的期望速度 $v_i^0 = v_0$，心理排斥力系数 A_i、B_i 及身体弹性系数 k 与滑动摩擦力系数 κ。

期望速度 v_0 最高可达到 10m/s，自由放松情况下接近 $v_0 \approx 0.6$m/s，常态时 $v_0 \approx 1$m/s，应急状态下 $v_0 \leqslant 1.5$m/s。因此，本章研究期望速度的优化范围为 $0 < v_0 \leqslant 10$m/s。相应地，心理排斥力系数 A_i、B_i 的校正范围分别为 $0 < A_i \leqslant 5 \times 10^3$N，$0 < B_i \leqslant 1$m；身体弹性系数 k 与滑动摩擦力系数 κ 的校正范围分别为 $0 < k \leqslant 5 \times 10^5$kg/s^2，$0 < \kappa \leqslant 5 \times 10^5$kg/（m · s）。值得注意的是，这五个关键模型参数彼此之间高度相关，因而需要从整体上来考虑以获得全局最优解。

启发式算法如遗传算法（genetic algorithm，GA）与模拟退火（simulated annealing，SA）算法已经成功地应用到许多复杂的优化问题中，而这些问题通过传统的方法是难以求解的。DE 算法[173]是一种新的启发式算法，主要有三个优点：不论初始参数值如何设置，均能找到真实的全局最优解；收敛速度快；使用较少的控制变量，如种群规模、尺度因子、交叉率、交叉策略及最大代数。因此，本章研究中，我们采用 DE 算法来校正和优化社会力模型的参数，以获取与真实视频数据相一致的非线性疏散速度。

DE 算法采用变异操作作为一种搜索与选择机制，从而将搜索空间的结果朝着理想区域进行演化。DE 算法也采用非均匀交叉，能更频繁地从父代获取子向量参数。其过程主要是利用现有种群成员的构成来重建实验向量，通过重组（交叉）操作来使用成员的有效信息，使得搜索空间向更优的区域演化。首先，算法随机产生初始种群，并生成社会力模型的五个参数（v_0、A_i、B_i、k、κ）。根据疏散仿真结果计算出这五个参数的适应度函数。其次，判断是否满足终止标准，如果未满足，种群将通过选择、交叉和变异操作继续演化。DE 过程会不断重复直到达到最大运行代数。

DE 算法的目标是对社会力模型的五个参数进行全局优化，以获得与地震视频数据相一致的非线性疏散速度和疏散时间。因此，DE 算法的适应度函数可定义如下：

$$\text{Minimize}: F = \sum_{t=1}^{36}\left(N_t^{\text{real}} - N_t^{\text{SFM}}\right)^2 \tag{5-4}$$

$$\text{Subject to}: 0 < v_0 \leqslant 10\ \text{m/s} \tag{5-5}$$

$$0 < A_i \leqslant 5\times10^3\ \text{N} \tag{5-6}$$

$$0 < B_i \leqslant 1\text{m} \tag{5-7}$$

$$0 < k \leqslant 5\times10^5\ \text{kg/s}^2 \tag{5-8}$$

$$0 < \kappa \leqslant 5\times10^5\ \text{kg/（m·s）} \tag{5-9}$$

式（5-4）中，N_t^{real} 表示在真实地震疏散状态下 t 时间内的真实疏散人数；N_t^{SFM} 表示社会力模型仿真中 t 时间内的模拟疏散人数。DE 算法中 5 个模型参数的优化搜索范围如下：$0<v_0\leqslant 10$m/s，$0<A_i\leqslant 5\times10^3$N，$0<B_i\leqslant 1$m，$0<k\leqslant 5\times10^5$ kg/s^2，$0<\kappa\leqslant 5\times10^5$kg/（m·s）。DE 算法的参数设置如表 5-1 所示。

表 5-1　DE 算法的参数设置

参数名称	参数值
种群大小	30
缩放因子	0.5
杂交概率	0.2
杂交策略	DE/rand-to-best/1/exp
最大运行代数	300

DE 算法的收敛曲线如图 5-2 所示，说明在达到最大运行代数之前，DE 算法几乎接近收敛。

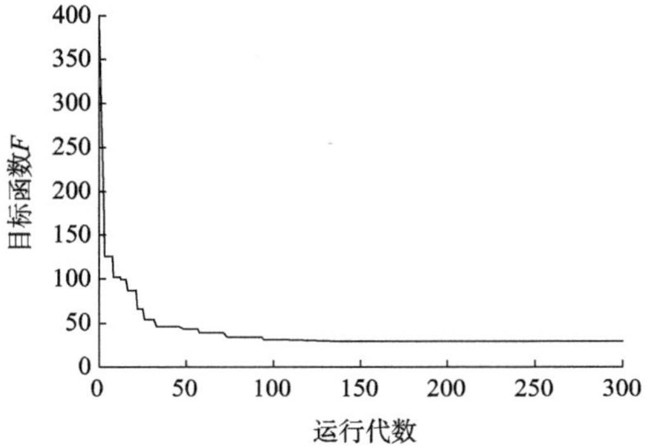

图 5-2　DE 算法的收敛曲线

5.1.3　优化结果分析

随着 DE 算法运行代数由 1 增加到 300，目标函数 F 的结果也从 393 减少至 29。当算法运行代数达到 300 时，我们获得了最优的社会力模型参数，分别是 v_0= 1.48m/s，A_i =998.97N，B_i =0.08m，k=819.62kg/s^2 及 κ =510.49kg/（m·s），这些结果与之前的文献存在较大的差异[57]。

图 5-3 展示了真实疏散时间与模拟疏散时间的比较结果，从图 5-3 中我们了解到，在真实地震疏散状态下，疏散速度折线是非线性的，可以分成两个阶段。第一阶段在 0~19s，由于疏散人群在教师的指导下从教室有秩序地疏散，这一部分接近线性。然而，第二阶段在 19~36s，因人群的拥挤效应行人的疏散速度呈现非线性并显著下降。

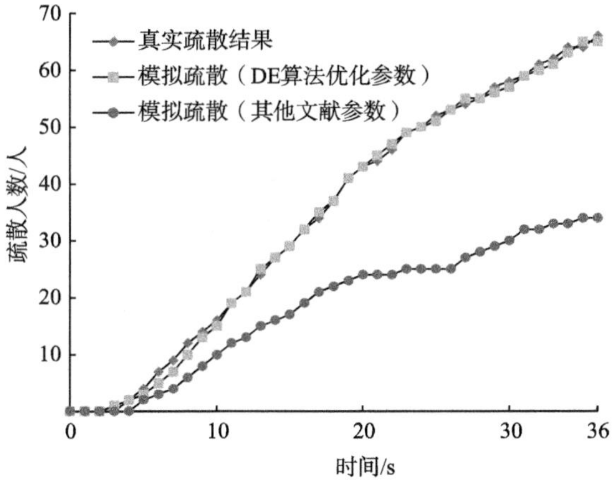

图 5-3　真实与模拟疏散时间比较

此外，从图 5-3 中我们可以清晰地看出，当社会力模型的五个参数分别设置

为 v_0=1.48m/s，A_i =998.97N，B_i =0.08m，k=819.62kg/s^2 及 κ =510.49kg/（m · s）时，在不同时间 t 下疏散人群的模拟人数与我国 2013 年雅安地震疏散的视频数据基本一致，并且目标函数 F 达到了最优值 29。

然而，如果社会力模型的五个参数按照之前文献[57]的方法分别设置为 v_0=1.48m/s，A_i =2×10^{3}N，B_i =0.08m，k=1.2×10^{5}kg/s^2 及 κ=2.4×10^{5}kg/（m · s），那么目标函数 F 的最优值是 13.784。从图 5-3 中我们可以看出，在不同时间 t 下疏散人群的仿真人数与真实地震疏散的数值是存在较大偏差的。

为了更好地理解社会力模型的物理机制，我们对影响目标函数 $F=\sum_{t=1}^{36}\left(N_t^{\text{real}}-N_t^{\text{SFM}}\right)^2$ 的各个参数进行了深入的分析，这些参数包括期望速度 $v_i^0=v_0$，心理排斥力系数 A_i 及身体弹性系数 k 与滑动摩擦力系数 κ，分析结果如图 5-4 所示。

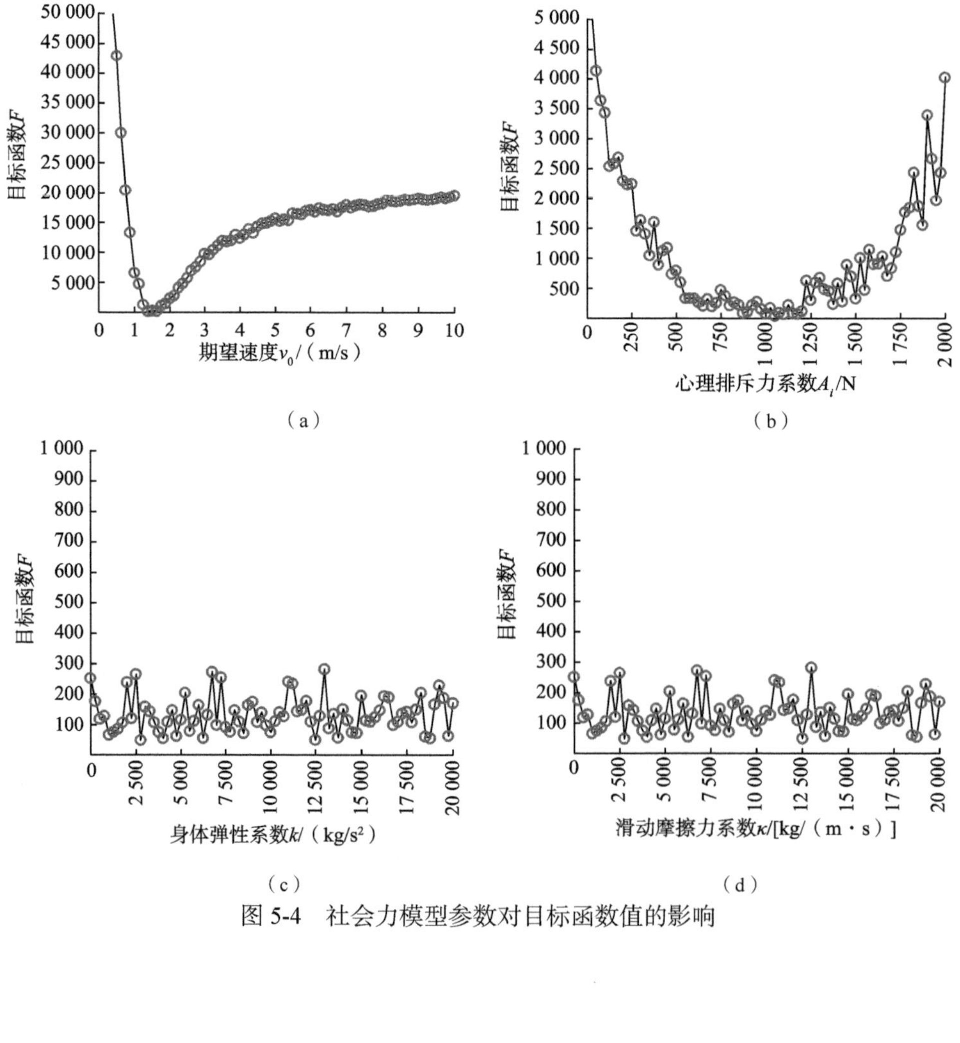

图 5-4　社会力模型参数对目标函数值的影响

从图 5-4 中我们可以看到，这四个参数都能显著地影响社会力模型的目标函数 F。在图 5-4（a）中，我们将社会力模型的期望速度 v_0 的参数范围设置在 $0 \leqslant v_0 \leqslant 10$ m/s，而其他参数固定为 A_i=998.97N，k=819.62kg/s^2 及 κ=510.49kg/（m · s）。随期望速度 v_0 由 0 增加至 10m/s 时，目标函数 F 先急剧减小，当期望速度 v_0=1.48m/s 时，目标函数 F 达到最优值，随后曲线开始平稳地上升。在图 5-4（b）中，心理排斥力系数 A_i 的参数范围设置为 $0 \leqslant A_i \leqslant 2\,000$N，而其他社会力模型的参数固定为 v_0=1.48m/s，k=819.62kg/s^2 及 κ=510.49kg/（m · s）。从图 5-4（b）中可以观察到，心理排斥力系数 A_i 由 0 增加至 2 000N 的过程中，目标函数 F 先急剧减小，当心理排斥力系数 A_i = 998.97N 时，目标函数 F 达到最小值，随后逐渐增加。在图 5-4（c）和（d）中，身体弹性系数和滑动摩擦力系数的参数范围分别设置为 $0 \leqslant k \leqslant 20\,000$ kg/s^2，$0 \leqslant \kappa \leqslant 20\,000$ kg/（m · s），而社会力模型的其他参数固定为 v_0=1.48m/s，A_i =998.97N。图 5-4（c）和（d）表明随身体弹性系数和滑动摩擦力系数由 0 增加至 20 000，目标函数 F 在 0~400 呈现周期性的波动。由于目标函数 F 的多峰性，通过对模型参数的人工调整很难达到全局最优。这意味着社会力模型的变量彼此之间高度相关，因而需要从整体上进行全局优化。

为了深入验证 DE 算法所校正的社会力模型参数的正确性，我们分别比较了真实地震疏散与 DE 算法校正社会力模型分别在 0s、3s、8s 及 16s 时的行人位置分布，如图 5-5 与图 5-6 所示。

（a）　（b）　（c）　（d）

图 5-5　不同时间下行人疏散的真实位置分布

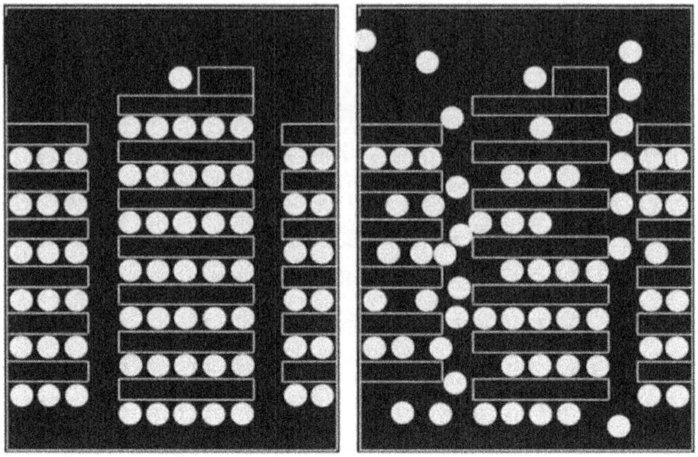

（a）　（b）

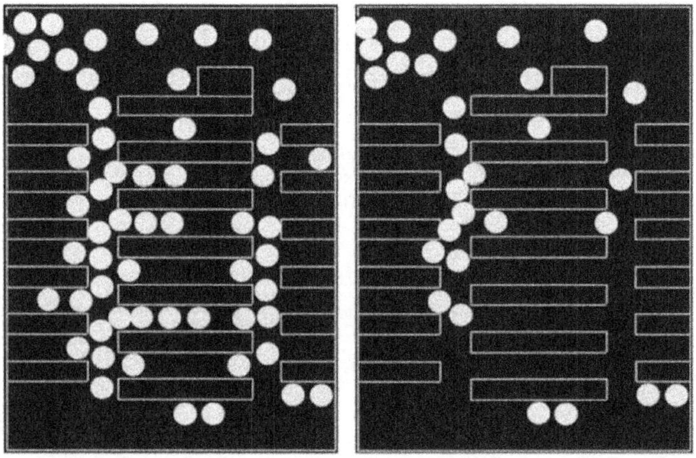

（c）　（d）

图 5-6　不同时间下行人疏散的模拟位置分布

图 5-5 与图 5-6 的比较结果清晰地阐明：当社会力模型的参数设置为 v_0=1.48m/s，A_i=998.97N，B_i=0.08m，k=819.62kg/s^2 及 κ=510.49kg/（m · s）时，行人位置的模拟分布与我国 2013 年雅安地震疏散的真实视频数据相一致。图 5-5 与图 5-6 显示了 2013 年 4 月 20 日北京时间 08 时 02 分突然发生雅安地震时名山高中教室的疏散场景，此时教室里所有学生基本上都待在自己的座位上。图 5-5（b）与图 5-6（b）中，在经过预疏散反应延迟之后，学生开始从教室逃离。值得注意的是，当地震发生时靠近出口和通道的学生立刻开始疏散，并到达教室的出口。从图 5-5（c）与图 5-6（c）中可以看出，当 v_0=1.48m/s 时，学生在老师的

指导下从教室有秩序地疏散。在图 5-5（d）与图 5-6（d）中，右侧通道的大部分学生逃离了教室，除了在教室后面藏在桌子底下的 4 名学生，他们在确认环境足够安全后才开始疏散。

5.1.4 最大人群压力分析

图 5-7 描述了在不同期望速度v_0下最大人群压力的比较结果。我们可以直观地从图 5-7 观察到，随期望速度v_0从 1.48m/s 增加至 7m/s，疏散人群的压力也相应地变得越来越大，由 110N 增加至 348N。当行人的期望速度v_0从 1.48m/s 增加至 3m/s 及 5m/s 时，疏散人群的仿真最大压力由 110N 增加至 202N 及 276N，这超过了年轻女性（60kg）及中年男性（74kg）的最大可承受压力。

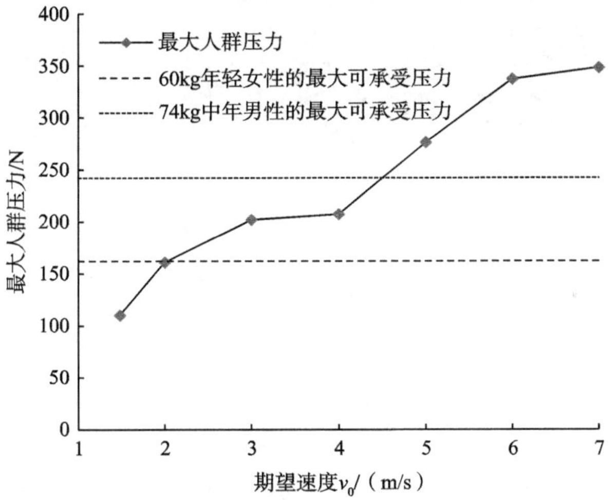

图 5-7 不同期望速度下最大人群压力比较

这意味着真实地震疏散中，行人的安全期望速度v_0应该不超过 2m/s，此时的最大人群压力为 161N 以下，这对于 60kg 的年轻女性而言，是可以承受的。然而，如果行人的期望速度v_0超过 5m/s，最大人群压力将超过 276N，这已经超出 74kg 中年男性的最大可承受压力，因此会对疏散人群造成严重的身体挤压伤害。

因此，在真实地震疏散中，学生在教师的有序指导下，1.48m/s 的期望速度v_0所产生的 110N 的最大人群压力是足够安全的。因而，疏散引导者对疏散过程具有显著的影响，有利于维持秩序，让人群保持冷静，从而减少人群的期望速度v_0，最大限度地避免伤亡事故发生。

5.1.5　教室空间布局对疏散效率的影响

图 5-8 展示了不同教室空间布局下疏散时间为 t=8s、期望速度为 v_0=1.48m/s 时的行人位置分布模拟情况。其中，图 5-8（a）展示的是教室原本的布局结构，也就是“3-5-2”布局结构，图 5-8（b）展示的是“3-4-3”布局结构，而图 5-8（c）则为“2-5-3”布局结构。

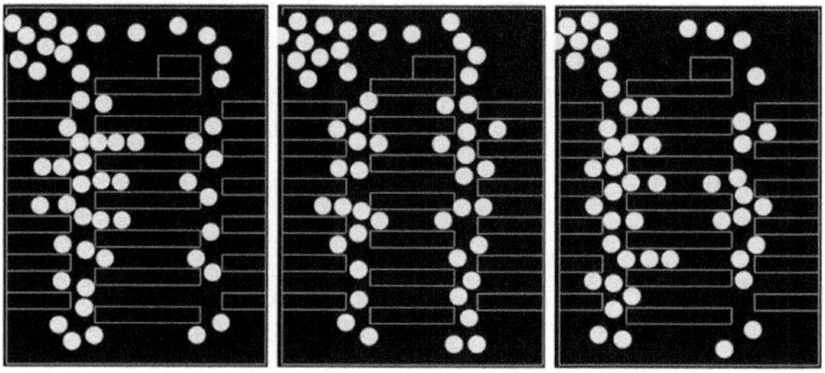

（a）　　（b）　　（c）

图 5-8　不同教室空间布局下模拟疏散的行人位置分布

如图 5-8（a）所示，在教室的左边部分、中间部分和右边部分分别放置 3 列、5 列和 2 列桌椅。为了进一步探究教室的空间布局对疏散效率的影响，我们分别设置了如图 5-8（b）、（c）所示的两种不同的布局结构作为对比。在模拟地震逃生中，不同布局结构中人们的路径选择与真实的逃生情况十分相似，尤其是在“3-4-3”布局结构中，处于中间的 4 列行人在逃生时倾向于选择离自己最近的方向逃走，即 4 列中的左侧 2 列倾向于向左跑，右侧 2 列倾向于向右跑。这是因为人们总是倾向于选择空间较大而障碍物较少的方向逃生。

从图 5-8（a）可以看出，当疏散时间 t=8s、期望速度 v_0=1.48m/s 时，有 27 人出现在左侧的过道中，右侧则有 10 人，并且有 15 人到达了教室的前端。图 5-8（b）中，由于教室空间布局的不同，其行人的分布与图 5-8（a）有所不同，在相同的时间，有 17 人在左侧过道，18 人在右侧过道，而 16 人到达了教室的前端。在图 5-8（c）中，可以看到有 24 人在左侧过道，14 人在右侧过道，13 人在教室的前端。除了行人分布的差异之外，不同教室空间布局下教室内的总人数是差不多的，分别为 52 人、51 人和 51 人。这意味着，当疏散时间 t=8s 时，不同教室空间布局下的疏散效率差别不大。

为了进一步探讨不同教室空间布局下的疏散效率，我们对不同教室空间布局下的疏散人数进行了比较，结果如图 5-9 所示。

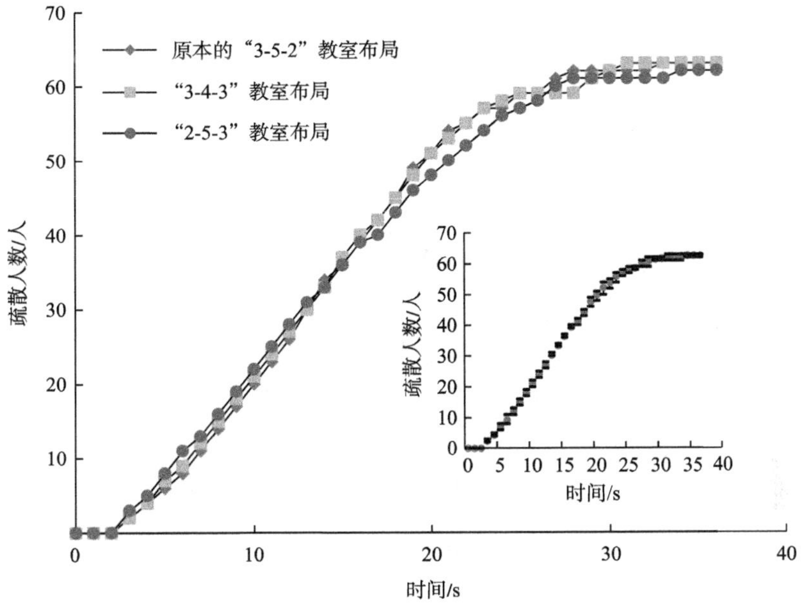

图 5-9　不同教室空间布局下模拟疏散人数比较

从图 5-9 可以看出，在相同的时间三种教室空间布局的疏散人数差别不大。对称的布局结构即"3-4-3"布局结构与原本的"3-5-2"布局结构在疏散效果方面表现极为相似。此外，在 13s 之前，"2-5-3"布局结构的表现比原本的"3-5-2"布局结构稍微好一些，但在 13s 之后，由于行人拥挤态开始出现，疏散的速度明显降低下来，这使得该结构成为三种布局结构中最差的一种。总的来说，三种不同的教室空间布局结构对疏散效率的影响差别不大，这是因为不同的内部布局仅影响到教室内部左右两边通道分流的变化，而对于房间出口区域的整体人流并无显著影响。

5.1.6　后门对于疏散效率的影响

我们进一步讨论了后门对整个疏散过程的影响。图 5-10 显示的是后门打开情景下行人疏散路径选择。在模拟逃生场景中，后门打开时的路径选择与之前后门关闭时的路径选择完全不同。位于教室后排的学生会更加倾向于从后门逃生，这与现有文献[172]的研究结果是一致的。由于无法准确获取后门打开时人们的预疏散时间，故在疏散模拟过程中未考虑行人的预疏散时间。例如，在图 5-1（b）中，处于后排的学生在地震开始时，选择躲到桌子下边，但当后门打开时，他们就极有可能选择从后门立即逃生，因为他们距离后门的距离是相对较近的。

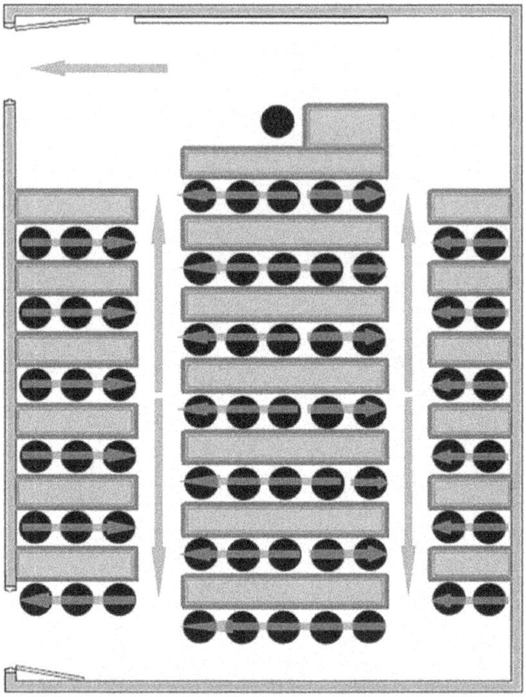

图 5-10　后门打开情景下行人疏散路径选择

图 5-11 显示的是在后门打开和关闭两种情况下疏散过程中人数的对比。从图 5-11 中我们可以看出，当后门处于打开状态时，行人的疏散效率有了显著的提高。整个疏散过程所耗费的时间从 36s 缩短到 17s。因此，当后门处于打开状态时，疏散效率提高了 1 倍多。

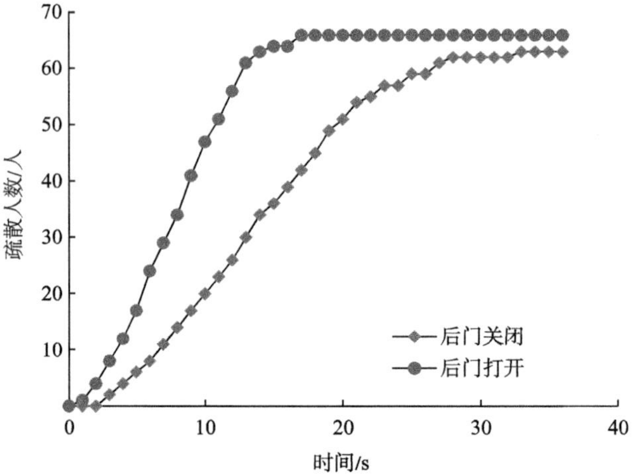

图 5-11　后门打开与后门关闭状态下疏散人数比较

除此之外，为了进一步展示后门在疏散过程中的作用，我们对比了当疏散时间 t=7s、期望速度 v_0=1.48m/s 时，两种状态下的疏散人员位置分布，如图 5-12 所示。

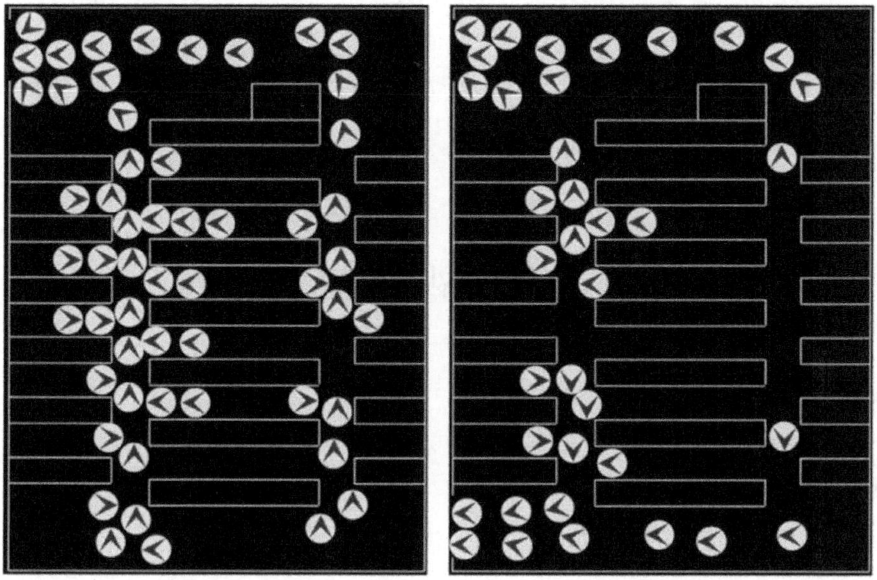

（a）后门关闭　　（b）后门打开

图 5-12　后门打开与关闭状态下模拟行人疏散位置分布比较

从图 5-12（a）中可以看出，当后门关闭时，所有人都只能从前门逃出，当疏散时间 t=7s 时，教室里仍有 55 人未逃出。而图 5-12（b）中，由于后门打开，人们分别自发地跑向前、后门两个方向。当疏散时间 t=7s 时，处于右边过道的所有行人几乎都已逃出，此时教室内未逃出的人数只有 37 人，远比图 5-12（a）中的 55 人少。模拟结果表明，后门的打开对于疏散时间的影响很大，它能够显著提高整个人群的疏散效率。因此，保持所有逃生出口都开放能够在灾难发生时为人们提供更多的逃生机会。

5.1.7　结果总结与讨论

本章研究中，我们用社会力模型模拟和再现了我国 2013 年雅安地震中真实的应急场景。首先，我们采用 DE 算法对社会力模型参数进行了标定和优化。其次，我们探讨了教室空间布局对疏散效率的影响。模拟结果显示，不同教室空间布局对疏散效率的影响不大，因为内部布局结构仅对两侧走道的人流造成影响，对于整体的人流影响较小。最后，我们分析了后门打开与关闭对疏散效率的影响，结果表明后门的打开能够显著提高整体的疏散效率。

在未来，我们会尝试将这个社会力模型运用于其他类型的应急疏散事件中，如火灾、洪水和海啸疏散场景中。在真实的逃生场景中，模型参数的设置随应急事件类型的不同而改变，整个模型方程都有可能因为建筑物环境、应急事件的特征、恐慌行为及指导策略的不同而完全改变。因此，社会力模型方程需要根据不同的情况进行相应的修改，同时需要采用不同的轨迹提取技术来对模型参数进行合理标定。

5.2　可视与不可视环境下教室疏散

5.2.1　实验设计

1. 实验场地

本章研究选取了某教学楼内平坦教室与阶梯教室作为实验场地，开展了可视与不可视环境下教室疏散实验。

（1）平坦教室实验场地：图 5-13（a）为平坦教室平面示意图。平坦教室选取的教室大小为 17.71m×9.56m。在教室东侧有两个宽度均为 0.90m 的出口，编号为出口 1 与出口 2，出口 1 距离北侧墙面 0.26m，出口 2 距离南侧墙面 1.13m。在教室北侧有一块高起平台及一张讲台桌，平台高为 0.20m，讲台桌紧挨平台，另有 48 张桌椅按照 6 行 8 列分布在教室中，平台、讲台桌及桌椅用矩形表示。教室里共有 45 名学生及 1 名教师，学生初始位置用编号为 1~45 的圆圈表示，教师用编号为 46 的圆圈表示。教室内有 4 个过道将桌椅分为 3 部分，过道宽由西至东依次为 1.68m、0.61m、0.74m 及 2.22m。教室桌子大小为 0.60m×0.46m，前后桌之间的距离为 1.34m。教室椅子是可移动的，可为学生在疏散过程中留出逃生空间。在教室西北角与后方南侧中间位置各安置一台摄像机，用以记录教室内学生疏散的全过程。

（2）阶梯教室实验场地：图 5-13（b）为阶梯教室平面示意图。阶梯教室选取的教室大小为 17.64m×9.97m。有出口 1 与出口 2，均在教室东侧墙壁，宽为 0.90m，出口 1 距离北侧墙面 0.49m，出口 2 距离南侧墙面 0.84m。在出口 2 处有 5 级高为 0.15m、宽为 0.26m 的阶梯。此外教室内有 6 级高为 0.08m 的台阶，台阶之间距离为 0.95m，台阶位置用虚线表示。在教室北侧有一块高起平台及一张讲台桌，平台高为 0.20m，讲台桌紧挨平台，另有 84 张桌椅按照 7 行 12 列分布在教室中，平台、讲台桌及桌椅用矩形表示。教室里共有 44 名学生及 1 名教师，学生初始位置用编号为 1~44 的圆圈表示，教师用编号为 45 的圆圈表示。教室内有 4 个过道将桌椅分为 3 部分，过道宽由西至东依次为 0.65m、0.93m、0.93m 及 1.70m。教室桌子大小为 0.53m×0.29m，前后桌之间的距离为 0.95m。教室椅座可折起，为学生在疏散过程中留出逃生空间。两台摄像机分别安置在教室西北角与东南角以记录学生疏散的全过程。

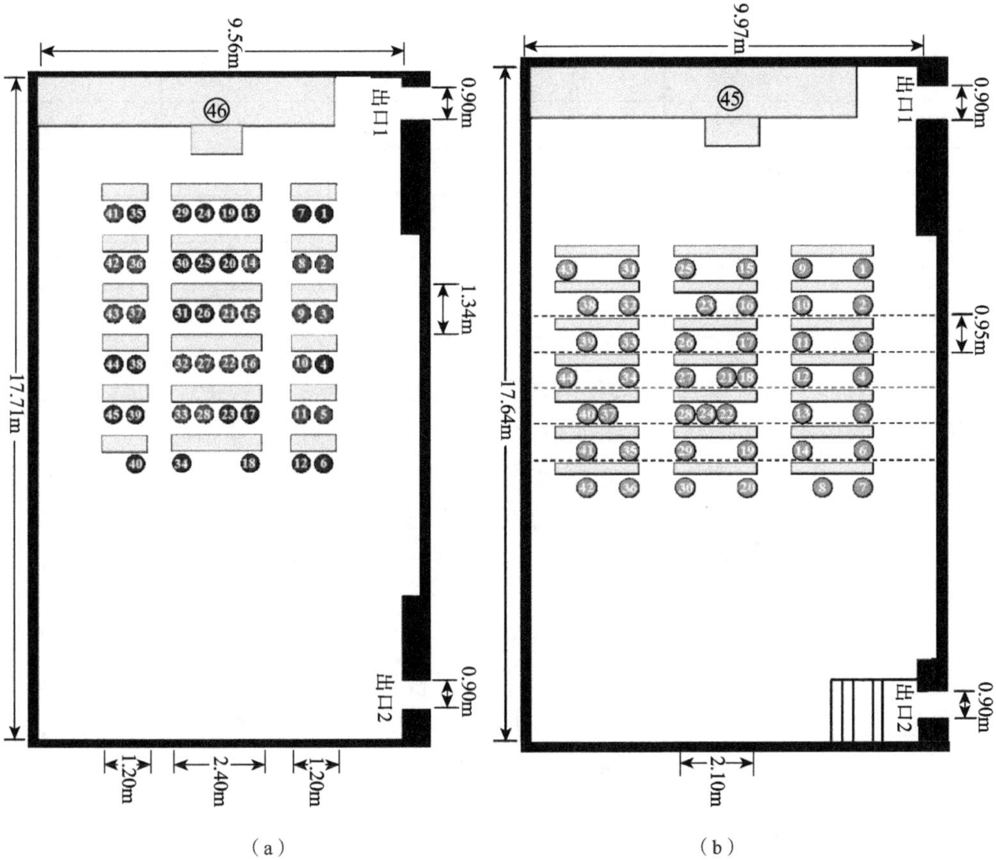

图 5-13　实验教室平面示意图

2. 实验流程

在平坦教室与阶梯教室均进行了可视环境下的单出口、双出口疏散实验及不可视环境下的单出口、双出口疏散实验，共 8 组 16 次实验，实验编号及具体说明见表 5-2。参加实验的志愿者为 45 名在校大学生和研究生，其中男生 24 名，女生 21 名，年龄为 22~26 岁。实验开始前所有学生都戴好分发的红色帽子，以便视频处理软件提取行人轨迹。实验先进行可视环境下的教室疏散实验，再进行不可视环境下的教室疏散实验，以模拟学生在平时熟悉的教室上课时突遇应急事件疏散的情景。学生们均安全地完成了所有实验，未发生跌倒、踩踏等安全事故。

表 5-2　实验编号及具体说明

编号	教室类型	学生人数/人	是否可视	出口数量/个	实验次数/次
A1	平坦教室	45	是	1	2
A2	平坦教室	45	是	2	2
A3	平坦教室	45	否	1	2
A4	平坦教室	45	否	2	2
B1	阶梯教室	44	是	1	2
B2	阶梯教室	44	是	2	2
B3	阶梯教室	44	否	1	2
B4	阶梯教室	44	否	2	2

（1）可视环境下教室疏散实验流程：在可视环境的实验中，每次实验开始前学生都坐在指定位置上，以保证每次实验学生的初始位置都相同。在只有出口1开启的A1、B1实验中，当应急疏散指令下达后，所有学生都起立，并尽快从出口1离开；在出口1、出口2均开启的A2、B2实验中，当应急疏散指令下达后，所有学生都起立，并尽快选择出口离开。学生一旦走出出口便视为离开教室，每组实验均进行两次。

（2）不可视环境下教室疏散实验流程：在不可视环境的实验中，所有学生在座位上时都被要求戴上黑色眼罩以模拟不可视环境。在只有出口1开启的A3、B3实验中，当应急疏散指令下达后，所有学生都起立，并尽快从出口1离开；在出口1、出口2均开启的A4、B4实验中，当应急疏散指令下达后，所有学生都起立，并尽快选择出口离开。学生一旦走出出口便视为离开教室，每组实验同样都进行两次。图5-14为部分实验截图。

（a）

（b）

（c）　　　　（d）

图 5-14　部分实验视频截图

5.2.2　可视环境下教室疏散实验结果及分析

1. 疏散过程及行为分析

通过观察 A1、A2、B1、B2 实验的视频，可发现一些可视环境下教室疏散行人运动特征。

（1）当应急疏散指令下达后，学生需要一定的反应时间做出逃生动作，学生的逃生反应时间为实验开始疏散指令下达到从座位上站起准备移动位置的时间。人们对事物做出反应的时间存在显著差异，所以在实验中学生的逃生反应时间也存在很大差异。因此，考虑移动前的反应时间对疏散的影响是很有必要的。通过 SPSS 软件对 A1、A2、B1、B2 四组八次实验，共计 356 人次的反应时间进行 K-S 检验，平均值为 0.90s，标准差为 0.41s，其渐进显著性（双侧）即 p 值为 0.118>0.05，说明样本符合正态分布。图 5-15 给出了可视环境下学生反应时间频率分布图，直方图数据来源于真实实验，曲线为正态分布拟合结果。

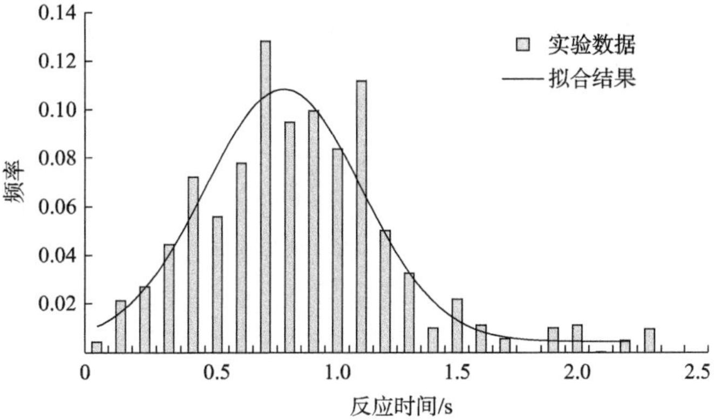

图 5-15　可视环境下学生反应时间频率分布图

（2）因视野良好，学生在实验开始前已熟悉教室内部布置、出口位置等情况，所以会根据自身到出口的距离选择一条疏散路径，通常距离出口的最短路径为首选路径。图 5-16 展示了实验 A1 中学生的疏散移动轨迹。疏散指令下达后，学生迅速起立朝着首选路径移动，但由于疏散速度快，教室出口区域容量达到饱和，学生在出口区域形成拱形拥挤，排队缓慢离开教室；在疏散过程中，由于首选路径前方区域行人拥挤，学生调整和改变自己的疏散路径，如在实验 A1 中，部分学生改变自己的首选路径而选择穿过有椅子的过道或从高起平台疏散。

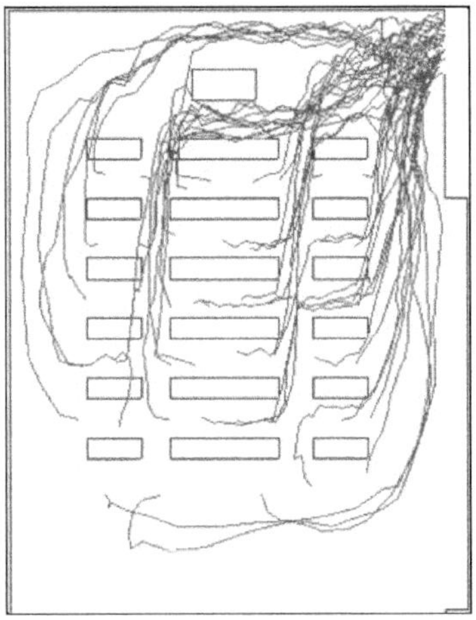

图 5-16　实验学生疏散轨迹图

（3）表 5-3 展示了平坦教室 A1、A2 实验中教室内 1~8 列学生起立后向左疏散与向右疏散的人数，编号为 1、2、3、4、5、6 的学生构成第 1 列，其他列以同样方式定义；表 5-4 展示了阶梯教室 B1、B2 实验中教室内 1~12 列学生起立后向左疏散与向右疏散的人数（第 2 列由于没有学生，不纳入统计范围），编号为 1、2、3、4、5、6、7 的学生构成第 1 列，其他列以同样方式定义。从统计结果中可知：在平坦教室 A1、A2 实验中，第 1、3、4、7 列学生均向右疏散，第 6、8 列学生均向左疏散，第 2、5 列学生有的向左疏散，有的向右疏散；在阶梯教室 B1、B2 实验中，第 1、5、6、7、9、10 列学生均向右疏散，第 4、12 列学生均向左疏散，第 3、8、11 列学生有的向左疏散，有的向右疏散。大多数学生直接从靠近过道的方向疏散，这是因为从该方向疏散过程中障碍物少。有的学生不选择从障碍物少的方向疏散，如平坦教室中第 2 列学生虽他们左侧就是过道，但仍倾向于选择向右疏散，这是因为实验开始后，他们左侧过道有较多学生经过，行人密度大于右侧过道，所以学生倾向于向右疏散，避开行人密度大的区域。由此可总结出行人路径选择取决于前方路径的通行能力及行人自身到出口的距离两个因素，在疏散过程中行人优先考虑通行能力高、障碍物少的路径，进而考虑路径距离出口的长短。

表 5-3　可视环境下平坦教室学生起立后方向选择

实验	A1-1		A1-2		A2-1		A2-1	
	左	右	左	右	左	右	左	右
第 1 列	0	6	0	6	0	6	0	6
第 2 列	3	3	3	3	2	4	2	4
第 3 列	0	6	0	6	0	6	0	6
第 4 列	0	5	0	5	0	5	0	5
第 5 列	2	3	3	2	3	2	3	2
第 6 列	6	0	6	0	6	0	6	0
第 7 列	0	6	0	6	0	6	0	6
第 8 列	5	0	5	0	5	0	5	0

注：编号-i 中 i 表示第 i 次实验

表 5-4　可视环境下阶梯教室学生起立后方向选择

实验	B1-1		B1-2		B2-1		B2-2	
	左	右	左	右	左	右	左	右
第 1 列	0	7	0	7	0	7	0	7
第 3 列	0	1	1	0	1	0	1	0
第 4 列	6	0	6	0	6	0	6	0
第 5 列	0	6	0	6	0	6	0	6
第 6 列	0	2	0	2	0	2	0	2
第 7 列	0	2	0	2	0	2	0	2
第 8 列	3	3	5	1	5	1	5	1
第 9 列	0	6	0	6	0	6	0	6
第 10 列	0	1	0	1	0	1	0	1
第 11 列	2	3	2	3	2	3	2	3
第 12 列	2	0	2	0	2	0	2	0

2. 疏散时间分析

疏散时间是指学生从疏散指令下达到其从出口离开教室所用的时间。本章研究对可视环境下教室疏散实验的疏散时间分析主要从单出口疏散与双出口疏散两类进行讨论。

图 5-17 展示了可视环境下教室单出口疏散实验 A1、B1 中各初始位置上学生的平均疏散时间分布。由统计结果可知：初始位置靠近过道的学生他们的疏散时间小于位置不靠近过道的学生，如在实验 A1 中，第 3 列学生的疏散时间小于第 4 列学生，第 6 列学生的疏散时间小于第 5 列学生。此外，由柱状图可知，疏散过程中花费最多时间的学生其初始位置并不一定是最远离出口的位置，初始位置靠近出口的学生他们的疏散时间不一定短。例如，在实验 B1 中，编号 26 的学生（第 3 行第 8 列）与编号 28 的学生（第 5 行第 8 列）相比，其与出口距离更近，但编号 26 的学生平均疏散时间为 17.5s，编号 28 的学生平均疏散时间为 14.4s，这

是因为编号 26 的学生起立后选择向左疏散，而编号 28 的学生起立后选择向右疏散，虽然向右要经过一些障碍物但其路径短，所以编号 28 的学生疏散时间短。因此，在疏散过程中，行人疏散路径的选择影响行人疏散时间。

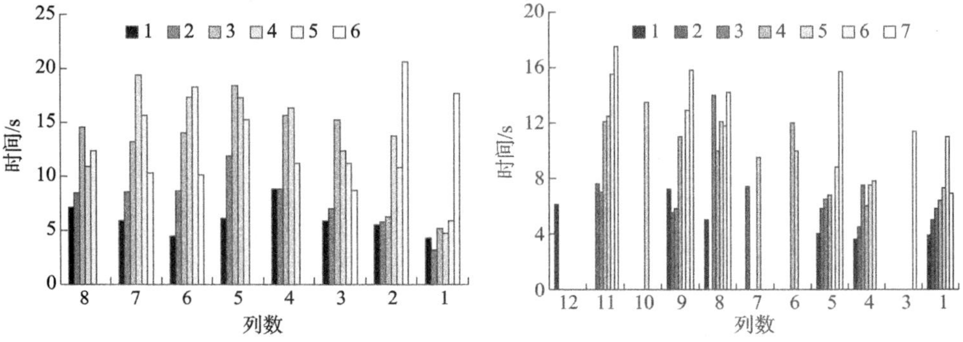

（a）实验 A1　　（b）实验 B1

图 5-17　可视环境下各位置学生平均疏散时间

图 5-18 展示了可视环境下单出口与双出口状态下不同时间疏散人数对比图，从图中可发现双出口状态下学生疏散效率相较于单出口有显著提升，双出口实验 A2 相比单出口实验 A1 平均疏散时间从 21.0s 降为 11.6s，疏散效率几乎提高 1 倍，同样的实验 B2 相比实验 B1 平均疏散时间从 19.2s 降为 13.6s，疏散效率亦明显提高。由此可知，可视环境下增加出口有利于提高疏散效率。

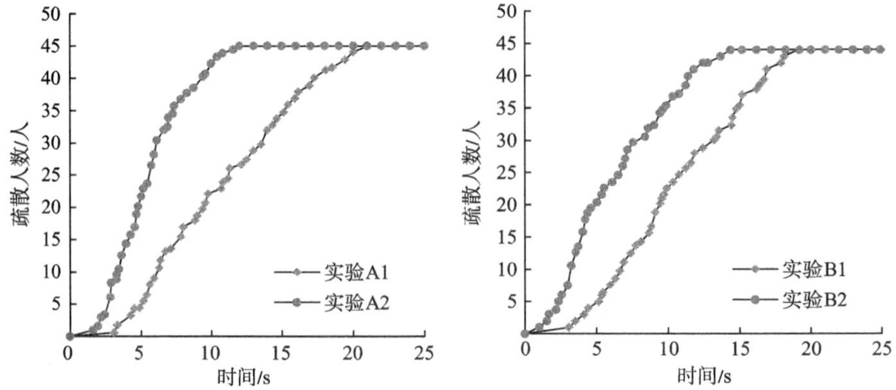

（a）平坦教室　　（b）阶梯教室

图 5-18　可视环境下单、双出口状态平均疏散时间对比

3. 疏散过程中密度分析

本书研究采用 voronoi 方法计算疏散过程中教室内学生密度、速度和流量。

图 5-19 展示了实验 A1 在 t=1s 时的 voronoi 图，图中圆圈代表学生，线条组成的多边形对应各学生的 voronoi 单元。

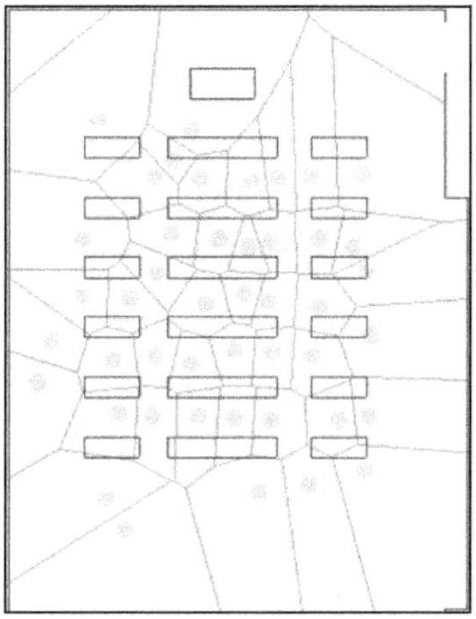

图 5-19　实验 A1 在 t=1s 时的 voronoi 图

对可视环境下教室疏散过程中密度分析以实验 A1 为分析对象。图 5-20 展示了可视环境下平坦教室单出口疏散过程中密度分布图。在实验 A1 中，疏散过程中最大密度为 5.42 人/m^2，平均密度为 0.56 人/m^2。由图 5-20 可知，出口区域密度明显大于其他区域且形状近似拱形，这是因为在可视环境下，疏散指令下达后学生迅速朝出口移动，但由于出口宽度限制，容量有限，学生在出口区域拥挤，只能排队缓慢离开教室，从而造成出口区域密度增大。

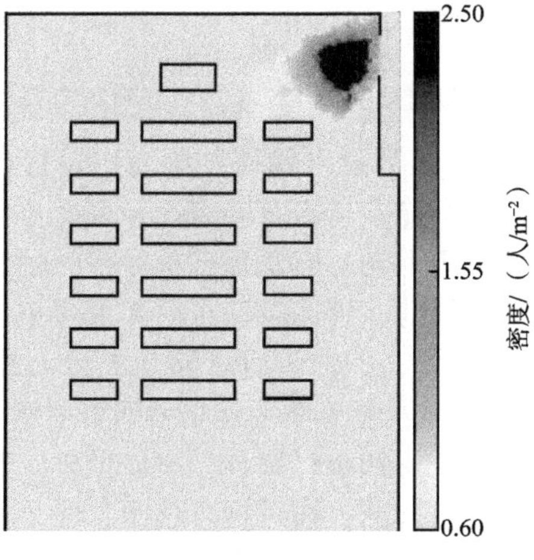

图 5-20　可视环境下平坦教室单出口疏散过程中密度分布图

5.2.3　不可视环境下教室疏散实验结果及分析

1. 疏散过程及行为分析

不可视环境下教室疏散实验编号分别为 A3、A4、B3、B4，通过观察实验视频可发现一些不可视环境下教室疏散行人运动特征。

（1）与可视环境下教室疏散实验相似，在不可视环境下，应急疏散指令下达后，学生同样需要一定的反应时间做出逃生动作，因此同样对不可视环境下学生的反应时间进行统计。通过 SPSS 软件分别对 A3、A4、B3、B4 四组八次实验，共计 356 人次的反应时间进行 K-S 检验，平均值为 1.35s，标准差为 0.39s，它们的渐进显著性（双侧）即 p 值为 $0.189>0.05$，说明样本符合正态分布。图 5-21 给出了不可视环境下学生反应时间频率分布图，直方图数据来源于真实实验，曲线为正态拟合结果。不可视环境下平均反应时间为 1.35s，高于可视环境下的 0.90s，这是因为不可视环境下行人放慢自己的动作。

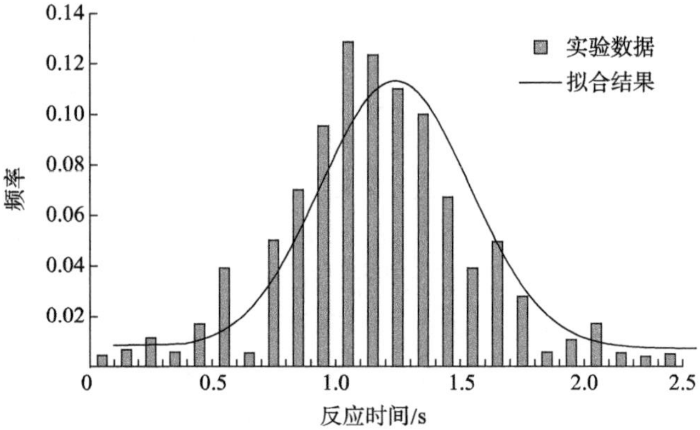

图 5-21　不可视环境下学生反应时间频率分布图

（2）可视环境下学生可灵活避开障碍物朝着出口快速移动，而在不可视环境下，学生只能用双手去摸索前方是否有障碍物，因此不可视环境下的学生疏散行为相较于可视环境下有明显不同。应急疏散指令下达后，大部分学生起立双手摸索着课桌，沿着课桌缓慢移动，到达第一排后无课桌引导时，有明显的自组织现象：学生搭着前面人的肩膀、手臂或后背随前面行人移动直至离开教室，如图 5-22 所示；少部分位置靠近墙壁的学生起立后朝着墙壁移动，接触到墙壁后根据出口方向沿着墙壁移动直至找到出口离开教室。此外，相较于可视环境，不可视环境下的疏散过程有一明显特征：在可视环境下，学生疏散时根据前方区域行人拥挤态调整和改变自己的疏散路径，而在不可视环境下学生只能依靠身体感受周边环境，因此即便前方区域拥挤，学生也选择等待并跟随前面行人而非改变路径或超越。

（a）实验 A3　　（b）实验 C3

图 5-22　实验 A3 与 C3 疏散过程中的自组织现象

（3）表 5-5 展示了在平坦教室 A3、A4 实验中教室内 1~8 列学生起立后向左疏散与向右疏散的人数；表 5-6 展示了在阶梯教室 B3、A4 实验中教室内 1~12 列学生起立后向左疏散与向右疏散的人数（第 2 列由于没有学生，不纳入统计范围）；其中列的定义与前述一致。由此可知，不可视环境下学生起立后的方向选择与可视环境下基本一致，这是因为实验场景是学生所熟悉的教室，虽然不可视环境中学生看不见前方情况，但学生会依据可视环境下的记忆选择方向。

表 5-5　不可视环境下平坦教室学生起立后方向选择

实验	A3-1		A3-2		A4-1		A4-1	
	左	右	左	右	左	右	左	右
第 1 列	0	6	0	6	0	6	0	6
第 2 列	2	4	2	4	2	4	2	4
第 3 列	0	6	0	6	0	6	0	6
第 4 列	0	5	0	5	0	5	0	5
第 5 列	3	2	3	2	3	2	3	2
第 6 列	6	0	6	0	6	0	6	0
第 7 列	0	6	0	6	0	6	0	6
第 8 列	5	0	5	0	5	0	5	0

表 5-6　不可视环境下阶梯教室学生起立后方向选择

实验	B3-1		B3-2		B4-1		B4-2	
	左	右	左	右	左	右	左	右
第 1 列	0	7	0	7	0	7	0	7
第 3 列	0	1	0	1	1	0	1	0
第 4 列	6	0	6	0	6	0	6	0
第 5 列	0	6	0	6	0	6	0	6
第 6 列	0	2	0	2	0	2	0	2
第 7 列	0	2	0	2	0	2	0	2

续表

实验	B3-1		B3-2		B4-1		B4-2	
	左	右	左	右	左	右	左	右
第 8 列	4	2	4	2	5	1	5	1
第 9 列	0	6	0	6	0	6	0	6
第 10 列	0	1	0	1	0	1	0	1
第 11 列	2	3	2	3	2	3	2	3
第 12 列	2	0	2	0	2	0	2	0

2. 疏散时间分析

图 5-23 展示了不可视环境下教室单出口疏散实验 A3、B3 中各初始位置上学生的平均疏散时间分布。由统计结果可知，不可视环境下初始位置靠近过道的学生他们的疏散时间小于位置不靠近过道的学生，该点与可视环境下一致。由于不可视环境下学生相遇时后者选择跟随前者而非超越，因此初始位置在同一列的学生中更靠近出口的学生的疏散时间小于远离出口的学生。

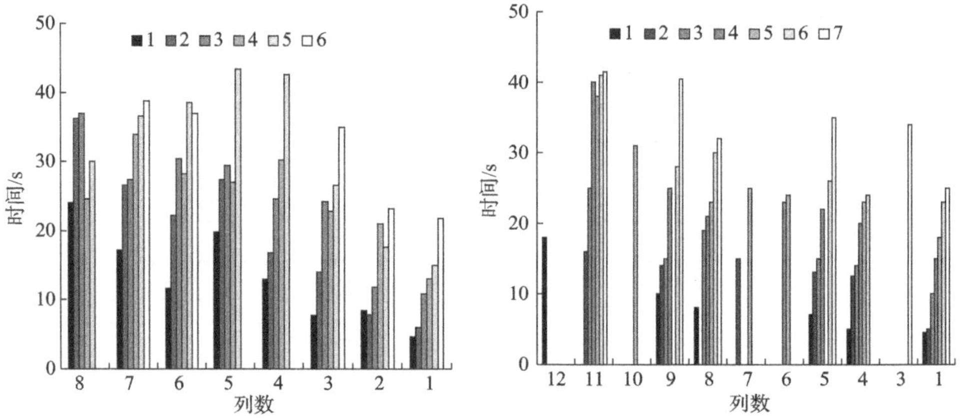

（a）实验 A3　　（b）实验 B3

图 5-23　不可视环境下各位置学生平均疏散时间

图 5-24 展示了单出口状态可视与不可视环境下不同时间疏散人数对比图，相较于可视环境下的实验 A1 平均疏散时间为 21.0s，不可视环境下的实验 A3 平均疏散时间为 41.6s；实验 B1 平均疏散时间为 19.2s，实验 B3 平均疏散时间为 44.8s。由此可知，可视环境下疏散时间小于不可视环境，疏散效率高。这是因为在不可视环境下学生沿着墙壁或课桌移动，他们的运动距离相较于可视环境下更长，且为了避免与其他学生或障碍物发生碰撞，学生会降低速度。因此，环境的能见度是影响行人疏散效率的重要因素。

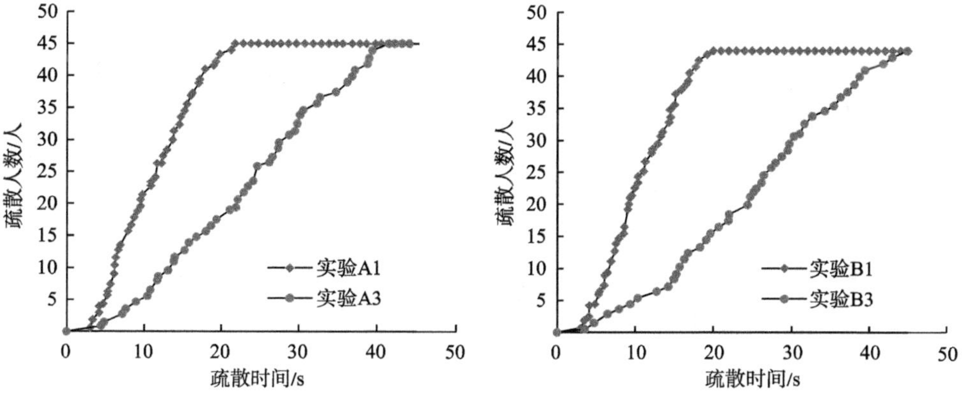

（a）平坦教室　　（b）阶梯教室

图 5-24　单出口状态可视与不可视环境下平均疏散时间对比

图 5-25 展示了不可视环境下单、双出口状态下不同时间疏散人数对比，双出口实验 A4 相比单出口实验 A3 平均疏散时间从 41.6s 降为 31.2s，实验 B4 相比实验 B3 平均疏散时间从 44.8s 降为 35.2s。由此可见，不可视环境下双出口疏散效率高于单出口，结合可视环境下的双出口疏散可知，无论是可视环境还是不可视环境，我们都应保证教室内所有逃生门开启，以便在突发事件时给学生提供更多机会逃生。

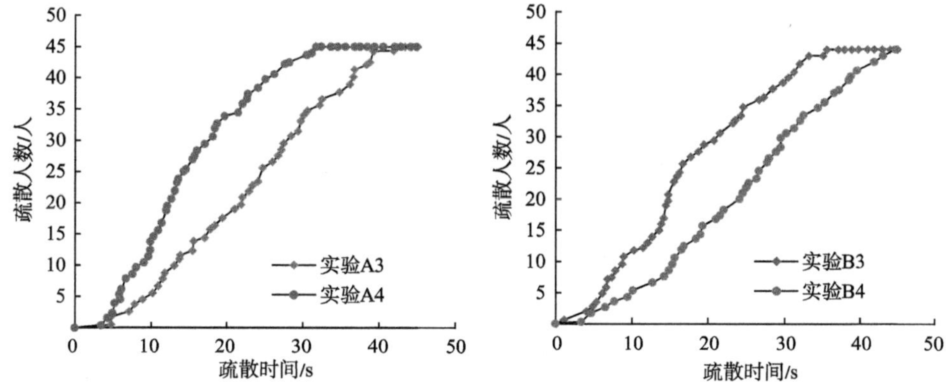

（a）平坦教室　　（b）阶梯教室

图 5-25　不可视环境下单、双出口状态下不同时间疏散人数对比

3. 疏散过程中密度分析

对不可视环境下教室疏散过程中的密度、速度、流量分析以实验 A3 为分析对象。图 5-26 展示了不可视环境下平坦教室单出口疏散过程中密度分布图。在实

验 A3 中，疏散过程中最大密度为 2.96 人/m^2，平均密度为 0.55 人/m^2。由图 5-26 可知，在不可视环境疏散过程中有 3 块区域密度较高，分别是出口区域、教室中间两个过道与前方通道形成 T 字形通道的交汇处。出口区域密度图形不像可视环境下的拱形，而是近似一个西南-东北走向的椭圆形，这是由学生的自组织现象造成的，学生们在教室前方过道搭肩有序离开教室，而非像可视环境下在出口区域拥挤，因此密度图近似椭圆形。两个 T 字形交汇处密度大是因为学生走到交汇处时失去了课桌的引导而降低速度，但 T 字形左侧与后方的学生仍保持原速，三者在交汇处相遇拥挤从而导致密度增加。

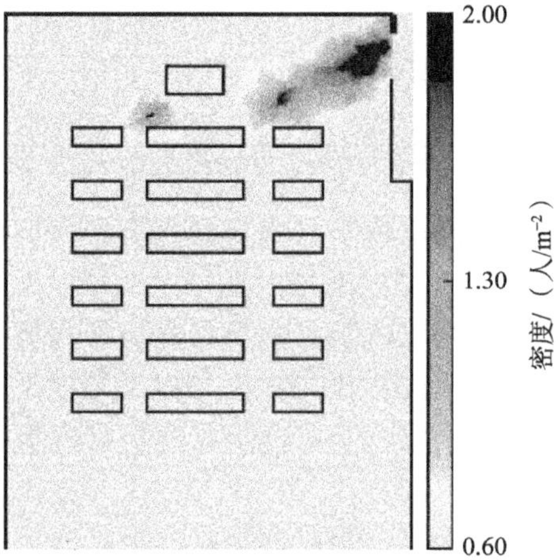

图 5-26　不可视环境下平坦教室单出口疏散过程中密度分布图

5.2.4　可视环境下社会力模型仿真

1. 模型参数校正及疏散方向说明

通过参照前人研究数据及多次实验，获得了一组较好的可视环境下行人及社会力模型参数。本章研究中社会力模型中的行人直径选取 0.3m，在前人研究中通常选取行人直径为 0.4m，但在真实实验中两名行人可同时在宽为 0.62m 的过道中并排运动，因为行人在运动时可侧着身子移动，故本书研究认为行人直径选取 0.4m 过大，选取 0.3m 更为合适；行人质量选取我国成年人的体重平均值 65kg。

此外，需要校正的社会力模型参数包括行人与行人间的心理排斥力系数 A_i 、排斥力作用范围系数 B_i 、身体弹性系数 k 和滑动摩擦力系数 κ 。通过对比，心理排斥力系数 A_i 取 500N，排斥力作用范围系数 B_i 取 0.08m，人体弹性系数 k 取 819.62kg/s^2，滑动摩擦力系数 κ 取 510.94kg/（m・s），行人期望速度 v_0 取 1.78m/s。

图 5-27 展示了可视环境下教室疏散社会力模型中行人的疏散方向，箭头表示

疏散方向，行人到达过道后按照箭头指示的方向进行疏散直至离开教室。

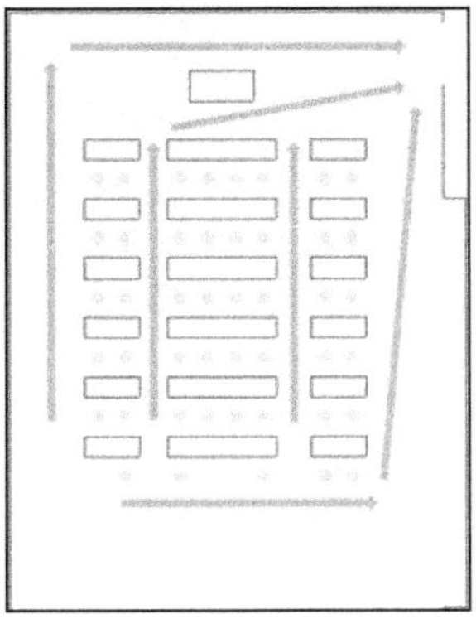

图 5-27　可视环境下教室疏散社会力模型中行人的疏散方向

2. 模型验证及分析

通过选取合适的模型参数，对可视环境下平坦教室单出口疏散场景进行模拟。以下内容分别从疏散过程中学生分布情况、学生疏散轨迹及疏散时间进行对比，以验证模型的适用性。

图 5-28 与图 5-29 的对比表明，基于上述参数可视环境的社会力模型模拟学生分布与真实实验学生分布基本吻合。图 5-28（a）与图 5-29（a）为 t=0 时，此时实验尚未开始，所有学生都仍在各自位置上；图 5-28（b）与图 5-29（b）为 t=4s 时，实验开始后学生离开位置从教室中疏散出去，此时初始位置靠近出口和过道的学生已到达出口，而初始位置远离出口且不靠近过道的学生还未到达过道；图 5-28（c）与图 5-29（c）为 t=8s 时，大部分学生到达教室前方区域并在出口区域形成拱状拥挤，仍有部分学生在过道上；图 5-28（d）与图 5-29（d）为 t=15s 时，教室内学生均到达出口区域，但由于行人密度大，在出口区域形成拱状拥挤。

（a）

（b）

（c）　　　　（d）

图 5-28　实验 A1

（a）为实验 A1 在 0 时的学生分布，（b）为实验 A1 在 4s 时的学生分布，（c）为实验 A1 在 8s 时的学生分布，（d）为实验 A1 在 15s 时的学生分布

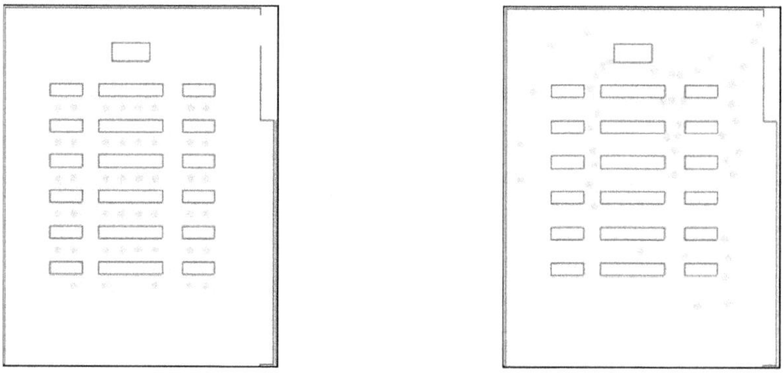

（a）　　　　（b）

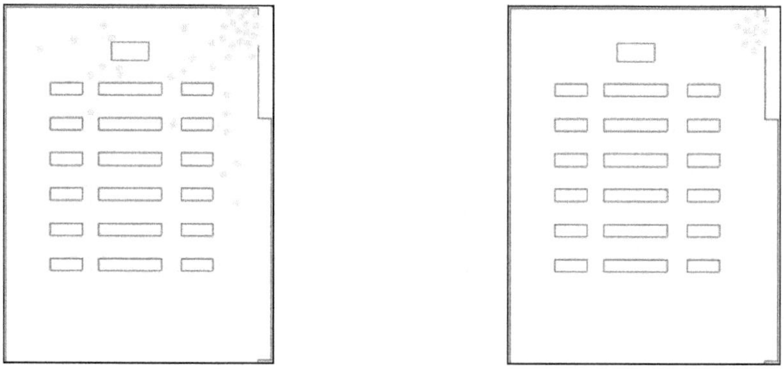

（c）　　　　（d）

图 5-29　可视环境下社会力模型模拟实验

（a）为实验在 0 时的学生分布，（b）为实验在 4s 时的学生分布，（c）为实验在 8s 时的学生分布，（d）为实验在 15s 时的学生分布

图 5-30 的对比表明，基于上述参数的社会力模型模拟学生运动轨迹与真实实验运动轨迹基本吻合。该模型除了能再现可视环境下学生从自己的位置到出口的疏散过程，还能再现学生在疏散过程中动态调整疏散路径，如学生从讲台桌左侧走到高起平台、由于前方过道行人密度大而选择穿过有椅子的过道。

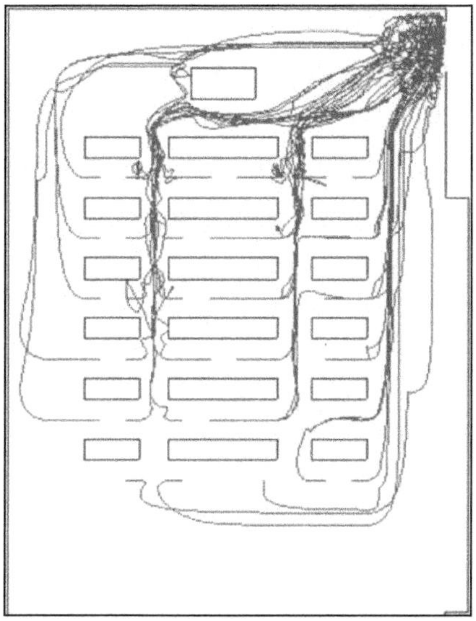

图 5-30　可视环境下社会力模型模拟轨迹

图 5-31 给出了真实实验与仿真模型不同时间教室疏散人数对比。可以看出疏散时间与学生人数是线性关系，即随疏散时间增加，疏散人数线性增加。实验 A1 平均疏散时间为 21.0s，仿真模型模拟平均疏散时间为 21.2s。仿真结果在初始阶段疏散人数略小于真实结果，但后期与真实结果几乎一致。

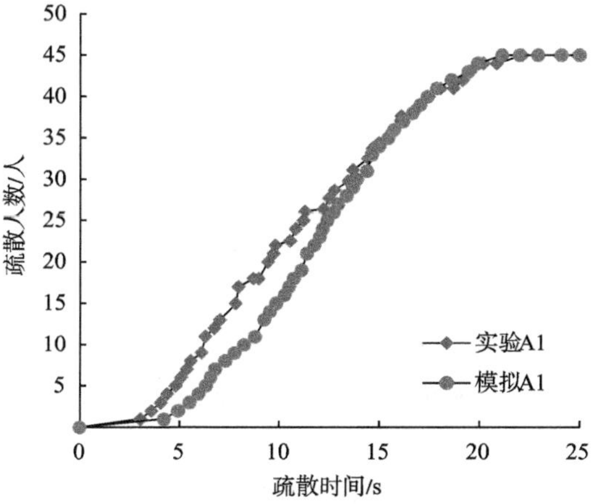

图 5-31　真实实验与仿真模型不同时间教室疏散人数对比

5.2.5 不可视环境下社会力模型仿真

1. 模型参数校正及疏散方向说明

通过参照前人研究数据及多次实验，获得了一组较好的不可视环境下行人及社会力模型参数。本章研究中的不可视环境下社会力模型中的行人直径选取 0.3m，行人质量选取 65kg，心理排斥力系数 A_i 取 500N，排斥力作用范围系数 B_i 取 0.08m，人体弹性系数 k 取 819.62kg/s^2，滑动摩擦力系数 κ 取 510.94kg/（m・s），以上参数取值均与可视环境下社会力模型参数一致，但行人期望速度取值小于可视环境，行人期望速度 v_0 为 0.68m/s。

图 5-32 展示了不可视环境下教室疏散社会力模型中行人的疏散方向，类似地，箭头表示疏散方向，行人到达过道后按照箭头指示的方向进行疏散直至离开教室。

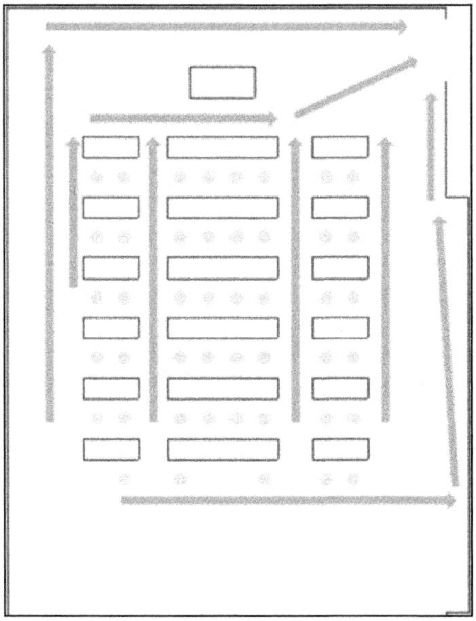

图 5-32 不可视环境下教室疏散社会力模型中行人的疏散方向

2. 模型验证及分析

通过选取合适的模型参数，对不可视环境下平坦教室单出口疏散场景进行模拟。以下内容分别从疏散过程中学生分布情况、学生疏散轨迹及疏散时间进行对比，以验证模型的适用性。

图 5-33 与图 5-34 的对比表明，基于上述参数的社会力模型模拟学生分布与真实实验学生分布基本吻合。图 5-33（a）与图 5-34（a）为 t=0 时，此时实

验尚未开始，所有学生都仍在各自座位上；图 5-33（b）与图 5-34（b）为 t=10s 时，实验开始后大部分学生沿着课桌移动，也有少部分学生朝着墙壁移动；图 5-33（c）与图 5-34（c）为 t=20s 时，大部分学生到达教室前方区域并有明显依附行为，有序离开教室，少部分学生触碰到墙壁后沿着墙壁移动；图 5-33（d）与图 5-34（d）为 t=35s 时，随时间的增加教室内只剩少量学生尚未离开。

（a）

（b）

（c）

（d）

图 5-33　实验 A3

（a）为实验 A3 在 0 时的学生分布，（b）为实验 A3 在 10s 时的学生分布，（c）为实验 A3 在 20s 时的学生分布，（d）为实验 A3 在 35s 时的学生分布

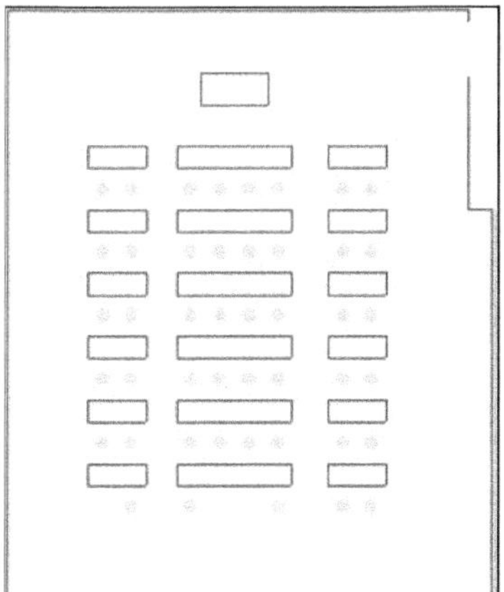

（a）

（b）

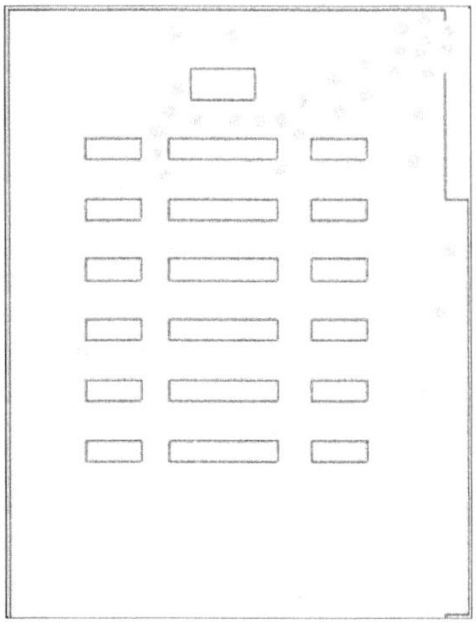

（c）

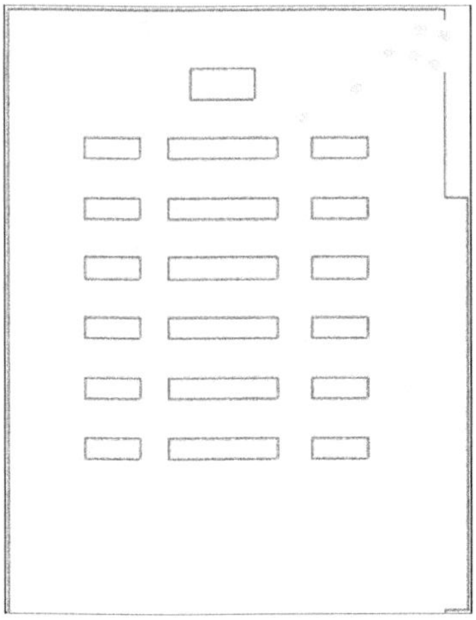

（d）

图 5-34　不可视环境下社会力模型模拟实验

（a）为模型模拟实验在 0 时的学生分布，（b）为模型模拟实验在 10s 时的学生分布，（c）为模型模拟实验在 20s 时的学生分布，（d）为模型模拟实验在 35s 时的学生分布

图 5-35 的对比表明，基于上述参数的社会力模型模拟学生运动轨迹与真实实验运动轨迹基本吻合。该模型除了能再现一般情况下学生从座位起立沿着课桌移动直至离开教室的疏散过程外，还能再现部分学生起立后朝着墙壁移动接触到墙壁后沿着墙壁移动直至离开教室的疏散过程。

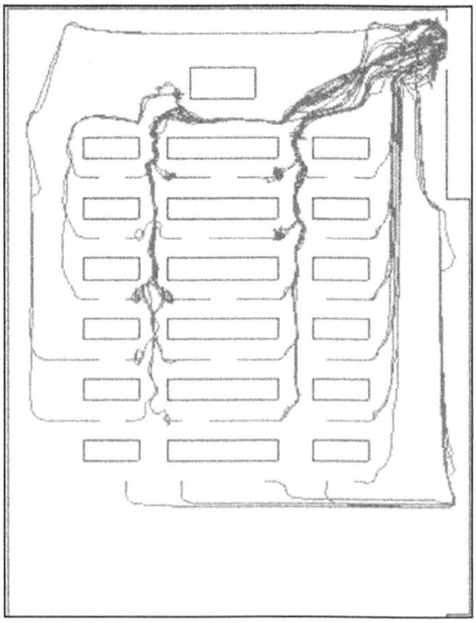

图 5-35　不可视环境下社会力模型模拟轨迹

图 5-36 给出了真实实验与仿真模型不同时间教室疏散人数对比，与可视环境下相似，不可视环境下疏散时间与学生人数也是线性关系。实验 A3 平均疏散时间为 41.6s，仿真模型模拟平均疏散时间为 41.8s。仿真结果与真实实验结果几乎一致。

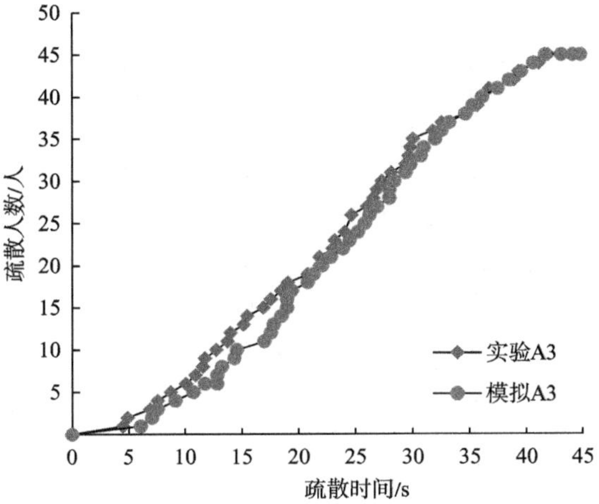

图 5-36　真实实验与仿真模型不同时间教室疏散人数对比

5.3　考虑水平与垂直摆动的阶梯教室疏散

5.3.1　实验设计与微观运动特征分析

1. 实验场景描述

本节研究在阶梯教室内开展了一系列可视及不可视环境下的行为疏散实验。阶梯教室大小为9.97m×17.64m，其平面示意图如图 5-37 所示。在阶梯教室前方有一宽为 0.90m 的出口。一个平台和一个讲台位于阶梯教室前方，彼此相邻。该平台距离第一排桌椅 4.65m，离地面高为 0.20m。教室内有 11 排 12 列，共 132 对的桌椅。在本节实验中，行人的初始位置都在第 1~7 行，所以图 5-37 中只显示第 1~7 行。每张桌子的大小都为 0.53m×0.29m，桌子之间的距离为 0.95m。四个纵向过道（两个宽为 0.93m 的中间过道和两个宽分别为 0.65m 和 1.70m 的外部过道）将所有座椅分为三个部分，这些过道从右至左编号为 1~4。阶梯教室内有一系列阶梯，使得坐在后面的人比前面的人更高，从而可以看见讲台处的老师和黑板。阶梯教室共有 9 个台阶。但由于行人的初始分布，图 5-37 仅展示了 5 个台阶的分布。在图 5-37 中，虚线表示台阶的边缘。楼梯的踏面宽为 0.95m，踢面高为 0.08m，坡度为 4.81°。一台摄像机位于阶梯教室的后方，用于记录阶梯教室内的整个疏散过程。

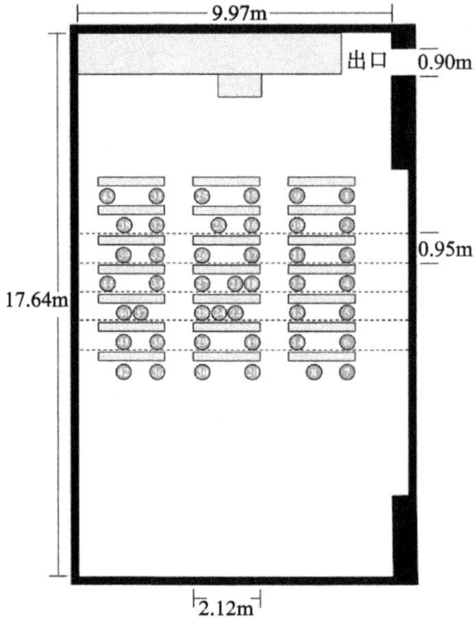

图 5-37　阶梯教室平面示意图

本节所开展的实验可分为两组：①可视环境疏散实验，在出口敞开的情况下，在良好能见度条件下，44 名学生进行疏散实验；②不可视环境疏散实验，其余条件与可视环境疏散实验相同，但所有学生都被要求佩戴眼罩。每组实验次数均为三次。44 名学生中，23 名为男性，21 名为女性，年龄在 22~25 岁，均为在校大学生，并自愿参加实验。学生的初始位置用圆圈表示，编号为 1~44。在 t=0 时，每名学生都坐在椅子上。一发出应急警报，所有学生就都从座位上站起来开始移动，因此本节研究中，疏散前的延迟时间几乎为零。一旦学生到达出口，他们就会通过出口离开阶梯教室。个人疏散时间定义为警报响起至所有学生离开阶梯教室之间的时间。

为了研究身体摆动和密度等微观运动特征，需要检测和追踪阶梯教室内的所有学生，并准确记录他们的坐标，以便在整个疏散过程中获得空间连续的运动轨迹。为了增加识别的准确性，所有学生都被要求戴上红色帽子和穿上白色 T 恤，以突出帽子的红色特征。行人头部被设置为检测区域，红色信号被设置为图案特征和参考值。然后使用 mean-shift 视频处理算法从视频记录中自动提取高精度的学生运动轨迹。

此外，由于实验中使用的摄像机放置位置倾斜度大于 0°，故所记录的是场景的透射投影。由于存在透射投影和镜头畸变，本书研究采用 DLT 算法来实现摄像机标定。该方法通过求解线性方程组获得摄像机模型的参数，引入非线性畸变因子，从而快速方便地完成摄像机标定任务。

2. 疏散实验运动特征分析

1）微观行人疏散轨迹

通过使用上述视频追踪技术，本节研究获得可视及不可视环境疏散实验中的行人轨迹。图 5-38 展示了阶梯教室内的行人运动轨迹。从图 5-38 可以看出，每名行人的真实运动轨迹都不是一条直线，而是一系列波动的曲线，这是人类走路姿势的典型特征。通过图 5-38 可以清楚地观察到行人轨迹的摆动，尤其是在垂直方向上。初始位置在第 1 行和第 2 行的行人只在地面上移动，因此这些行人的疏散过程仅有地面上的移动。而初始位置在第 3~7 排的行人的疏散过程包括两部分：从楼梯到地面的运动及地面上的运动。通过仔细观察视频记录和行人轨迹，可以清楚地观察到不同能见度条件下行人在地面上运动及在下楼时的轨迹在垂直摆动方面的差异。

（a）

（b）

图 5-38　行人轨迹

（a）为可视环境疏散实验，（b）为不可视环境疏散实验为开展进一步研究，不同区域的代表性轨迹如图 5-38 所示。图 5-38 中的①和③分别是行人 39、行人 40、行人 43 及行人 44 在可视及不可视环境下的地面运动轨迹。图 5-38 中的②和④分别是行人 3~8 在可视及不可视环境下的下楼梯运动轨迹。在实验过程中，这些区域没有发生拥挤，行人以自由的速度疏散。因此，这些轨迹具有代表性，可用于研究行人的垂直摆动。

图 5-38 中①和③分别展示了可视及不可视环境下的行人地面运动轨迹。可以看出，当行人以自由速度运动时，其轨迹由一系列波峰和波谷组成，波峰与波谷交替出现。与可视环境相比，可以清楚地看到不可视环境下垂直摆动频率和振幅的差异。随行人运动速度减小，轨迹摆动振幅减小。图 5-38 中②和④分别展示了可视及不可视环境下的行人下楼梯时的垂直轨迹。类似地，可明显观察出在不可视环境下行人运动速度减小，楼梯区域的垂直摆动振幅显著减小。

基于上述的 mean-shift 视频处理算法及 DLT 算法，从视频记录中自动提取了行人 44 的垂直轨迹数据。紧接着进一步研究了时间 t 与垂直摆动位移 z 之间的关系。图 5-39 清楚地展示了在可视环境疏散实验中行人 44 在地面上移动时的垂直振荡真实轨迹和相应拟合曲线（图 5-38 中①）。在图 5-39 中，使用正弦函数方程 $z=0.03\sin(18.37t-1.15)+1.59$ 对垂直轨迹数据进行拟合。相应的拟合系数 R^2 为 0.65，显示出正弦函数方程良好的拟合度。

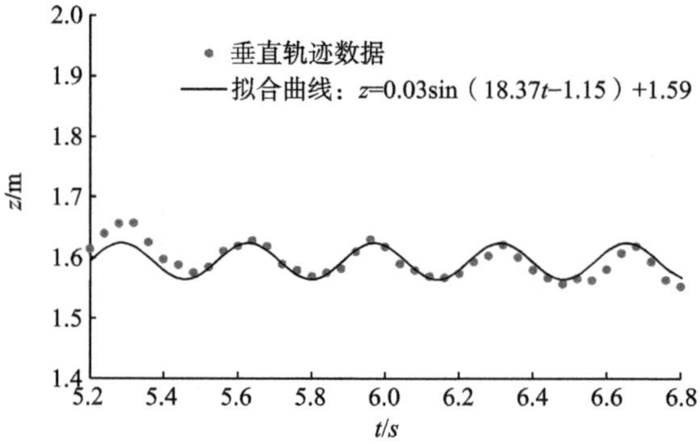

图 5-39　垂直摆动的代表性真实运动轨迹及其相应的拟合曲线

2）行人路径选择及疏散方向

通过仔细观察，图 5-38 中可以清楚地看出阶梯教室内行人的路径选择。在可视环境下，初始位置在第 1 排和第 2 排的行人直接朝出口疏散。初始位置在第 3~7 排的行人，听到应急警报后立即下楼梯，一旦到达地面，就会朝出口疏散。大多数行人选择离他们初始位置最近的过道。但是第 7 列和第 8 列中初始位置靠近过道 3 的行人并不都是选择过道 3，他们宁愿选择过道 2，这是因为过道 2 拥挤程度较低。结果表明，路径的通过能力和行人到出口的路径距离是影响行人路径选择的关键因素。行人倾向于选择通行能力较高、距离出口较近的路径。

为了更好地理解不可视环境下行人疏散的微观运动特征，基于上述的 mean-shift 视频处理算法及 DLT 算法，本节研究得到了不可视环境疏散实验中的行人轨迹。图 5-40 展示了不可视环境疏散实验中行人的二维平面轨迹。在不可视环境疏散实验中，大多数行人的路径选择与可视环境疏散实验几乎相同，因为他们熟悉阶梯教室和出口位置。初始位置在第 3~7 排的行人是慢慢地走下楼梯，而非迅速下楼，但他们的疏散方向与可视环境疏散实验疏散方向完全不同。

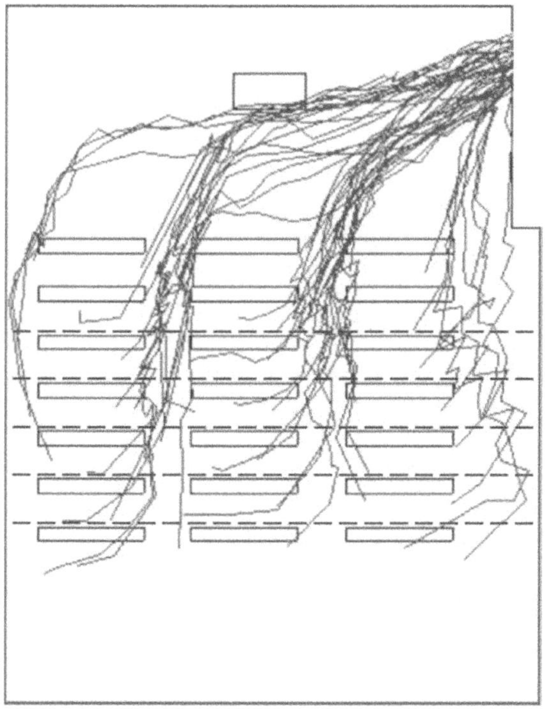

图 5-40　不可视环境疏散实验中行人的二维平面轨迹

图 5-41 展示出了在时间 t=6s 时不可视环境疏散实验中行人的疏散方向截图。为了更好地展示他们的疏散方向，图 5-42 描绘了二维视图上带有疏散方向的行人分布图。图 5-42 清晰地展示了不可视环境阶梯教室疏散实验中行人的典型疏散方向。当行人走下楼梯时，往往会沿着桌椅或墙壁的边界移动。当他们到达第一排时，会缓慢移动并探寻出口。此外，在不可视环境疏散实验中，行人更喜欢跟随前面的行人。后面的行人将手放在前面行人的肩膀上，紧紧跟随前面行人向前移动或停止。当行人失去桌椅的指引时，似乎更依赖他人。

图 5-41　不可视环境疏散实验中 t=6s 时的截图

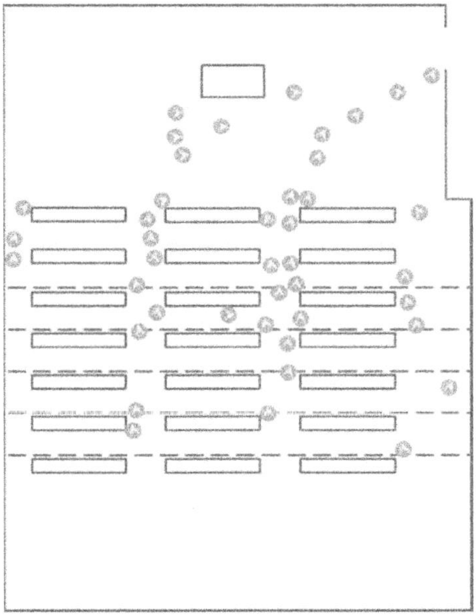

图 5-42　不可视环境疏散实验中 t=6s 时行人的典型疏散方向

3）可视及不可视环境疏散密度分布对比

为了揭示三维阶梯教室中可视及不可视环境疏散之间的基本微观运动特征差异，本节研究基于voronoi方法详细比较了可视及不可视环境下的密度分布。通过利用高精度的自动提取的行人轨迹，采用 voronoi 方法计算相应的密度，voronoi 方法在时间和空间上具有良好的分辨率并且波动较少。

voronoi 方法的原理是给每个点都分配区域，在本节研究中每个点是指每名行人的位置，该点到区域内任何其他地点的距离都比其他点更近。因此，对于每个 voronoi 单元而言，可获取区域 C_i 面积，也可得到密度分布 $\rho_{x,y}$：

$$\rho_{x,y}=\frac{1}{C_i}\text{if}\left(x,y\right)\in C_i \tag{5-10}$$

因此，在测量区域内相应的 voronoi 平均密度 $\bar{\rho}$ 可定义为

$$\bar{\rho}=\frac{\iint \rho_{x,y}\mathrm{d}x\mathrm{d}y}{\Delta x\Delta y} \tag{5-11}$$

其中，Δx 为测量区域的长度；Δy 为测量区域的宽度。

voronoi 方法提供了测量面积小于行人的区域密度的可能性，因此，为高精度提取微观行人疏散特征，本节研究将完整的几何形状划分成多个面积为 5cm^2 的方格，并计算每个方格的密度。图 5-43 展示了使用 voronoi 方法分别计算的可视及不可视环境阶梯教室疏散的行人密度分布。

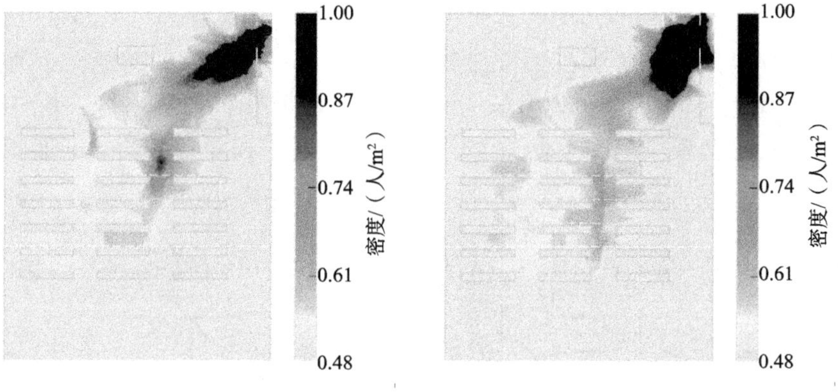

（a）　（b）

图 5-43　行人密度分布

（a）为可视环境疏散实验的行人密度分布，（b）为不可视环境疏散实验的行人密度分布

从图 5-43 中可以清晰地看出，对于可视疏散及不可视疏散，存在两个较高的密度区域。一个出现在出口区域，因为行人在可视环境疏散实验中直接朝出口移动或沿着障碍物边界移动，最终到达出口区域。当行人的到达数量超过出口的通行能力时，行人在出口区域排队形成拥挤。在可视环境疏散实验中，最大密度达到 4.0 人/m^2，出口区域的平均密度为 0.54 人/m^2。然而，当能见度下降到零时，由于个人空间更大，行人之间的距离更远，故在不可视环境疏散实验中，出口区域的最大密度和平均密度分别减小至 2.3 人/m^2 和 0.53 人/m^2，以保证在不可视环境下的安全性。

另一个出现在过道 2 的前方，这是楼梯和地面之间的过渡区域。为了适应新的环境，行人的速度在从楼梯踏到地面时突然改变，较低的速度造成行人拥挤。同时，由于行人的路径选择机制，虽然在过道 3 中的楼梯和地面之间也存在另一个过渡区域，但是在可视及不可视环境下，行人倾向于通过过道 2 疏散。这些原因导致过道 2 前方的高密度。此外，通过比较图 5-43（a）和（b）可以看到，当能见度良好时，过道 2 的过渡区域的拥挤情况不是很严重。这是因为行人在可视环境下走得更快，当行人减小速度以适应地面时，后面行人在相对较短的时间内推动前面行人走出过道。然而，与可视环境疏散实验相比，当能见度降低到零时，在过道 2 的过渡区域拥挤更加明显。在不可视环境疏散实验时，行人不会超越或推动前面的行人，而是要等到前方空间清空。所以前面较慢的行人不会被迅速推开，而后面的行人必须减小速度以避免碰到行人或障碍物，因此该区域发生拥挤。

5.3.2　考虑行人水平和垂直摆动的三维社会力模型

基于上述疏散实验中的行为特征分析，特别是行人轨迹的摆动，本节研究将通过引入考虑水平和垂直摆动力的三维社会力模型[174]，以再现行人从三维空间疏散时的微观摆动现象。图 5-44 描绘了考虑行人水平和垂直摆动的三维社会力模型示意图。

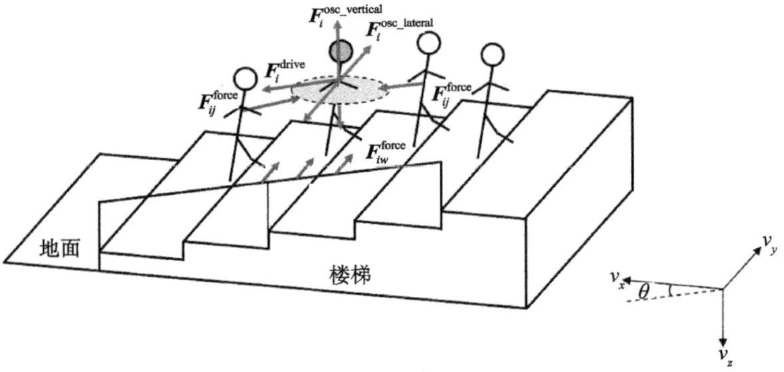

图 5-44　考虑行人水平和垂直摆动的三维社会力模型示意图

1. 三维社会力模型

首先，由于重力作用，行人在地面上移动时垂直于水平面。即使在楼梯区域，行人也垂直于水平面而不是楼梯的倾斜表面，如图 5-44 所示。因此，在水平移动方向上，行人仍然可以抽象为圆形，并且使用社会力模型来计算行人的水平运动。假定行人的水平速度变化可由加速度方程确定：

$$m_i \frac{\mathrm{d}v_i}{\mathrm{d}t} = \boldsymbol{F}_i^{\text{drive}} + \sum_{j(\neq i)} \boldsymbol{F}_{ij}^{\text{force}} + \sum_{w} \boldsymbol{F}_{iw}^{\text{force}} \tag{5-12}$$

其中，行人 i 自驱动力 $\boldsymbol{F}_i^{\text{drive}}$ 可由式（5-13）来定义：

$$\boldsymbol{F}_i^{\text{drive}} = m_i \frac{v_i^0(t)\boldsymbol{e}_i^0(t) - v_i(t)}{\tau} \tag{5-13}$$

每个质量为 m_i 的行人 i 都以一定的期望速度 v_i^0 朝着期望方向 $\boldsymbol{e}_i^0$ 运动，其真实

速度 v_i 与期望速度 v_i^0 的差异由松弛时间 τ 来修正。

此外，两名行人远离彼此的心理倾向用一种排斥的相互作用力来描述，尤其是如果行人在应急情况下彼此接触，则需要进一步考虑两个额外的力，这两个力分别是反抗其他行人的身体力和阻止相对切向运动的滑动摩擦力。因此，行人 i 与行人 j 之间的相互作用力 $\boldsymbol{F}_{ij}^{\text{force}}$ 可由式（5-14）来定义：

$$\boldsymbol{F}_{ij}^{\text{force}} = A_i \mathrm{e}^{(r_{ij}-d_{ij})/B_i}\boldsymbol{n}_{ij} + kg(r_{ij}-d_{ij})\boldsymbol{n}_{ij} + \kappa g(r_{ij}-d_{ij})\Delta v_{ji}^t \boldsymbol{t}_{ij} \tag{5-14}$$

其中，A_i，B_i，k 和 κ 均为常量；d_{ij} 为行人 i 和行人 j 之间的距离；r_{ij} 为相互作用的两名行人半径 r_i 与 r_j 的半径和；$\boldsymbol{n}_{ij}$ 为由行人 j 指向行人 i 的单位向量；$\boldsymbol{t}_{ij}$ 表示切向，Δv_{ji}^t 表示切向相对速度；函数 $g(x)$ 在行人之间没有接触时 $(r_{ij}<d_{ij})$ 为 0，否则取值为 x。

类似地，与墙壁 w 的作用力 $\boldsymbol{F}_{iw}^{\text{force}}$ 可由式（5-15）来定义：

$$\boldsymbol{F}_{iw}^{\text{force}} = A_i \mathrm{e}^{(r_i-d_{iw})/B_i}\boldsymbol{n}_{iw} + kg(r_i-d_{iw})\boldsymbol{n}_{iw} + \kappa g(r_i-d_{iw})(-v_i\boldsymbol{t}_{iw})\boldsymbol{t}_{iw} \tag{5-15}$$

其中，d_{iw} 表示到墙壁 w 的距离；$\boldsymbol{n}_{iw}$ 表示垂直于墙壁的单位向量；$\boldsymbol{t}_{iw}$ 表示与墙壁相切的方向。

其次，阶梯教室内的行人疏散，特别是楼梯区域的行人运动，是一种包含水平运动和垂直运动的三维运动。因此，描述行人轨迹点高度的 z 坐标不能被忽略。我们发现行人在楼梯区域的垂直运动速度 v_z 完全取决于水平运动速度 v_x，可由式（5-16）来定义：

$$v_z = v_x \tan\theta \tag{5-16}$$

其中，坡度 θ 对行人在楼梯区域的移动有重要影响。因此，本节研究中使用式（5-16）直接计算行人在楼梯区域的垂直运动。而且，当行人在地面上运动时，坡度 θ 设置为 0。

2. 整合身体水平和垂直摆动机制

由于水平和垂直摆动观测的是人类走路姿态的典型特征，对于检测拥挤区域至关重要，故本节研究引入水平和垂直的摆动力来再现行人从三维空间疏散时的真实摆动现象。

行人水平和垂直摆动可由方程式 $y=a\sin(\omega t+\phi_0)$ 及 $z=a\sin(\omega t+\phi_0)$ 来定义，其中参数 a、ω 和 ϕ_0 分别表示摆动的振幅、角速度和初始相位。

通过取公式的一阶导数可得到速度，并计算公式的二阶导数进一步获得加速度。因此，水平摆动力 $\boldsymbol{F}_i^{\text{osc\_lateral}}$ 可由式（5-17）来定义：

$$\boldsymbol{F}_i^{\text{osc\_lateral}} = -m_i(2\pi f)^2 a\sin(2\pi ft+\phi_0)\boldsymbol{n}_i \tag{5-17}$$

其中，参数 f、a 和 ϕ_0 分别表示水平摆动的频率、振幅和初始相位；$\boldsymbol{n}_i$ 为与行人移动方向垂直的水平单位向量。

类似地，垂直摆动力 $\boldsymbol{F}_i^{\text{osc\_vertical}}$ 可由式（5-18）来定义：

$$\boldsymbol{F}_i^{\text{osc\_vertical}} = -m_i\left(2\pi f\right)^2 a\sin\left(2\pi ft+\phi_0\right)\boldsymbol{\eta}_i \tag{5-18}$$

其中，参数 $\boldsymbol{\eta}_i$ 为与行人移动方向垂直的单位向量。

最后，基于上述讨论，本节研究提出一个可以再现水平和垂直行人真实摆动轨迹的三维社会力模型，它是由自我驱动力 $\boldsymbol{F}_i^{\text{drive}}$、相互作用用力 $\boldsymbol{F}_{ij}^{\text{force}}$ 与 $\boldsymbol{F}_{iw}^{\text{force}}$ 及水平和垂直摆动力 $\boldsymbol{F}_i^{\text{osc\_vertical}}$ 和 $\boldsymbol{F}_i^{\text{osc\_lateral}}$ 的叠加力之和组成的：

$$m_i\frac{\mathrm{d}v_i}{\mathrm{d}t} = \boldsymbol{F}_i^{\text{drive}} + \sum_{j(\neq i)}\boldsymbol{F}_{ij}^{\text{force}} + \sum_{w}\boldsymbol{F}_{iw}^{\text{force}} + \boldsymbol{F}_i^{\text{osc\_lateral}} + \boldsymbol{F}_i^{\text{osc\_vertical}} \tag{5-19}$$

其中，$\boldsymbol{F}_i^{\text{drive}}$、$\boldsymbol{F}_{ij}^{\text{force}}$、$\boldsymbol{F}_{iw}^{\text{force}}$、$\boldsymbol{F}_i^{\text{osc\_lateral}}$ 和 $\boldsymbol{F}_i^{\text{osc\_vertical}}$ 在上述均已定义。

3. 三维社会力模型的参数设置

为了最大限度地增加模拟精度，在可视环境疏散实验时，社会力模型的相应参数设为 A_i=450N，B_i=0.08m，k=819.62kg/s^2 和 κ=510.49kg/（m · s），除 A_i 外，其他参数设置参考了我们以前关于 2013 年我国雅安地震中真实教室疏散的研究[61]。行人期望速度 v_i^0=1.64m/s。

同样地，在不可视环境疏散实验中，大多数参数设置与可视环境疏散实验相同，包括 B_i、k 和 κ。然而与可视疏散相比，由于缺乏安全感，不可视疏散时的心理排斥力系数 A_i 和期望速度 v_i^0 要小得多。因此，在不可视环境疏散实验中，相应的心理排斥力系数 A_i=100N，行人期望速度 v_i^0=0.75m/s。

根据本节研究的观察和分析，发现水平和垂直摆动的速度 v（m/s）和振幅 a（m）之间存在负相关关系：

$$a=\begin{cases}-0.129v+0.116, & \text{水平摆动}\\ -0.007v+0.031, & \text{垂直摆动}\end{cases} \tag{5-20}$$

类似地，水平和垂直摆动的频率 f（Hz）与速度 v（m/s）关系如下：

$$f=\begin{cases}1.452v+0.023, & \text{水平摆动}\\ 2.578v+0.101, & \text{垂直摆动}\end{cases} \tag{5-21}$$

因此，在模拟过程中，水平和垂直摆动的振幅 a 和频率 f 都参考式（5-20）及式（5-21）。

此外，对于每名行人都将直径设置为 $2r_i$=0.4m，将质量设置为 m_i=58kg，分别代表大学生的平均肩宽和体重，并且本节研究中松弛时间 τ=0.5s。

摆动的初始相位 ϕ_0 反映摆动力 $\boldsymbol{F}_i^{\text{osc\_lateral}}$ 和 $\boldsymbol{F}_i^{\text{osc\_vertical}}$ 的触发时间，换句话说，ϕ_0 对应于轨迹的起始点。因此，摆动的初始相位 ϕ_0 应合理定义，以获得更高的模

拟精度。

首先，在水平运动方向上，当行人在三维空间中移动时，特别是当他们下楼梯时，需要在进入楼梯区域之前调整其最后一步，以确保他们可以稳定地站住。因此，水平摆动力 $\boldsymbol{F}_i^{\text{osc\_lateral}}$ 的初始相位可定义为

$$\phi_0 = \begin{cases} 0, & \text{第一个台阶迈左脚} \\ \pi, & \text{第一个台阶迈右脚} \end{cases} \tag{5-22}$$

其次，在垂直运动方向上，无论第一步是向左还是向右摆动，都与垂直摆动的初始相位无关。相反，垂直摆动力 $\boldsymbol{F}_i^{\text{osc\_vertical}}$ 的初始相位仅取决于上楼梯和下楼梯运动，其可以表示为

$$\phi_0 = \begin{cases} 0, & \text{上楼梯运动} \\ \pi, & \text{下楼梯运动} \end{cases} \tag{5-23}$$

在本节研究中，行人在整个疏散过程中只有下楼梯运动，因此垂直摆动的初始相位 ϕ_0 设置为 π 。

5.3.3　模拟结果与分析

1. 模拟疏散效率比较

基于提出的三维社会力模型，我们进行了一系列计算机模拟。为了避免随机效应，模拟中采集数据的时间间隔设置为 0.2s，对 20 次不同模拟运行结果进行平均来获得模拟结果。为了验证考虑水平和垂直摆动的三维社会力模型能否再现从阶梯教室疏散的行人疏散时间，图 5-45 展示了真实疏散实验的结果，以及考虑摆动和未考虑摆动的模型的仿真结果。

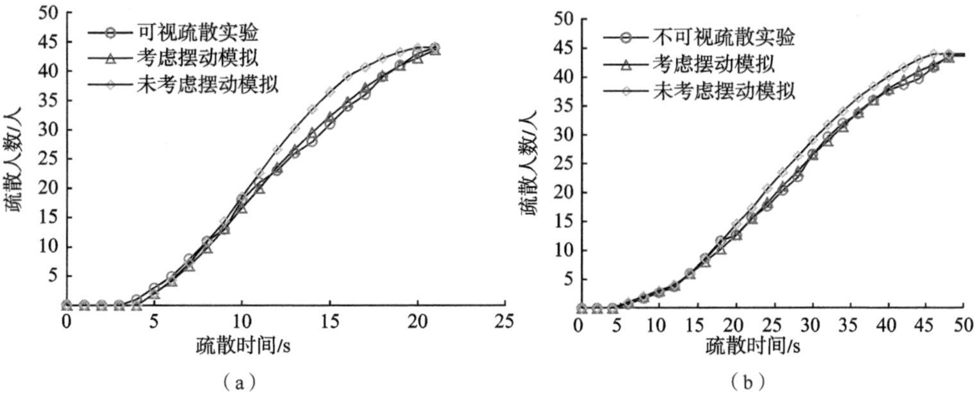

图 5-45　不同疏散时间疏散人数的实验和模拟比较

（a）为可视疏散时间疏散人数的实验和模拟，（b）为不可视疏散时间疏散人数的实验和模拟

从图 5-45 中可以清晰地看出，考虑摆动的社会力模型在不同时间 t 内的疏散人数的模拟结果与在可视及不可视环境疏散实验中的真实数据基本一致。在可视环境疏散实验中，考虑摆动模型的平均疏散时间为 21.6s，与真实平均疏散时间 21.0s 非常接近。此外，在不可视环境疏散实验中，考虑摆动模型的平均疏散时间为 48.6s，与实验中平均疏散时间 48.0s 很吻合。

然而，如果模拟模型未考虑水平和垂直摆动力，则模拟的不同时间 t 疏散人数偏离其真实值。可视及不可视环境疏散实验中，未考虑摆动模型的平均疏散时间分别为 19.8s 和 46.2s，明显小于实验中真实平均疏散时间 21.0s 和 48.0s。此外，未考虑摆动模型的疏散效率与疏散过程在刚开始时和实验中的真实数据非常相似。这是因为初始位置靠近出口的行人在短时间内就离开了阶梯教室，身体摆动对疏散时间没有太大影响。但在随后的阶段，身体的水平和垂直摆动，尤其是楼梯区域的垂直摆动，导致过道 2 的高密度过渡区域出现更严重的拥挤和身体冲突。因此，如果模型未考虑水平和垂直摆动，行人之间的冲突将显著减少，模拟的疏散时间将比实验中的真实数据短得多。

2. 模拟轨迹比较

在整个模拟过程中记录可视及不可视环境疏散实验的行人轨迹。图 5-46 展示了可视及不可视环境疏散实验中，考虑摆动及未考虑摆动模型的行人模拟轨迹。图 5-46（a）和（c）分别清晰地描绘了可视及不可视环境疏散实验中行人的水平和垂直摆动轨迹，表明通过水平和垂直摆动力，所提出的考虑摆动的三维社会力模型可以再现三维空间内行人离开阶梯教室时的周期性摆动现象，模拟摆动轨迹与实验观察结果显著一致。然而，图 5-46（b）和（d）分别展示了可视及不可视环境疏散实验中未考虑摆动模型的行人模拟轨迹，该模拟轨迹不是周期性摆动，而是颗粒平滑滑动，并不符合实验中真实的行人摆动特征。

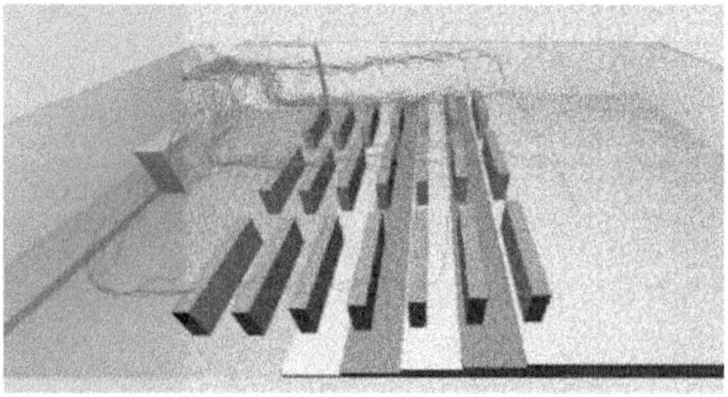

（a）

（b）

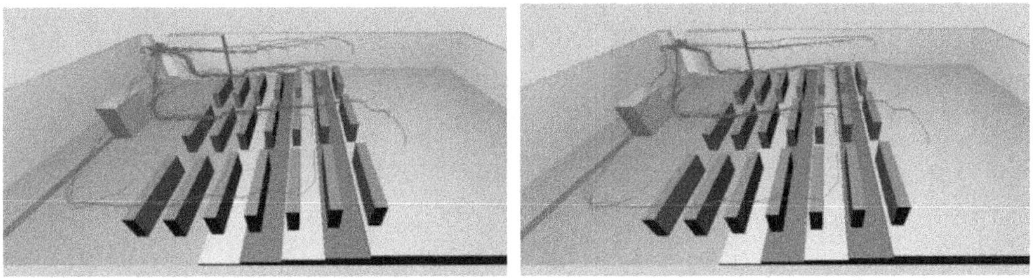

（c）　　　　　　　　　　（d）

图 5-46　模拟中行人的轨迹

（a）为考虑摆动的可视环境疏散模拟，（b）为未考虑摆动的可视环境疏散模拟，（c）为考虑摆动的不可视环境疏散模拟，（d）为未考虑摆动的不可视环境疏散模拟

3. 模拟密度比较

图 5-47 展示了基于模拟轨迹和 voronoi 方法的相应的密度分布图。从图 5-47（a）可以清晰地看出，在考虑摆动的模拟中，有两个高密度区域：出口区域和走廊与地面之间的过渡区域。然而，在未考虑摆动的模拟中，行人之间的冲突减少，因此过道 2 的拥挤程度不严重，出口区域成为阶梯教室唯一的高密度区域。通过比较图 5-47（a）和图 5-43（a）可以看到，考虑摆动的三维社会力模型能够再现可视环境疏散实验中微观疏散过程，并且模拟密度分布与实验数据非常吻合。同样，通过比较图 5-47（c）和图 5-43（b）可以清晰地看出，考虑摆动的三维社会力模型能够再现不可视环境疏散实验中过道 2 中的真实拥挤，并且过道 2 中的模拟高密度区域非常接近不可视环境疏散实验的真实值。然而，在未考虑摆动的模拟中，过道 2 的高密度区域明显小于实验中相应的区域密度。

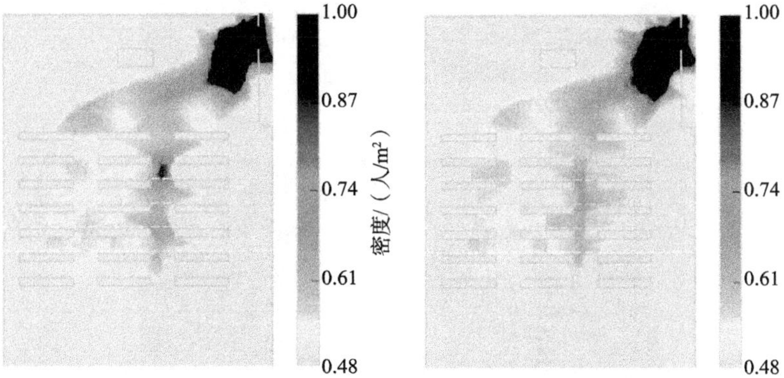

（a）　　　　　　　　　　（b）

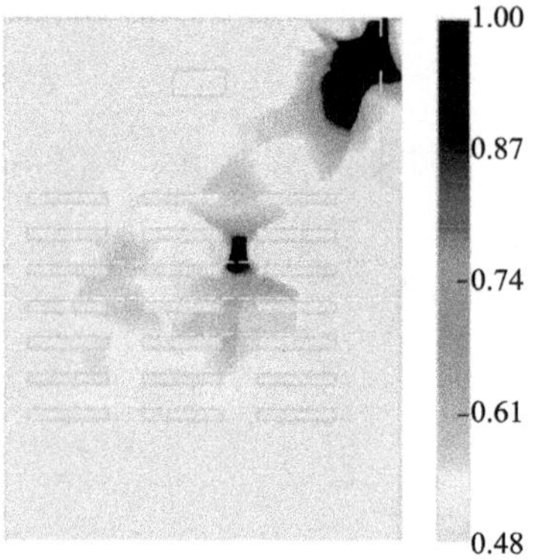

（c）

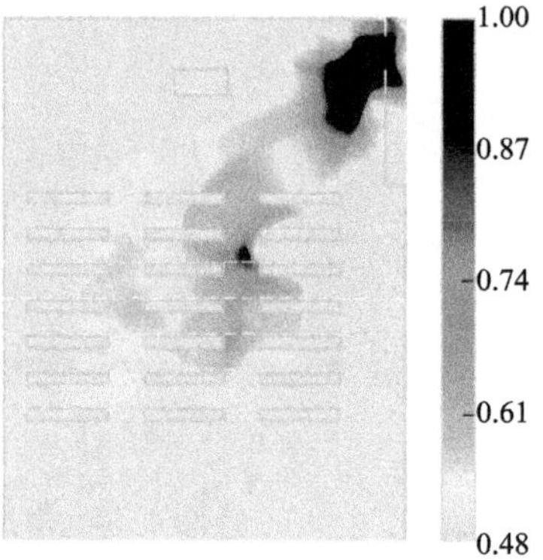

（d）

图 5-47　模拟中的密度分布图

（a）为考虑摆动的可视环境疏散模拟，（b）为未考虑摆动的可视环境疏散模拟，（c）为考虑摆动的不可视环境疏散模拟，（d）为未考虑摆动的不可视环境疏散模拟

4. 模拟行人位置分布比较

为了进一步验证考虑水平和垂直摆动的三维社会力模型的正确性，我们比较了在 4s、16s、25s 和 43s 时不可视环境疏散实验和三维社会力模型之间的行人位置分布，分别在图 5-48 和图 5-49 中展示。

（a）

（b）

（c）

（d）

图 5-48　不可视环境疏散实验中真实行人位置分布

（a）为在不可视环境疏散实验中 4s 时真实行人位置分布，（b）为在不可视环境疏散实验中 16s 时真实行人位置分布，（c）为在不可视环境疏散实验中 25s 时真实行人位置分布，（d）为在不可视环境疏散实验中 43s 时真实行人位置分布

（a）

（b）

（c）

（d）

图 5-49　采用考虑摆动的三维社会力模型模拟的不可视环境疏散行人位置分布

（a）为模型模拟的在 4s 时的不可视环境疏散行人位置分布，（b）为模型模拟的在 16s 时的不可视环境疏散行人位置分布，（c）为模型模拟的在 25s 时的不可视环境疏散行人位置分布，（d）为模型模拟的在 43s 时的不可视环境疏散行人位置分布

图 5-48 与图 5-49 的比较结果清晰地表明，三维阶梯教室不可视环境疏散模拟的行人位置分布与实验结果基本一致，该模型可以在整个实验中再现微观疏散过程。图 5-48（a）和 5-49（a）展示了阶梯教室中的一个特殊场景，行人听到警报开始疏散，从座位上站起来。大多数行人仍然在过道中或沿着桌椅、墙壁的边界走下楼梯。特别地，靠近出口的一名行人已经到达阶梯教室的出口。在图 5-48（b）和图 5-49（b）中，一些行人到达第一排并跟随其前面的行人，同时有几名行人仍在过道中并沿着桌椅或墙壁的边界移动。从图 5-48（c）和图 5-49（c）可以看出，行人正从出口区域离开阶梯教室。在图 5-48（d）和图 5-49（d）中，除了在出口区域的几名行人外，大部分行人几乎都已从阶梯教室疏散离开。

综上所述，上述模拟结果表明，本节研究提出的考虑水平和垂直摆动的三维社会力模型比未考虑摆动模型具有更高的模拟精度。利用所提出的考虑摆动的三维社会力模型模拟的疏散速度曲线、摆动轨迹、密度及不同时间行人位置分布均表现出与实验结果显著的一致性。因此，我们可以得出这样的结论：本书研究所提出的考虑摆动的三维社会力模型可以再现真实的可视及不可视环境疏散实验的疏散过程及所观察到的行人典型微观运动特征。

5.4 本章小结

应急通常是令人意想不到且十分危险的，由于技术瓶颈和道德原因，现实生活中真实实验很少，因此真实灾难的疏散模拟尚不多见。本章研究首先利用社会力模型模拟并再现了 2013 年发生在我国雅安的真实教室疏散过程，并使用 DE 算法校准和优化社会力模型参数，以获得一个与真实数据一致的非线性期望速度。使用 DE 算法校准过的社会力模型能够再现真实地震疏散时的行人流运动特征，包括非线性疏散速度曲线、不同时间行人位置分布等。此外，接受过训练的疏散引导者对疏散过程有显著影响，能够使人群保持冷静，降低人群的期望速度，从而能最大限度地减少致命事故的发生。不同教室布局方案的疏散效率相近，因为不同的内部布局只能改变左右过道部分的行人流，而所有人流最终仍都是在出口区域聚集。然而，当后门打开时，疏散总时间从 36s 降低至 17s，疏散效率提高了一倍多。这意味着，我们应保证所有的逃生门开启，以便在灾难发生时给人群提供更多的逃生机会。

此外，本章研究通过实验和模拟方法详细研究了可视及不可视环境下三维阶梯教室疏散的微观运动特征。首先，在三维阶梯教室开展了一系列行人实验，包括可视环境疏散实验和不可视环境疏散实验。通过仔细观察行人的高精度实验轨迹数据，可以看出每名行人的轨迹实际上都是一连串的波动曲线，这是人类走路姿态的典型特征。此外，可以清楚地观察到轨迹中的周期性摆动，尤其是在垂直方向上。其次，进一步分析了时间和垂直摆动位移之间的关系。事实证明，垂直轨迹数据可以通过正弦或余弦函数方程很好地拟合。最后，研究了行人的路径选择和疏散方向。结果表明，在可视及不可视环境下，路径的通过能力和行人到出口的路径距离是影响行人路径选择的关键因素。但是，在不可视环境疏散实验中行人下楼梯时，他们的疏散方向与可视环境疏散实验时的疏散方向大不相同。在不可视环境下走下楼梯时，行人往往不会快速冲下楼梯，而是沿着桌椅或墙壁的边界移动。

为了进一步揭示三维阶梯教室中可视及不可视疏散之间潜在的微观运动特征差异，还比较了基于 voronoi 方法的可视及不可视环境下的密度分布。可以发现，在可视及不可视环境疏散实验中存在两个高密度区域：出口区域和过道 2 中的楼梯和地面之间的过渡区域。当可见度降至零时，为了保证安全性，个人空间更大，行人之间的距离更远，不可视环境疏散实验中出口区域的最大密度和平均密度明显减小。此外，过道 2 的拥挤程度在不可视环境疏散实验时更为严重，因为在不可视环境疏散实验时行人不会超越或推动前方的行人，而是等到前方空间清空以避免与其他行人或障碍物发生碰撞，这些原因造成过道 2 过渡区域更为拥挤。

最后，在实验观察和分析的基础上，本章研究提出了一种三维社会力模型，通过引入水平和垂直两个摆动力来再现在可视及不可视环境下从三维阶梯教室疏散的行人真实摆动特征，因为水平与垂直摆动是人类走路姿态的典型特征，对于行人从三维空间疏散时检测拥挤区域至关重要。此外，为了最大限度地增加模拟精度，本章研究为三维社会力模型模拟设置了一系列相应的参数，包括初始相位、速度与振幅、速度与水平和垂直摆动频率之间的关系。

为了验证所提出的三维社会力模型的正确性，比较了实验和模拟中的疏散速度曲线、行人轨迹、密度分布和行人位置分布。本章研究考虑水平和垂直摆动的三维社会力模型比未考虑摆动的模型具有更高的模拟精度。仿真结果表明，所提出的考虑摆动的三维社会力模型能够在可视及不可视环境下再现阶梯教室疏散实验中行人流的真实微观运动特征。我们认为，所提出的三维模型可以为可视及不可视环境下行人从三维空间疏散提供有效的指导与建议，并对公共空间进行合理的设计与规划。

在未来，我们尝试将所提出的三维社会力模型应用于除阶梯教室之外的其他类型的建筑物疏散情景中，如影剧院、体育场、地铁站和高层建筑等。但是应该指出的是，本章研究得出的结论是基于数量有限的实验。因此，我们将在真实的应急状态中收集更多的实验和经验数据，以进一步验证本章研究中提出的结果。此外，所提出的三维社会力模型需要通过各种轨迹提取技术进一步校准和验证，如射频识别（radio frequency identification，RFID）技术或基于超宽带（ultra wide band，UWB）的追踪技术。特别地，我们将利用基于 UWB 的室内定位系统，在高层建筑楼梯的整个疏散过程中提取行人的空间连续三维轨迹数据，并探讨所提出的三维社会力模型能否描述如此大规模的现实生活疏散情况。

第 6 章　校园建筑物区域整体疏散行为仿真

6.1　走廊区域行人疏散实验研究

6.1.1　实验设计方案

1. 实验场景概述

图 6-1 为走廊实验疏散场景图，走廊的大小为 10.85m×2.4m。行人在房间中服从随机分布，房间的大小为 6.6m×3m，前面只有一个出口，宽为 0.9m。行人一开始是随机分布在房间里，听到疏散指令后，行人以最快的速度从房间经过出口疏散出来，行人疏散的终点线如图 6-1 中的虚线所示，摄像机在行人从房间出口疏散开始记录到行人越过终点线，摄像机能记录行人在走廊的整个疏散过程。

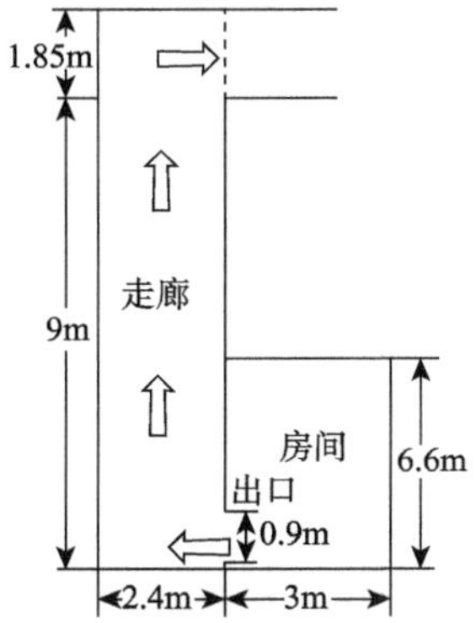

图 6-1　走廊实验疏散场景图

2. 实验过程介绍

2016 年在福州大学某栋办公楼内开展了可视环境疏散和不可视环境疏散实验，实验者为自愿参加的 45 名福州大学在校学生，其中 21 名男学生和 24 名女学生，年龄为 20~25 岁。考虑到后期我们方便使用轨迹提取软件来提取行人疏散轨迹，每名实验者都须戴上大红色鸭舌帽，穿上白色 T 恤、深色裤子和鞋子。由于现实条件的限制，本次实验的摄像机主要放置在房间出口的左侧，行人主要是从房间出口至右侧的走廊疏散。

本次实验考虑了两种情形：①可视环境疏散实验。实验开始前，实验者都在房间内，当应急警报即疏散指令响起时，实验者就会从房间出口以最快的速度从走廊中疏散出去。②不可视环境疏散实验，与可视疏散实验相同，但所有学生都被要求佩戴眼罩。本次实验是研究不可视环境下的行人疏散行为，我们使用黑色眼罩来阻挡光线，因此每名实验者都须佩戴黑色眼罩，模拟不可视环境。

6.1.2 实验结果及分析

1. 行人疏散时间分析

图 6-2 显示了每名行人在走廊中可视疏散时的总时间为 15.68s，行人在不可视环境疏散实验中的总时间为 49.76s，从图中我们可以清晰地看出，可视环境疏散时的总时间比不可视环境疏散的总时间要短，在可视环境疏散过程中，行人疏散时间短且分布相对集中，疏散速率为 2.87 人/s，而在不可视环境疏散过程中，行人疏散时间长且分布相对分散，疏散速率为 0.9 人/s。

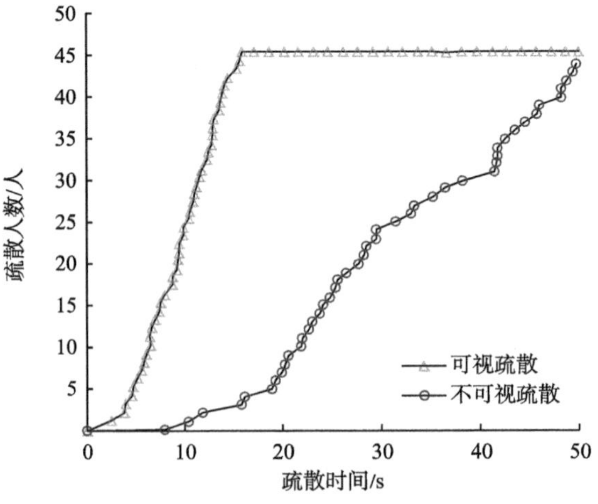

图 6-2 行人在不可视环境疏散和可视环境疏散时疏散人数随时间变化图

图 6-3 为行人疏散时间概率密度分布图，从图上我们可以看出，在可视环境疏散过程中，行人的疏散时间分布的比较集中，大部分行人在可视化条件好的环境下，从走廊中疏散的时间集中在 5~10s，因为在可视化条件好的环境下，行人对路况比较熟悉，行人按照自己的正常速度疏散。而在不可视环境疏散过程中，行人的疏散时间分布的相对比较分散，行人对于前方的路径一无所知，而且不同的行人在不可视环境下对于未知的恐惧程度也不同，导致疏散时间的不同，行人疏散时间的差别也比较大。

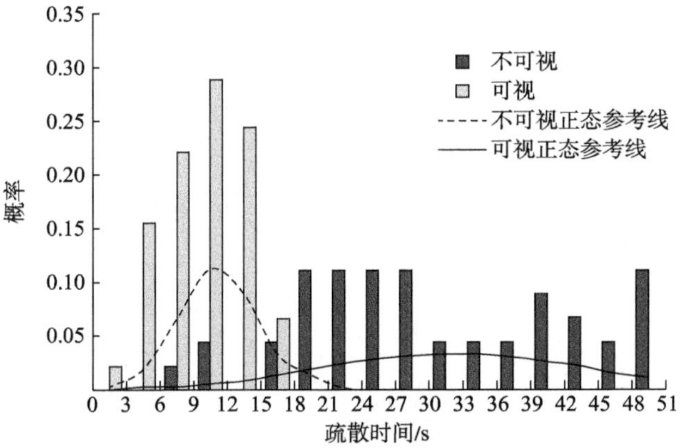

图 6-3　行人疏散时间概率密度分布图

表 6-1 为在可视和不可视环境下走廊场景中男性和女性平均疏散时间和标准差。就可视性而言，不可视环境下的疏散时间要比可视环境下长，因为不可视环境下，行人看不到前方的路，只能摸索着前进，行人内心会没有安全感，会降低速度。不可视环境下的标准差要比可视环境下大，因为在走廊场景中，行人之间的速度波动相对于可视环境而言大一些。在不可视环境下疏散，不同的行人内心的恐慌程度不同，这直接影响到他们的疏散速度，因此不可视环境下行人的疏散速度波动较大，标准差也就较大。

表 6-1　不同可视环境下，不同性别的行人疏散时间分布表

性别	人数	可视		不可视	
		平均时间/s	标准差	平均时间/s	标准差
男	21	8.75	3.90	17.88	4.81
女	24	9.94	3.58	16.02	4.99
总体	45	9.61	3.49	16.89	4.92

2. 行人疏散速度分析

1）行人总体疏散速度分析

图 6-4 为在应急疏散过程中行人疏散速度分布图，横坐标表示的是行人编号，行人编号是根据行人从房间出来的先后顺序进行编排的。从图 6-4 中我们可以看出，可视环境下的疏散速度要高于不可视环境下的疏散速度，因为行人在可视疏散过程中，能够清晰地看到前方路径、障碍物、旁边的拥挤态。而在不可视环境下，行人什么都看不见，只能摸墙沿着墙运动，或者几名行人一起搭肩或者手牵着手运动。在可视和不可视环境疏散过程中，编号靠前和编号靠后的行人，也就是先出来的和后出来的行人的速度要大于编号处于中间的行人运动速度，这是因为先从房间出来在走廊疏散的行人，此时的走廊比较空旷，密度较小，行人的疏散速度较快，而随更多的行人从走廊中疏散出来，密度增大，走廊会拥挤起来，此时，行人的疏散速度减小，而对比可视和不可视环境的疏散情况，发现在不可视环境下，这种现象更明显一些。

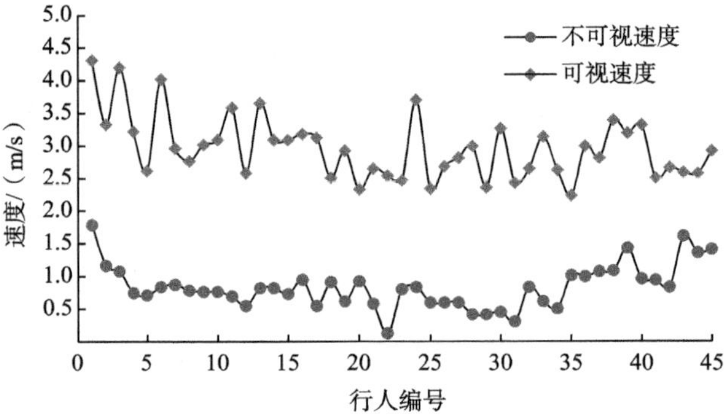

图 6-4　行人疏散速度分布图

2）性别对疏散速度影响分析

表 6-2 为在不同可视环境下不同性别行人的速度情况表，整体上来看，可视环境下的平均速度比不可视环境下的要快，可视环境下的疏散速度标准差要比不可视环境下的大。因为在可视化条件良好的环境下，行人以自己最快的速度从走廊中疏散出去，而因为性别、体型、身体健康素质的不同，行人疏散速度的差别也比较大，也就是行人之间的速度波动较大，故行人之间的标准差相对较大。而在不可视环境下，行人以自己最快的速度从走廊中疏散出去，摸着墙或者与其他行人搭肩或者手牵手疏散，此时，行人之间的速度相对来说相差不是很大，也就是行人之间的速度波动比较小，故行人之间的标准差相对较小。

表 6-2　不同可视环境下不同性别行人的速度情况表

性别	人数	可视		不可视	
		平均速度/（m/s）	标准差	平均速度/（m/s）	标准差
男	21	3.51	1.2	0.78	0.29
女	24	2.58	0.53	0.86	0.36
总体	45	3.01	1.01	0.82	0.33

在可视环境下，男性的平均疏散速度高于女性，这是因为在正常情况下，相同年龄阶段的男性的疏散速度比女性疏散速度快，而男性平均疏散速度的标准差比女性平均疏散速度的标准差要大。在不可视环境下，出现了与可视环境完全相反的结果，女性的平均疏散速度要高于男性的平均疏散速度，因为在不可视环境下疏散，行人看不到前方的疏散路径，只能通过摸墙，行人之间搭肩或者手牵手来疏散前进，相对来说，男性更多的是个体沿着墙摸索着前进，而女性则手牵着手或者肩搭着肩，以小群体的形式前进，这种小群体摸索前进，一方面减少行人在不可视环境下疏散内心的畏惧感，另一方面提高小群体整体的疏散效率，所以小群体的疏散速度比个体疏散速度要快。在不可视环境下，女性的疏散速度标准差比男性疏散速度的标准差要大，也就是女性的疏散速度波动比男性的疏散速度波动要大，这是因为在不可视环境下，大部分女性不可视疏散以小群体的形式，这种形式的不可视疏散比以个体形式疏散的男性的疏散速度要快，另一小部分的女性则是以个体的形式不可视疏散，而以个体形式疏散的女性的疏散速度比以个体形式疏散的男性的疏散速度要慢，所以在不可视环境疏散中，女性整体的疏散速度波动较大，男性整体的疏散速度波动较小。

3）位置对疏散速度影响分析

表 6-3 为在不可视环境下，走廊的左侧（L）、中间（M）、右侧（R）行人的速度分布情况，我们定义的走廊左侧的行人为在不可视疏散过程中，手摸着左侧墙壁疏散的行人，走廊右侧的行人为在不可视疏散过程中，手摸着右侧墙壁疏散的行人，其余的行人则定义为中间的行人，即在不可视疏散过程中不摸墙疏散的行人。

表 6-3　不可视环境下不同位置行人的速度表

位置	不可视		
	人数	平均速度/（m/s）	标准差
L	10	0.75	0.2
M	15	0.69	0.21

续表

位置	不可视		
	人数	平均速度（m/s）	标准差
R	20	0.97	0.42
总体	45	0.82	0.33

在不可视环境下，疏散速度最快的是右侧的行人为0.97m/s，其次是在走廊左侧疏散的行人为 0.75m/s，最慢的是靠近走廊中间的行人为 0.69m/s。这是因为一方面靠近右侧摸着墙疏散的行人，时段分布的很均匀，在刚开始的疏散和快结束疏散时，走廊密度比较小，而右侧的疏散路径最短，所以行人优先选择靠近右侧摸墙疏散，而走廊密度越小，行人的疏散速度越快；另一方面，不可视疏散过程中，靠近右侧行人摸着墙疏散，会克服内心的恐惧感，提高疏散效率，提高右侧行人的疏散速度。综上所述，右侧行人的疏散速度最快，在不可视疏散过程中，行人选择走廊中间疏散，往往发生在走廊行人密度较大时，此时也是最拥挤的时候。此外，在走廊中间疏散的行人，并没有摸着墙疏散，此时行人对于到达前方出口的距离、附近行人的密度情况一无所知，内心可能充满着恐惧感，这在某种程度上降低行人的疏散速度，所以选择走廊中间疏散的行人运动速度最慢。而走廊左侧的行人密度介于走廊右侧和走廊中间行人密度之间，所以走廊左侧的行人运动速度也介于走廊右侧和走廊中间。

从表 6-3 和图 6-5 我们可以看出，在不可视环境下，10 人选择靠左侧疏散，15 人选择靠中间疏散，20 人选择靠右侧疏散，选择右侧疏散的人最多，占比45%，其次是选择靠中间疏散，占比 33%，最少的是靠左侧疏散，占比 22%。这是因为房间的出口靠近走廊的右侧，行人最先选择顺着房间的出口，沿着右侧的墙摸索着前进，一方面当右侧的行人增多了之后，右侧密度增大了，行人靠近走廊的中间疏散，另一方面，行人以小群体的形式，手牵着手或者肩搭着肩摸索疏散，此时一部分人靠近走廊的右侧，沿着墙摸索着前进，另一部分人跟随着走廊右侧的行人在走廊中间疏散。

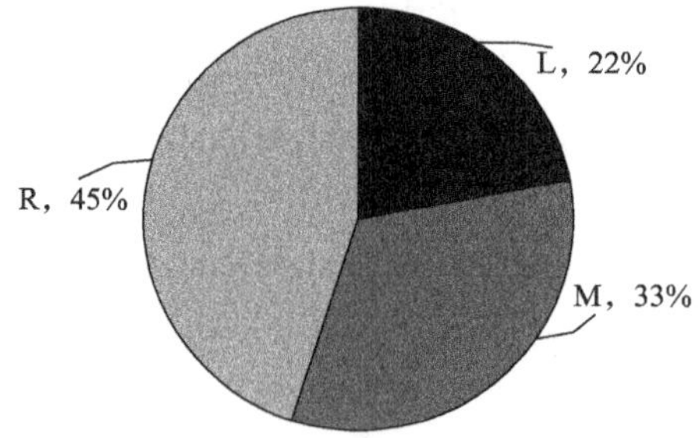

图 6-5　走廊不可视疏散饼状图

3. 行人疏散行为分析

1）不同时间，行人路径选择分析

图 6-6（a）为行人在不可视疏散 t=10s 时的实验场景图，从图中我们可以看出，行人在不可视疏散过程中，由于视线受阻，不能看到前方的疏散路径，所以行人借助外物提高自身疏散的安全性和疏散效率，一部分行人选择摸墙疏散，摸墙疏散一方面给行人在不可视疏散过程中心理上带来安全感，另一方面行人可以借助摸墙疏散来提高疏散效率，提高疏散速度；另一部分行人选择以小群体的形式，表现形式主要为后面行人的手搭着前面行人的肩，或者后面行人拽着前面行人的衣服，这种成群结队的整体疏散行为与行人摸墙疏散行为产生相同的效果。行人成群结队的疏散行为，一方面相互扶持克服了内心的恐惧感，增加了内心的安全感；另一方面提高疏散效率。我们还可以看出，在走廊疏散的密度还不够大时，行人更倾向于选择靠右侧摸墙疏散。行人这样选择的原因在于：行人从右侧的门口疏散出来经过走廊，此时根据就近原则，选择靠右摸墙疏散；我国的交通规则是行人走在马路的右侧。

图 6-6（b）为行人在不可视疏散 t=18s 时的实验场景图，此时行人在走廊疏散的密度达到足够大了，行人相对均匀地分布在整个走廊上，而不同于不可视疏散前期主要分布在右侧。当走廊密度足够大时，有些行人感受到了右侧的行人密度大，选择到密度相对较小的中间，当中间密度也达到一定程度时，行人选择密度相对较小的左侧，直到行人相对均匀地分布在整个走廊上。

图 6-6（c）为行人在不可视疏散 t=32s 时的实验场景图，此时走廊的密度减小了，大部分行人又会选择靠右侧摸墙疏散或者小群体疏散。走廊密度减小了之后，行人还是会根据就近原则，靠右摸墙疏散。靠右侧疏散也是我国的交通规则潜移默化的影响。

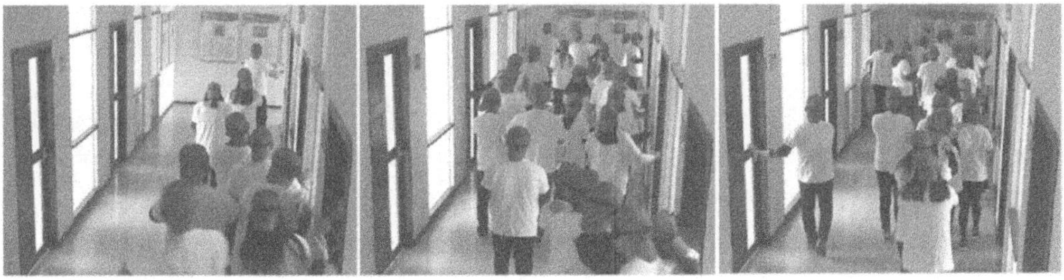

（a）t=10s　（b）t=18s　（c）t=32s

图 6-6　不可视环境疏散不同时间行人实验场景图

2）不同性别行人路径选择影响分析

表 6-4 和图 6-7 分别为在不可视疏散过程中，不同位置男女分布情况表和男女

分布饼状图。从表6-4和图6-7我们可以看出，在不可视疏散过程中，其中选择左侧疏散的10名行人中，有10名男生，而没有1名女生，也就是选择走廊左侧疏散的100%都是男生，选择中间疏散的15名行人中，有87名男生，8名女生，也就是走廊疏散中 53%为女生，47%为男生，男生和女生选择走廊中间疏散的比例相差不大，在选择走廊右侧疏散的20名行人中，4名为男生，16名为女生，也就是走廊疏散中80%为女生，20%为男生。

表 6-4　走廊不同位置男女分布情况表

位置	不可视		合计
	男	女	
L（左）	10	0	10
M（中）	7	8	15
R（右）	4	16	20
合计	21	24	45

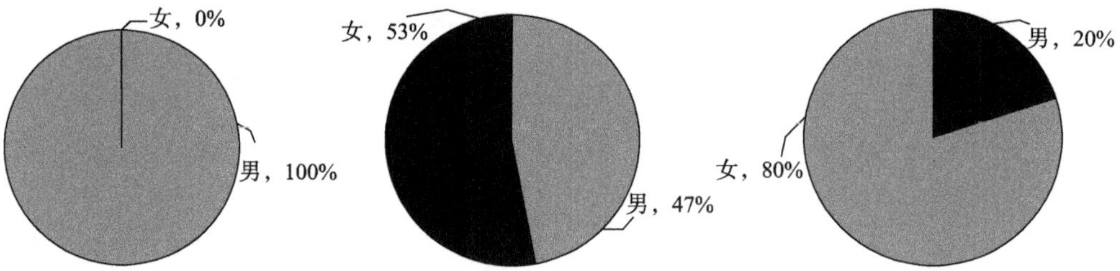

（a）L　（b）M　（c）R

图 6-7　不同位置男女分布饼状图

6.1.3　小结

走廊是高层建筑物不可缺少的组成部分，行人在该区域的疏散行为直接影响到建筑物整体疏散效率。因此，本章设计了不可视环境下行人在走廊区域的不可视环境疏散实验，通过视频观察和数据分析，结果如下。

（1）在走廊场景中，行人在不可视疏散过程中疏散总时间比正常疏散过程中的疏散总时间要长得多，正常疏散过程中行人疏散时间短而且分布的相对集中，在不可视疏散过程中，行人疏散时间长而且分布相对分散。

（2）在走廊场景中，可视环境下男性的平均疏散速度高于女性的平均疏散速度，而在不可视环境下，女性的平均疏散速度要高于男性的平均疏散速度。行人在走廊不同位置的疏散速度不同，疏散速度最快的为走廊右侧的行人，其次为走廊左侧的行人，最慢的为走廊中间疏散的行人。

（3）在不可视环境下，走廊场景中的行人在路径选择上，45%的行人选择沿着走廊右侧疏散，33%的行人选择在走廊中间疏散，22%的行人选择沿着走廊左侧疏散。而在不同的时间，行人也有不同的路径选择。疏散前期和疏散后期行人选择右侧进行疏散，疏散的中期，也就是走廊密度最大的时候，行人均匀地分布在走廊上。

6.2　楼梯区域行人疏散实验研究

6.2.1　实验设计方案

1. 实验场景概述

2015 年在福州大学某栋教学楼内某个楼梯开展了可视环境疏散和不可视环境疏散实验，试验区域为教学楼内开放楼梯区域，图 6-8 为实验过程中楼梯疏散的真实场景图。

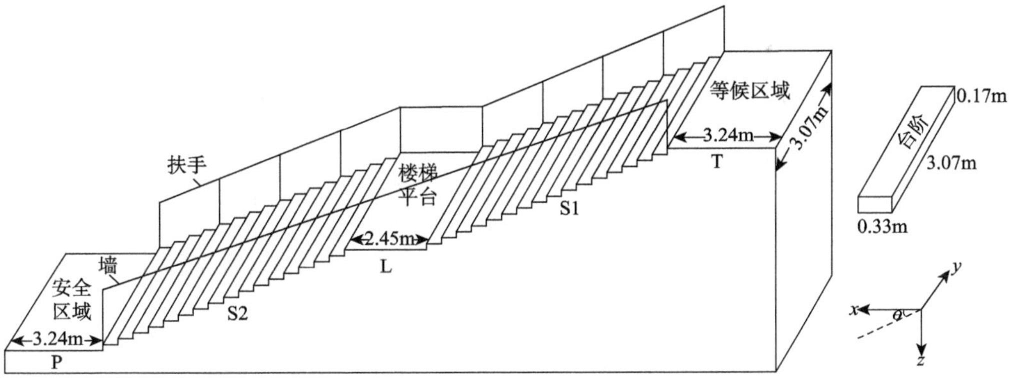

图 6-8　楼梯区域疏散场景图

图 6-8 为楼梯区域疏散场景图，该楼梯从上往下依次有等候区域、楼梯段区域 1、楼梯平台、楼梯段区域 2、安全区域，当行人站在楼梯疏散等候区域时，面朝着往下疏散的方向，楼梯的左侧为墙，右侧为楼梯扶手，两个楼梯段都是一样的规格，都是由 16 个台阶组成，每个台阶长为 3.07m，宽为 0.33m，高为 0.17m。等候区域长为 3.07m，宽为 3.24m，楼梯平台长为 3.07m，宽为 2.45m，安全区域长为 3.07m，宽为 3.24m。

该楼梯为教学楼一楼和二楼连接处，为了便于拍摄，我们将摄像机放在教学楼四楼垂直于该楼梯的视角，该视角能够清晰地用摄像机记录行人从等候区域通过楼梯到达安全区域的整个过程，图 6-9 为摄像机拍摄的楼梯真实疏散场景图。

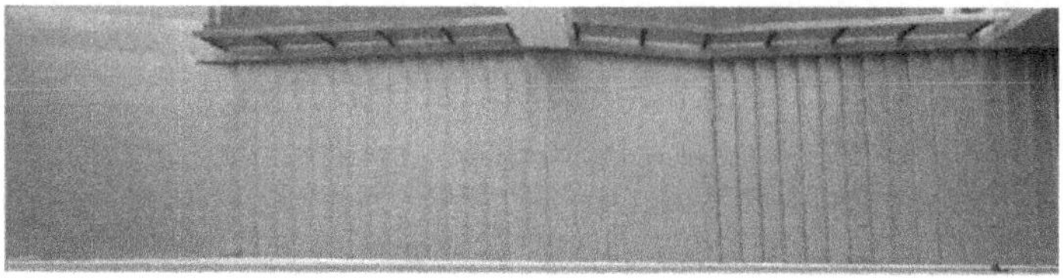

图 6-9　摄像机视角真实疏散场景图

2. 实验过程概述

实验者为自愿参加的 40 名福州大学在校学生，其中 24 名男生和 16 名女生，年龄为 20~25 岁。考虑到后期我们方便使用轨迹提取软件来提取行人疏散轨迹，每名实验者都须戴上大红色鸭舌帽，穿上白色 T 恤、深色裤子和鞋子。

本次实验考虑了两种情况：图 6-10（a）可视环境疏散实验，实验开始前，实验者都在楼梯等候区域内，当应急警报响起时，实验者就从楼梯等候区域以最快的速度从楼梯区域中疏散出去。图 6-10（b）不可视环境疏散实验，与可视环境疏散实验相同，但所有学生都被要求佩戴眼罩。本次实验是研究不可视环境下的行人疏散行为，我们使用黑色眼罩来阻挡光线，因此每名实验者都须佩戴黑色眼罩，模拟不可视环境。

（a）可视

（b）不可视

图 6-10　楼梯区域行人疏散场景图

6.2.2　实验结果及分析

1. 疏散轨迹分析

图 6-11（a）、（b）分别为可视环境和不可视环境下楼梯疏散轨迹图，从轨迹图我们可以看出，行人在楼梯疏散过程中，不可视疏散比可视疏散的波动更大一些。这是因为在可视疏散过程中，从楼梯中疏散下来速度相对来说较快，且行人直接奔向终点，因此疏散轨迹较平滑。而在不可视疏散过程中，行人看不见前方的疏散路径和周围的环境，只能摸索着前进，疏散速度较慢，因此疏散轨迹较弯曲一些，波动较大。

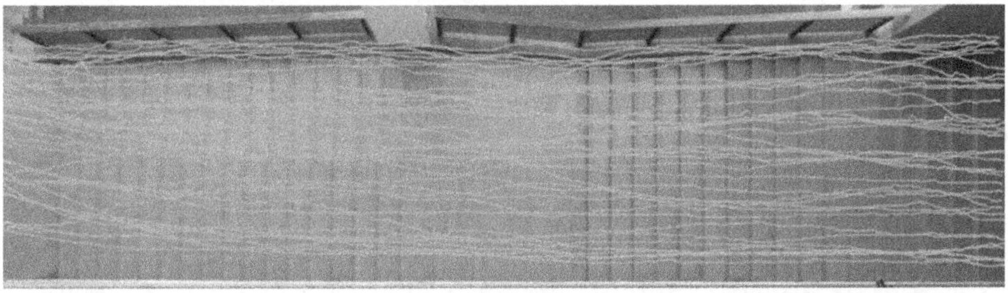

（a）可视

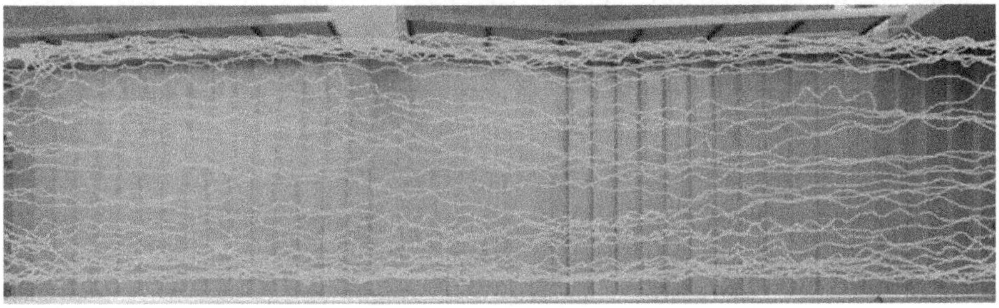

（b）不可视

图 6-11　楼梯疏散轨迹图

2. 疏散时间分析

1）行人疏散总时间分析

图 6-12 为可视和不可视环境下行人疏散的人数随时间变化的分布图，在可视环境下，行人楼梯疏散的总时间为 12.32s，而在不可视环境下，行人楼梯疏散的总时间为 67.16s，在可视环境下，行人疏散时间短且分布的相对集中，疏散速率为 3.25 人/s，在不可视环境下，行人疏散时间长且分布的相对分散，疏散速率为 0.6 人/s。

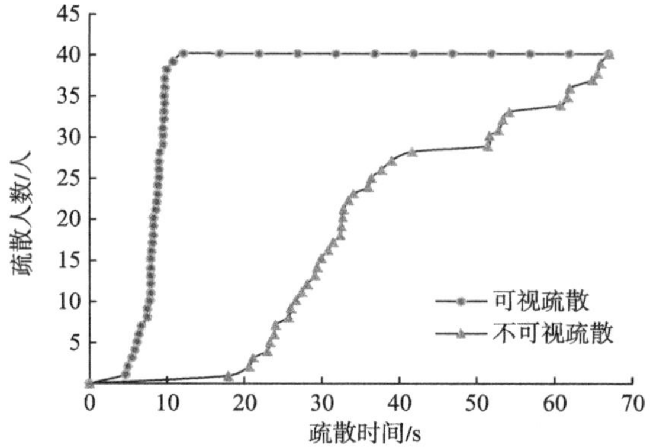

图 6-12　不同可视环境下，疏散人数随时间变化分布图

2）性别对疏散总时间的影响分析

图6-13和表6-5为在可视环境下，男性与女性楼梯疏散分布散点图和疏散时间分布表。我们从图 6-13 可以看出，女性在不可视环境下楼梯疏散时间大体上比男性长，女性疏散时间波动比男性疏散时间波动要小。从表6-5中我们可以看出，男性的平均疏散时间为8.24s，女性的平均疏散时间为8.89s，女性疏散时间比男性疏散时间要长，但是两者疏散时间差别不大，男性疏散时间标准差为 2.4s，女性疏散时间标准差为 0.98s，女性的标准差比男性小，也就是女性的疏散时间波动比男性疏散时间波动要小。从整体上看，男性、女性疏散时间的标准差和总体的标准差都很小，也就是在可视环境下楼梯区域的疏散时间波动很小，大家的疏散时间相差不大。

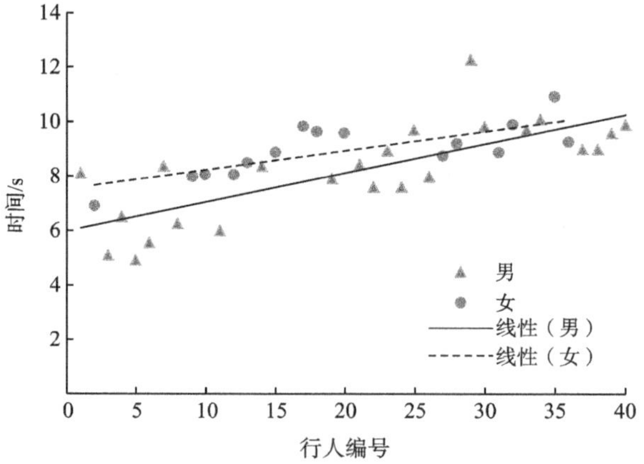

图 6-13　可视环境下，男性与女性疏散时间分布散点图

表 6-5　可视环境下，不同性别疏散时间分布表

性别	男	女	总体
平均疏散时间/s	8.24	8.89	8.5
标准差	2.4	0.98	1.53

图 6-14 和表 6-6 分别为不可视环境下，男性和女性疏散时间散点图和疏散时间分布表。从图 6-14 和表 6-6 中我们可以看出，在不可视环境下，楼梯场景中女性的平均疏散时间明显比男性的平均疏散时间要长，且女性的疏散时间波动较男性要大。这是因为在不可视环境下，女性相对于男性而言，对周围未知的环境，特别是在楼梯场景中的下楼梯过程更易存在恐惧感和不安全感，因此女性降低自己的疏散速度来克服自己内心的不安全感。而在女性当中，不同女性在不可视环境下的恐惧程度也有所不同。

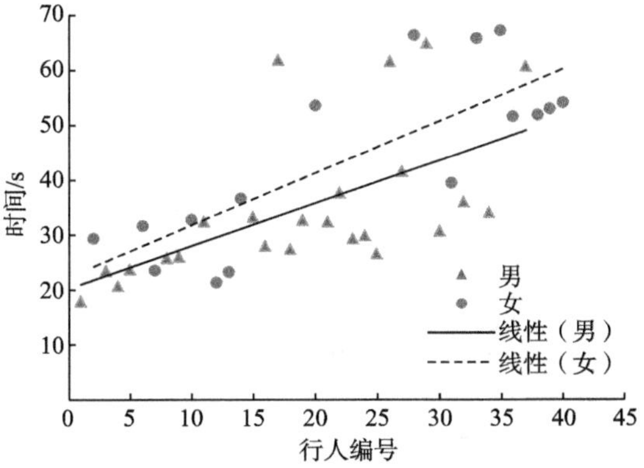

图 6-14　不可视环境下，不同性别疏散时间散点图

表 6-6　不可视环境下，不同性别疏散时间分布表

性别	男	女	总体
平均疏散时间/s	35.15	43.75	38.59
标准差	15.01	18.78	15

3. 疏散速度分析

1）楼梯总体疏散速度分析

图 6-15 为可视环境下，行人在楼梯区域疏散速度分布图。从图 6-15 中我们可以看到，行人在可视环境下，下楼梯疏散过程中，速度最快的区域为连接两部分台阶的平台区域 L，其次是下楼梯过程中的第一段楼梯台阶区域 S1，相对来说最慢的区域为下楼梯过程中的第二段楼梯台阶区域 S2。行人在区域 L 速度最快是因为此区域为平台区域，没有阶梯，一般来说，平台区域的疏散速度比楼梯区域的疏散速度快一些。区域 S1 所处的位置为行人刚下楼梯疏散时所经过的第一段阶梯，行人刚开始从楼梯疏散，此时应该是行人体力相对来说最好的时候，可能疏散速度快一些。区域 S2 为行人在楼梯疏散的最后的一块区域，因为下楼梯比较耗费体力，相对来说，行人在区域 S2 疏散时，此时的体力不如在区域 S1 疏散时的体力那么好，加上楼梯疏散容易消耗体力，所以在区域 S2 行人的疏散速度最慢。

图 6-15　可视环境下，行人在楼梯区域疏散速度分布图

图 6-16 为不可视环境下，行人在楼梯区域疏散速度分布图。从图 6-16 中我们可以看出，在不可视环境下楼梯区域疏散速度最快的是台阶区域 S1，其次是台阶区域 S2，最慢的是平台区域 L，这是因为楼梯台阶区域和平台区域相比，台阶区域每一个台阶都是固定的宽和高，行人在楼梯区域疏散有规律可循，而且楼梯的台阶区域相对于平台区域要长一些，行人疏散过程中心理更有安全感，而楼梯的平台区域相对来说比较短，行人在不可视环境下看不清前方的疏散路径，在平台上疏散内心可能比较容易有一种不安全感，行人不断探索前方的疏散路径会不会是楼梯的台阶区域，这在无形之中降低行人的疏散速度。而在楼梯区域中的扶墙区域、中间区域和扶栏杆区域这三种区域中，中间区域的疏散速度最快，其次是扶栏杆区域，最慢的是扶墙区域。虽然扶栏杆和扶墙会增加行人内心的安全感，但是要扶着墙和栏杆这在某种程度上会降低行人的疏散速度，由于扶墙并不像扶栏杆那么顺手，所以在不可视环境下，楼梯区域疏散速度最慢的为扶墙区域，其次为扶栏杆区域，最快的是楼梯的中间区域。

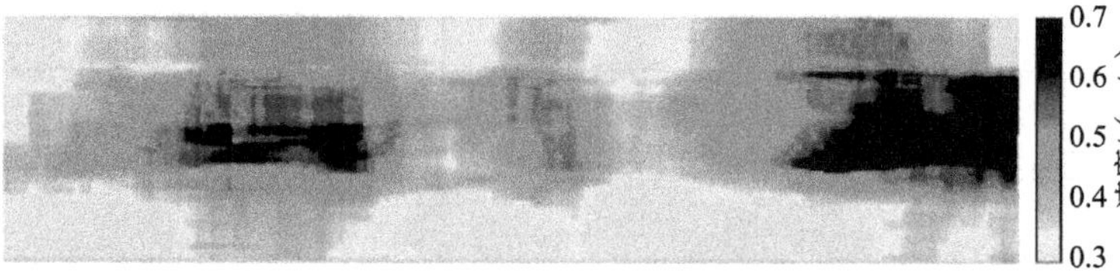

图 6-16　不可视环境下，行人楼梯疏散速度分布图

2）性别对疏散速度影响分析

表 6-7 和表 6-8 分别为在可视环境和不可视环境下，男性与女性疏散速度分布表，从表 6-7 和表 6-8 我们可以看出，无论是在可视环境还是在不可视环境下，男性的疏散速度都要比女性的疏散速度快，这是因为男性的身体素质、运动能力、逃生心态都要比女性好。女性的运动能力较男性弱，疏散步长更短，步率更低。就逃生心态而言，女性在遇到突发情况下，容易产生恐慌、紧张和焦躁等负面情绪，而男性更淡定、冷静和积极地进行应急疏散。在可视环境下，男性的平均疏散速度标准差较女性要大，也就是男性的疏散速度波动较女性疏散速度波动要大。而在不可视环境下，结果恰恰相反。这是因为在可视环境下，男性的速度本来就比女性要高，而不同男性的疏散速度也不同。在不可视环境下，女性相对于

男性而言，对周围未知的环境，特别是在楼梯场景中的下楼梯过程更易存在恐惧感和不安全感，因此女性降低自己的疏散速度来克服自己内心的不安全感。而在女性当中，不同的女性在不可视环境下的恐惧程度也有所不同，因此女性的疏散时间波动较男性要大。

表 6-7　可视环境下，男性与女性疏散速度分布表

性别	男	女	总体
平均疏散速度/（m/s）	1.55	1.38	1.48
标准差	0.37	0.15	0.32

表 6-8　不可视环境下，男性与女性疏散速度分布表

性别	男	女	总体
平均疏散速度/（m/s）	0.4	0.33	0.38
标准差	0.12	0.13	0.13

3）楼梯不同区域行人疏散速度分析

图 6-17 和表 6-9 分别为不可视环境下，楼梯不同区域行人疏散速度分布散点图和疏散速度分布表。我们可以看出：不可视环境下楼梯区域行人疏散速度最快的为 S1 区域，其次为 L 区域，最慢的为 S2 区域。S1 区域的标准差最大，其次为 L 区域，最小的为 S2 区域。这是因为 S1 区域为第一段楼梯，此时的行人体力处于最佳状态，疏散速度也最快，L 区域为连接两段楼梯段的平台区域，当行人到了 L 区域，从第一段楼梯段 S1 区域疏散下来之后，行人的体力减弱，而且在平台区域，行人为了做好楼梯段与平台之间的过渡准备，有意识降低自己的疏散速度。S2 区域为行人穿过第一个楼梯段，经过平台区域后的最后一段楼梯段，此时行人的体力最弱，所以速度最慢。

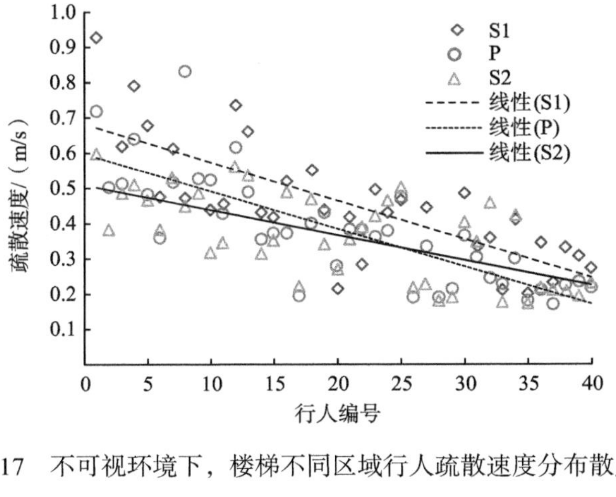

图 6-17　不可视环境下，楼梯不同区域行人疏散速度分布散点图

表 6-9 不可视环境下，楼梯不同区域行人疏散速度分布表

楼梯区域	S1	P	S2
平均疏散速度/（m/s）	0.43	0.38	0.37
标准差	0.17	0.16	0.14

4. 疏散行为分析

在不可视环境下，行人在楼梯区域的疏散路径主要分为扶着栏杆疏散、扶着墙疏散、楼梯中间疏散这三种，从图 6-18 我们可以看出，40%的行人选择沿着楼梯中间区域不可视疏散，35%的行人选择沿着栏杆在楼梯区域摸索着疏散，25%的行人选择扶着墙在楼梯区域不可视疏散。在楼梯中间区域疏散的人最多，这是因为在楼梯区域疏散过程中，此时楼梯处于拥挤态，同一排行人中，楼梯两侧的墙和栏杆只能各自容纳一个人，所以大部分行人只能选择在楼梯的中间疏散。在不可视环境下，行人在楼梯区域沿着栏杆疏散较扶墙的要多是因为，栏杆比墙更容易抓住，能够给行人更多的安全感。

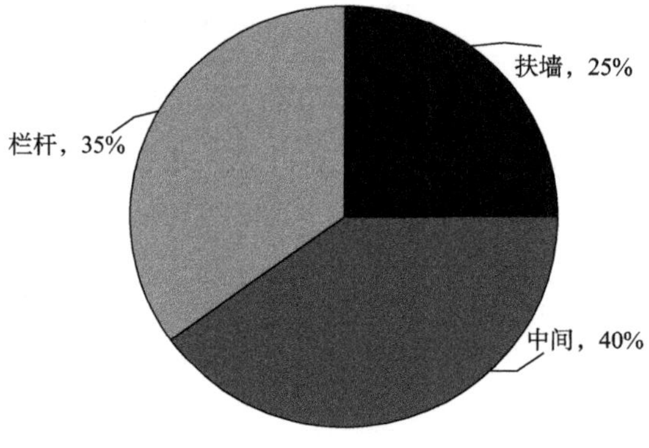

图 6-18 不可视环境下，行人疏散路径选择饼状分布图

图 6-19 为在不可视环境下沿着墙在楼梯区域摸黑疏散的过程中，不同疏散路径选择中的行人的男女比例分布情况。在扶墙疏散的行人中，60%为女性，40%为男性，在沿着楼梯中间疏散的行人中，19%为女性，81%为男性，在扶着栏杆楼梯区域疏散的行人中，50%为男性，50%为女性，在扶墙和栏杆区域疏散过程中，男性与女性的比例相差不大，而在楼梯区域中间疏散的行人中，大部分为男性，小部分为女性，这可能是因为男性更具有冒险精神，相对来说女性的胆子小一些，在楼梯区域不可视疏散过程中，行人看不到前方的疏散路径，女性内心更没有安全感，她们需要借助外物来增加楼梯区域不可视疏散的安全性，相对来说男性的冒险精神使他们倾向于疏散速度相对较高的中间区域。

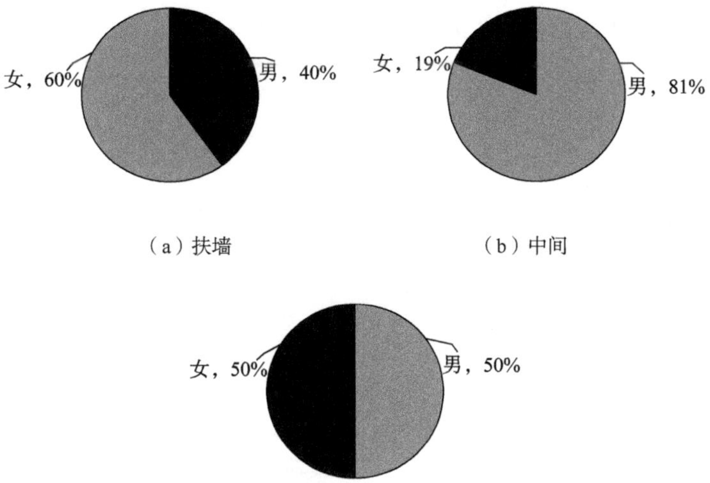

（a）扶墙　（b）中间　（c）栏杆

图 6-19　不可视环境下，扶墙、中间、栏杆不同性别比例饼状图

6.2.3　小结

楼梯既是疏散通道，也是疏散瓶颈区域。在应急状态下，楼梯作为重要的垂直疏散通道，对建筑物内的行人疏散效率起到关键性的作用。因此，本章设计了不可视环境下，行人在楼梯区域的不可视疏散实验，通过视频观察和数据分析，结论有以下几个方面。

（1）行人在楼梯区域疏散过程中，不可视疏散轨迹比可视疏散的波动要大。在正常疏散过程中，行人疏散时间短且分布的相对集中，而在不可视疏散过程中，行人疏散时间长且分布的相对分散。

（2）在楼梯场景中，无论在可视环境还是在不可视环境下，女性在楼梯区域的疏散时间比男性疏散时间长，在可视环境下，女性疏散时间波动比男性疏散时间波动要小，但是在不可视环境下，女性疏散时间波动比男性疏散时间波动要大。

（3）行人在可视环境下，下楼梯疏散过程中，速度最快的区域为连接两部分台阶的 L 区域，其次是下楼梯过程中的第一段台阶 S1 区域，相对来说最慢的区域为下楼梯过程中的第二段台阶 S2 区域。在不可视环境下，楼梯区域疏散速度最快的是 S1 区域，其次是 S2 区域，而疏散速度最慢的是 L 区域。

（4）在不可视环境下，楼梯区域疏散过程中，40%的行人选择沿着楼梯中间区域疏散，35%的行人选择沿着栏杆摸索着疏散，25%的行人选择扶着墙疏散。

在扶墙疏散的行人中，60%为女性，40%为男性；在沿着楼梯中间疏散的行人中，19%为女性，81%为男性；在扶着栏杆楼梯区域疏散的行人中，50%为男性。50%为女性。

6.3　校园建筑物整体疏散仿真研究

6.3.1　社会力模型

社会力模型是一种基于社会心理力和物理力的行人行为模型。该模型可以研究疏散过程中行人的行为，其假设每个行人都是满足运动定律的粒子，并使用向量力来描述真实的力和内在的动机。本书研究中的校园建筑典型区域整体疏散过程中的楼梯疏散是一个典型的三维运动，它不仅包含水平的 x、y 轴方向的运动，还包含垂直 z 轴方向的运动，因此，在传统的二维社会力模型的基础上，我们考虑垂直方向上的运动，构建三维社会力模型。

如图 6-20 所示，设 N 名质量为 M_i 的行人，在 t 时间的真实速度为 v_i，则行人 i 在 t 时间的速度变化可由加速度方程表示：

$$M_i \frac{\mathrm{d}v_i}{\mathrm{d}t} = \boldsymbol{F}_i^0 + \sum_{j(\neq i)} \boldsymbol{F}_{ij} + \sum_{w} \boldsymbol{F}_{iw} \tag{6-1}$$

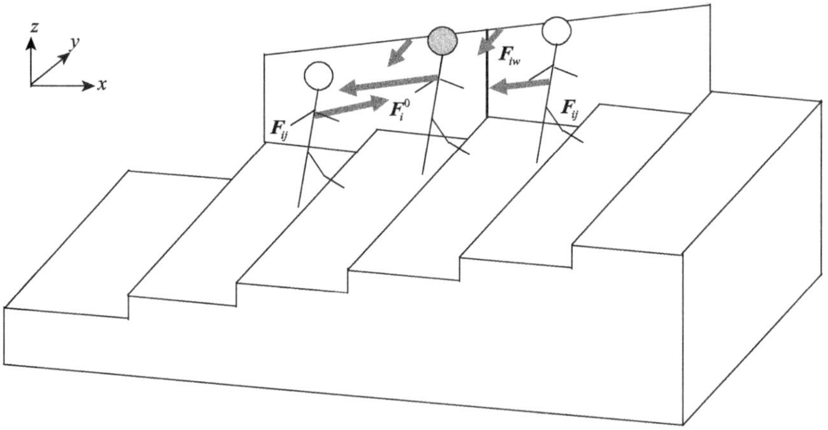

图 6-20　三维社会力模型中行人受力示意图

其中，行人 i 空间位置 $s_i(t)$ 的变化可由 $v_i(t) = \mathrm{d}s_i/\mathrm{d}t$ 来计算。

（1）行人的真实运动速度 v_i 可以被分解为 x、y、z 轴三个方向的分速度：

$$v_i = \sqrt{v_x^2 + v_y^2 + v_z^2} \tag{6-2}$$

实际上，行人在楼梯区域运动时，垂直方向上的速度 v_z 依赖于水平方向上的速度 v_x，即

$$v_z = v_x \tan\theta \tag{6-3}$$

其中，θ 为指楼梯的坡度。当行人在台阶上运动时，θ 为楼梯真实坡度值；当行人在平台等平坦区域运动时，θ 被设为 0。

（2）$\boldsymbol{F}_i^0$ 为行人的自身驱动力，在未受高斯干扰的情况下，行人 i 以一定的期望速度 v_i^0 朝着期望方向 $\boldsymbol{e}_i^0$ 运动，其真实速度 v_i 与期望速度 v_i^0 的差异由松弛时间 τ 来修正。由真实速度 v_i 加速到期望速度 v_i^0 的过程可以表示为

$$\boldsymbol{F}_i^0 = M_i \frac{v_i^0(t)\boldsymbol{e}_i^0(t) - v_i(t)}{\tau} \tag{6-4}$$

其中，τ 为松弛时间，即行人由 v_i 加速到 v_i^0 所用的时间。

（3）$\sum_{j(\neq i)} \boldsymbol{F}_{ij}$ 表示的是行人 i 和行人 j 之间的相互作用力，行人 i 和行人 j 远离彼此的心理倾向可以通过相互排斥力 $A_i \mathrm{e}^{(r_{ij}-d_{ij})/B_i} \boldsymbol{n}_{ij}$ 来描述。其中 A_i 与 B_i 均为常量，$d_{ij} = \|s_i - s_j\|$ 为行人 i 和行人 j 之间的距离，$r_{ij} = (r_i + r_j)$ 为相互作用的行人 i 和 j 的半径和，$\boldsymbol{n}_{ij} = (n_{ij}^1, n_{ij}^2) = (s_i - s_j)/\|s_i - s_j\|$ 为由行人 j 指向行人 i 的单位向量。这意味着，当行人间距离 d_{ij} 小于它们的半径和 r_{ij} 时，行人相互接触。社会力中还考虑了两个力，包括反抗其他行人的身体力 $k(r_{ij} - d_{ij})\boldsymbol{n}_{ij}$ 和阻止相对切向运动的滑动摩擦力 $\kappa(r_{ij} - d_{ij})\Delta v_{ji}^t \boldsymbol{t}_{ij}$。在这里，$\boldsymbol{t}_{ij} = (-n_{ij}^2, n_{ij}^1)$ 表示切向，切向相对速度为 $\Delta v_{ji}^t = (v_j - v_i)t_{ij}$，$k$ 与 κ 为对应的常量。$\boldsymbol{F}_{ij}$ 可以表示为

$$\boldsymbol{F}_{ij} = A_i \mathrm{e}^{(r_{ij}-d_{ij})/B_i} \boldsymbol{n}_{ij} + kg(r_{ij} - d_{ij})\boldsymbol{n}_{ij} + \kappa g(r_{ij} - d_{ij})\Delta v_{ij}^t \boldsymbol{t}_{ij} \tag{6-5}$$

（4）$\sum_{w} \boldsymbol{F}_{iw}$ 为行人 i 与周围障碍物 w 之间的作用力，表现为行人 j 及障碍物 w 保持一定的距离，类似于行人之间的作用力。$\boldsymbol{F}_{iw}$ 可以表示为

$$\boldsymbol{F}_{iw} = A_i \mathrm{e}^{(r_i-d_{iw})/B_i} \boldsymbol{n}_{iw} + kg(r_i - d_{iw})\boldsymbol{n}_{iw} + \kappa g(r_i - d_{iw})(-v_i \boldsymbol{t}_{iw})\boldsymbol{t}_{iw} \tag{6-6}$$

其中，d_{iw} 表示到墙壁 w 的距离；$\boldsymbol{n}_{iw}$ 表示垂直于墙壁的单位向量；$\boldsymbol{t}_{iw}$ 表示与墙壁相切的方向。

（5）本书研究为了最大限度地增加社会力模型的仿真精度，取疏散行人的重量 M_i=58kg，肩宽 $2r_i$=0.4m，松弛时间 τ=0.5s，A_i=550N，B_i=0.08m，人体弹性系数 k=819.62kg/s^2，滑动摩擦力系数 κ=510.49kg/（m · s）。

6.3.2 简单场景整体疏散仿真模拟

1. 仿真设计方案

1）实验场景概述

为了最大可能地用社会力模型再现出实验中的场景，本书研究设置模型中的教室与实验中的教室参数完全一致，如图 6-21 所示，教室的大小为 9.56m×13.37m，教室前面只有一个出口，宽为 0.90m。教室前面有两个障碍，一个平台和一个讲台，该平台距离第一排书桌 1.53m，距离地面 0.20m。有 48 对桌椅，整个教室共有 6 行 8 列。每张书桌的大小都为 0.60m×0.46m，桌子之间的水平距离为 1.34m。本书研究设置模型中走廊的大小为 16.44m×2.4m，相对于实验中走廊大小 10.85m×2.4m，本书研究保持了实验中走廊的宽和模型中走廊的宽一致，走廊有所延长。此外，本书研究模拟中设置的台阶大小与实验中台阶的大小完全一致，该台阶从上往下依次有台阶段区域 1、中间平台、台阶段区域 2、安全区域，两个台阶段都是一样的规格，都是由 16 个台阶组成，每个台阶长为 3.07m，宽为 0.33m，高为 0.17m。中间平台长为 3.07m，宽为 2.45m，安全区域的长为 3.07m，宽为 3.24m。为了尽可能地与实验接近，我们设置 45 名行人参加模拟仿真实验，行人在教室内的初始分布为中间密集分布，行人均匀地分布在教室中间的课桌之间。

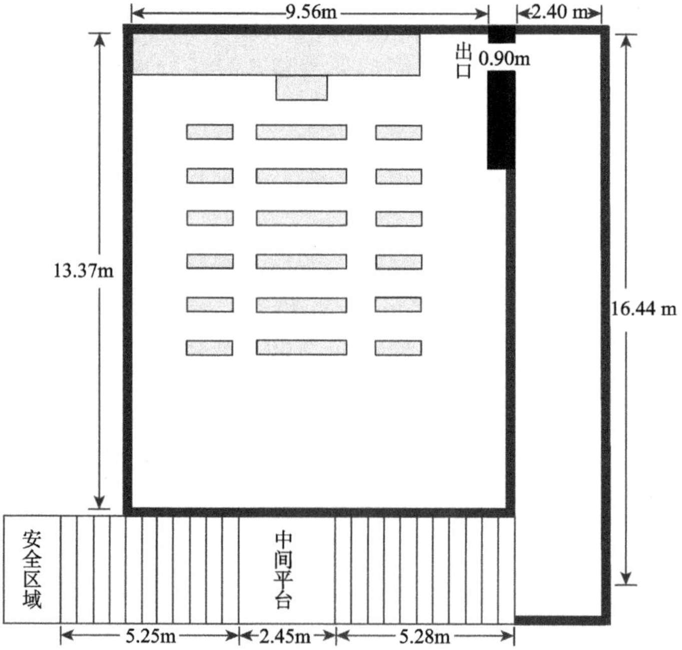

图 6-21　场景示意图

2）实验过程概述

在 5.2 节、6.1 节及 6.2 节中，我们主要分别在校园典型区域的教室、走廊、楼梯开展应急疏散实验，对比研究在可视环境及不可视环境下的行人疏散效率和疏散行为，由于现实条件的限制及出于安全性的考虑，在不可视环境下，行人先从教室疏散出来经过走廊，然后通过楼梯到达安全区域的整体疏散实验在真实生活中开展起来具有一定的困难性，于是我们通过模型仿真来模拟在不可视环境下的行人从教室经过走廊通过楼梯到达安全区域的疏散行为。

图 6-22（a）为不可视环境下应急疏散的初始状态，此时行人均匀地分布在教室中，行人坐在自己的位置上。图 6-22（b）为行人听到疏散指令后，从教室到走廊的疏散过程。图 6-22（c）为行人在不可视环境下，从走廊到楼梯的疏散过程。图 6-22（d）为行人在不可视环境下经过楼梯，最后到达安全区域的疏散过程。

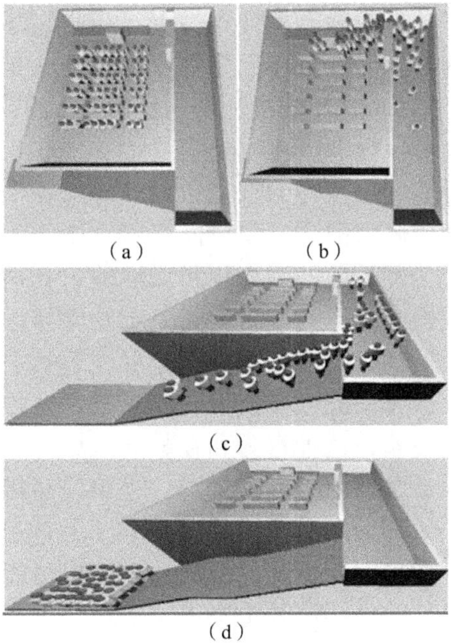

（a）　（b）　（c）　（d）

图 6-22　疏散过程三维图

2. 仿真结果及分析

1）疏散轨迹分析

图 6-23（a）和（b）分别为不可视环境下，行人疏散仿真中的平面轨迹和三维轨迹，从图中我们可以看出行人的疏散轨迹，从整体上看，教室门口附近轨迹线比较密集，走廊和楼梯区域行人的疏散轨迹分布的比较均匀。

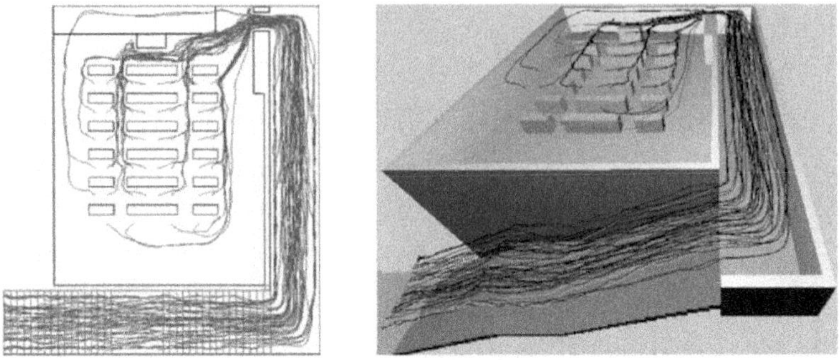

（a）平面轨迹　　（b）三维轨迹

图 6-23　疏散轨迹仿真

在不可视疏散过程中，教室区域中行人的路径选择行为和可视疏散中的行人路径选择行为相似，因为行人对整个疏散环境比较熟悉，他们知道出口的位置、周边的课桌、讲台、平台等障碍物的分布情况，当听到疏散指令后，他们沿着课桌，用靠近课桌那侧的手扶着课桌向前移动，当走到教室前面没有课桌或讲台作支撑引导他们前进时，此时行人就将手搭在前面行人的肩上，跟随前面行人前进，这一方面缓解行人内心对未知的恐惧感，另一方面相对地提高疏散效率。

在走廊区域中，行人的路径行为选择大致分为两种，一种为沿着走廊的中间走，另一种为沿着走廊两侧疏散。从轨迹图来看，中间的行人轨迹线相对于两侧来说要密集，沿着走廊两侧疏散的行人用手摸墙前进，这一方面能够给行人带来安全感，另一方面可以提高疏散效率，但是走廊两侧靠近墙的空间毕竟有限，大部分行人选择在走廊中间进行疏散，因为在不可视环境下进行疏散，行人的内心缺乏安全感，所以行人选择三五成群搭肩纵队疏散，这种自组织行为导致在走廊疏散轨迹中出现了分层现象，这种行为和在教室区域行人没有课桌或者讲台作支撑时的行为相似，为的是增加内心的安全感，进而提高疏散效率。在两种疏散路径中，走廊中间一部分的行人中途改变疏散路径，沿着走廊两侧疏散，这部分行人可能是三五成群的行人中中间掉队的那部分人，也可能是在教室出口附近比较拥挤的地方被挤在中间，但内心还是希望沿着走廊两侧疏散，所以他们在慢慢地不拥挤后，改变疏散路径，沿着走廊两侧疏散。

在楼梯区域中的行人疏散轨迹相对于走廊区域，分布更均匀一些，这可能是在走廊区域中，行人三五成群搭肩纵队自组织疏散，导致分层现象，而在楼梯区域中，行人疏散是下楼梯不可视疏散的过程，此时的行人并不会出现三五成群搭肩纵队自组织疏散，因为这样三五成群的小组织增加了行人在楼梯区域跌倒的风险，所以在楼梯区域的行人更多的是两人一起横队向下疏散。在楼梯区域的行人疏散轨迹比教室区域和走廊区域的疏散轨迹波动更大一些，这是因为教室区域和走廊区域比较平坦，而楼梯区域以台阶的形式，疏散速度相对来说较慢一些。

2）疏散密度分析

图 6-24 为不可视环境下教学楼典型区域的密度分布图。在图 6-24 中可以看出，在教室区域不可视疏散过程中，密度较大的区域不仅是在出口区域，还在讲台和第一排课桌之间的水平通道和垂直通道的 T 形区域（虚线框出），因为在不可视疏散过程中行人沿着课桌摸索，而 T 形区域为水平通道的行人和垂直通道行人的人流交汇处，而出口在教室的右侧，所以 T 形区域右侧的密度相对来说更大一些。在走廊和楼梯区域中，密度较大的区域为拐弯的区域，拐弯的区域意味着行人改变他的疏散方向，此时行人的疏散速度降下来，密度在拐弯区域相对来说也增大。从整体上看，楼梯区域的密度要比走廊区域的密度大，这是因为走廊区域疏散地面平坦，行人疏散速度相对较快，不易形成拥挤，而楼梯区域疏散，是以台阶形式向下疏散，出于安全考虑，行人的疏散速度比较慢，密度也相对较大。

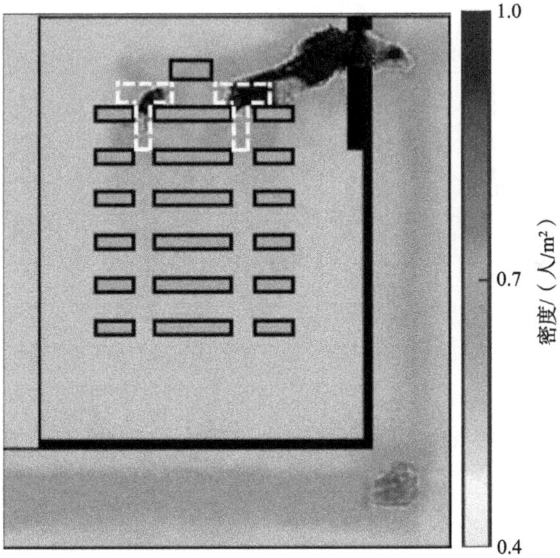

图 6-24　不可视环境下教学楼典型区域的密度分布图

3）疏散时间影响因素分析

行人疏散仿真主要涉及两个方面，一方面为行人本身即行人的数量，另一方面为行人所处的环境。在本书研究中主要研究疏散人数、教室门宽、走廊宽度、楼梯宽度这四个环境因素。

（1）疏散人数对疏散时间的影响。

在行人疏散过程中，人数的多少直接影响疏散时间。在研究行人疏散人数对疏散时间影响的过程中，我们通过改变人数来研究疏散人数与疏散时间的关系。我们设置仿真模拟疏散中的人数为变量，分别为 10 人、30 人、45 人、60 人、80

人，控制其他的常量不变，教室门宽为 0.90m，走廊宽为 2.4m，楼梯宽为 3.07m。对多组的数据分别都进行 100 次模拟仿真，然后取它们结果的平均值，我们得出了如图 6-25 所示的柱状图。

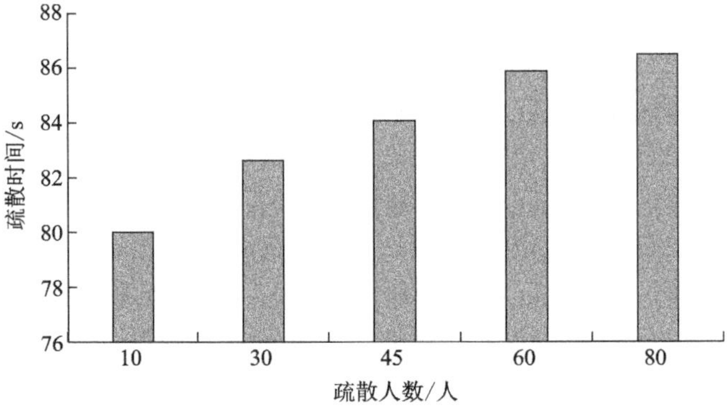

图 6-25　疏散人数与疏散时间关系图

从图 6-25 可以看出，当疏散人数为 10 人时，疏散时间最短，随人数的增加，疏散时间变长。当模拟仿真中疏散人数为 45 人时，行人从教室经过走廊通过楼梯到达安全区域所用的疏散时间为 84.08s，对比实验中，在不可视环境下，教室疏散所用的时间为 22.68s，走廊所用的疏散时间为 16.89s，楼梯所用的疏散时间为 39.59s，三个实验场景的疏散总时间加起来为 79.16s，对比实验和仿真模拟疏散时间，两者非常相近。

（2）教室门宽对疏散时间的影响。

在一个多场景组成的建筑物中，教室门宽对建筑物疏散总时间有着直接的影响。我们通过改变门宽来研究教室门宽对疏散时间的影响，在仿真模拟过程中，分别设置门宽为 0.9m、1.2m、1.5m、1.8m、2.1m 这五个规格，为减小误差，先将每个规格门宽的实验场景都进行多次模拟仿真，然后对多次结果进行平均，我们得到了图 6-26 的柱状图。

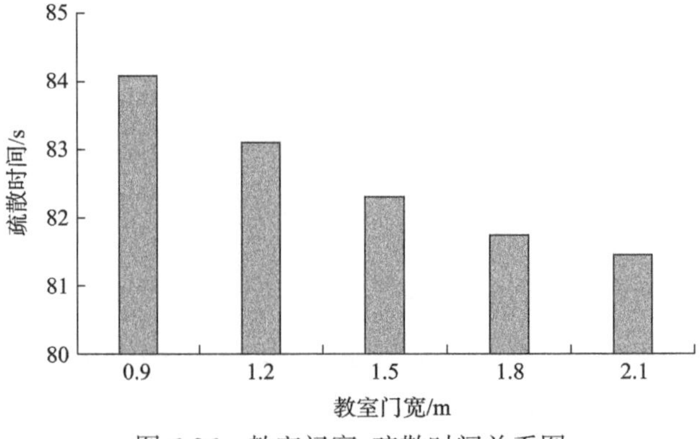

图 6-26　教室门宽-疏散时间关系图

图 6-26 为教室门宽与疏散时间关系图，当教室门宽由 0.9m 逐步变化到 2.1m 时，疏散时间也由 84.08s 下降到 81.45s，教室门越宽，疏散时间越短。这是因为教室门宽在 0.9~2.1m 变化范围内，在教室出口附近都会形成拥挤，随教室门宽的增加，这种拥挤态有所缓解，行人的疏散速度增加，因此行人的疏散时间减少。

（3）走廊宽度对疏散时间的影响。

从图 6-27 可以看出，在不可视疏散仿真时，随走廊宽度由 1.6m 逐渐增大至 3.2m 的过程中，疏散时间由 82.06s 一直上升到 85.4s。随走廊宽度的增大，疏散时间没有减少，反而增加。在可视环境下疏散，走廊宽度在一定范围内，走廊越宽，疏散时间越短；而在不可视环境下，走廊宽度在一定范围内，走廊越宽，疏散时间反而越长。这是因为在不可视疏散仿真时，走廊宽度由 1.6m 逐渐增加到 3.2m 的过程中，一方面走廊区域并未形成拥挤，走廊越宽行人疏散的路径也相对越长，另一方面走廊越宽，行人之间的距离越大，内心越没有安全感，行人会降低速度。

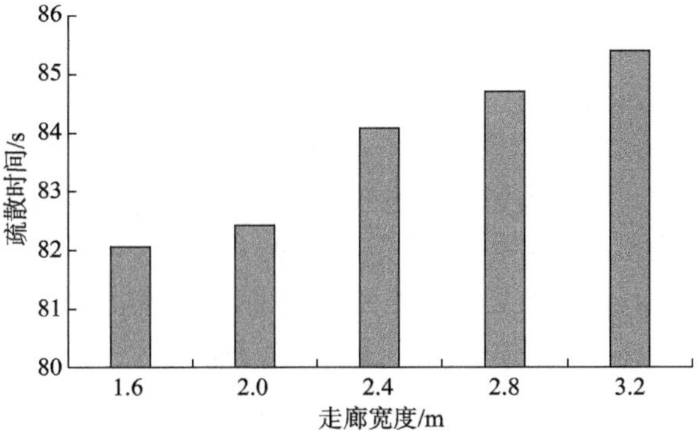

图 6-27　走廊宽度-疏散时间关系图

（4）楼梯宽度对疏散时间的影响。

从图 6-28 可以看出，在不可视疏散仿真过程中，控制楼梯宽度变量，由 1.5m 逐渐上升到 2.5m 的过程中，疏散时间由 85.56s 下降到 83.07s，此时随楼梯宽度增加，疏散时间降低。当楼梯宽度由 2.5m 增加至 3.5m 时，疏散时间由 83.07s 增加到 84.08s，此时随楼梯宽度增加，疏散时间增加。随楼梯宽度由 1.5m 逐渐增加到 3.5m 的过程中，疏散时间呈先减少后增加的趋势，这是因为楼梯宽度从 1.5m 上升到 2.5m 的变化过程也是行人疏散状态由拥挤变不拥挤的过程，所以疏散时间随楼梯宽度增加而减少。在楼梯宽度从 2.5m 上升到 3.5m 的变化过程中，行人在楼梯区域疏散都处在不拥挤的状态下，随楼梯宽度增加，行人之间的距离增加，安全感减少，疏散速度减小，因此疏散时间也增加。楼梯宽度在 1.5~3.5m 变化过程中，2.5m 左右是该仿真中的最佳宽度，疏散时间最短。此时行人之间的距离比较合适，既利于应急疏散，又能让行人有足够的安全感，此时行人的疏散速度最快，疏散时间最短。

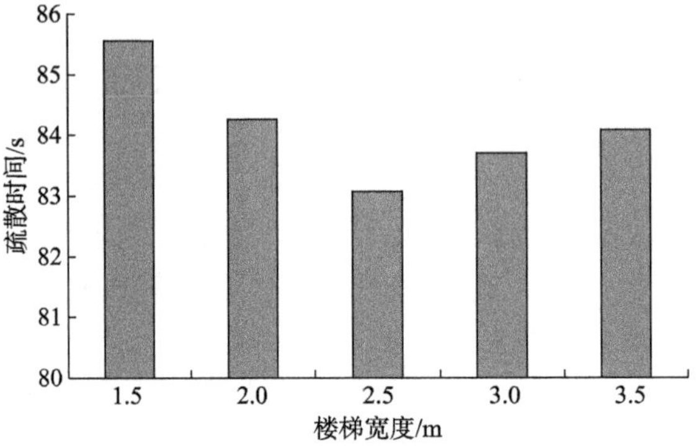

图 6-28　楼梯宽度-疏散时间关系图

6.3.3　复杂场景整体疏散仿真模拟

在真实生活中，我们比较常见的是多楼层多教室的复杂建筑结构，鉴于不可视环境下，多楼层多教室的应急疏散实验开展起来具有一定的困难性，复杂建筑结构的行人集体疏散行为还没有得到充分的研究。考虑到现实情况的局限性，因此本书研究通过改进的三维社会力模型来仿真模拟不可视环境下多层多教室应急疏散过程，研究不可视环境下复杂建筑结构中行人疏散效率的影响因素。

本节的建筑应急疏散的模拟仿真主要考虑一层楼两个教室、一层楼六个教室和三层楼六个教室这三种场景，旨在研究教室门宽、走廊宽度、楼梯宽度对行人疏散时间的影响。仿真中有教室门宽、走廊宽度和楼梯宽度三个参数，通过固定其中一个参数，分析双参数同时改变对整体疏散效率的影响。

1. 单层双教室疏散仿真模拟

1）仿真设计方案

该场景如图 6-29 所示，研究的是在不可视环境下，一层楼中有两个教室，教室的大小与实验中的教室保持一致，为 13.37m×9.56m，教室前面只有一个门作为出口，门宽为 1 个变量，门宽的变化范围为 0.9~3.0m，教室里面有一个讲台，整个教室有 8 行 10 列，有 80 对桌椅。本书研究模拟中设置的走廊宽度和楼梯宽度为变量，变化范围均为 1.6~3.0m。本次模拟仿真中每间教室都有 80 人，总人数为 160 人。行人在教室的初始分布如图 6-29 所示，行人均匀地分布在教室中间的课桌之间，初始速度为 0。

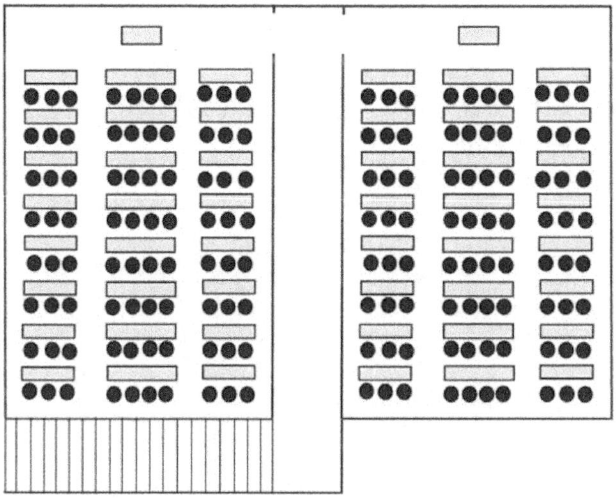

图 6-29　单层双教室示意图

在模拟仿真过程中，行人的初始状态为各自坐在自己的座位上，如图 6-29 所示。当听到疏散指令后，行人立马从自己的座位上站起来，以最快的速度从教室中疏散出去。在疏散过程中，行人经过走廊，通过楼梯，到达安全区域，此时整个模拟疏散过程结束。图 6-30（a）为当时间 t=20s 时的疏散过程图，此时为行人从教室向走廊疏散的过程，在出口区域形成拥挤，并出现成拱现象。图 6-30（b）为当时间 t=40s 时的疏散过程图，此时为行人从走廊向楼梯疏散的过程，在走廊通往楼梯的转角处形成拥挤。

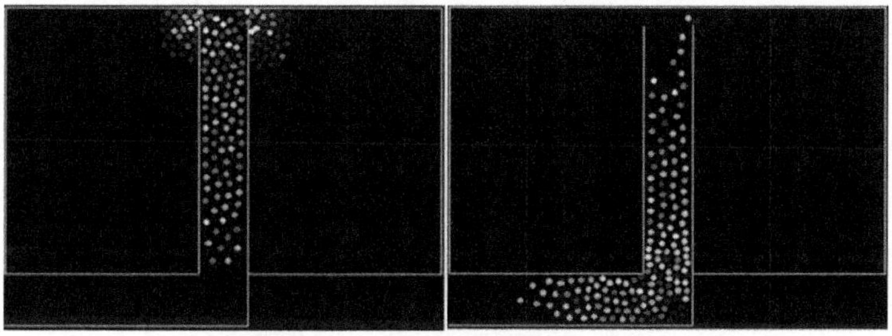

（a）t=20s　（b）t=40s

图 6-30　t=20s 和 t=40s 疏散过程图

2）仿真结果及分析

从图 6-31 我们可以看出，在不可视单层双教室场景的仿真疏散过程中，当教室门宽为 0.9m 时，随走廊宽度增加，行人的疏散时间增加，而随楼梯宽度增加，行人的疏散时间减少。楼梯宽度对行人疏散时间的影响更显著些。当走廊宽度为 3.0m，楼梯宽度为 1.6m 时，疏散时间最多为 99.8s。当走廊宽度为 1.6m，楼梯宽度为 3.0m 时，疏散时间最小为 86.8s。因此，控制教室门宽为定量，研究走廊宽度和楼梯宽度对行人疏散时间的影响时，楼梯宽度是影响行人疏散时间的主导因素。

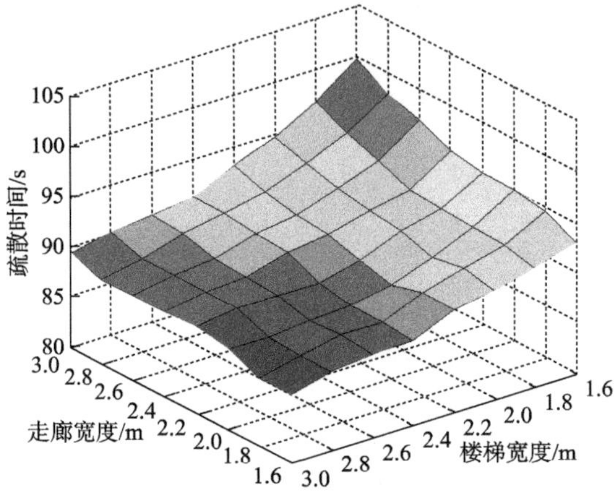

图 6-31　当教室门宽为 0.9m 时，不同走廊宽度和楼梯宽度的疏散时间仿真结果

从图 6-32 中可以看出，当走廊宽度为 2.4m 时，随楼梯宽度增加，行人疏散时间减少；随教室门宽增加，行人疏散时间也减少。相对而言，楼梯宽度对行人疏散时间的影响更显著一些。当教室门宽为 3.0m，楼梯宽度为 3.0m 时，疏散时间最少为 84.1s。当教室门宽为 0.9m，楼梯宽度为 1.6m 时，疏散时间最多为 95.6s。因此，控制走廊宽度为定量，研究教室门宽和楼梯宽度对行人疏散时间的影响时，楼梯宽度是影响行人疏散时间的主导因素。

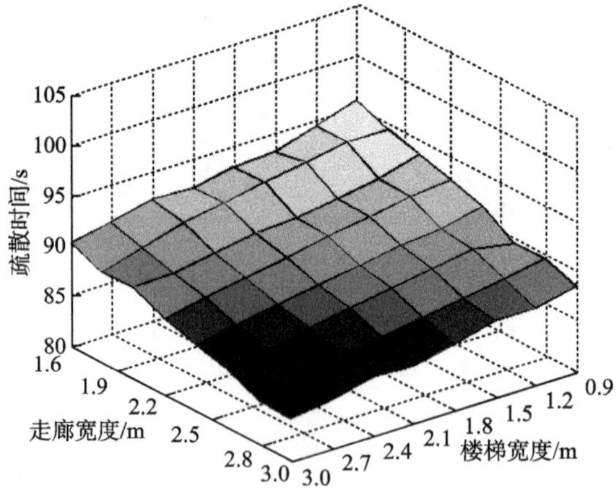

图 6-32　当走廊宽度为 2.4m 时，不同教室门宽和楼梯宽度的疏散时间仿真结果

从图6-33中可以看出，当楼梯宽度为3.0m时，随走廊宽度增加，行人的疏散时间增加，随教室门宽增加，行人的疏散时间减少。相对而言，教室门宽对行人疏散时间的影响更显著一些。当教室门宽为 3.0m，走廊宽度为 1.6m 时，疏散时间最少为 81s。当教室门宽为 0.9m，走廊宽度为 3.0m 时，疏散时间最多为 89.4s。这是因为在单层双教室的疏散场景中，教室门口附近区域密度较大已形成拥挤，随教室门宽的增加，这种拥挤态减小。因此当控制楼梯宽度为定量，研究走廊宽度和教室门宽对行人疏散时间的影响时，教室门宽是影响行人疏散时间的主导因素。

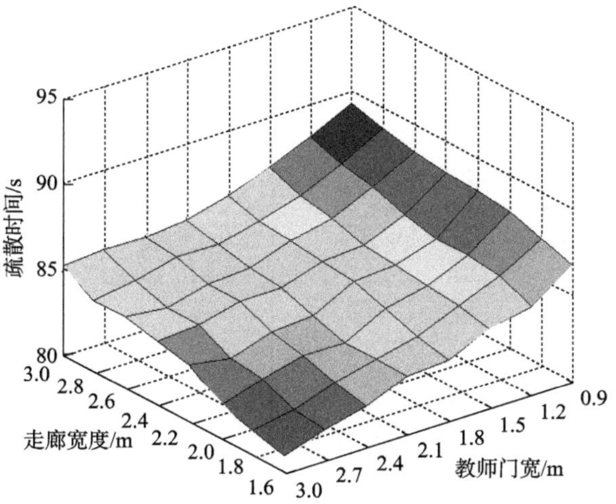

图 6-33　当楼梯宽度为 3.0m 时，不同教室门宽和走廊宽度的疏散时间仿真结果

对比图 6-31~图 6-33 可以看出，在不可视环境下单层双教室疏散场景中，对行人疏散效率影响最大的因素是楼梯宽度，其次是教室门宽，最后是走廊宽度。

2. 单层多教室疏散仿真模拟

1）仿真设计方案

该场景如图 6-34 所示，研究的是不可视环境下，一层楼中有六个教室的场景疏散仿真，与一层楼两个教室不同的是，此次模拟改变了教室数量、楼梯宽度和走廊宽度的变化范围。将教室数量增加至六个，本次仿真的总人数为 480 人。由于教室数量、总人数的增加，我们也适当调整了走廊宽度和楼梯宽度的变化范围。走廊宽度的变化范围为 1.5~3.6m，楼梯宽度的变化范围为 1.5~5.0m。其余的都与一层楼两个教室的参数保持一致。

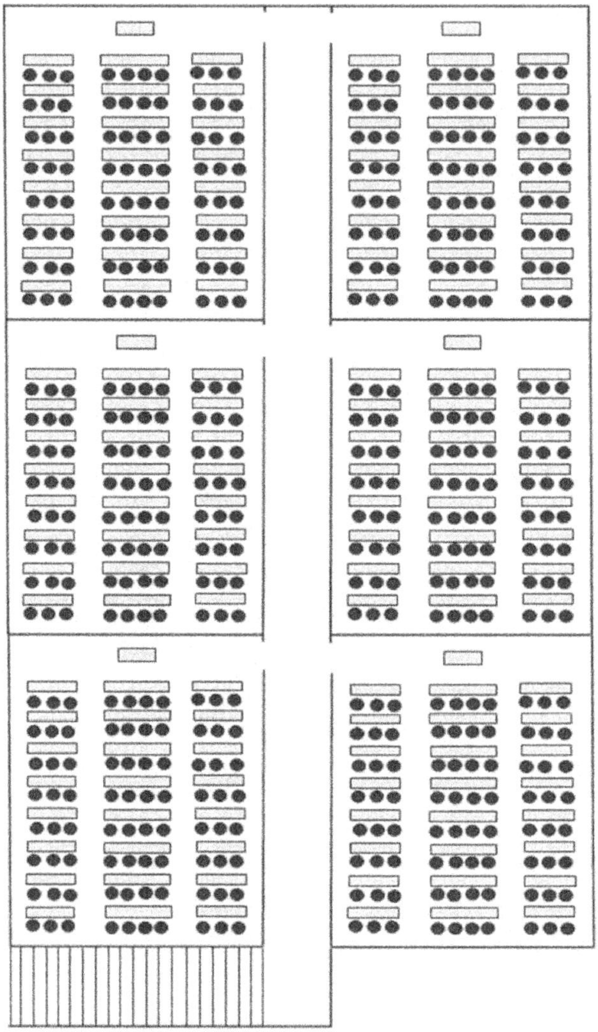

图 6-34　单层多教室示意图

图 6-35 为单层多教室的行人疏散过程，在模拟仿真过程中，行人的初始状态为各自坐在自己的座位上，当听到疏散指令后，行人立马从各自的座位上站起来，以最快的速度从教室中疏散出去，在疏散过程中，行人经过走廊，通过楼梯，到达安全区域，此时整个模拟疏散过程结束。图 6-35（a）为当时间 t=20s 时的疏散过程图，此时为行人从教室向走廊疏散的过程，在出口区域形成拥挤，并出现成拱现象。图 6-35（b）为当时间 t=40s 时的疏散过程图，此时为行人从走廊向楼梯疏散的过程，在走廊及走廊通往楼梯的转角区域形成拥挤。

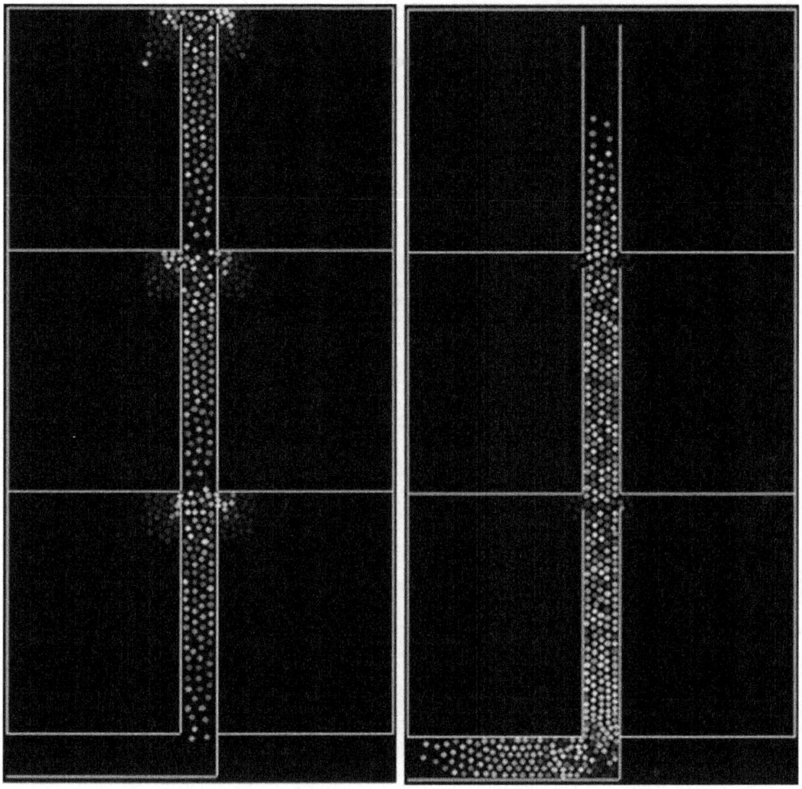

（a）t=20s　　　　（b）t=40s

图 6-35　t=20s 和 t=40s 疏散过程图

2）仿真结果及分析

从图6-36中可以看出，当教室门宽为0.9m时，随走廊宽度增加，行人的疏散时间增加，但走廊宽度的变化对于疏散时间整体的影响并不大；行人的疏散时间主要受楼梯宽度影响，随楼梯宽度增加，行人疏散时间显著减少。当楼梯宽度为1.5m，走廊宽度为 3.6m 时，行人疏散时间达到最大值为 137s，因为走廊宽度较大，在走廊区域不会形成拥挤，行人以较快速度疏散到楼梯区域，而楼梯区域较窄，在楼梯区域形成拥挤，行人都堵在楼梯区域，因此疏散时间较长。当走廊宽度变化范围为 1.5~3.6m，楼梯宽度变化范围为 4.0~5.0m 时，楼梯宽度和走廊宽度对疏散时间的影响都不大。当走廊宽度变化范围为 1.5~3.6m，楼梯宽度变化范围为 1.5~4.0m 时，楼梯宽度的变化对行人疏散时间产生显著性的影响。随楼梯宽度变大，行人的疏散时间也降低。因此，控制教室门宽为定量，研究走廊宽度和楼梯宽度对行人疏散时间的影响时，楼梯宽度是影响行人疏散时间的主导因素。

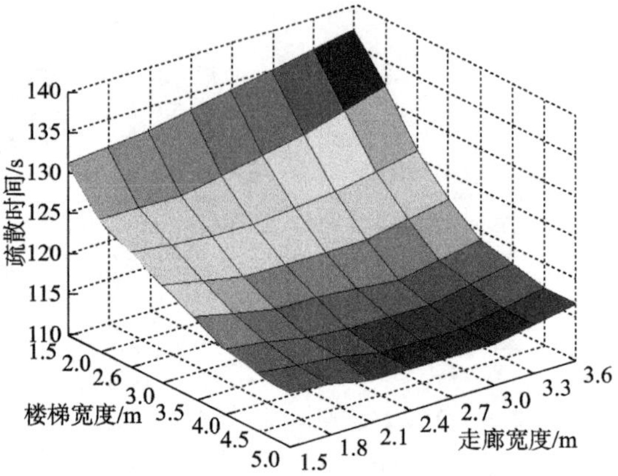

图 6-36　当教室门宽为 0.9m 时，不同走廊宽度和楼梯宽度的疏散时间仿真结果

从图6-37中可以看出，当走廊宽度为2.4m时，随楼梯宽度增加，行人疏散时间减少，但楼梯宽度的变化对于疏散总时间的影响并不大，行人疏散时间主要受教室门宽影响，随教室门宽增加，行人的疏散时间显著减少。当楼梯宽度为 1.5m 时，门宽由 0.9m 逐渐增加至 3.0m，此时疏散时间由最大值 133s 逐渐减少至 127s。当楼梯宽度变化范围为 1.5~5.0m，教室门宽变化范围为 2.4~3.0m 时，楼梯宽度和教室门宽对疏散时间都几乎没有影响。当楼梯宽度变化范围为 1.5~5.0m，教室门宽变化范围为 0.9~2.4m 时，教室门宽的变化对行人疏散时间产生显著性的影响，随教室门宽增加，行人的疏散时间显著减少。因此，控制走廊宽度为定量，研究教室门宽和楼梯宽度对行人疏散时间的影响时，教室门宽是影响行人疏散时间的主导因素。

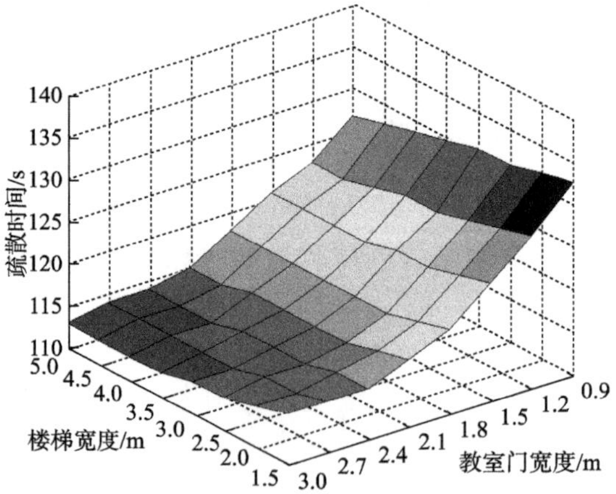

图 6-37　当走廊宽度为 2.4m 时，不同教室门宽和楼梯宽度的疏散时间仿真结果

从图6-38中可以看出，当楼梯宽度为3.0m时，教室门宽的变化对行人疏散时

间并不会产生多大的影响，行人疏散时间主要受走廊宽度影响。当教室门宽变化范围为 0.9~3.0m，走廊宽度变化范围为 1.5~2.1m 时，随走廊宽度增加，行人疏散时间迅速减少。当教室门宽变化范围为 0.9~3.0m，走廊宽度的变化范围为 2.1~3.6m 时，走廊宽度对疏散时间几乎没有影响。在控制楼梯宽度为定量，研究教室门宽和走廊宽度这两个变量对疏散时间影响时，发现走廊宽度是影响疏散时间的主导因素。这是因为在一层楼六个教室的场景中，固定楼梯宽度为 3.0m，随教室数量变多，教室门的数量也变多，此时教室内的拥挤态并不发生变化，而六个教室的行人从教室中疏散出来都通往同一条走廊，走廊的拥挤态发生变化。

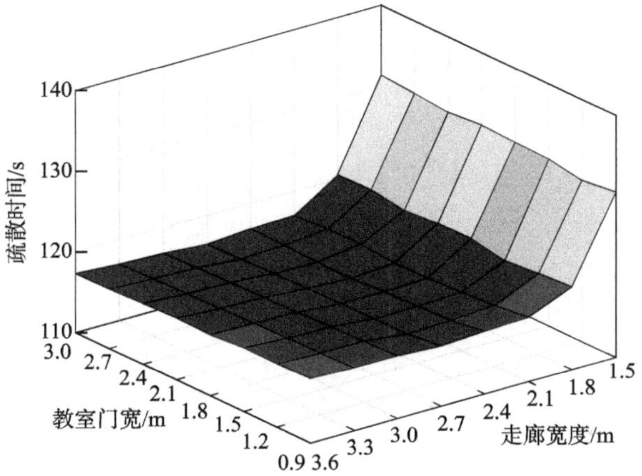

图 6-38　当楼梯宽度为 3.0m 时，不同教室门宽和走廊宽度的疏散时间仿真结果

对比图 6-36~图 6-38 可以看出，在不可视环境下单层多教室疏散场景中，当走廊宽度小于 2.1m 时，继续减少走廊宽度会显著增加疏散总时间。当走廊宽度大于 2.1m 时，对行人疏散效率影响最大的因素是教室门宽，其次是楼梯宽度，最后是走廊宽度。

3. 多层多教室疏散仿真模拟

1）仿真设计方案

该场景如图 6-39 所示，研究的是不可视环境下的三层楼，每层楼六个教室的复杂场景疏散仿真。18 个教室的大小都与之前的场景一致，本次仿真的每个教室人数仍然都为 80 人，总人数为 1 440 人。该场景楼层间彼此相邻，公共区域通过楼梯连接。由于本场景疏散过程与一层楼六个教室非常相似，模型中的参数设置与单层多教室的参数保持一致。

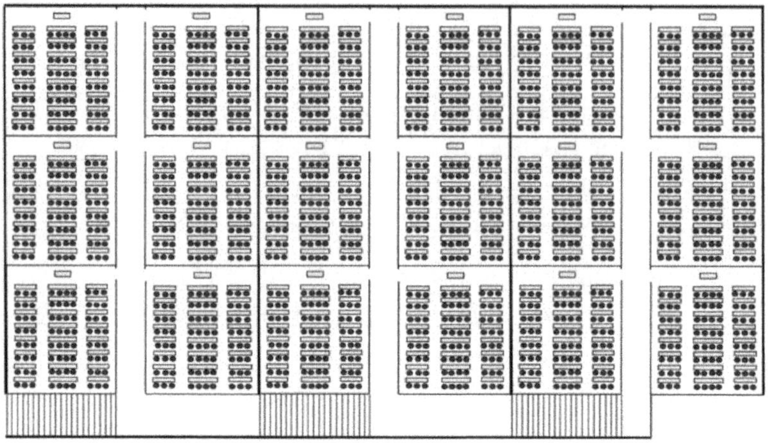

图 6-39　多层多教室示意图

图 6-40（a）为不可视环境下多层多教室的行人疏散过程，在模拟仿真过程中，行人的初始状态为行人各自坐在自己的座位上。如图 6-39 所示，当听到疏散指令后，行人立马从各自的座位上站起来，以最快的速度从教室中疏散出去，在疏散过程中，图 6-39 中最右侧第三层楼的行人经过走廊通过第三层楼的楼梯后与第二层楼的行人汇流。第二层和第三层楼的行人与第一层楼的行人在第一层的楼梯区域汇流，当所有的人都到达安全区域时，整个模拟疏散过程结束。图 6-40（a）为当时间 t=20s 时的疏散过程图，此时为行人从教室向走廊疏散的过程，在门口区域形成拥挤，并出现成拱现象。图 6-40（b）为当时间 t=40s 时的疏散过程图，此时为行人从走廊向楼梯疏散的过程，在走廊及走廊通往楼梯的转角区域形成拥挤。

（a）t=20s

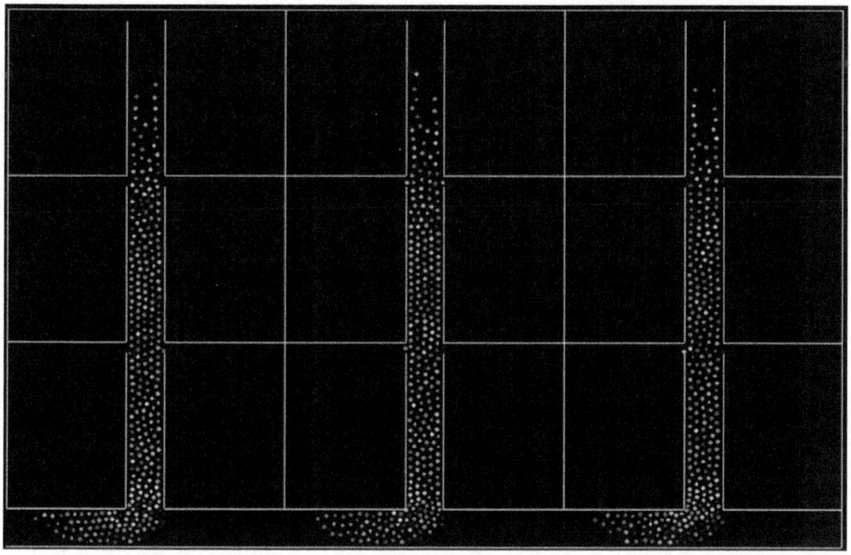

（b）t=40s

图 6-40　不同时间疏散过程图

2）仿真结果及分析

从图6-41中可以看出，当教室门宽为0.9m时，随楼梯宽度增加，行人的疏散时间减少，但是随走廊宽度增加，行人的疏散时间增加。当楼梯宽度为 5.0m，走廊宽度为 1.5m 时，行人疏散时间达到最小值为 230s。当楼梯宽度为 1.5m，走廊宽度为3.6m时，行人疏散时间达到最大值为325s。在走廊和楼梯之间出现“快即慢”现象，在应急疏散过程中，行人处于恐慌状态下，受危险胁迫急于争相到达出口，不得不竞争有限的出口空间，行人之间出现摩擦冲突和拥挤，反而降低了疏散速度和建筑物的通行能力。走廊作为连接教室和楼梯的中间过渡区域，在行人密度高的状态下，走廊能起到控制人流量的作用，较小的走廊宽度能够有效地控制大量的行人流涌向楼梯，有利于缓解楼梯区域的拥挤程度；行人在楼梯区域形成汇流，出现非常拥挤的现象，此时较大的楼梯宽度能够缓解楼梯区域的拥挤程度。较小的走廊宽度和较大的楼梯宽度能够有效地提高疏散效率。研究走廊宽度和楼梯宽度双参数的变化对疏散效率的影响，走廊宽度的变化对于疏散总时间的影响略大于楼梯宽度对疏散总时间的影响。因此，控制教室门宽为定量，研究走廊宽度和楼梯宽度对行人疏散时间的影响时，走廊宽度是影响行人疏散时间的主导因素。

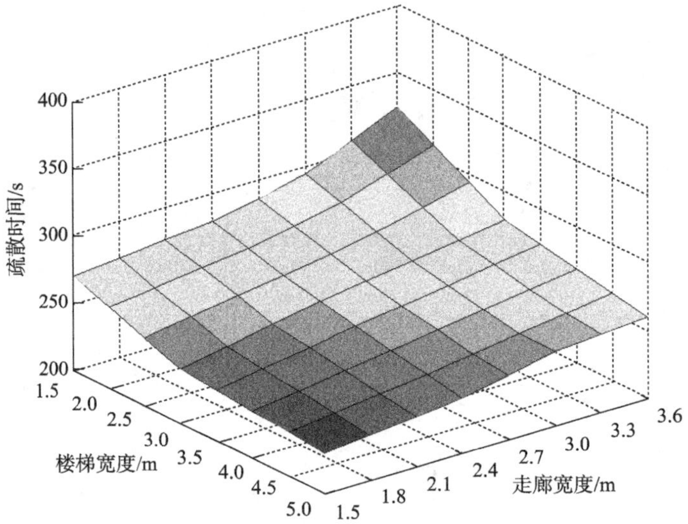

图 6-41　当教室门宽为 0.9m 时，不同走廊宽度和楼梯宽度的疏散时间仿真结果

从图6-42中可以看出，当走廊宽度为2.4m时，随楼梯宽度增加，行人的疏散时间减少。当楼梯宽度为 1.5~2.5m 时，随教室门宽增加，行人的疏散时间减少。当楼梯宽度为 2.5~5.0m 时，随教室门宽增加，行人的疏散时间增加。当教室门宽为 0.9m，楼梯宽度为 5.0m 时，行人疏散总时间达到最小值为 240s。当楼梯宽度为 1.5m，教室门宽为 0.9m 时，此时行人疏散总时间达到最大值为 350s。在楼梯宽度为 2.5~5.0m 时，教室和走廊之间的出口区域出现“快即慢”现象，在应急疏散情况中，行人处于恐慌状态下，受危险胁迫急于争相到达出口，不得不竞争有限的出口空间，行人之间出现摩擦冲突和拥挤，反而降低了疏散速度和建筑物的通行能力。而在此时较小的门宽有效地降低楼梯区域的拥挤程度，反而有利于提高疏散效率。因为较大的行人流涌向走廊，在走廊出现拥挤现象。而教室门作为连接教室和走廊的中间过渡区域，在教室人群密度较高的状态下，教室门能起到控制人流量的作用，较小的教室门宽能够有效地控制大量的行人流涌向走廊，有利于降低走廊区域的拥挤程度。因此，在楼梯宽度为 2.5~5.0m 时，较小的教室门宽和较大的楼梯宽度能够有效地提高疏散效率。在楼梯宽度为 1.5~2.0m 时，“快即慢”现象消失。研究教室门宽和楼梯宽度双参数的变化对疏散效率的影响，教室门宽的变化对于疏散总时间的影响并不大，行人的疏散时间主要受楼梯宽度的影响。因此，控制走廊宽度为定量，研究教室门宽和楼梯宽度对行人疏散时间的影响时，楼梯宽度是影响行人疏散时间的主导因素。

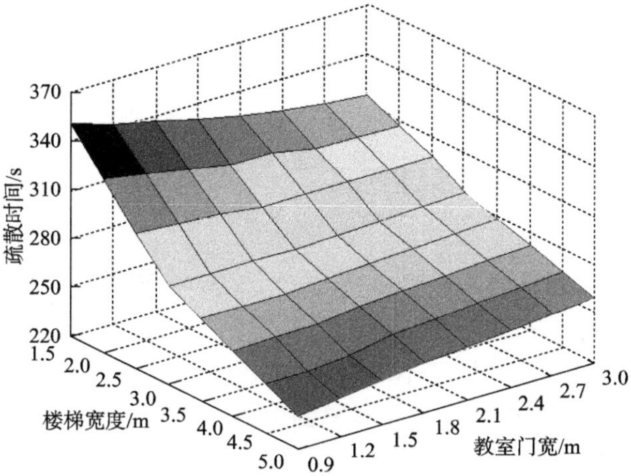

图 6-42　当走廊宽度为 2.4m 时，不同教室门宽和楼梯宽度的疏散时间仿真结果

从图 6-43 中可以看出，当楼梯宽度为 3.0m 时，随走廊宽度增加，行人的疏散时间减少。随教室门宽增加，行人的疏散时间增加。在教室门宽为 0.9m 的状态下，当走廊宽度为 3.6m 时，此时行人疏散时间达到最小值为 250s。当教室门宽为 3.0m，走廊宽度为 1.5m 时，此时行人疏散时间达到最大值为 312s。教室门和走廊作为区域转换的过渡地带，对控制行人流起着关键性的作用。由于教室内的行人较多，当教室门宽较小时，有利于控制大量的行人流流向走廊和楼梯区域，缓解走廊和楼梯区域的拥挤程度。对于行人密度较大的走廊区域，走廊越宽疏散时间也就越短，因此，随教室门宽增加，行人的疏散时间增加；随走廊宽度增加，行人的疏散时间减少。当控制楼梯宽度为定量，研究教室门宽和走廊宽度对行人疏散时间的影响时，走廊宽度是影响行人疏散时间的主导因素。

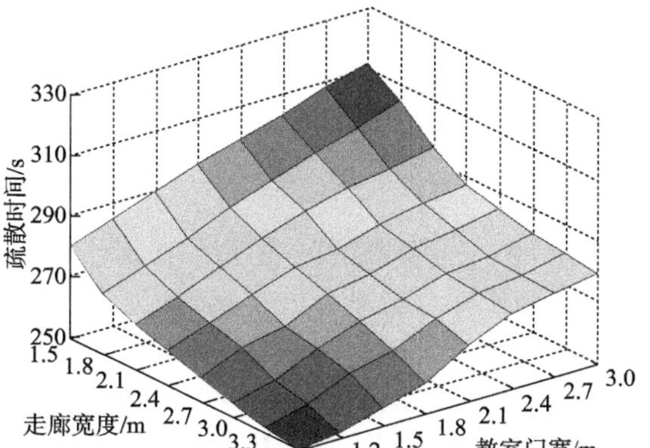

图 6-43　当楼梯宽度为 3.0m 时，不同教室门宽和走廊宽度的疏散时间仿真结果

对比图 6-41~图 6-43 我们可以看出，在不可视环境下，多层多教室疏散场景中，对行人疏散效率影响最大的因素是走廊宽度，其次是楼梯宽度，最后是教室门宽。

6.3.4　小结

本节首先提出了改进的三维社会力模型，对不可视环境下走廊和楼梯等区域行人疏散典型特征进行了模拟仿真，与实验数据对比证明了模型及参数设置的合理性。其次在此基础上，进行了不同疏散场景（行人分别从一个教室、单层多教室及多层多教室出发，经过走廊和楼梯的整体疏散）仿真模拟，研究了疏散人数、教室门宽、走廊宽度和楼梯宽度等因素对疏散效率的影响。仿真结果表明：

（1）在不可视环境下从一个教室疏散时，减少疏散人数及增加教室门宽能显著提高疏散效率，但增加走廊和楼梯宽度反而可能降低疏散效率。

（2）在不可视环境下从单层双教室疏散时，对行人疏散效率影响最大的因素是楼梯宽度，其次是教室门宽，最后是走廊宽度。

（3）在不可视环境下从单层多教室疏散时，当走廊宽度小于 2.1m 时，继续减少走廊宽度，会显著增加疏散总时间。当走廊宽度大于2.1m时，对行人疏散效率影响最大的因素是教室门宽，其次是楼梯宽度，最后是走廊宽度。

（4）在不可视环境下从多层多教室疏散时，教室门口、走廊及楼梯等疏散瓶颈区域拥挤现象严重，导致疏散总时间急剧增加。此时对行人疏散效率影响最大的因素是走廊宽度，其次是楼梯宽度，最后是教室门宽。

6.4　本 章 小 结

6.4.1　研究结论

首先为研究不可视环境下校园典型区域应急疏散过程中行人的典型运动特征，本书研究分别在走廊和楼梯等区域开展了真人应急疏散实验。通过摄像机记录实验过程，利用视频图像识别技术提取行人的疏散轨迹，从而得到速度、密度、流量等特征参数，分别从宏观和微观等不同角度对行人的典型行为进行分析；其次利用改进的三维社会力模型进行模拟仿真，与实验数据进行对比，证明了模型的合理性；最后考虑单层多教室、多层多教室等复杂场景的模拟仿真，研究了教室门宽、走廊宽度、楼梯宽度等重要参数对行人疏散效率的影响。本书的主要研究结果如下。

（1）采用视频录像识别和计算机视觉技术，通过自主编程设计开发的软件，可以很方便地对实验视频进行校正和图像处理，实现了对行人目标的追踪并自动提取其高精度的运动轨迹，结合voronoi等方法获得行人运动过程中的速度、密度和流量等重要参数，并输出对应的图表，为更好地理解和分析行人的运动特征提供了支持。

（2）设计开展了可视和不可视两种环境下校园建筑典型区域（走廊和楼梯）行人应急疏散对比实验。实验结果表明：①可视疏散过程中行人的疏散时间短而且分布的相对集中，而不可视疏散过程中，行人疏散时间长而且分布相对分散；②在不可视环境下，行人在几乎无障碍物的走廊区域的疏散速度最快（0.82m/s），而在三维楼梯区域，由于担心踏空摔倒，行人运动速度最慢（0.38m/s）。

（3）提出了改进的三维社会力模型，对不可视环境下单个教室、单层多教室及多层多教室的整体疏散进行了仿真模拟，研究了疏散人数、教室门宽、走廊宽度和楼梯宽度等因素对疏散效率的影响。仿真结果表明：①从单个教室疏散时，减少疏散人数及增加教室门宽能显著提高疏散效率，但增加走廊和楼梯宽度反而可能降低疏散效率。②从单层双教室疏散时，对行人疏散效率影响最大的因素是楼梯宽度，其次是教室门宽，最后是走廊宽度。③单层多教室疏散时，当走廊宽度小于 2.1m 时，继续减少走廊宽度，会显著增加疏散总时间。当走廊宽度大于 2.1m 时，对行人疏散效率影响最大的因素是教室门宽，其次是楼梯宽度，最后是走廊宽度。④从多层多教室疏散时，教室门口、走廊及楼梯等疏散瓶颈区域拥挤现象严重，导致疏散总时间急剧增加。此时对行人疏散效率影响最大的因素是走廊宽度，其次是楼梯宽度，最后是教室门宽。

6.4.2　研究展望

本书研究对不可视环境下校园建筑物典型区域内的行人疏散进行了实验和仿真研究，研究结果可以为建筑楼梯的设计及人群疏导管控提供一定的参考依据。由于受实验条件等方面的限制，本书研究仍存在一些有待完善之处，主要包括以下几个方面。

（1）开展整体疏散实验。本书研究开展了楼梯和走廊区域的行人疏散实验，但出于安全等因素的考虑，这些实验都只在单一区域内分别进行，没有进行从教室经走廊和楼梯的整体疏散实验。

（2）实验场地和实验者的多样化。本书研究的实验场地为校园建筑物，有一定的特殊性，今后应考虑商场、办公楼等不同建筑物的人员的疏散实验研究。此外，本实验中，实验者大多是 20~24 岁的高校学生，运动行为具有很大的相似性，但是在真实情况下，不同年龄阶段、不同职业的人都存在，在今后的研究中，应考虑不同年龄、不同职业等不同社会背景人员的疏散实验研究，有利于得出更综合、更合理的结论。

（3）考虑不同可视环境的疏散。本书研究主要研究了可视环境和完全不可视环境下的行人疏散行为对比，但是在真实生活中，因光线强度的不同，可视程度不同，行人的疏散行为可能有较大差异。在今后的研究中，将进一步考虑不同可视程度对行人疏散行为的影响。

（4）考虑群体心理行为和个体疏散心理的疏散模型。行人的疏散效率不仅受个体的运动能力影响，还受到个体的心理因素（如恐慌心理、安全感和期望速度等）和群体决策心理行为的影响，在今后的研究中，应在疏散模型中加入个体和群体心理因素，使疏散模型更加科学合理。

第 7 章　地铁站区域乘客疏散行为仿真

7.1　地铁站区域乘客运动特征统计

7.1.1　城市轨道交通乘客构成

1. 乘客年龄构成

按照年龄的大小，我们把城市轨道交通乘客中小于 15 岁的视为儿童，年龄位于 15~40 岁的视为青年人，年龄大于 40 岁小于 60 岁的界定为中年人，年龄大于等于 60 岁的视为老年人[175]。

我们通过对进、出地铁站的乘客进行观察，发现乘客的年龄基本介于 15~40 岁。本书研究采用人工调查的方法，选取了工作日早、晚高峰期，以西安市小寨站和钟楼站为主要调查对象，共计得到 1 362 个样本，调查结果如表 7-1 和图 7-1 所示。

表 7-1　地铁站乘客年龄构成

乘客类别	不同年龄乘客人数/人	不同年龄乘客所占比例
儿童	37	2.71%
青年人	1 093	80.25%
中年人	183	13.44%
老年人	49	3.60%
合计	1 362	100.00%

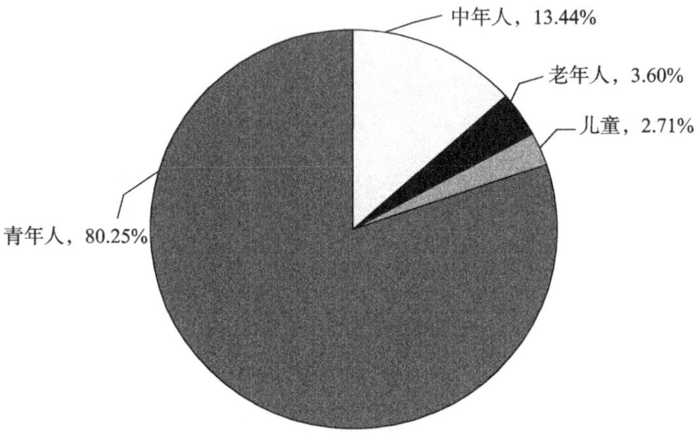

图 7-1 地铁站乘客年龄构成比例图

由表 7-1 和图 7-1 可知，城市轨道交通乘客以青年人为主，所占比例达到了 80.25%，主要是因为社会主要工作人员由青年人构成，而且城市轨道交通经济、便捷，因此成为许多青年人的首要选择，同时由于青年人的年龄跨度较大，15~40 岁跨度长达 25 岁，因此容易采集到更多的目标样本。其次是中年人，所占比例为 13.44%，主要是因为中年人的经济实力较强，一般不会选择公共交通方式，而选择灵活性比较强的交通方式，如私家车或者出租车。儿童和老年人所占的比例较少，分别为 2.71%和 3.60%，主要是因为城市轨道交通需要安检、进出站购票、刷卡，这些行为对于老年人来说具有较大的难度，因此，老年人一般倾向于选择熟悉的公交车出行；儿童一般在家长的陪同下出行，他们主要活动范围为学校和家，家长一般选择私家车、电动车、自行车等交通工具接送儿童。

2. 乘客性别构成

经过统计分析，地铁站男、女乘客人数如表 7-2 所示，对应的男、女乘客所占的比例如图 7-2 所示。

表 7-2 地铁站观测到的男、女乘客人数

性别	乘客人数/人	乘客所占比例
男	683	50.22%
女	677	49.78%
合计	1 360	100.00%

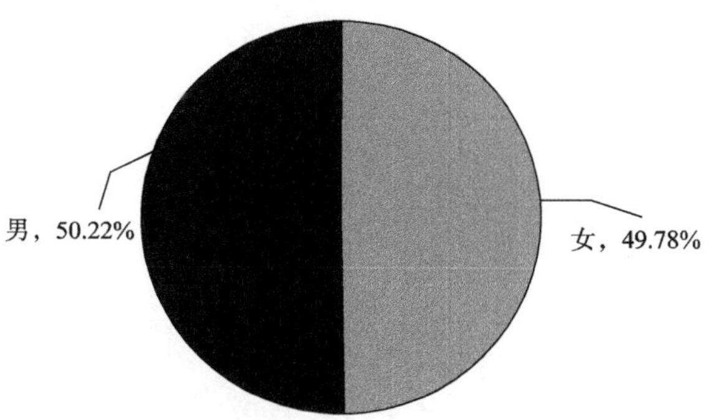

图 7-2　地铁站观测到的男、女乘客所占比例

由表 7-2 和图 7-2 可知，男性乘客所占的比例为 50.22%，女性乘客所占的比例为 49.78%，男性乘客所占比例略高于女性乘客所占比例，可能与滴滴出行的发展有关，相对于男性乘客，女性乘客更乐于选择顺风车、快车等出行方式。

3. 乘客携带行李构成

根据乘客携带行李的数量，将乘客划分为以下四类。

（1）如果乘客只携带一个小背包或者书包、电脑包，即此时携带的行李不影响乘客的运动，界定为乘客无行李或携带较少行李。

（2）如果乘客携带的行李箱为 20 寸（1 寸≈3.333cm）及其以下、旅行包或两个及两个以上小包，即此时携带的行李影响了乘客的运动，界定为乘客携带行李一般多。

（3）如果乘客携带的行李箱为 20 寸以上 28 寸以下，或者乘客携带两个中等体积的包，即此时携带的行李较大地影响了乘客的运动，界定为乘客携带行李较多。

（4）如果乘客携带的行李箱为 28 寸以上、两个背包或三个中等以上的背包，即此时携带的行李严重影响了乘客的运动，界定为乘客携带行李很多。

地铁站的乘客携带行李构成如表 7-3 和图 7-3 所示。

表 7-3　地铁站观测到的乘客携带行李构成

乘客携带行李构成	乘客人数/人	乘客所占比例
少	1 286	94.56%
一般	42	3.09%
较多	19	1.40%
很多	13	0.95%
合计	1 360	100.00%

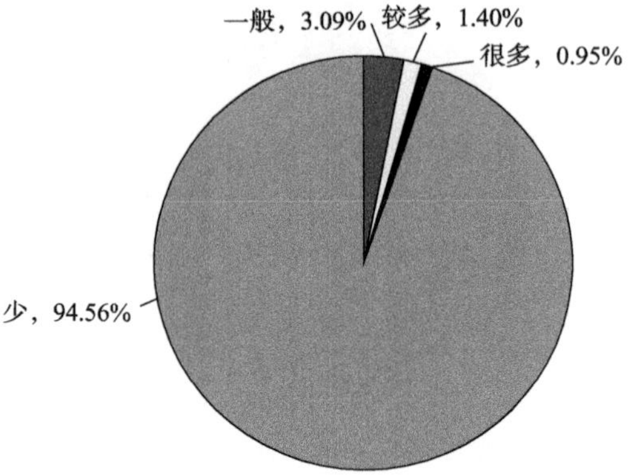

图 7-3 地铁站观测到的乘客携带行李构成

由表 7-3 和图 7-3 可知，94.56%的乘客携带的行李少，通常情况下为一个小包，主要是因为地铁站的乘客基本上以当地居民为主，一般出行只需携带手机、钥匙、钱包、纸巾等小型物品，一个小包足以放得下平时必需物品；携带行李一般的乘客为3.09%，这部分乘客大多数以女性为主，主要是因为西安市小寨站和钟楼站位于商业区域，相对于男性，女性购物的人数比较多；携带行李较多的乘客比例为1.40%；携带行李很多的乘客所占比例不足 1%，说明该地铁站外来人员较少。

7.1.2 通道内乘客典型特征分析

本书研究以小寨站 B 出站口为研究对象，研究了通道内乘客的平均速度，如图 7-4 所示，横坐标为乘客 ID（每个乘客被赋予一个编号），纵坐标为乘客平均速度，可知乘客平均速度分布在 0.8~1.8m/s，对乘客的密度进行分析，得到他们的频数分布图，如图 7-5 所示，平均速度分布在 1.0m/s 附近的乘客数量最多，乘客的速度分布基本上服从正态分布，乘客的整体平均速度为 1.16m/s。

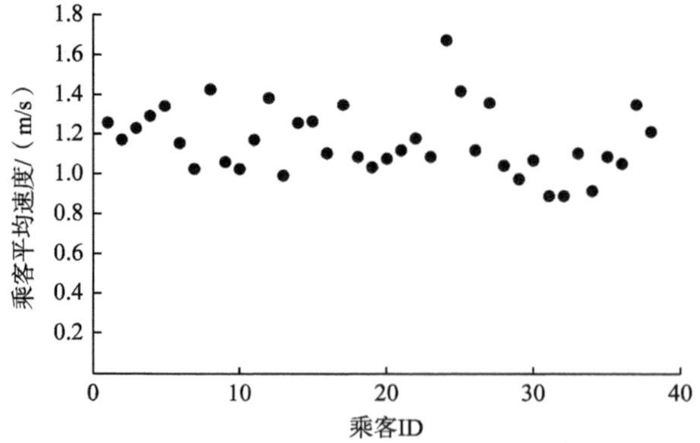

图 7-4 乘客速度散点图

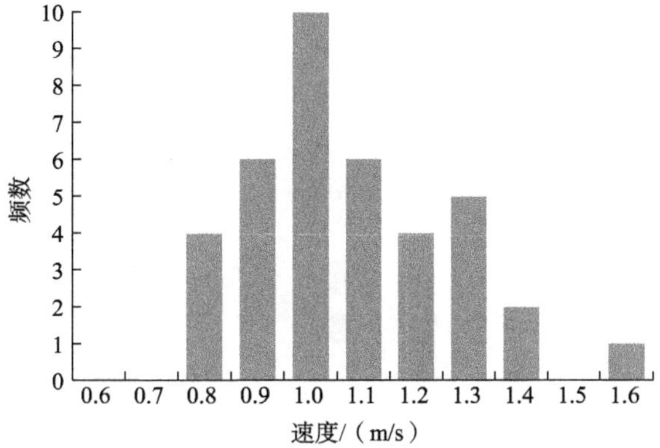

图 7-5　乘客速度频数分布图

7.1.3　乘客上、下车行为分析

1. 乘客上车行为分析

乘客在站台上等待时，站台上划分了乘客上车等候区域和乘客下车区域。根据地铁运行要求，乘客应遵循“先下后上”的规则。根据观测，当乘客人数较少时，乘客有足够的时间上、下车，此时，乘客多数遵循“先下后上”规则；当处于高峰期乘客人数较多时，由于停车时间较短，个别上车乘客担心没有足够的时间上车，可能并不遵循“先下后上”规则，当乘客下车时，等待上车的乘客会找到上车的机会上车，此时出现上、下车混行情况。

根据观察，车门附近内乘客密度影响乘客上车效率，分析结果如图 7-6 所示。由图 7-6 可知，当车门口区域密度较小时，乘客需要的上车时间比较短，当车门口区域密度较大时，乘客需要的上车时间增加；随上车乘客人数的增加，不同乘客密度条件下，后上车的乘客所需上车时间的差距不断减小，即车厢内不同的乘客初始密度对先上车的乘客所需上车时间影响较大，对后上车的乘客所需上车时间影响较小，主要是因为当车厢内密度较小时，乘客不需要与其他乘客发生拥挤即可上车，随上车人数的增加，车厢内的密度不断地增加，而且上车乘客上车后一般聚集在车门区域，对即将上车的乘客造成影响。当车厢内密度为 0.728 人/m^2时，乘客所需平均上车时间为 0.84s，当车厢内密度为 0.364 人/m^2时，乘客所需平均上车时间为 0.70s，因此建议乘客上车后主动向车厢内部移动，降低车门附近的乘客密度，从而缩短乘客上车时间。

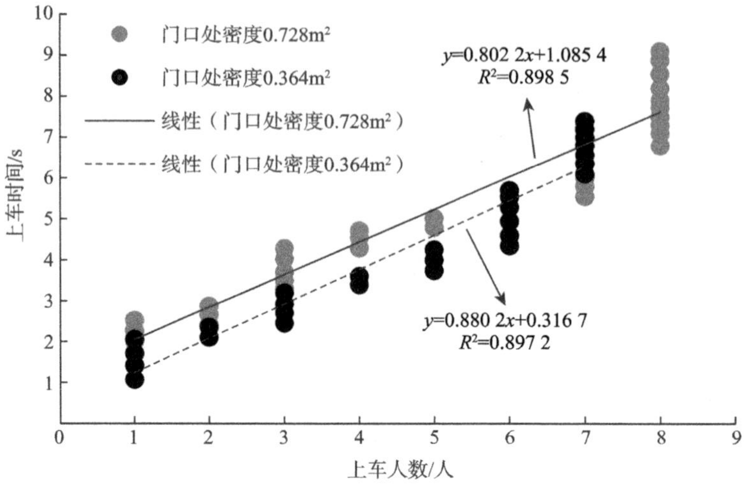

图 7-6 上车人数-上车时间关系图

2. 乘客下车行为分析

图7-7为乘客下车人数-下车时间关系图，可知，平均下车时间为0.94s，拟合的结果斜率小于 1。随下车人数的增加，靠后下车乘客所需的下车时间不断减少，主要是因为随下车人数的增加，车厢内乘客的密度降低，因此，后下车乘客受到其他乘客的干扰较小，即需要穿越较少的“障碍物”。

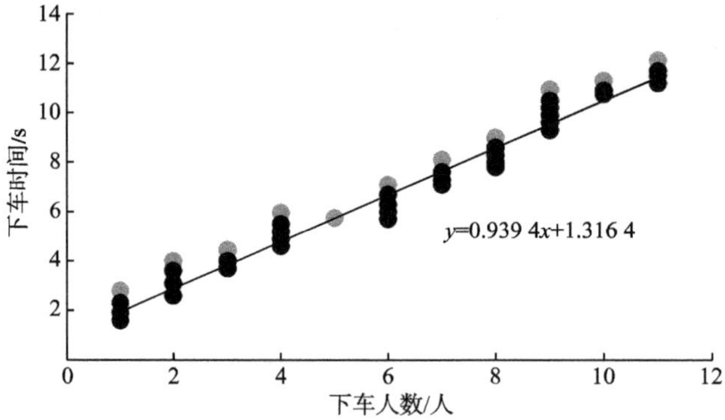

图 7-7 下车人数-下车时间关系图

由观测到的视频可知，乘客上、下车有时会发生对冲，这是因为有些乘客遵守“先下后上”规则，但有些乘客不遵守此规则，因此，我们就上、下车乘客有无对冲所需的平均上、下车时间进行研究。据观测，无对冲时，即乘客遵守“先下后上”规则时，所需平均上车时间为 0.77s，平均下车时间为 0.87s；存在对冲时，即乘客不遵守“先下后上”规则，所需平均上车时间为 1.3s，平均下车时间为 1.4s。由此可知，当乘客不遵守“先下后上”规则时，会影响上、下车效率，因此建议乘客遵守“先下后上”规则。

7.2　地铁站区域乘客上、下车行为分析

本节运用社会力模型的相关理论，模拟了通道内乘客的上、下车行为及其影响因素，并将模拟的数据与真实数据进行比较分析，研究表明社会力模型可以较好地再现乘客的微观行为，为进一步运用社会力模型研究突发事件下地铁站行人疏散行为奠定了基础。

7.2.1　乘客典型行为模拟与分析

1. 通道内乘客行为模拟及分析

在本节，将 7.1 小节得到的乘客在通道内的平均速度参数代入社会力模型中，得到的模拟结果如图 7-8 所示。模拟时，速度分布在 0.8~1m/s、1.2~1.4m/s、1.6~1.8m/s 的乘客频数与真实值相同，速度分布在 1.0~1.2m/s 的乘客频数比真实值多 1，速度分布在 1.4~1.6m/s 的乘客频数比真实值少 1。同真实数据得到的值类似，大多数乘客的速度分布在 1.0~1.2m/s，占乘客总人数的 50%，乘客的整体平均速度为 1.15m/s，与真实数据得到的平均速度 1.16m/s 接近。

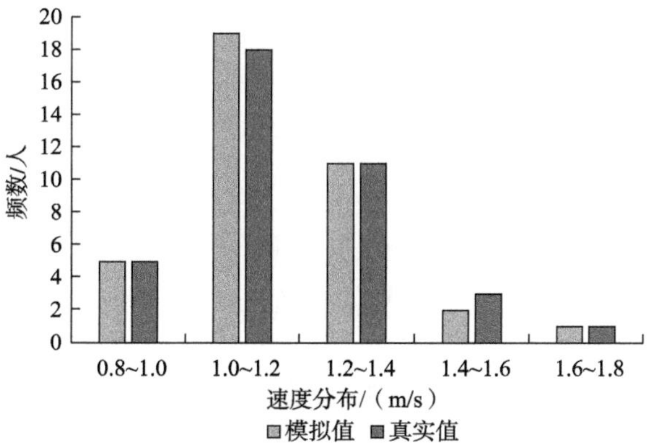

图 7-8　通道内乘客速度分布图

2. 上、下车乘客行为模拟及分析

本节分别模拟了乘客上、下车行为，模拟结果如图 7-9（a）为

乘客上车人数–时间图，根据真实数据，7 名乘客所需的平均上车时间为 0.703s，社会力模型模拟得到的平均上车时间为 0.698s。图 7-9（b）为乘客下车人数–时间图，真实数据显示，11 名乘客下车时，平均下车时间为 0.876s，模拟结果显示，乘客平均下车时间为 0.942s。

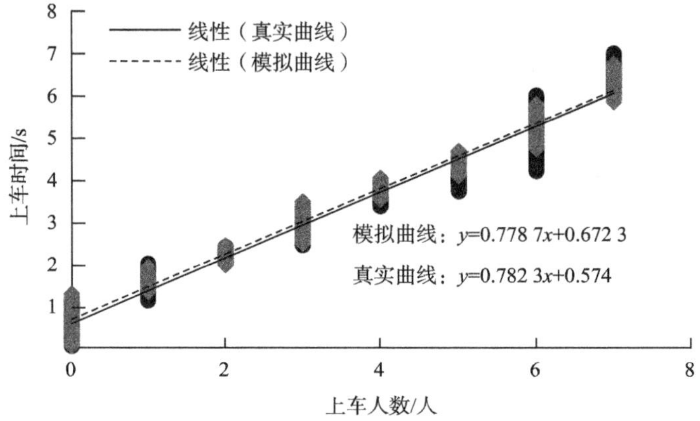

（a）乘客上车人数–时间图

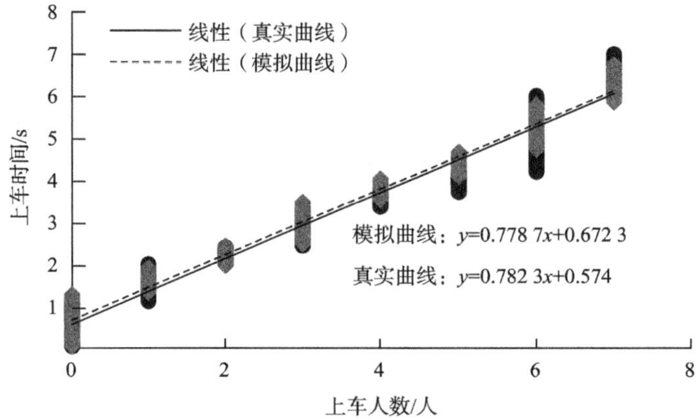

（b）乘客下车人数–时间图

图 7-9　乘客上、下车人数–时间图

7.2.2　乘客上、下车行为影响因素分析

在上下班高峰期，如果可以缩短乘客的上、下车时间和停车间隔时间，更多乘客会被送达目的地，从而增加现有地铁系统的载客能力。因此很有必要研究乘客的上、下车行为。现有研究乘客上、下车行为的文献中，大多是基于全部乘客下车为前提进行研究，而现实生活中，多数只有部分乘客下车，因此本书研究基于社会力

模型理论，构建了部分乘客下车模型，将未下车乘客视为障碍物，并研究了乘客初始位置分布、上下车乘客比例、门宽对上下车时间的影响。研究结果表明，车门宽度与乘客平均上、下车时间呈反比例关系，即随车门宽度的增加，乘客上、下车时间减少；随上、下车人数比例的不断增加，平均上车时间不断减少，平均下车时间不断增加；此外，通过改变下车乘客的初始位置，可以提高乘客的下车效率。

1. 乘客初始位置分布

假设 30 名乘客随机分布在车厢内，其中深色为未下车乘客，未下车乘客倾向于待在初始位置，白色为下车乘客，乘客下车所需时间从车门开启到最后一名乘客下车为止。本书研究分别研究了两种不同的位置分布对于下车时间的影响。场景一中，下车乘客随机分布在车厢内，场景二中，下车乘客随机分布在门附近的下车等候区域，如图 7-10 所示。下车乘客的人数从 3 人不断增加至 30 人，对应的模拟结果如图 7-11 所示。

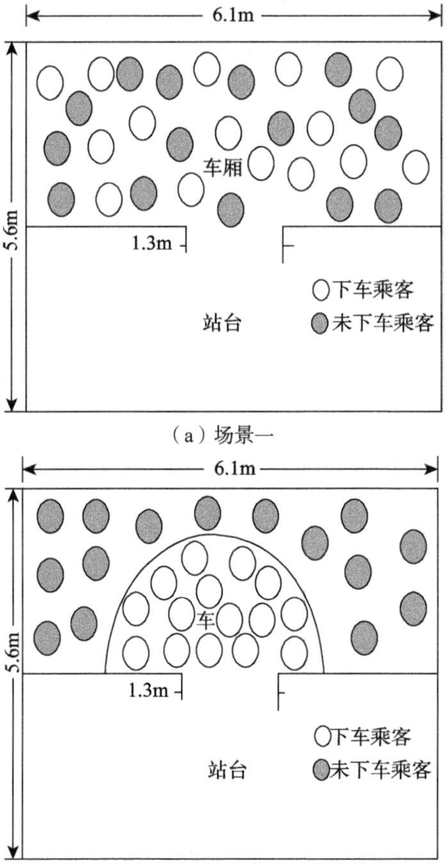

（a）场景一

（b）场景二

图 7-10　乘客初始位置分布图

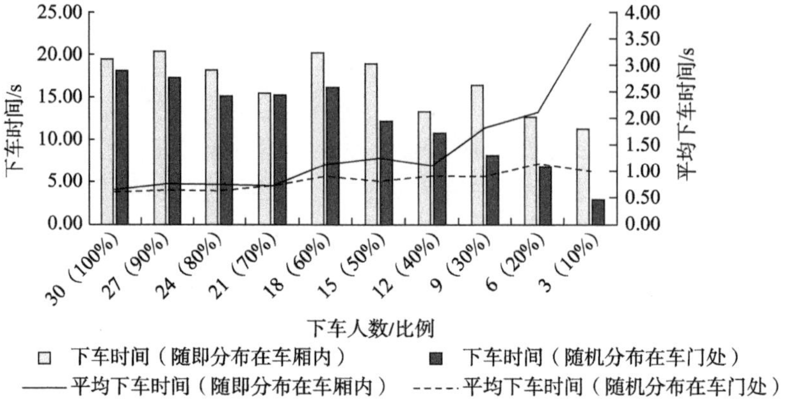

图 7-11　不同位置分布对应平均下车时间图

由图 7-11 可知，当下车的乘客较多时，乘客位置对下车时间影响不大，当下车乘客较少时，乘客位置对下车时间的影响较大，当下车乘客占乘客总人数 3%时，相比乘客随机分布在车厢内的情景，乘客随机分布在下车区域可节约 75%的下车时间，主要是因为当下车人数较少时，下车乘客须绕过其他下车乘客，不下车乘客对下车乘客造成一定的阻碍，下车乘客越少，对应的不下车乘客越多，下车乘客需要穿越的“障碍物”也随之增加，因此其下车时间亦增加。

2. 上、下车人数比例

假设站台上有等待上车的乘客，当列车到站车门开启后，乘客并不遵守“先下后上”规则，本书研究分别研究了不同的上、下车乘客比例对于上、下车时间的影响。如图 7-12 所示，可以看出随上、下车人数比例的不断增加，平均上车时间不断增加，平均下车时间不断增加。

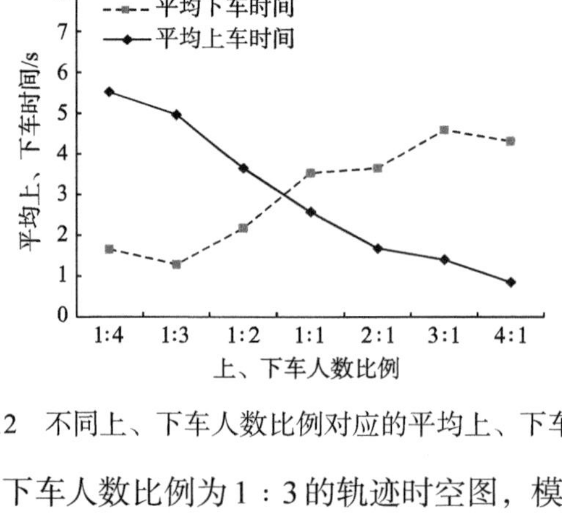

图 7-12　不同上、下车人数比例对应的平均上、下车时间

图 7-13 表示上、下车人数比例为 1 : 3 的轨迹时空图，模拟结果显示，在车门

开启 0~22s 只有下车乘客通过车门，上车乘客并未顺利上车，直到开启车门 22.60s 后，第一名上车乘客才成功上车。主要是因为当上、下车乘客在车门区域相遇下车乘客人数过多时，下车乘客对上车乘客造成较强的压力，下车乘客顺利下车，随未下车人数的不断减少，他们对上车乘客造成的压力也随之减少，直到上车乘客的压力大于下车乘客时，上车乘客成功上车，此时，在站台上等待上车的乘客跟随这名乘客顺利上车。这种上、下车乘客不断改变压力，轮流通过车门的现象称为瓶颈区域的摆动现象。

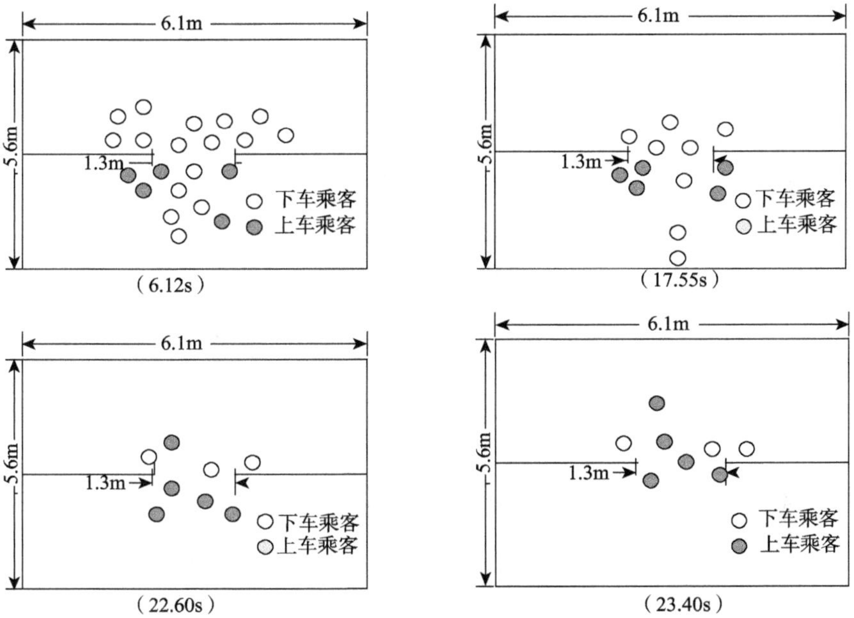

图 7-13　上、下车乘客轨迹时空图

3. 车门宽度

假设 30 名乘客随机分布在车厢内，其中白色为下车乘客，深色为未下车乘客，浅色为上车乘客，上、下车乘客人数比例为 1∶1，他们的初始分布如图 7-14 所示，当改变车门宽度时，乘客的下车时间也随之发生改变，如图 7-15 所示。结果表明，当增加车门宽度时，乘客的上、下车时间减少，值得注意的是，当车门宽度从 1.3m 增加至 1.6m 时，乘客下车时间减少了 39.62%，上车时间减少了 39.78%，当车门宽度从 1.6m 增加至 1.9m 时，乘客下车时间减少了 18.23%，上车时间减少了 2.27%，因此随车门宽度的增加，上、下车时间减少的趋势趋于平缓，即经济学中所说的“边际效用递减规律”。因此，单纯的增加车门宽度是不可行的，需要根据真实客流量、乘客上下车行为等因素来确定车门的最佳宽度。

此外，下车乘客效率的提高明显大于上车乘客，主要是因为车厢内乘客密度较大，改变车门宽度可以从一定程度上减少瓶颈效应，从而提高下车效率，而站台上乘客密度较小，车门宽度的改变对于上车乘客的影响较小。

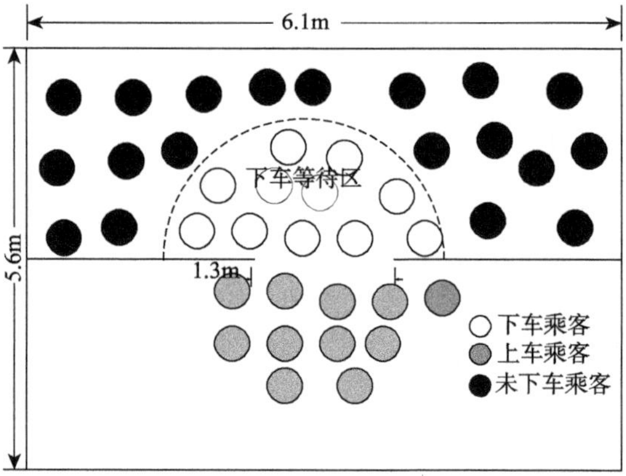

图 7-14　乘客初始分布图

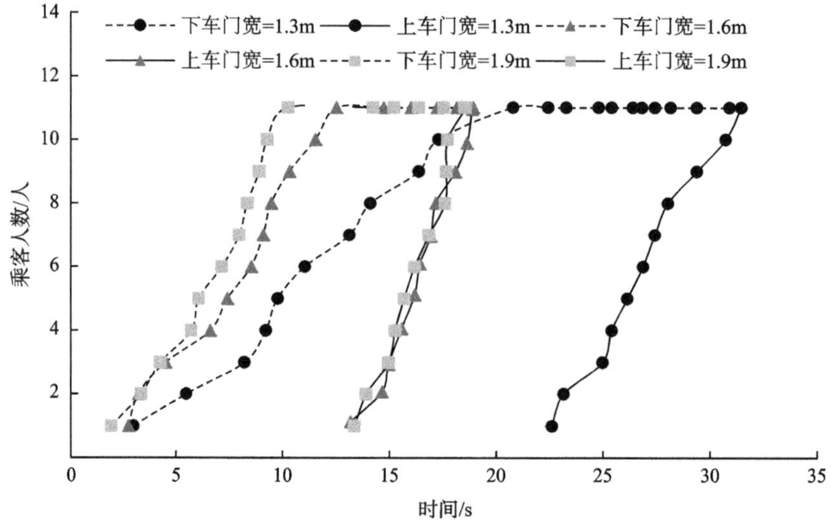

图 7-15　上、下车乘客时间-人数图

7.2.3　通道内乘客行为影响因素分析

乘客在地铁站内的行为由进出站行为、购票行为、安检行为、候车行为、上下车行为等一系列的行为构成，这些行为均由上下楼梯或扶梯、乘客在通道内运动行为进行连接，因此很有必要研究乘客在通道内的行为。在本书研究中，研究了乘客密度及乘客流方向（有无对冲）对乘客速度的影响。

1. 乘客密度

假设通道长为10m，宽为6m，乘客流方向为双向的（存在对冲），且对冲乘客比例为1：1，研究了不同的乘客密度对平均速度的影响，如图 7-16 所示，随乘客密度的不断增加，乘客的平均速度呈递减趋势，当乘客密度从 0.166 7 人/m^2 增加至 1 人/m^2 时，乘客速度降低了 19.76%；当乘客密度大于 1 人/m^2 时，乘客速度基本保持不变，主要是因为随乘客密度的增加，乘客速度受到周围乘客的影响，此时，乘客的个体行为减少，乘客跟随大多数乘客的步伐在通道内运动。因此，当乘客密度增加至某一临界值时，乘客速度基本保持不变。

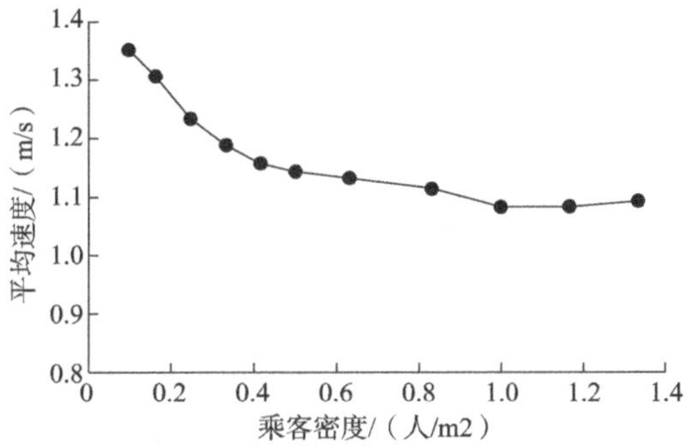

图 7-16　乘客密度-速度分布图

2. 乘客流方向

假设通道长为10m，宽为6m，乘客流方向分为单向、双向（存在对冲），双向乘客流中对冲乘客比例为 1：1，模拟了相同密度下有、无对冲对乘客平均速度的影响，模拟结果如图 7-17 所示。

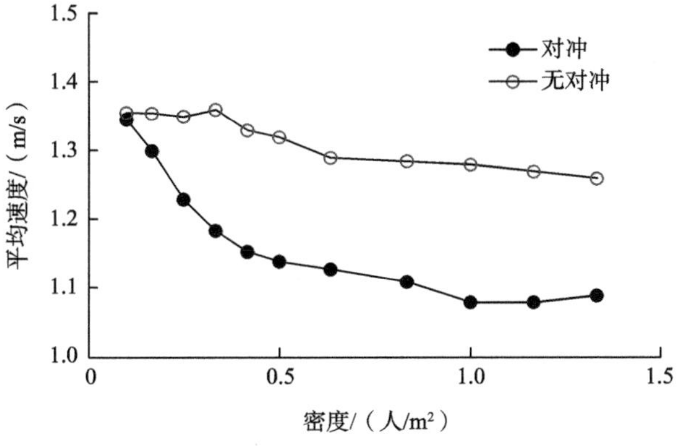

图 7-17　有、无对冲对应乘客密度-速度图

由图 7-17 可知，随乘客密度的增加，有、无对冲状态下，乘客的平均速度减少，但这种减少的趋势不断下降，主要是因为随乘客密度的增加，乘客的个人行为受到影响，此时乘客的速度基本上为乘客流的速度。总体上，无对冲的乘客平均速度大于有对冲的乘客平均速度。当乘客密度小于 0.2 人/m^{2}时，有对冲状态和无对冲状态下的平均速度基本相同，主要是因为密度较低时，乘客均可以自由运动，有无对冲对他们平均速度影响不大；随乘客密度的不断增加，有对冲状态下的乘客平均速度明显小于无对冲状态下的乘客平均速度，因为存在对冲时，乘客要躲避对面的行人，所以减少步行速度。

7.2.4 小结

在本节中，我们分别模拟并分析了乘客在楼梯区域、通道内和地铁站区域乘客上下车行为及其影响因素：①运用社会力模型再现了乘客在楼梯区域的行为。②分析了车门宽度、上下车乘客人数比例、乘客位置分布对乘客上下车所需时间的影响，研究表明随车门宽度的增加，乘客所需上、下车时间减少；随上、下车乘客人数比例的增加，平均上车时间不断减少，平均下车时间不断增加；通过改变乘客的初始位置，改变乘客平均上、下车时间，当乘客处于车门口附近时，需要的下车时间较少。③分析了乘客密度及有无对冲对乘客速度的影响，研究表明，随乘客密度的增加，乘客速度减少；不存在对冲时乘客的整体速度比存在对冲时的速度要快。

7.3 地铁站区域乘客大规模疏散模拟仿真

7.3.1 地铁站行人疏散的规范要求

关于地铁站行人的安全疏散，国内外相关部门都推出了相应的地铁设计规范，对地铁站的建筑构造、安全要求、车站各部位的最大通行能力等做出了明确的规定。接下来，就行人疏散的设计规范，我们分别介绍了我国地铁站设计规范和美国标准 NFPA130，同时比较了两个设计规范中关于行人疏散设计的不同。

1. 我国地铁站行人疏散的规范要求

我国目前颁布实施的《地铁设计规范 GB 50157-2013》[176]中，对地铁站的出入口、楼梯和扶梯的数量，楼梯、扶梯、站台及消防专用梯等各部位应满足的最小宽度，疏散通道、楼梯和扶梯单位时间通过的最多人数（通道、楼梯和扶梯的通行能力）和突发事件下应满足的疏散时间等设计做出了明确的要求。

1）地铁站出入口设计要求

《地铁设计规范 GB　50175-2013》[176] 9.5.1 规定，车站出入口的数量，应根据吸引与疏散客流的要求设置；每个公共区直通地面的出入口数量不得少于两个。每个出入口宽度应按远期或客流控制期分向设计客流量乘以 1.1~1.25 不均匀系数计算确定。

2）楼梯和扶梯设计要求

《地铁设计规范 GB　50175-2013》[176] 28.2.11 规定：车站站台公共区的楼梯、自动扶梯、出入口通道，应满足当发生火灾时在 6min 内将远期或客流控制期超高峰小时一列进站列车所载的乘客及站台上的候车人员全部撤离站台到达安全区的要求。

3）疏散通道宽度和通行能力设计要求

根据《地铁设计规范 GB　50175-2013》[176]9.3.14 和 9.3.15 的规定，车站各部位的最大通过能力应满足表 7-4 中的设计要求。此外，车站各部位的最小宽度应符合表 7-5 中的设计要求。

表 7-4　车站各部位最大通过能力

部位名称	通行方式		最大通过能力/（人次/h）
1m 宽楼梯	下行		4 200
	上行		3 700
	双向混行		3 200
1m 宽通道	单向		5 000
	双向混行		4 000
1m 宽自动扶梯	输送速度 0.5m/s		6 720
	输送速度 0.6m/s		不大于 8 190
0.65m 宽自动扶梯	输送速度 0.5m/s		4 320
	输送速度 0.6m/s		5 265
人工售票机			1 200
自动售票机			300
人工检票口			2 600
自动检票机	三杆式	非接触 IC 卡	1 200
	门扉式	非接触 IC 卡	1 800
	双向门扉式	非接触 IC 卡	1 500

表 7-5　车站各部位的最小宽度

名称		最小宽度/m
岛式站台		8
岛式站台的侧站台		2.5
侧式站台（长向范围内设梯）的侧站台		2.5
侧式站台（垂直于侧站台开通道口设梯）的侧站台		3.5
站台计算长度不超过 100m 且楼、扶梯不伸入站台计算长度	岛式站台	6.0
	侧式站台	4.0
通道或天桥		2.4
单向楼梯		1.8
双向楼梯		2.4
与上、下均设自动扶梯并列设置的楼梯（困难情况下）		1.2
消防专用楼梯		1.2
站台至轨道区的工作梯（兼疏散梯）		1.1

4）疏散时间要求

《地铁设计规范 GB　50175-2013》[176] 28.2.12 规定：提升高度不超过三层的车站，乘客从站台层疏散至站厅公共区或其他安全区域的时间，应按式（7-1）计算：

$$T = 1 + \frac{Q_1 + Q_2}{0.9\left[A_1\left(N-1\right) + A_2 B\right]} \leqslant 6\text{min} \tag{7-1}$$

其中，Q_1——远期或客流控制期中超高峰小时 1 列进站列车的最大客流断面流量（人）；Q_2——远期或客流控制期中超高峰小时站台上的最大候车乘客（人）；A_1——一台自动扶梯的通过能力[人/（min · m）]；A_2——疏散楼梯的通过能力[人/（min · m）]；N——自动扶梯数量；B——疏散楼梯的总宽度（m），每组楼梯的宽度应按 0.55m 的整倍数计算。

由式（7-1）可知，乘客疏散时间受疏散人数（列车上乘客数和站台上工作人员与候车乘客数之和），自动扶梯、楼梯通行能力，自动扶梯、楼梯数量的影响，并没有将乘客上、下车所需时间、站台上运动时间考虑到内，此外，我国地铁设计规范没有明确 6min 内将乘客疏散至站厅层还是地面。

2. NFPA130 标准

根据美国 NFPA130 标准的规定，出口数量应满足在 4min 内将站台上的行人全部疏散完毕，此外，NFPA130 标准规定从站台上的最远点到安全点的疏散时间应小于等于 6min。

美国 NFPA130 标准规定疏散总时间 T_{total} 主要由两部分构成，即疏散行人在最长疏散路径上的步行时间和疏散行人在各个流动区域的等待时间；其中，疏散行人在最长疏散路径上的步行时间及疏散行人在各个流动区域（站台出口、检票口、站厅出口）的等待时间的计算方法如下所示。

1）步行运动时间 T

计算乘客的步行运动时间，需要将疏散起点至疏散终点的出口路径进行划分，根据运动线路的特点，具体划分为若干连续的水平段和垂直段，乘客在每一段运动的时间都为该段的长度除以乘客的运动速度。

$$T=\sum_{i=1}^{n}T_{X_i}=\sum_{i=1}^{n}\frac{L_{X_i}}{v_{X_i}} \tag{7-2}$$

其中，T——疏散行人疏散至安全区域的步行时间（min）；T_{X_i}——疏散行人在第 X_i 段上的步行时间（min）；L_{X_i}——第 X_i 段的长度（m）；v_{X_i}——疏散行人在第 X_i 段上的步行速度（m · min^{-1}）。

2）疏散行人所需流动时间 F_{Y_i}

流动时间的计算将行人负荷和流动区域的最大通行能力考虑到内，主要包括乘客在该流动区域的运动时间和在该流动区域的等待时间。

$$F_{Y_i}=\frac{N_{Y_i}}{C_{Y_i}} \tag{7-3}$$

其中，F_{Y_i}——疏散行人在第 Y_i 流动区域所需流动时间（min）；N_{Y_i}——Y_i 流动区域的最多疏散人数（人）；C_{Y_i}——疏散行人在 Y_i 流动区域单位时间内通过的最多人数（人 · min^{-1}）。

3）疏散行人在各流动区域所需等待时间：

$$W_P=F_P-T_P \tag{7-4}$$

其中，W_P——疏散行人在站台出口区域所需的等待时间（min）；F_P——疏散行人在站台出口区域所需的移动时间（min）；T_P——疏散行人在站台上步行所需的时间（min）。

$$W_N=F_N-\max\left(F_{Y_i}\right) \tag{7-5}$$

其中，W_N——疏散行人在其他流动区域的等待时间（min）；F_N——疏散行人在流动区域所需的流动时间（min）；F_{Y_i}——疏散行人在此流动区域前的第 Y_i 流动区域所需的流动时间（min）。

4）疏散总时间 T_{total}

$$T_{\text{total}}=T+W_P+\sum_{i=1}^{n}W_N \tag{7-6}$$

由式（7-2）~式（7-6）可知，NFPA130 标准定义的疏散总时间T_{total}，将站台层与站厅层尺寸、结构，出入口的宽度，各出入口通行能力，流动区域等待时间等因素考虑在内。与我国《地铁设计规范 GB 50157-2013》相比，NFPA130 考虑的影响因素更加细微、全面。

7.3.2　地铁站行人疏散模拟的参数设置

1. 疏散行人数量与参数设置

本书研究分别模拟不同场景、不同客流量对应的疏散时间，假设在客流高峰期时，列车内的乘客人数上限为 1 000 人，站台层的候车乘客和工作人员人数之和不超过 300 人，在本书研究中，将站厅层视为安全区域，因此未考虑站厅层的乘客人数。乘客在不同设施上的速度不同，因此，将地铁站划分为不同区域，乘客在每个区域内的速度都不同，乘客下车的速度最大不超过 0.7m/s，站台上乘客的期望速度为 1.16m/s，楼梯区域乘客的最快速度不超过 0.4m/s。

2. 车站疏散场景设计

如图 7-18 所示，车站站台层与站厅层连接处共有 2 部楼，4 部扶梯，楼梯宽度为 2.5m，电梯的有效宽度为 1m，每一侧的有效宽度都为 3.5m，在本书研究中，为简化模型，将扶梯视为楼梯；站厅层与地面共有 4 个出入口相连接，其中 A 出入口有扶梯和楼梯各一部，楼梯宽度为 4m，中间设有分流扶手；B 出入口仅有一部宽为 4.8m 的步行楼梯；C 出入口有两部扶梯和一部楼梯；D 出入口扶梯、楼梯各一部。火灾、毒气弹等突发事件下的疏散方向如图 7-18 箭头所示。

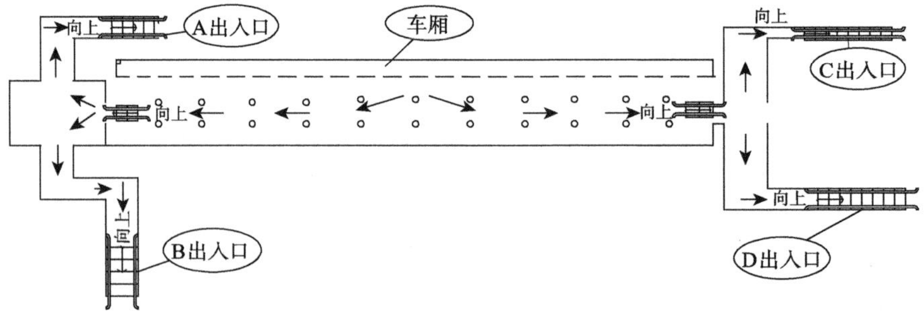

图 7-18　地铁站疏散路径示意图

3. 疏散安全区域

《地铁设计规范 GB 50157-2013》[176] 中 28.2.11 规定：车站站台公共区的楼梯、自动扶梯、出入口通道，应满足当发生火灾时在 6min 内将远期或客流控制期超高峰小时一列进站列车所载的乘客及站台上的候车人员全部撤离站台到达安全区的要求。因此，在本书研究中，将站厅层设置为安全区域，仅模拟乘客从站台疏散至站厅层所需的时间，未考虑乘客在站厅层的疏散行为。

7.3.3　地铁站行人疏散模拟计算结果及分析

根据在地铁站的观察我们发现，多数情况下只有一列列车到站或者是没有列车到站，出现两列列车同时到站的情况比较少，因此，在本节中，我们分别模拟了有列车到站和无列车到站两种情况下发生突发事件时的疏散情况。

1. 无列车到站时发生突发事件

假设当地铁站发生突发事件时，并没有列车到站，此时，需要疏散的行人为站台候车乘客及工作人员。据观测，在不同的时段，站台区域的候车乘客人数和工作人员人数是不相同的，在早、晚班高峰期，站台区域的乘客人数较多，为了保证乘客的上车秩序及安全，站台区域的工作人员也比较多。在平峰时期，站台区域等待上车的人数比较少，车站内的工作人员也有相应的减少。因此，结合真实情况，我们分别模拟了站台区域不同乘客密度对应的疏散时间，假设站台区域乘客和工作人员从 100 人增加至 300 人（分别为 100 人、200 人、300 人），对应的疏散结果如图 7-19 所示。当站台区域有 100 人时，疏散时间为 53s，平均疏散时间为 0.53s；当站台区域有 200 人时，疏散时间为 59s，平均疏散时间为 0.295s；当站台区域人数增加至 300 人时，疏散时间为 62s，平均疏散时间为 0.207s。因此，随站台区域行人不断增加，疏散时间不断增加，但是平均疏散时间不断减少。

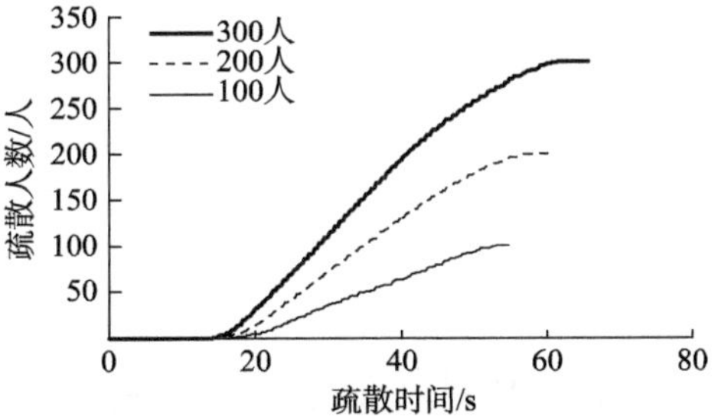

图 7-19　站台处疏散时间-人数图

2. 列车到站时发生突发事件

假设列车到站时发生了突发事件，此时，需要进行疏散的人员包括列车上乘客、站台区域候车乘客及车站内工作人员。据观测，在不同的时段，车厢内的乘客人数、站台区域的候车乘客人数和工作人员人数是不相同的，在早、晚班高峰期，列车上乘客人数比较多，车厢内比较拥挤，站台区域的候车乘客人数较多，为了保证乘客的上车秩序及安全，站台区域的工作人员也比较多。在平峰时期，列车的乘客人数比较少，车厢内相对比较松散，站台区域的候车乘客人数比较少，车站内的工作人员也有相应的减少。因此，结合真实情况，我们分别模拟了高峰期、平峰期、低峰期发生突发事件时的乘客疏散情况：假设客流量高峰期时列车内、站台区域乘客分别为 1 000 人和 300 人；客流量平峰期时列车内、站台区域乘客分别为 800 人和 200 人，共 1 000 人；客流量低峰期列车内、站台区域乘客分别为 500 人和 100 人，共 600 人。模拟结果如图 7-20 所示。可知，当总共疏散人数为 600 人时，疏散时间为 92s，平均疏散时间为 0.153s；当疏散人数增加至 1 000 人时，疏散时间为 109s，与疏散人数为 600 人时相比，疏散时间增加了 18.48%，平均疏散时间为 0.109s，与疏散人数为 600 人时相比，平均疏散时间减少了 28.76%；当疏散人数增加至 1 300 人时，疏散时间为 129.8s，平均疏散时间为 0.100s，与疏散人数为 600 人时相比，疏散时间增加了 41.09%，平均疏散时间减少了 34.64%，对应的轨迹时空图如图 7-21 所示。由图 7-21 可知，当疏散开始 10.4s 后，乘客基本上从列车车厢内疏散出去，当疏散进行至 68.6s 时，乘客基本上疏散至楼梯、扶梯区域。综上所述，随疏散人数的增加，疏散时间不断增加，但是平均疏散时间不断减少。

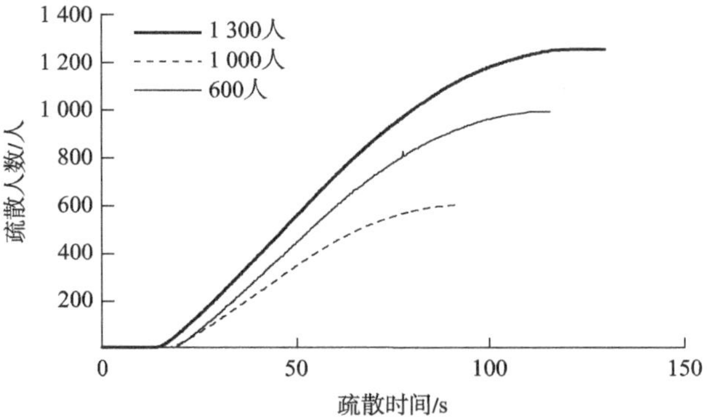

图 7-20　疏散时间-人数图

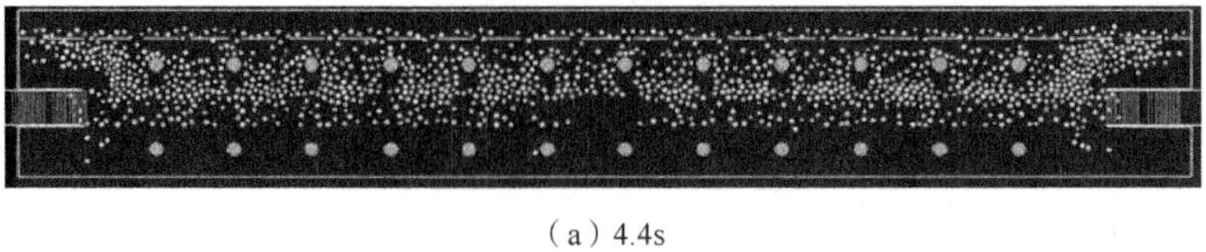

（a）4.4s

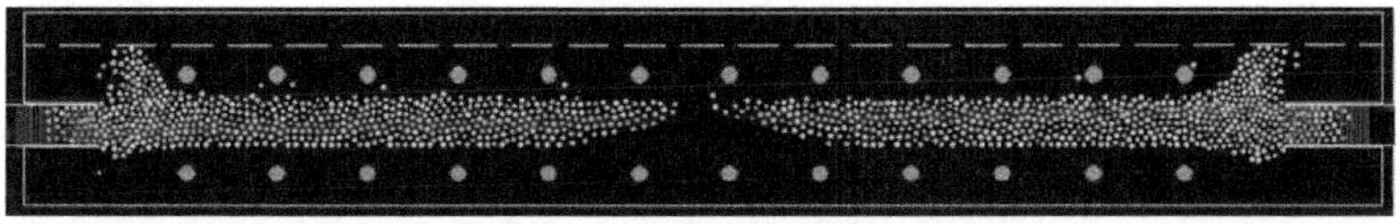

（b）10.4s

（c）68.6s

图 7-21　疏散轨迹时空图

由此得出疏散人数-时间的关系，如图 7-22 所示，疏散人数与疏散时间之间呈线性关系。B 形车辆定员上限为 215 人，一般超载率为 20%，乘客人数最多为 258 人，每列车都有 6 节车厢，由此计算出一列列车乘客人数最多为 1 548 人，假设站台区域候车乘客和工作人员最多为 350 人，当一列列车到站时，最多疏散人数为 1 898 人，由此推出疏散时间为 149.51s，加上乘客反应时间 60s，总时间为 209.51s，满足 6min 内疏散原则；当两列列车同时到站时，最多疏散人数为 3 446 人，疏散时间为 219.94s，加上乘客反应时间 60s，总时间为 279.94s，满足 6min 内疏散原则。

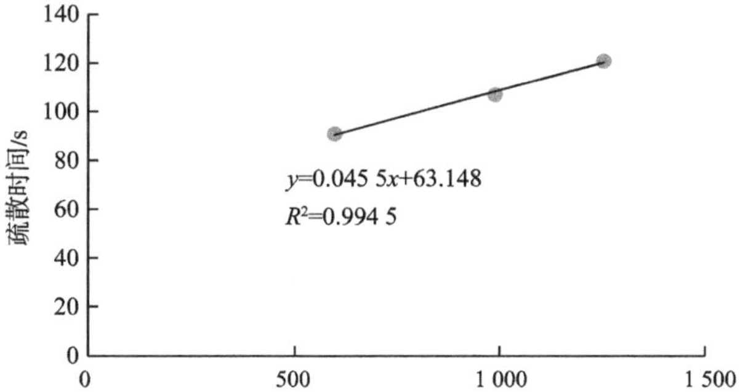

图 7-22　疏散人数-时间关系图

图7-23（a）、（b）分别为疏散人数为1 300人时的流量、压力图。由图7-23（a）可知，在楼梯区域的流量较大，站台区域的流量略低于楼梯区域的流量，主要是因为乘客需要通过楼梯疏散到站台层。此外，在疏散的过程中，乘客一般选择最短路径。值得注意的是，在楼梯口区域发生拱形现象，说明楼梯口为疏散时的一处瓶颈，大量乘客聚集在瓶颈区域。

由图 7-23（b）可知，车厢出口区域、楼梯拐角区域、站台柱子附近的颜色较深，表明乘客在这些区域承受的压力较大，我们都知道，当乘客之间互相拥挤时，出现踩踏事故的概率增加，因此建议在车厢出口区域、站台柱子附近及楼梯拐角区域安排疏散引导员，以减少不必要的拥挤和乘客恐慌导致的踩踏事件的发生概率。

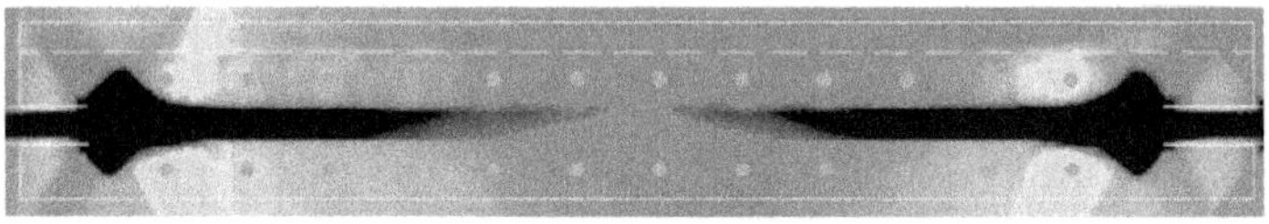

（a）1 300 人疏散流量图

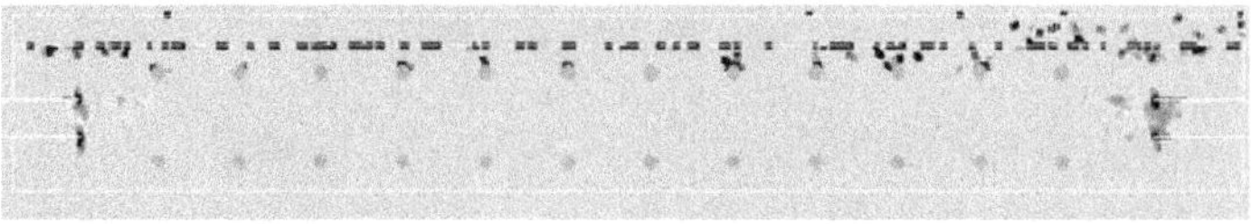

（b）1 300 人疏散压力图

图 7-23　1 300 人疏散流量、压力图

7.3.4　小结

在本节中，分别模拟了不同场景下地铁站的大规模疏散并输出其相应的流量、压力图。研究表明，该地铁站的设计能够满足 6min 内安全疏散原则；同时，整个疏散过程中，在楼梯口处出现瓶颈，出现了“拱形”现象；此外，乘客在车厢出口区域、站台柱子处、楼梯拐角处承受的压力较大，建议在这些地方安排疏散引导员指导疏散。

7.4　本 章 小 结

7.4.1　研究总结

本书研究主要采用真实调研和理论研究相结合的方法，对地铁站乘客的微观、宏观行为分别进行了分析和研究，在此基础上，运用社会力模型相关理论知识，构建了地铁站乘客疏散仿真模型，分别模拟了乘客在楼梯区域、通道内的上下车行为，并分析了乘客运动速度与密度之间的关系，以及是否存在对冲对乘客行为的影响。此外，将观测到的乘客典型运动特征参数代入社会力模型中，模拟突发事件下地铁站乘客疏散行为，分析了不同场景、不同人数对应的疏散时间及流量和压力图，找到疏散瓶颈所在，为地铁站疏散引导员提供建议。具体的主要工作有以下几个方面。

（1）分析了西安市某地铁站的乘客性别比例、年龄构成、携带行李情况，以及乘客在不同设施设备上的速度及其影响因素。研究表明，当周围乘客密度相同时，乘客下楼梯的速度普遍高于乘客上楼梯的速度，因为下楼梯时乘客不需要克服重力做功；发生对冲时，乘客的速度降低，但对冲对于下楼梯乘客速度的影响要大于对上楼梯乘客速度的影响；对冲也影响乘客平均上、下车时间，与不存在对冲相比，当上、下车乘客在车厢出口区域发生对冲时，乘客平均上、下车时间也随之增加。

（2）模拟了乘客在通道内和上、下车等行为及其影响因素。分别分析了车门宽度、上下车乘客人数比例、乘客位置分布对乘客上下车时间的影响，研究表明随车门宽度的增加，乘客上、下车时间减少；随上、下车乘客人数比例的增加，平均上车时间不断减少，平均下车时间不断增加；通过改变乘客的初始位置，改变乘客平均上、下车时间，当乘客处于车门口附近时，下车时间较少。分析了乘客密度及有无对冲对乘客速度的影响，研究表明，随乘客密度的增加，乘客速度减少；不存在对冲时，乘客的整体速度比存在对冲时的速度要快。

（3）分别模拟了不同场景下地铁站的大规模疏散并分析其相应的流量、压力图。研究表明，地铁站的设计能够满足6min内安全疏散原则，同时，在整个疏散过程中，在楼梯口处出现瓶颈，出现了“拱形”现象。此外，乘客在车厢出口区域、站台柱子处、楼梯拐角处承受的压力较大，建议在这些地方安排疏散引导员指导疏散。

7.4.2　研究展望

地铁站乘客疏散是一个非常复杂的过程，乘客的年龄构成、地铁站的建造结构特点、地铁站人员构成、乘客对地铁站的熟悉程度、乘客受教育程度、地铁站应急管理系统等因素均影响乘客的疏散行为和疏散时间，因此需要不断地研究、不断地探索，以更加准确地模拟地铁站乘客疏散行为。由于时间和能力有限，有些内容需要进一步地研究，主要表现在以下几个方面。

（1）乘客特征参数需进一步完善。本书研究中主要采集了乘客在楼梯区域、通道内的平均速度及乘客平均上下车时间，但实际上，不同年龄阶段的乘客的平均速度是不同的。例如，老年人和儿童的运动速度明显低于青年人的运动速度。因此，需要对乘客特征参数做更加具体、细致的研究。

（2）疏散行人心理状态的进一步研究。在本书研究中，我们选取的参数是依据乘客在地铁站的正常行为；在突发事件下，乘客的心理压力、对于灾害的恐慌程度均对乘客的期望速度造成影响。因此，需要对疏散行人在突发事件下所能达到的平均速度做进一步的研究。

（3）缺乏突发事件的模拟和描述。当地铁站发生突发事件时，如火灾、水灾、毒气弹等，本书研究未对突发事件的发展做描述，如火灾蔓延，火灾烟雾会对乘客能见度造成影响，进而对乘客的心理压力及疏散时间产生影响。因此，需要在以后的研究中加入突发事件发展模型，做进一步的研究。

（4）未将站厅层的疏散考虑到内。根据我国地铁安全设计规范，地铁站应满足 6min 内疏散原则，多数的学者对于乘客在站厅层的疏散情况没做太多的研究，实际上，闸机的种类、突发事件时闸机的状态均对疏散有很大的影响，因此需要做进一步的研究。

第 8 章　人车混合场景行人疏散行为仿真

8.1　校园路口交通流行为分析及模型仿真

8.1.1　校园路口环境分析

1. 城市道路分类

20 世纪 40 年代，金经昌从德国引入道路分类管理理论，到了 80 年代，将道路分为主干道（全市性干道）、次干道（区干道）、支路 3 级[177]。《城市道路交通规划设计规范》（GB50220-95）[178]中将道路规划设计进行完善，并提出各类城市道路的车速、路网密度、宽度等指标。各级道路具有不同功能，具体如下。

1）快速路

快速路主要用于城市内部各个功能区域和对外城市的连接。快速路两侧不设其余车道，也不应有公共建筑物出口，避开人流、非机动车流聚集区域。

2）主干道

主干道主要用于城市内部各区域的连接，属于城市交通的内网，主要分为交通性和服务性主干道两类。主干道中设有非机动车道，机动车与非机动车分道行驶。

3）次干道

次干道具有集散交通的作用，兼有服务功能，当中设有公共站点、出租汽车站点，可以满足行人、机动车、非机动车同时出行要求。

4）支路

支路是道路交通的末端环，它连通着居民区、工业区、公共设施地、交通设施地等各个区域，它的功能主要在于解决局部区域的交通流集散问题，主要服务于非机动车和行人流，但兼顾一定功能要求的机动车服务。

2. 校园交通环境

校园是教师和学生聚集之地，每天都具有大量的交通流，其中包括自行车、行人、车辆、电动车等。校园交通包括校内校外交通，校内交通主要用于学生通往各个教室，而校外交通则是外界通往校园的通道。校园交通道路是学生与外界人员前往教学楼的通道，其人员主体是学生、教师，外来办公人员较少，因此，校园环境是一个相对较封闭的环境，主要受内部因素即学生、教师及所组成的周边环境的影响。

校园交通网主要由次干道和支路组成，由于受主体组成和空间环境的影响，其交通工具的选择也比较统一，由实地观测可知，大学校园学生选择的出行方式主要为步行、骑自行车、骑电动车，少量学生、教师、外来办公人员选择驾驶机动车出行。

此外，近年来，为了城市的发展，将主要行政单位留在市中心，而将其余辅助性单位迁移出市区，既满足了大学校址选择的多样性，又保证了城市交通的流畅性。大部分城市选择在市郊区域划拨大量土地供给当地大学，形成大学城。因此，大学城的交通环境较少出现拥挤、堵车等现象。但由于其主体是学生，交通环境又较封闭，当外来环境对校园交通环境进行改变时，往往会给校园交通环境带来一定的压力，使得交通流主体受到威胁。

3. 校园路口与普通路口区别

交通路口是用于多道路间转换和分流交通流量的特定交通平面。道路交通路口具有多种类型，典型的路口类型包括十字形路口、T 形路口、L 形单转弯路口等。交通路口类型见图 8-1。

（a）十字形路口　　（b）T 形路口　　（c）L 形单转弯路口

图 8-1　交通路口类型

校园路口是一个特定环境下的普通路口，由于地理空间、组成人员的不同，把校园路口从普通路口中细分出来。因此，从校园路口和普通路口的基本交通属性和职能中我们可以看出，它们具有一定的联系性。

（1）校园路口和普通路口一样，都是为了连接两个地方而存在；

（2）是两条道路间的分割线与起始点；

（3）道路交叉口一般存在较复杂的交通流。

虽然具有普通路口的大部分共性，但校园路口自身具有一定的特点，具体区别主要在于以下几点。

（1）校园路口的组成人员大部分是学生，而普通路口的组成人员角色不固定。

（2）校园路口的交通流主要由非机动车、行人组成，而普通路口的交通流组成较分散。

（3）校园交通流环境比较封闭，容易受到外力干扰、破坏，而普通路口较开放，当遇到突发情况时，能够承受较大的压力。

4. 校园路口类型

校园路口是连接校内校外的中转地，也是连接学生生活区与教学区的媒介。根据校园路口的交通属性将其分为两类：一类是校外进入校园交通环境内的交通路口，主要为有信号灯校园路口；另一类则是校园内部区域，连接各个教学楼的道路路口，主要为无信号灯校园路口。

1）有信号灯校园路口

环绕校园的道路属于次干道，次干道可同时满足行人、机动车、非机动车出行要求，因此，此类校园交通路口的交通流较为复杂，且该类校园交通路口一般都连接着校园建筑物出口，为了安全起见，一般都装有交通信号灯，配备专用的非机动车道、人行道。有信号灯校园路口在校园交通流环境中起到服务性作用，它是外界交通流进入校园交通流的主要区域，一般环绕校园、学生生活区与教学区及两校园之间的道路路口都属于有信号灯校园路口。有信号灯校园路口交通流具有以下几个特点。

（1）交通流较为复杂，主体包括行人、自行车、机动车、电动车、三轮车等。

（2）有信号灯校园路口的通行较为通畅，交通流主体遵守一定的规则依次通行。

（3）有信号灯校园路口交通流冲突较少。

2）无信号灯校园路口

校园内的交通路口属于一个封闭的交通环境，其主体由学生和教师组成，交通工具主要由自行车、电动车、少量机动车组成，外来交通流较少，因此校园内的交通路口一般不会设置交通信号灯，属于无信号灯校园路口。

无信号灯校园路口一般具有以下几个特点。

（1）属于内部交通流，较封闭，易受外界干扰破坏。

（2）交通流较混乱，从众现象较明显。

（3）以行人流、非机动车流为主。

（4）交通路口拥挤、顺畅具有一定的规律性。

5. 实验场景路口分析

本次实验场景选取的是两个经典的交通流路口：有信号灯校园路口和无信号灯校园路口。如图 8-2 所示，第一个选取的是有信号灯校园路口，该路口是福州大学生活一区路口。第二个选取的是福州大学西 3 教学区路口，该路口是典型无信号灯校园路口，其主要交通流包括学生、教师、外来办公人员等。

（a）福州大学生活一区路口

（b）福州大学西 3 教学区路口

图 8-2　校园路口实验场景

福州大学生活一区路口是福州大学生活区与教学区对接的主要路口，是离教学楼最近的路口，也因为它距离乘车去市区及其他地方最方便，该路口的人流量大大高于其他路口，其人车混合情形相当复杂。

通过人工观测，该路口同其他城市街道路口一样呈现出高低峰人流量、人车混合的特征。由表 8-1 可知，该路口主要的高峰期在于上、下课及早、中、晚三餐时间，其余时段路口流畅程度都较高，相对的违规违章行为较少。

表 8-1　福州大学生活一区路口交通流状况

时间	混合主体描述	混合拥挤程度
7：00~8：00	少量人、非机动车、机动车	交通稀疏
8：00~8：25	大量行人、非机动车，机动车数量上升	交通拥挤
8：25~10：00	行人、非机动车较少，机动车较多	交通较好
10：00~10：30	行人、非机动车、机动车数量多	交通拥挤
10：30~11：10	行人、非机动车较少，机动车较多	交通稀疏
11：10~12：00	行人、非机动车、机动车较多	交通流畅
12：00~13：00	行人、非机动车、机动车多	交通拥挤
13：00~13：40	行人、非机动车、机动车较少	交通稀疏
13：40~14：05	行人、非机动车、机动车多	交通拥挤
14：05~15：25	行人、非机动车较少，机动车较多	交通稀疏
15：25~15：50	行人、非机动车、机动车多	交通拥挤
15：50~17：10	行人、非机动车较少，机动车较多	交通流畅
17：10~19：05	行人、非机动车、机动车多	交通拥挤
19：05~21：00	行人、非机动车、机动车较少，三轮车增加	交通稀疏
21：00~22：00	行人、非机动车较多，机动车较少，三轮车数量多	交通流畅
22：00~23：00	行人、非机动车、机动车较少	交通稀疏
其他时间	行人、非机动车、机动车极少	交通稀疏

该处的交通流相对复杂，有单独走路或骑车上课的学生，也有结伴同行的学生，周围还存在着许多零散商家，机动车时而穿梭，所以人流、车流的复杂性带来了许多的不安全行为。这些不安全行为是交通冲突、事故的起因。

经过人工观测，福州大学西 3 教学区路口在某些特定时段也存在高低峰人流量、人车混合的特征。由于没有受到交通信号灯的管制，在此处通行的交通流往往出现较为混乱的现象，当交通流达到峰值时，交通拥挤、不按道行驶、随意穿插、横行穿插、逆行等不安全行为频发，且其属于内部较封闭式的交通环境，校园内无信号灯交通流容易让行人认为校园内的交通很安全，因此不能很好地意识到不安全行为，但校园内自行车碰撞、行人与自行车碰撞、行人拥挤等校园交通流冲突经常发生，给学生和校园安全造成一定的损害。

8.1.2　校园路口交通流行为分析

1. 校园路口不安全行为研究

通常，我们习惯将一些没有遵守交通规则的行为称为不安全行为。不安全行为与安全行为是相对的，大量交通学学者用发生概率的大小来定义一个交通行为，如果交通流实验者的某一个行为可能导致一些事故的发生，而且发生危害的概率比平时大得多，那么该行为被认为是不安全行为。在如今很多国家对交通流中的各个实验者的安全行为、不安全行为都有所界定，给公众一个出行标准，但是个体差异、环境差异及监管力度的不同，造成不同的交通行为，有人选择遵守交通规则安全出行，而有些人由于某些自身因素的影响出现不安全行为，还有一些人则因为一部分交通流行人的不安全行为导致自身不安全行为的发生。下文通过主动不安全行为和被动不安全行为两个方面对校园交通路口的不安全行为进行阐述。

1）主动不安全行为

主动不安全行为，即交通流实验者以自身需求为前提，不顾及他人及环境等因素，自主选择过街时间、运动路径导致交通流出现危险现象的行为。出现这些主动不安全行为具有多种因素，包括交通流实验者的追逐心理、抢道心理、侥幸心理等。

在校园交通路口中，其主体由学生构成，学生心理行为的变化，导致个体是否做出不安全行为的决策。校园路口不安全行为主要包括以下几种。

（1）不按道行驶。在校园路口出现逆行、占用车道等现象，为了个人方便，行人选择不遵守交通规则走人行道；大量的自行车、电动车不按规定，没有按非机动车道行驶，甚至有的校园路口根本没有设置非机动车道而用人行道代替或兼用，这样会出现非机动车辆无道可使的困境，而选择占用行人、机动车道的空间，这大大增加了校园交通路口的不安全性；机动车在校园路口时，也会出现不按道行驶现象，在交通道路、交通路口违规行驶。

（2）抢道现象。抢道现象主要针对的是机动车与非机动车，为了占用合适、有利的空间距离，会选择占用其他车道。抢道现象受到个体空间、速度等因素的影响，当驾驶人员想快速超越前方车辆而又未达到超车条件时，会选择抢占非机动车道、人行道进行超越前方车辆的行为。由于机动车具有较大的冲击力，若机动车出现该行为会对低质量、低行驶速度的行人及非机动车造成比较大的危害；校园路口的行人，为了自身方便，也经常抢占机动车道，而不使用规定的人行道，当行人出现在交通路口机动车道时，其往往会造成交通拥挤，给自身及他人造成危害。

（3）闯红灯。闯红灯是一个普通的交通路口不安全行为。闯红灯现象频频发生，大多数是个体出于自身考虑，对当前交通状况的衡量做出的决策分析。在校园路口，闯红灯现象发生频率一样很大。通过观测视频可以看出，很大一部分交通流实验者做出闯红灯决策都在于自身侥幸心理，认为自身当前的交通状态足以应付复杂的交通流，错误地估算了自己躲避危险的能力，做出危害交通流安全的行为。

2）被动不安全行为

被动不安全行为是交通流主体因周围环境及其他行为主体的影响做出的不安全行为举动，被动者因受到自身交通知识、生理心理抗干扰能力及审视周围环境能力等因素影响，会无意识或者跟风做出破坏交通流正常秩序的不安全行为。

校园交通路口是一个高、平峰分割明显的交通路口，当处于交通流平峰时，交通路口流量较少且交通流主体受教育程度较高，使得大部分的交通流实验者选择遵守交通规则，较少出现主动不安全行为，而被动的不安全行为发生的概率上升。其主要原因包括从众现象、个人身体及心理因素、交通设施不完善等，其具体表现有以下几个方面。

（1）从众现象引起不安全行为。大学校园是一个群体生活圈，有以班级为单位的班级群体、有以专业为单位的专业群体、有以学院为单位的学院群体等大群体，也有以宿舍为单位的宿舍群体，还有两三个朋友之间的小群体。当以群体形态出现在交通路口时，从众现象就会发生，而且表现特别明显。在人车通行顺畅时，单个交通流主体往往会遵守交通规则，而当出现群体时，若群体中出现不安全行为，所属群体中的个体会做出心理抉择，一部分人意识到自己正在做出不安全行为时会停止进行不安全行为，而另一部分人则跟从群体做出不安全行为，这就是从众现象下的被动不安全行为。行人、自行车、电动车、机动车都会出现从众现象，因此，在校园环境下，从众现象导致的被动不安全行为时常发生，如交通流实验者在信号灯结束前继续向前，此时交通路口出现交叉现象，导致交通堵塞或碰撞等交通事故；非机动车成群结队占用机动车道时，也会给自身和交通疏散带来危害。

（2）个人身体及心理因素引起不安全行为。每个人的身体状况都不大相同，单个人的身体差异往往会导致一些不安全行为被动地发生在自己身上。每个行人的运动速度都不同、机动车驾驶员期望行驶速度也不同、交通流参加者视野宽度等因素都可能让自身处于不安全行为中。例如，如果某名学生腿脚受伤，过街速度就变得很慢，而此时在一个交通信号灯下无法过街，这样他的行为就是一种不安全行为，有可能出现相撞的情况；当行人过街出现不安全行为时，机动车驾驶员按道行驶，遇到混合交通，为了消除恐慌心理及实现快速通过，躲避出现不安全行为的行人、自行车、电动车等，被动改变自身运行轨迹从而可能导致一些不安全行为的发生。

（3）交通设施不完善引起不安全行为。在一些没有交通信号灯，或者交通道路规划不明确的交通路口，交通流混合，交通路口各主体无意识地发生不安全行为，而校园路口尤其明显，很多校园路口的机动车、非机动车不是分道行驶的，而非机动车与行人、非机动车与机动车之间经常处于冲突状态，这导致交通事故发生的概率大大增加；当没有交通信号灯时，交通路口最理想的状态是行人、非机动车、机动车按道行驶、互相礼让、不拥挤、不追赶、有序地疏散交通流，但是这毕竟是理想状态，真实的交通路口由于个体差异，往往会出现小部分的无秩序状态。在无交通信号灯的校园路口，当出现较大流量时，会出现人车混合现象，行人和自行车都在使用同一空间，而没有将道路划分，即未将行人和非机动车分开疏散。此时行人、自行车、电动车都因为周围其他人的行为而出现被动改变轨迹、速度等行为，而突然的变化往往会引起一些冲突，这就使得自身做出不安全行为。

2. 校园路口交通流自组织行为分析

行人在自由运动的过程中因为受到周边环境及群体的影响，持续性地做出有规则的行为就是行人流的自组织现象[179]。自组织现象分为单向自组织现象和双向自组织现象。单向出口瓶颈现象是比较明显的单向自组织现象，分层现象则属于比较明显的双向自组织现象。在我们的生活中，行人流自组织现象经常出现，如走出教室出口时，因为人群聚集，出现瓶颈现象；商场、火车站、地铁站人流量络绎不绝，出入口经常形成双向行人流现象；交通路口双向交通流自动分层现象等都是因为周边环境及群体带动形成了持续性的有规则特征——自组织现象。

校园路口是特定状态下的交通路口，因此所表现的行人运动行为同样可用自组织现象进行解释，在校园环境下，交通路口在人车流密度较大时，出现较为明显的自组织现象，包括分层现象、成带现象、路径形成现象等。

1）分层现象

双向行人流中的分层现象是比较典型的自组织现象，其形成主要包括以下两个原因：第一个是两个双向行驶的行人流，其运动方向的夹角为 180°；第二个是行人流必须满足一定密度。单向行人流只可以形成一层，而当低密度时，行人可以自由选择运动路径及方向以避免相向行人流的冲突行为，采取避让、减速、加速等方式避开冲突，所以两者都无法出现分层现象。Helbing 的研究表明，具有相同运动方向的一群行人偏向于跟随与他们自身运动方向相同的人前驱运动，形成相向人流中不同的“层”，称为分层现象[180]。

校园路口中人流量存在高、低峰值，当处于上、下课高峰期时，其人流密度较大，将形成相向行人流分层现象，如图 8-3 所示，校园路口由于双向行人的交汇，出现了 6 层。从视频录像中获取的行人流分层现象可看出，上、下课时，上课行人与下课行人通过红绿灯，容易形成自组织现象。当人流密度较低时，其形成的层数可能是 2~3 层，当密度增加时，其分层数增加，并且层的位置也出现改变。双向行人流中的分层现象说明了行人在选择向左前或者向右前时，出现选择判断，他们选择哪个方向的概率是不同的，这就造成了不同层的出现。此外，当前往相同目的地的方向选择概率不对称时，行人会对这一不对称行为进行强化，他们的强化结果在生活中得以体现，这种体现主要表现在向左或向右的偏好选择上，如西方国家比较喜欢靠左行走，而我国则偏向于靠右行走。在我们观测到的校园路口分层现象中，也可以观测到行人自发地先靠右行走。

图 8-3　分层现象

2）成带现象

与分层现象相类似，不同之处在于成带现象的发生是由于交叉流的出现。交叉流是指当两组行人的运动方向不在同一直线上时，即当两组行人的主运动方向夹角不等于 180°时[181，182]。当运动行人处于交叉流中时，某一部分行人的运动路径会穿越过街行人中的其他运动方向的行人路径，为了避免与之发生冲突、碰撞，行人会在运动过程中自发形成群体，而群体的主运动方向是一致的，这就形成了带状区域，即成带现象。校园路口中的交叉流也存在成带现象。

3）路径形成现象

在一些新建设施及人群高度密集区域，双向交通流出现分层及成带现象，而这在一定程度上也可归结于从众现象。在这里，我们所说的从众是指个体通过保持与群体中其他成员较相似的运动方向以降低自身受危险的程度，或者说是选择较便利的路径，降低通过某一路径时的时间。蚁群和人群中的“小径”现象就是在从众现象的基础上形成的。

在校园路口中，由于人群密度的增加，以及交通设施设置规划不合理等因素，交通路口中的交通流参与人员会选择一条便利的新路径，而不是交通部门规划好的路径。在一些交通路口中经常出现这种问题，当处于交通冲突状态时，若随意改变自己的路径，交通流对象中，物体质量较小的个体将受到较大危险。而当形成群体，使得密度大大增加时，就可以形成一条新路径。如图 8-4 所示，当人群密度较大时，大部分行人比较少走人行道，而是选择比较便利、路径较短的中间区域运动，形成多条小径。从拍摄的视频内也可以清晰地观测到，走人行道（图 8-4 圆圈所示）的行人较少，走中间区域的行人较多。

图 8-4　路径形成现象

3. 人车冲突心理行为分析

通过对校园路口的行人及车辆的调查研究发现，行人及车辆在交汇时，行人与机动车驾驶员会表现出多种心理行为，这些心理决策导致他们做出不同的行为以避开冲突点，因而对交通冲突研究具有重要意义。以下内容分别对行人和机动车驾驶员的心理行为进行分析。

1）行人心理分析

在校园路口中，学生是主要群体，而学生群体中，行人和自行车占大部分。因在高密度时，骑自行车的学生扶着自行车运动，因此，在本书研究中将行人作为主要研究对象。

在人车混合时，行人受到机动车不敢撞行人、便利、从众、侥幸等心理的影响，做出不同的行为选择，包括减速避让、加速通过、让道前行、停止前进等。如图 8-5 所示，行人进入等待区域后，当处于绿灯区间时，行人选择直接通行，若与左转车辆交汇则做出避让行为，若无则直接到达目的地；当行人处于红灯区间时，如想闯红灯通过路口，此时与直行车辆交汇，行人依据自身所能接受的安全距离选择做出间断通行或者加速通过等不安全行为，直至到达目的地。

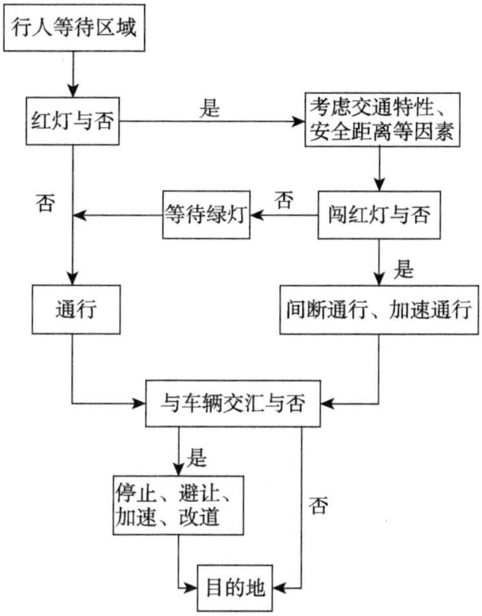

图 8-5　行人过街心理决策图

2）机动车驾驶员心理分析

一个校园次干道应该具有公共汽车站、机动车道、人行道，基于此，在校园路口中，除了以学生为主体的行人交通流外，还存在机动车辆。在校园路口中，主要存在的机动车辆来自教职工车辆和公交车及少量的社会车辆。

在人车混合状态下，汽车驾驶员因其自身质量大，存在侥幸心理，当与人流交汇时，汽车驾驶员做出和行人类似的行为，包括低速前进、加速通过、停车等候等。

图 8-6 为汽车驾驶员过街心理决策图，车辆进入等待区域时，会提前观测红灯与否。因我国交通法对车辆违章处罚较严重，汽车驾驶员一般不会选择闯红灯。当汽车驾驶员存在侥幸心理或者熟悉该区域无摄像头时，有较大可能做出闯红灯的行为；若汽车驾驶员遵守交通规则，则当绿灯亮时，汽车驾驶员观察周边环境后通行，左转进入目的地，但此时会与人群交汇，汽车驾驶员因个人驾驶技术熟练度和心理素质等原因，穿越人群的速度和路径选择出现不同。当左转车辆

遇到拥挤流时，汽车驾驶员会做出避让行人的行为，以免碰撞到人群，以极低的速度缓慢通过人群，到达主车道。

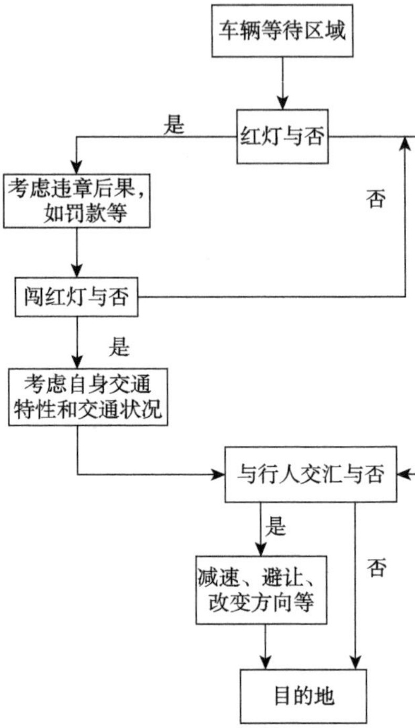

图 8-6　汽车驾驶员过街心理决策图

4. 人车混合行为分析

校园路口中，经常出现行人与汽车交汇的现象，本书研究中，将通过视频处理的方法提取相关数据，对福州大学生活一区路口处人车混合的行为进行分析。

本次实验数据主要来源于福州大学生活一区路口有交通信号灯的平交路口实验场景。实验采用的是视频数据提取方法，在环资学院实验楼顶层选取合适的视频拍摄点。本次拍摄观测到的校园路口，是高密度人群和机动车的交汇场景，其中行人占大部分，主要冲突对象是行人与机动车辆，因此在本实验场景中，去除其他样本，选取行人样本和两辆机动车样本的轨迹数据。本书研究中分别采用四个交通环境下的人车数据，如图 8-7 所示，包括稀疏交通流、拥挤交通流、一辆汽车与高密度行人交汇、两辆汽车与高密度行人交汇。

（a）稀疏交通流

（b）拥挤交通流

（c）一辆汽车与高密度行人交汇

（d）两辆汽车与高密度行人交汇

图 8-7 实验场景分类

本次实验数据共采集四个实验场景，包括稀疏交通流 55 个样本，拥挤交通流 298 个样本，一辆汽车与高密度行人交汇 347 个样本，两辆汽车与高密度行人交汇363个样本。通过对实验场景的真实测量，将实验场景简化成如图 8-8 所示，左右两人行道的宽为 44m，上、下两人行道的长为 34m，从等待区域到目的地的距离为68.5m，其中出口数为两个，不对称分布，A 出口宽度为 11m，B 出口宽度为 9.6m。为了方便后续实验数据的统计，将场景道路宽分成 10 份，每部分区域都为 4.4m（如图 8-8 网格划分区域所示），并将过街过程划分为三个阶段，即开始阶段、中间阶段、结束阶段，并对每个阶段的人群分布都进行统计。

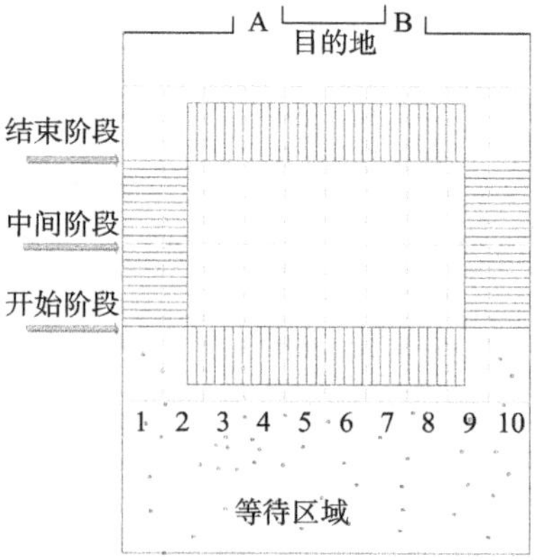

图 8-8 实验场景简略图

以下内容分别对四个实验场景的行人样本分布图进行分析，通过分析行人的分布，了解交通流中行人、车辆的过街行为，并对其行为进行分析。

图 8-9 所描述的是稀疏交通流场景中的人群分布，由图 8-9（a）可看出，当行人进入等待区域时，大部分的行人选择中间区域，这时因为行人考虑了就近原则，从校园教学区出口进入人行道等待区域中间区域较近，且距离目的地的距离比较近。当行人在过街过程中考虑出口选择问题时，由于个人偏好及目的地的不同，而选择不同的出口——出口 A 和出口 B，由图 8-9（d）可明显看出，选择出口 A 的行人达到 69%。从图 8-9（b）、（c）两幅图可以看出，区域 3~5 的人群分布高于其他区域，区域 1 和区域 10 处于人行道区域，因遵守行人应通过斑马线过街的规则，故在图 8-9（b）中区域 1 有少量行人，在图 8-9（c）中区域 1 和区域 10 均有少量行人。

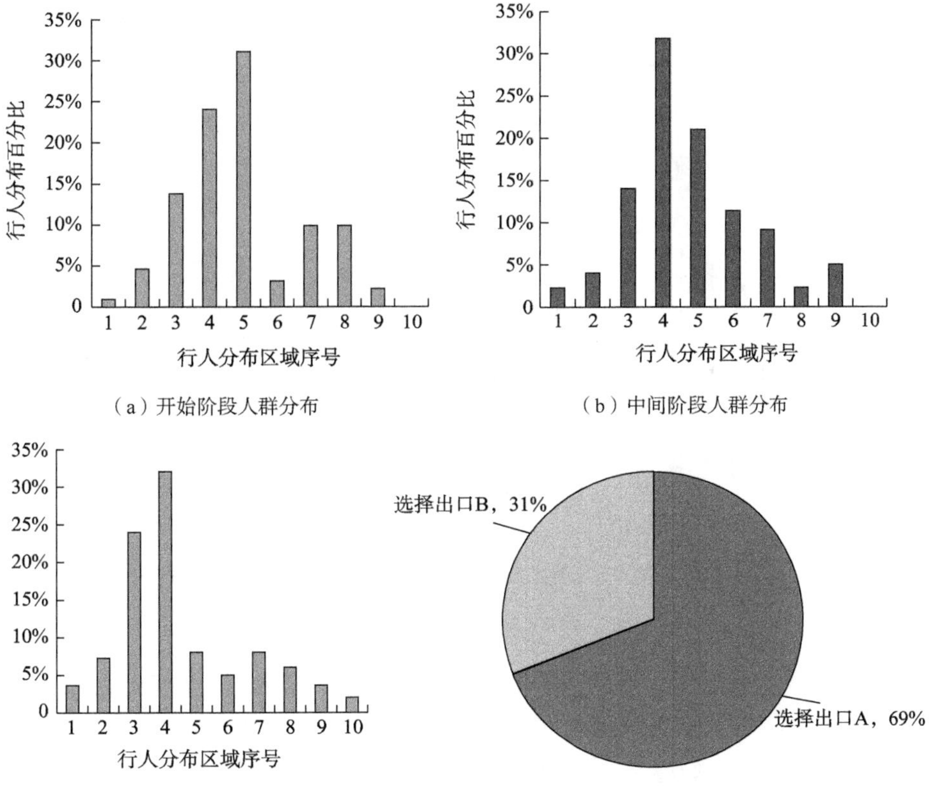

（a）开始阶段人群分布　（b）中间阶段人群分布

（c）结束阶段人群分布　（d）出口选择概率

图 8-9　稀疏交通流各阶段人群分布图

图 8-10 所描述的是当人群密度达到一定值时拥挤交通流无车辆交汇人群分布，从图 8-10（a）中可以看出因就近原则聚集在中间区域的行人占主要，剩余的分散在其他各个区域。而当进入街道中心时，行人大都要考虑出口选择问题，从图 8-10（d）中可以看出，对于拥挤交通流，行人选择出口的规律和稀疏

交通流中较相似，选择出口 A 的行人比出口 B 多，这是因为出口 A 靠近食堂及宿舍区，大部分行人选择这个出口离开。图 8-10 中区域 1 和区域 10 为人行道所在区域，该区域由于距离出口较远，大部分学生在拥挤态下放弃这一较远的路径，因此这两个区域的行人较少。

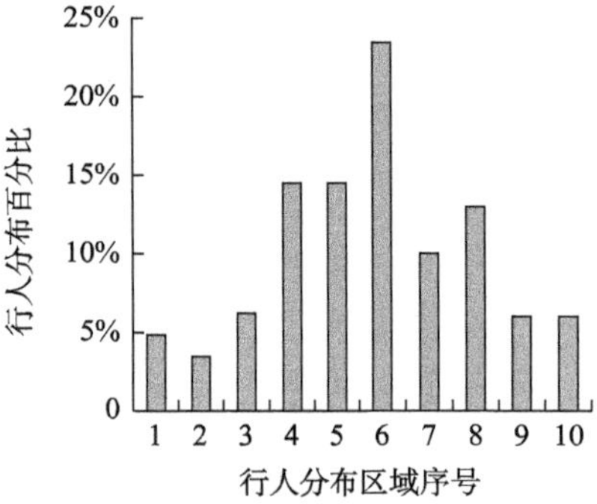

（a）开始阶段人群分布

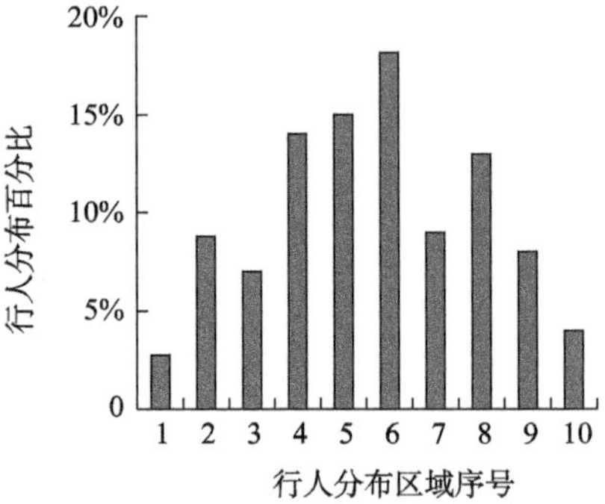

（b）中间阶段人群分布

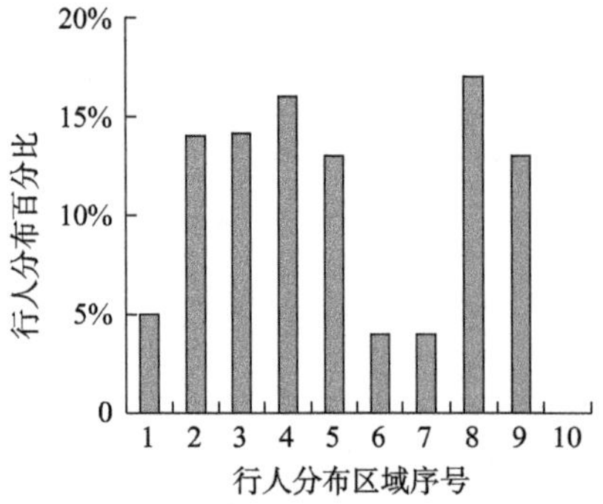

（c）结束阶段人群分布

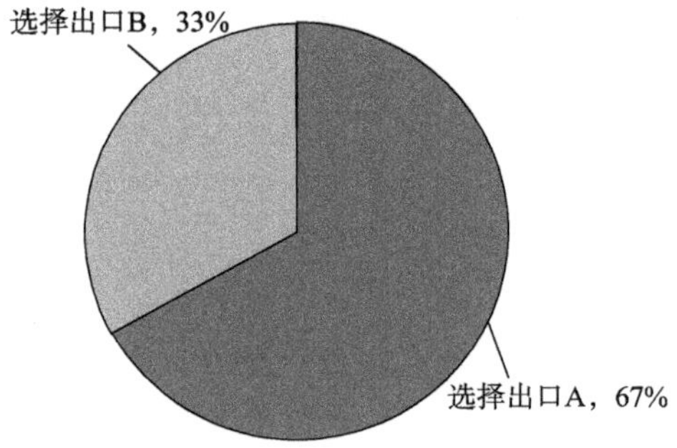

（d）出口选择概率

图 8-10　拥挤交通流无车辆交汇人群分布图

图 8-11 所描述的是一辆汽车从出口 A 附近左转弯与高密度行人交汇时的人群分布。图 8-11（a）中因就近原则表现得特别明显，集中聚集在中间区域，两边基本没有。图 8-11（b）、（c）、（d）也遵循了拥挤交通流中行人所表现出的运动特征。此外，当有车辆介入行人流时，车辆的质量、体积明显比行人更大，给行人造成排斥感，行人出于躲避危险的心理，表现出躲闪、加速、减速、绕行等行为。所以当车辆左转弯经过人群时，阻隔、压迫行人往两边行走，造成车辆经过处的附近区域人群分布量增加，通过视频观测，发现这一现象主要发生在中间阶段和结束阶段，即如图 8-11（b）、（c）所示处。

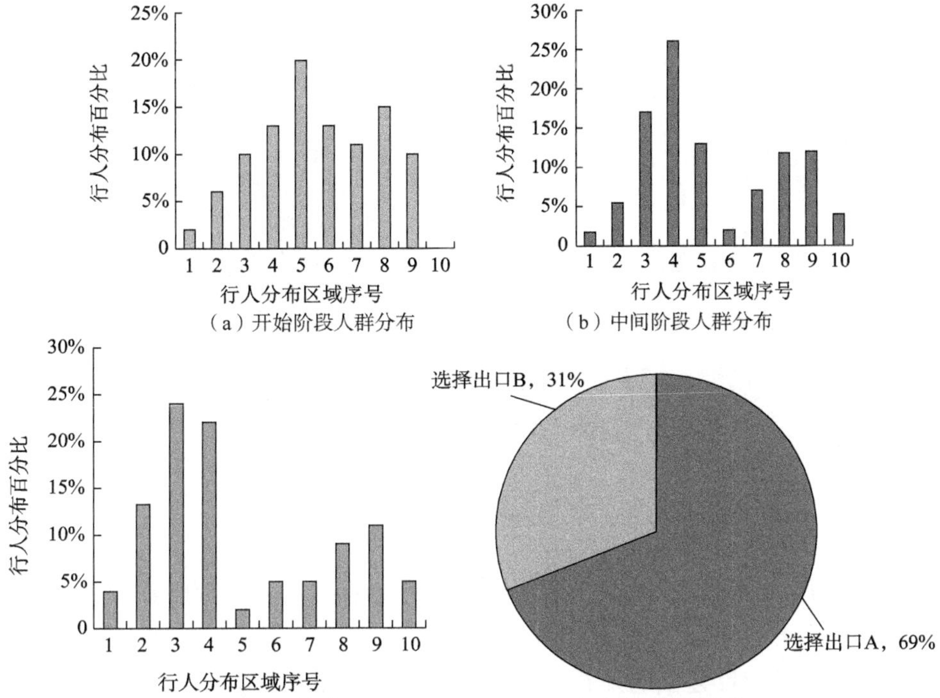

（a）开始阶段人群分布　（b）中间阶段人群分布

（c）结束阶段人群分布　（d）出口选择概率

图 8-11　一辆汽车与高密度行人交汇人群分布图

图 8-12 所描述的是两辆汽车间隔一段时间分别左转并与行人流进行交汇后的人群分布。由图 8-12 可以看出，当人群遇上两辆左转车辆时，行人行为与拥挤交通流、一辆汽车与高密度行人交汇场景有一定的相似处。但从图 8-12（c）、（d）可看出，该实验场景的出口选择概率相近，这是由于该时段的人群密度高，行人急于离开交叉路口，而选择就近出口。通过视频观测发现，当两辆汽车与行人交汇时，行人自发避开车辆选择绕行，从图 8-12（b）、（c）也可以看出，区域 5 与区域 6 附近的行人分布减少。

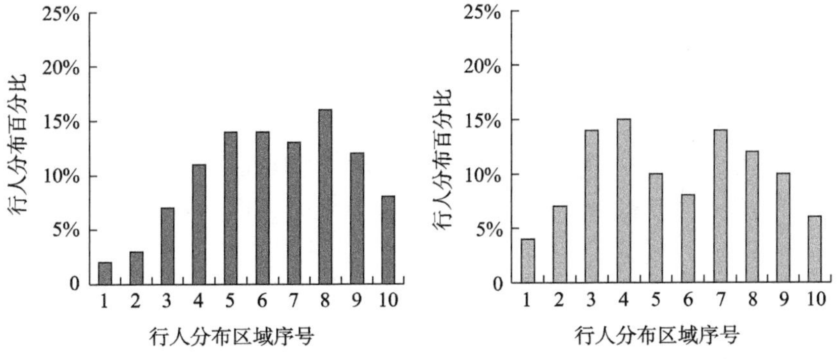

（a）开始阶段人群分布　（b）中间阶段人群分布

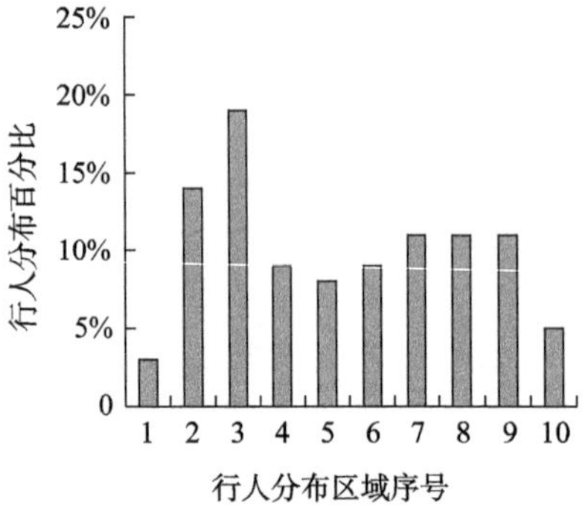

（c）结束阶段人群分布

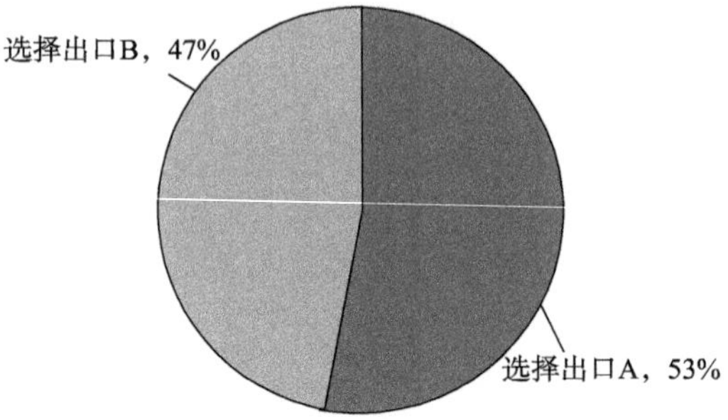

（d）出口选择概率

图 8-12 两辆汽车与高密度行人交汇人群分布图

8.1.3 校园路口社会力模型模拟仿真

现有国内外研究中，因出于人道主义考虑，大多是通过可控制的安全实验进行分析，建立相应的模型模拟交通流场景，并在模型的基础上做后续相关的研究，这样可以避免反复实验对行人造成危害。但如果实验数据不可靠，将会影响交通流模型的适用性，并且不能真实反映混合交通流的行为。本书研究通过实际考察，真实测量，得到真实的交通流数据及冲突行为，对建立合适的人车混合模型具有重要意义。下面运用社会力模型，建立适用性较好的人车混合模型并对其进行验证，通过视频观测和模型分析对校园路口提出整改意见。

1. 校园路口人车混合模型框架

研究人车混合模型，应制定一个模型框架，即对校园路口人车混合情况进行物理处理。本书研究中，采用的模型框架是指行人通过人行道与车辆交汇的一个处理过程，它包括战略层和运作层两个部分，其中第一层——战略层是行人对方向的选择决策，如是否进入等待区域，离开位置、目的地的选取等；第二层是运作层，其中包括两个模型，停/走决定模型与社会力模型。当中，停/走决定模型用于描述当行人在交通路口时，遇到交通信号灯，做出是否穿越人行道的选择决定。社会力模型用于描述行人、车辆在通过交通路口时考虑社会力的影响，如人的驱动力、人群排斥力、交通环境的排斥力等。如图 8-13 所示为校园路口人车混合模型框架，其中图 8-13（a）为社会力模型框架，图 8-13（b）为模型场景模拟图。

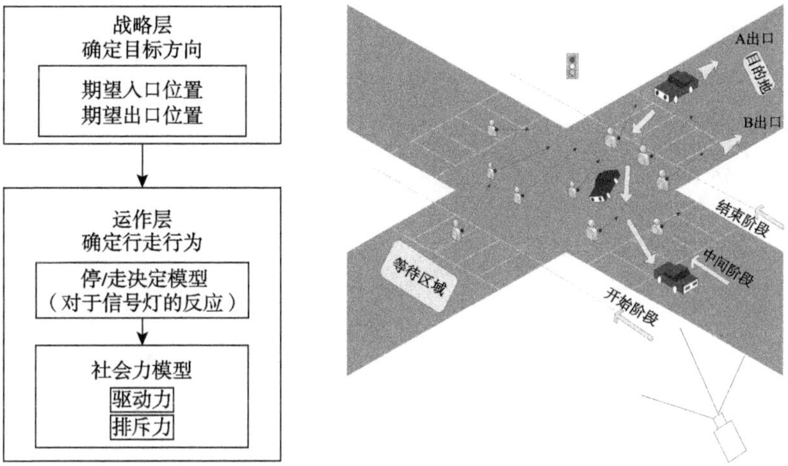

（a）社会力模型框架　　（b）模型场景模拟图

图 8-13　校园路口人车混合模型框架

2. 人车混合社会力模型

对于社会力模型来说，需要确定的模型参数主要包括心理排斥力系数 A_i 和 B_i，而行人、非机动车、机动车的半径、质量等则需要我们自行测量和选取。社会力模型主要描述的是对于混合交通流中的各个运动物体，它都有一个自动向前运动的自驱动力；行人与行人、行人与机动车、行人与非机动车、机动车与非机动车之间都存在一个相互作用力；而整个运动流处于一个特定的交通环境中，因此环境对运动物体具有影响，Helbing 在经典的社会力模型中，将所有周围环境对运动物体的作用力都归结为 $\vec{F}_{iw}$。在现有的社会力模型中，很多学者倾向于改进环境作用力和相互作用力，即把环境作用力和相互作用力分解成多种力，或者添加第四种力来使得社会力模型表达得更加贴切[183]。

本书研究认为，Helbing 的社会力模型中已把各个力都说明清楚，没有必要添加或者细分某个力，只需把模型中的参数运用合理的方法获取即能满足我们的模型要求。因此，本书研究中将不添加其他力来改变模型，而是立足于获得更好的模型参数。本书研究中的人车模型是基于行人流和机动车交汇的视频，在其他的社会力模型中，很少对校园路口进行模拟研究，也没有对高密度人群下的场景进行模拟分析，因此建立一个在高密度情况下的校园路口人车混合社会力模型具有重要意义，本书研究主要模拟的是行人和汽车在校园路口交汇时的状况。

3. 参数提取与分析

社会力模型参数按照获取途径分为三类：第一类，可通过观测数据得到的参数，包括样本数量、出口选择偏好、样本分布等；第二类，能测量但不能通过观测数据得到的参数，包括视觉角、期望速度、摄像头坐标、最快可接受速度、速度改变值、方向改变角度等；第三类，即其他参数，包括各个力的强度系数等，这类参数可通过校准得到。

本书研究中，将模型场景分为稀疏交通流场景、拥挤交通流场景、一辆汽车与高密度行人交汇场景及两辆汽车与高密度行人交汇场景，其中行人与车辆数如表 8-2 所示。

表 8-2　模型中的行人与车辆数

类别	稀疏交通流场景	拥挤交通流场景	一辆汽车与高密度行人交汇场景	两辆汽车与高密度行人交汇场景
行人	55	298	347	363
车辆	0	0	1	2

通过参照前人研究数据及多次实验，获得了一组较好的行人、车辆及社会力模型参数。本书研究的社会力模型中的行人直径选取 0.4m，质量选取 65kg，汽车直径选取 3.89m，质量选取 1 145kg。本书研究需要选取的社会力模型参数还包括行人与行人间的排斥力 A_PP 和排斥力作用范围系数 B_PP，行人与车辆间的排斥力 A_PC 和排斥力作用范围系数 B_PC，车辆与车辆间的排斥力 A_CC 和排斥力作用范围系数 B_CC。通过对比，A_CC 取 2 000N，A_PC 取 2 000N，A_PP 取 200N，B_CC 取 0.08m，B_PC、B_PP 均取 0.3m，行人与车辆产生作用半径取 5m。

4. 人车混合模型验证

通过选取合适的模型参数，对四个实验场景进行模拟，并通过行人分布情况对其进行对比，以验证模型的适用性。以下内容分别对四个场景中的开始阶段、中间阶段、结束阶段处的行人分布与模型统计处的各处行人分布进行对比。通过对各场景下的行人分布比较，发现该模型具有较好的适用性，具体表现在以下几个方面。

1）稀疏交通流状态下路口人群分布

图 8-14 是人车混合社会力模型模拟稀疏交通流状态时的校园路口人群分布情况，将人群在开始阶段、中间阶段、结束阶段的分布情况，分别用模型模拟的模拟值和真实的观测值进行对比，发现模型获得的数据总体趋势和观测值类似，大致服从起始位置多集中在中间区域，且出口 A 区域人数分布较多的规律。图 8-14

（b）误差比其他两个位置的误差稍大，其原因是稀疏交通流状态下，人群流动性较大，运动至中间阶段时方向变动较大，其误差是可以接受的，其余阶段的模拟数据能较好地反映稀疏交通流场景下的人群行为及分布。

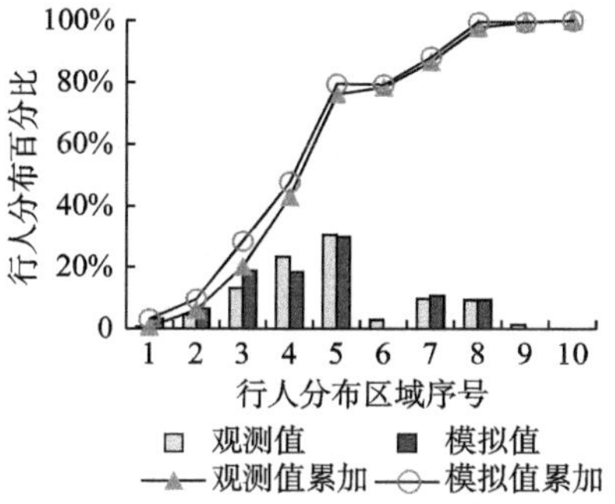

（a）开始阶段

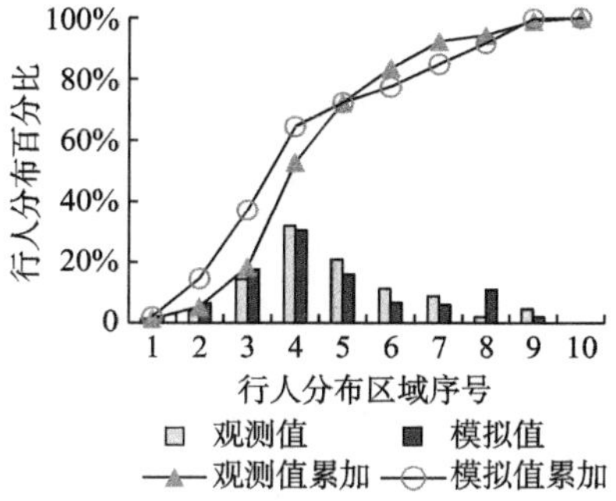

（b）中间阶段

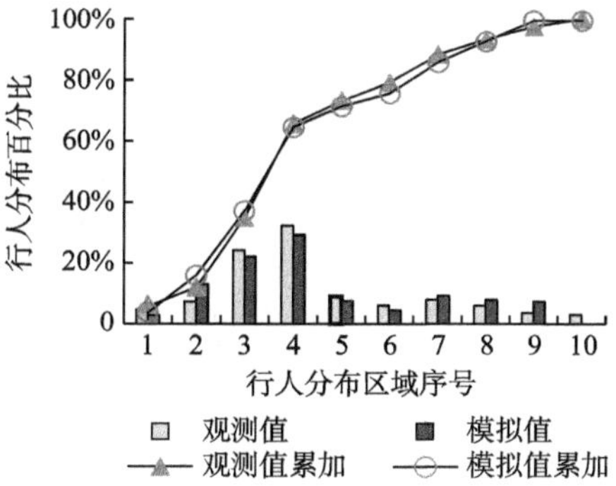

（c）结束阶段

图 8-14　稀疏交通流场景人群分布对比

2）拥挤交通流状态下路口人群分布

如图 8-15 所示是人车混合社会力模型模拟高密度拥挤人群下校园路口的人群分布，通过观察图 8-15（a）、（b）、（c）中的人群分布可以看出，模型模拟的拥挤行人流过街行为与真实场景相类似。开始阶段，中间区域分布大量行人，这符合行人过街就近原则。同时，在靠近出口区域的结束阶段，靠近出口 A 的行人占大部分，这符合真实场景的行人选择出口 A 较多的规律。因此，该模型模拟的校园路口拥挤行人流较符合真实场景。

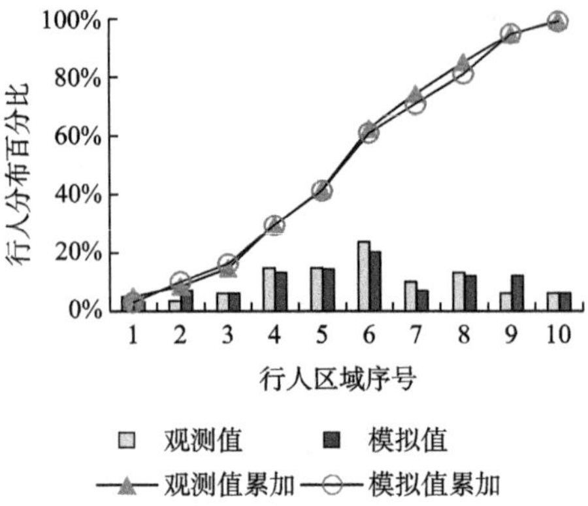

（a）开始阶段

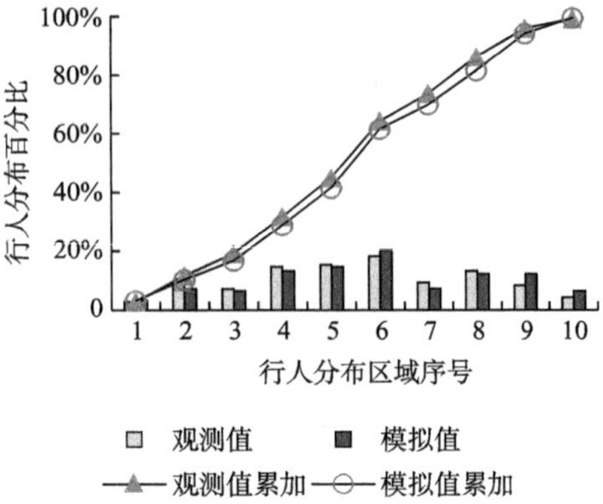

（b）中间阶段

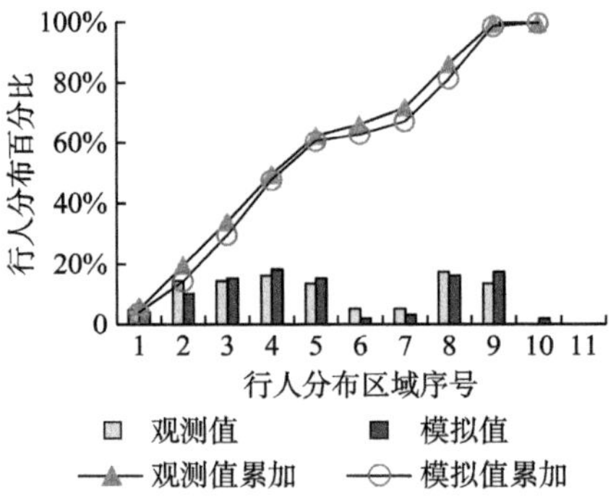

（c）结束阶段

图 8-15　拥挤交通流场景人群分布对比

3）人车混合状态下人群分布

如图 8-16 所示是校园路口在人车混合状态下，人群分布观测值与社会力模型模拟值的对比图。该模型中，将车辆视为较大体积和质量的行人起到简洁、实用的效果。通过对比三个阶段的人群分布图，发现人车混合模型模拟的人车交汇现象与真实场景下的人车混合现象较吻合，都表现出避让、减速等行为。从图 8-16（b）中也可以看出，当人群与车辆交汇时，人群分布分散至两侧，从而避开车辆的干扰。模型中考虑了人车混合，车辆在社会力模型中排斥力及强度系数的不确定，造成一定的误差，使得人群分布与真实观测有一定的误差，但其总体较好地表现出真实场景下的人车交汇干扰行为。

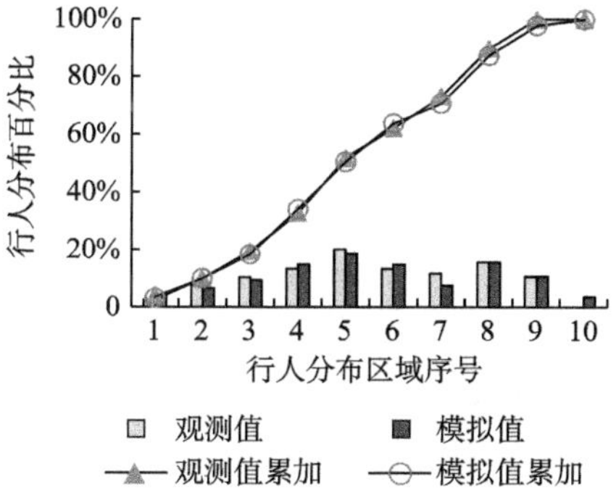

（a）开始阶段

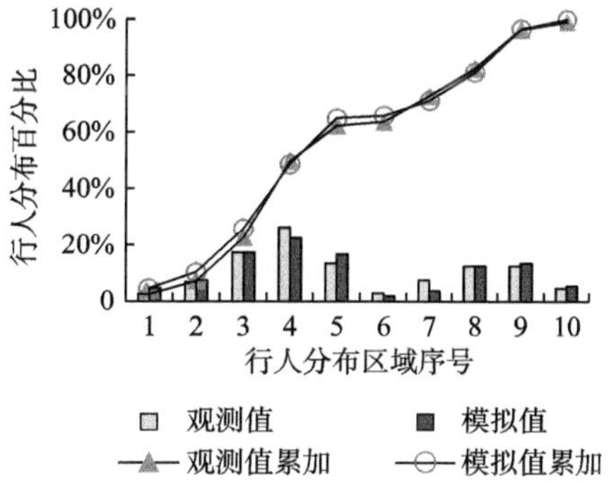

（b）中间阶段

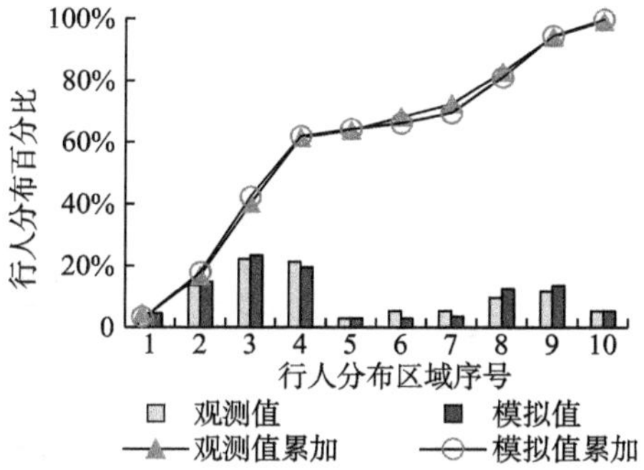

（c）结束阶段

图 8-16　一辆汽车与高密度行人交汇场景人群分布对比

如图 8-17 所示，为人车混合社会力模型模拟两辆汽车与高密度行人交汇情况下的人群分布，其分布规律与一辆汽车时较相似，从图 8-17（a）、（b）、（c）中可看出，其人群分布主要集中在中间区域，基本符合行人过街就近原则，当两辆汽车与行人交汇时，同时对行人起到分散作用，使附近区域的人群分布增加，而当两辆汽车交汇时，对人群起到阻隔作用，使得该区域的人群减少。当两辆汽车之间有交汇行为时，为了避免造成碰撞同样会出现避让行为。

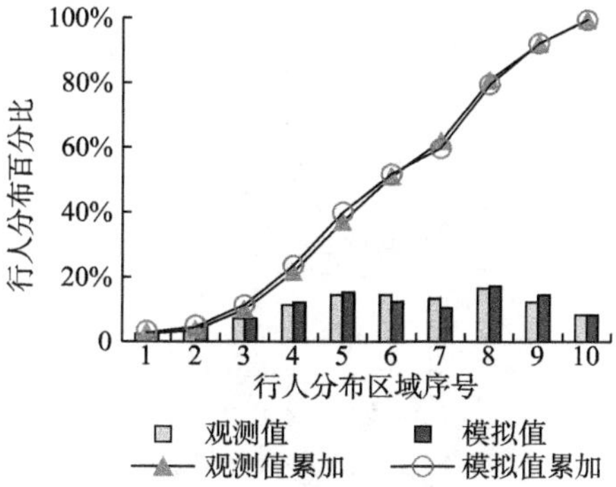

（a）开始阶段

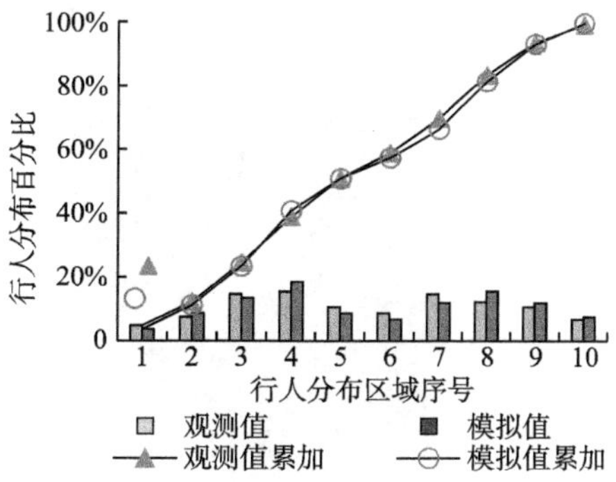

（b）中间阶段

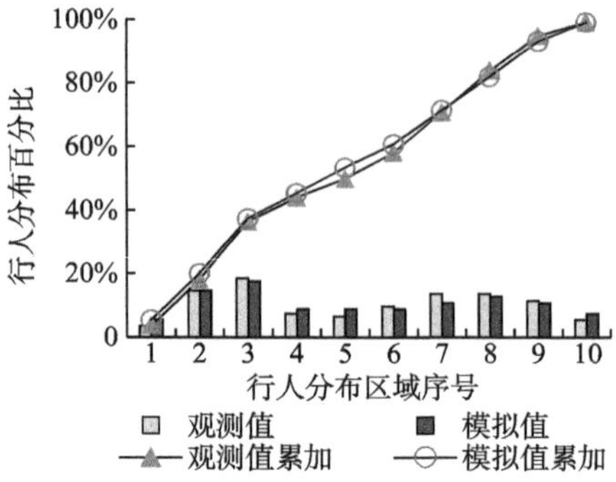

（c）结束阶段

图 8-17　两辆汽车与高密度行人交汇场景人群分布对比

4）人车混合模拟效果分析

图8-18（a）、（b）为真实观测到的车辆轨迹，而图8-18（c）为社会力模型模拟的车辆轨迹，通过对比发现，模型中车辆运行轨迹与真实轨迹基本一致。

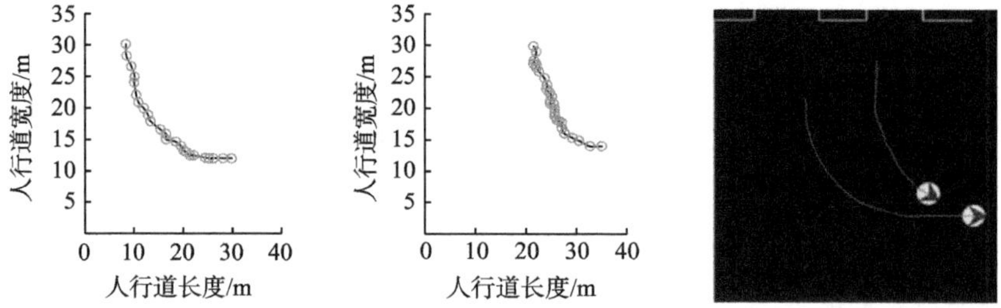

（a）第一辆车真实轨迹　　（b）第二辆车真实轨迹　　（c）车辆模拟轨迹

图 8-18　车辆轨迹对比

图 8-19 为人车混合社会力模型的四个模拟场景，图 8-19（a）为稀疏交通流模拟场景，图 8-19（b）为拥挤交通流模拟场景，图 8-19（c）为一辆汽车与高密度行人交汇场景，图 8-19（d）为两辆汽车与高密度行人交汇场景。四幅图都表现出了行人和车辆在疏散过程中的路径选择和出口选择行为，从图 8-19 中可以看出，不同的出口对不同的行人具有吸引力，造成出口区域人群分布的不一致。

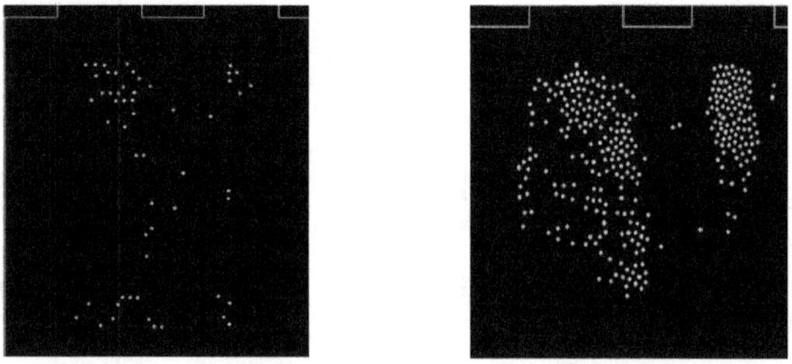

（a）稀疏交通流模拟场景　　（b）拥挤交通流模拟场景

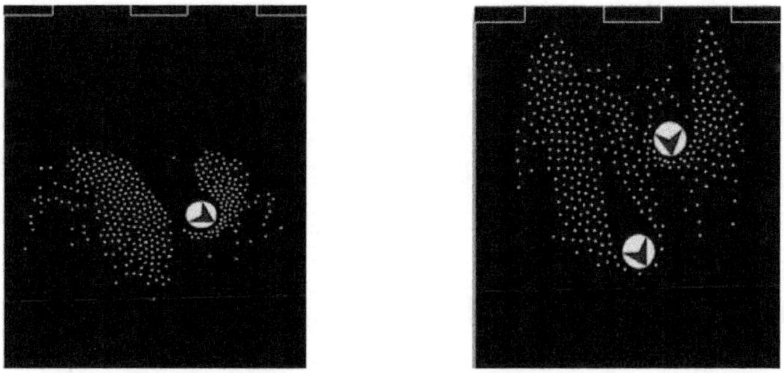

（c）一辆汽车与高密度行人交汇场景　　（d）两辆汽车与高密度行人交汇场景

图 8-19　交通流场景模拟

从图 8-19（c）、（d）可以清晰地看出，在车辆的作用半径内产生一定范围的排斥力，行人远离这一区域，具体表现为当过街人群与左转车辆交汇时阻断人群，车辆周围的行人做出躲闪动作，一部分行人选择减速慢行，一部分行人绕过车辆继续前行，还有一部分行人停在原处等待车辆通过。通过比较模型和真实视频数据发现，该模型能够较好地表现人车混合交通流行为，与真实人车混合场景基本一致。

5. 校园路口整改建议

通过观测拍摄的校园路口视频和社会力模型模拟，对交通流行为进行分析，从中可以发现交通流中的许多问题。通过研究交通流行为，提出一些有力措施可减少交通流中的冲突现象。基于上述交通流冲突行为理论，可对福州大学生活一区路口进行重新规划和改进，本书研究从交通设施规划和交通流参与人员自身行为改善两个方面对校园路口整改提出建议。

1）交通设施规划整改意见

交通设施及场地规划对交通流影响较大，从拍摄视频和模型模拟中可看出，不同的交通路口结构，造成不同的疏散和冲突区域，因此，可通过增加或改变某个交通区域的构造以减少交通流中的冲突现象。

（1）设置非机动车专用道。在人行道设置区域专门设计一个通道供非机动车行驶，避免非机动车与人群发生冲突，从所拍摄到的视频中可以看出，行人和非机动车同时占用同一区域是造成冲突的首要原因，因此，将行人与非机动车道路分开能够很好地降低冲突风险。

（2）人行道往内侧移。学生人群遵守就近原则，使得人行道没有发挥应有的作用，根据行人流路径形成现象，人群在过街时选择中间区域靠近出口方向，可将人行道往内侧移。

（3）架设人行天桥。架设人行天桥能够避免行人与非机动车、机动车的冲突。人行天桥也能够解决行人与机动车占用道路的问题，避免人车直接冲突的发生。

（4）安装高清交通违章摄像头。要使每个人都遵守交通规则，需要借助一定外力，通过交通法规对违章人员进行违章处罚，能够对交通流不安全行为起到遏制作用。在福州大学生活一区路口处并没有安装违章摄像头，很多机动车无视交通规则，这对行人来说是非常不安全的，因此，有必要安装多个高清摄像头，对这一路口进行监控和违章抓拍。

（5）添加警示牌。通过添加警示牌提醒过往行人和车辆，注意遵守交通规则以减少冲突的发生。

2）交通流参与人员自身行为改善建议

交通流参与人员自身行为影响着交通流的疏散及冲突现象，通过视频和模型对交通流参与人员自身行为进行分析，并据此提出相关建议，可以改善交通冲突现象。

（1）增设交通指引人员。交通指引人员在交通流中起到重要作用，当处于红灯状态时，能够阻止人群穿越和让人群在等待区域有秩序地等候，他们能够对行人起到劝阻、提醒的作用。

（2）尽量选择就近出口。通过视频和模型模拟发现，当校园路口中的行人根据自身目的地选择出口时，出现交叉冲突现象，造成拥挤，容易引发危险。因此，对于多出口的区域，应尽量选择就近出口疏散。

（3）应遵守交通规则。按照设定区域过街疏散，避免造成行人与车辆的冲突。

（4）左拐车辆应往中间区域行驶。避开两个疏散出口的正面人群，减少交叉冲突时间和面积，降低冲突风险。

（5）开展宣传教育活动。通过开展主题活动和普及交通规则，培养学生养成遵守交通规则的良好习惯。通过教育和劝阻违章学生，逐渐使得闯红灯等不安全现象减少。

8.2　信号交叉口人车混合冲突行为及模型仿真

8.2.1　信号交叉口混合冲突数据获取及结果分析

1. 信号交叉口人车混合冲突行为数据获取

1）人车混合冲突行为视频采集

实验拍摄场景选择在福州大学生活一区与教学区相连的信号交叉口，选择此处的原因是上、下课及放学时间有大量的行人、自行车、电动车及汽车混合交叉冲突。实验拍摄的目标区域主要为图 8-20 中上、下两侧人行道和左、右两侧人行道形成的 34m×44m 的空间区域。如图 8-20（a）所示，无人机位置位于信号交叉口正上方 50m 的高空处，能够在最大范围内以清晰的视角拍摄到行人过街情形。

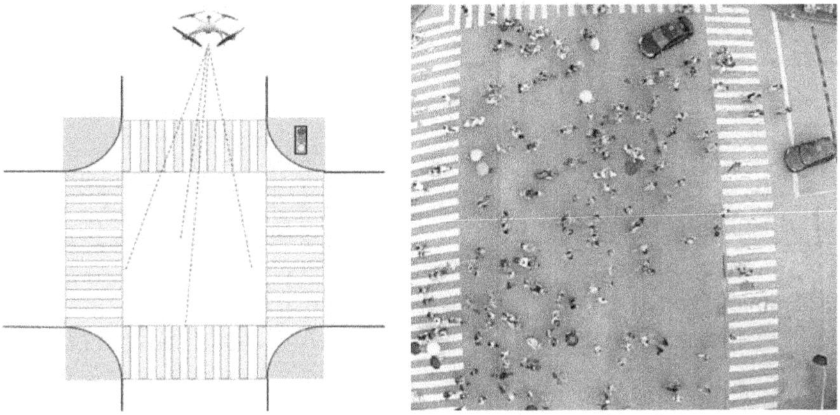

（a）无人机位置图　　（b）行人轨迹提取场景图

图 8-20　无人机位置图与行人轨迹提取场景图

如图 8-20（b）所示是通过无人机拍摄的福州大学生活一区与教学区相连的信号交叉口人车混合冲突行为的视频轨迹数据采集录像。视频采集的是时间约为 2016 年 6 月 1 日上午 10 点和下午 5 点的学生上、下课过街交通流。

从表 8-3 中可以看出，校园信号交叉口在上、下课时段出现比较多的学生行人、自行车及电动车与汽车同时过街的情形，不同的路径选择行为和期望方向等因素使得彼此之间存在潜在的干扰和冲突行为。以信号周期内混合交通流过街时长为划分依据，我们将采集到的两段视频进行划分，第一段总时长为 3min56s，第二段总时长为 8min31s。第一组划分为 4 个视频样本，第二组划分为 8 个视频样本。过街时长根据同一批次等待过街的混合交通主体从开始过街到信号交叉口出口时为止。采集到的数据中，行人数量为 569 人，自行车数量为 263 辆，电动车数量为 176 辆，汽车数量为 6 辆。

表 8-3　信号交叉口人车混合冲突视频录像采集

视频编号	开始过街时间	到达出口时间	过街时长	行人数量/人	自行车数量/辆	电动车数量/辆	汽车数量/辆
S1	10：03：24	10：04：42	78s	38	24	14	0
S2	10：05：03	10：06：04	61s	32	3	10	1
S3	10：06：30	10：07：31	61s	28	12	0	0
S4	10：08：00	10：08：36	36s	35	9	11	0
合计	3min56s			133	48	35	1

续表

视频编号	开始过街时间	到达出口时间	过街时长	行人数量/人	自行车数量/辆	电动车数量/辆	汽车数量/辆
S5	17：00：12	17：01：23	71s	45	35	21	0
S6	17：01：44	17：02：53	69s	58	24	28	0
S7	17：33：00	17：34：07	67s	73	47	20	0
S8	17：34：29	17：35：39	70s	71	29	20	2
S9	17：35：57	17：37：08	71s	60	33	18	0
S10	17：37：24	17：38：24	60s	52	30	16	2
S11	17：38：50	17：39：40	50s	31	10	15	1
S12	17：40：21	17：41：14	53s	46	7	3	0
合计	8min31s			436	215	141	5

2）人车混合冲突数据获取

通过对利用无人机技术采集到的信号交叉口人车混合冲突行为视频录像和行人、自行车、电动车及汽车数量的分布情况的分析，分别选取视频 S7、S8 和 S11 作为在无车辆与行人、自行车及电动车混合交通流交汇，有两辆车与行人、自行车及电动车混合交通流交汇，有一辆车与行人、自行车及电动车混合交通流交汇的数据分析样本。通过轨迹提取软件分别对视频 S7、S8 及 S11 的行为个体过街轨迹数据进行提取，得到对应的 mdb 格式文本，如图 8-21 所示是提取后的轨迹。通过导入 mdb 格式文本和对应的分类视频进行计算，能够得到对应的密度、速度和流量相关数据及分布图。

图 8-21 福州大学生活一区与教学区相连的信号交叉口录像行人轨迹提取图

2. 信号交叉口混合交通流冲突运动特征

1）自组织行为

行人、自行车或电动车及汽车通过信号交叉口时，在交通流密度较低的情况下，根据个体行人不同的期望方向、倾向路径和目的地，可以在自由态速度下通过。但是，当混合交通流密度较大时，周边的行人、车辆就与行为主体相互影响，使行人群体或车辆出现以避免发生冲突的减速行为和基于从众心理的成带现象。一般情况下，当运动方向相同时，行人、自行车或电动车及汽车选择跟随具有相同运动方向的前者行进，从而导致具有相同运动方向和目的地的人自动靠近，形成一个个群体。

如图 8-22 所示，是通过轨迹提取软件对无人机拍摄的实验录像进行处理得到的信号交叉口混合交通流轨迹数据。从图 8-22 中的轨迹可以很清晰地看出，整个交叉口的交通流根据不同的运动方向分为四个成带部分，具有典型的行人流自组织成带现象。

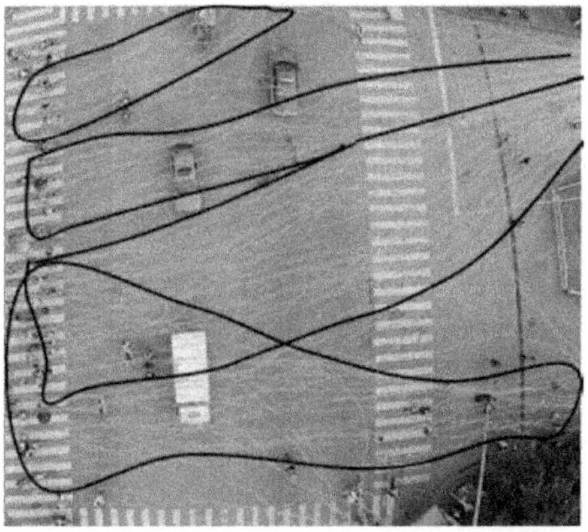

图 8-22　信号交叉口混合交通流成带现象

2）避免冲突行为

行为主体的避免冲突行为与其自身变向难度、视觉障碍场大小和 v-d（速度–头距离）相关。对于行人来说，无论在任何时候都可以很轻易地选择变向和减速来避免冲突，而对于自行车和电动车来说变向难度比行人大很多，而汽车的变向难度显然是最大的。

一般来说，无论是行人还是车辆，当与周边或前行的行人、车辆、障碍物等有了潜在的冲突时，在常态下都选择在安全的视野区域内进行变向，而变向行为必然伴随减速行为。相对于单纯的减速行为来说，变向行为对于避免与前者的冲突方面显得安全性更强。但是，对于不同行为主体，在不同的冲突场景下，选择冲突避免行为措施的倾向程度显然有很大的区别。所以，不同的行为主体在前行过程当中，选择最小的视觉障碍来获取最大的安全视野进行变向行为。

行人在过街时都希望能够与周边行人、障碍物及车辆保持最大的距离，从而在预期时间内按照期望速度和时间安全完成通行。在现实生活中，在双方没有任何一方愿意改变方向，且有一方不愿意改变速度的情况下，必然有一方选择减速甚至减速为零来避免冲突。在一般的冲突行为当中，往往避让的一方采取减速变向避让行为来获取更安全的避让区域和更广阔的视野区域，但是在某些特殊情况下，也发生加速变向避让行为，如超车行为等。

3）方向及路径变化

在行人过街路径选择行为中，方向选择策略方面包括期望方向和真实运动方向，当信号交叉口的车辆较少、行人密度稀疏的情况下，行人可以在期望方向下按照期望的运动路径穿过交叉口。这种情况下无论是行人还是车辆都对目标行人的影响很小，基本上不会出现冲突，期望方向与真实运动方向一致，但在真实生活中，在大多数时段这种情况很少存在，尤其是在学校路口和其他的城市路段信号交叉口，一般情况下交通流量都比较大，而且自行车、电动车及汽车与行人的冲突较为明显。

图 8-23 为行人过街期望方向示意图。一般地，行人穿过信号交叉口分为三个阶段：从起点到左侧人行道位置，图 8-23 中行人在左侧人行道 A、B 区域为等待区域；从左侧人行道到右侧人行道位置，如 C、D 区域；从右侧人行道位置到目的地。本书主要研究信号交叉口的人车混合冲突行为，因此只研究从左侧人行道到右侧人行道期间行人与车辆的行为，如从 B 区域到 C 区域。行人在出口和入口人行道的位置受行人的心理因素、人行道的几何构造、行人穿行过程中变向选择及周边行人车辆等因素的影响，从而其期望方向和真实运动方向受到影响。B 区域的行人期望以虚线所示的方向到达 C 区域，而实线所示才是真实的运动路径。

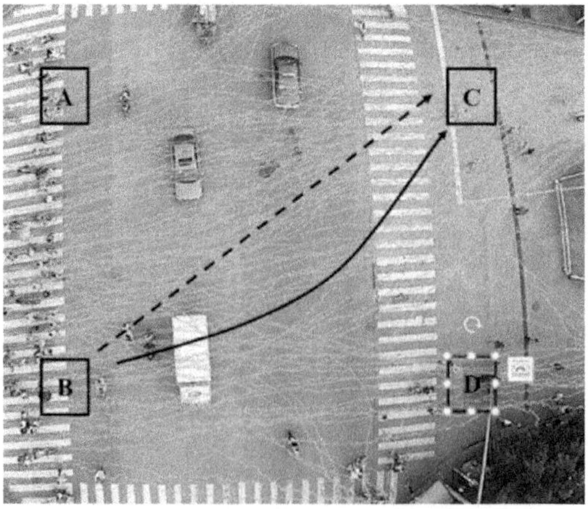

图 8-23　行人过街期望方向示意图

3. 信号交叉口混合交通流速度分析

分别对信号交叉口交通流实验数据中行人、自行车、电动车及汽车的速度进行单独分析，能够得到在人车混合冲突情形下，不同类型的行为主体在通过信号交叉口途中速度变化的规律，从而有利于对人车混合冲突情况中的具体冲突类型和行为进行更为精确的分析。

图 8-24 为行人、自行车、电动车与汽车速度数据采取的实验场景，这是在校园路口的信号交叉口的一个信号周期内，大量的行人、自行车及电动车在绿灯信号时从左侧人行道向上、下两侧人行道及对面的右侧人行道出口移动，与右侧人行道出口向左转弯的两辆汽车形成冲突。实验采取其中 50s 的视频数据对其冲突行为及速度分布规律进行分析。

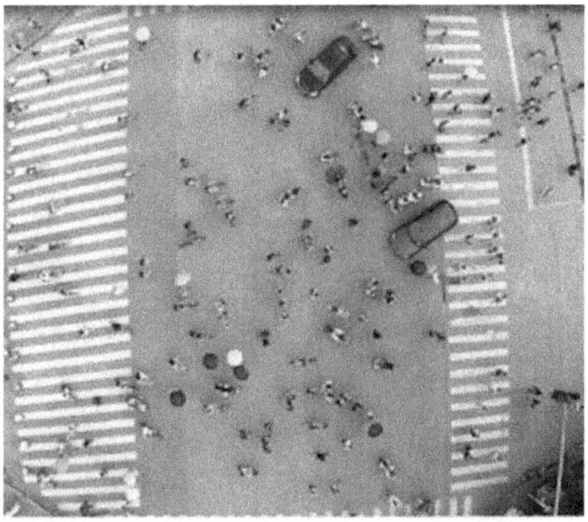

图 8-24　速度分布规律视频数据拍摄场景

图 8-25~图 8-27 的三组图分别是信号交叉口行人、自行车及电动车平均速度散点图及速度分布规律直方图。图 8-25（a）和（b）分别是信号交叉口行人平均速度散点图及其速度分布规律直方图，其中行人数量为 70 人，平均速度为 0.84m/s，从左侧散点图可以看出，行人通过信号交叉口的平均速度为 0.52~1.23m/s，且围绕平均值上下波动。大多数行人通过信号交叉口的平均速度集中在 0.7~0.8m/s 和 0.8~0.9m/s 这两个阶段内，行人通过信号交叉口的速度整体呈现正态分布规律；图 8-26（a）和（b）分别是信号交叉口自行车平均速度散点图及其速度分布规律直方图，其中自行车数量为 27 辆，平均速度为 1.06m/s，从左侧散点图可以看出，自行车通过信号交叉口的平均速度为 0.61~1.50m/s，且围绕平均值上下波动。大多数自行车通过信号交叉口的平均速度集中在 0.8~1.0m/s 和 1.0~1.2m/s 这两个阶段内，自行车通过信号交叉口的速度整体呈现正态分布规律；图 8-27（a）和（b）分别是信号交叉口电动车平均速度散点图及其速度分布

规律直方图，其中电动车数量为 18 辆，平均速度为 1.09m/s，从左侧散点图可以看出，电动车通过信号交叉口的平均速度为 0.66~1.72m/s，且围绕平均值上下波动。大多数电动车通过信号交叉口的平均速度集中在 0.8~1.0m/s 和 1.0~1.2m/s 这两个阶段内，电动车通过信号交叉口的速度整体呈现正态分布规律。

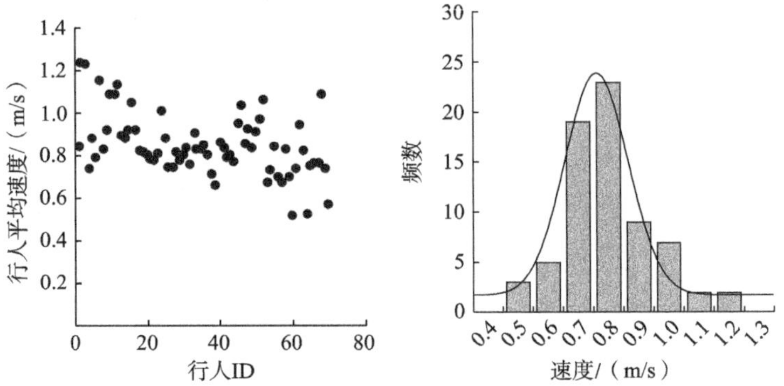

（a）信号交叉口行人平均速度散点图　　（b）速度分布规律直方图

图 8-25　信号交叉口行人平均速度散点图及速度分布规律直方图

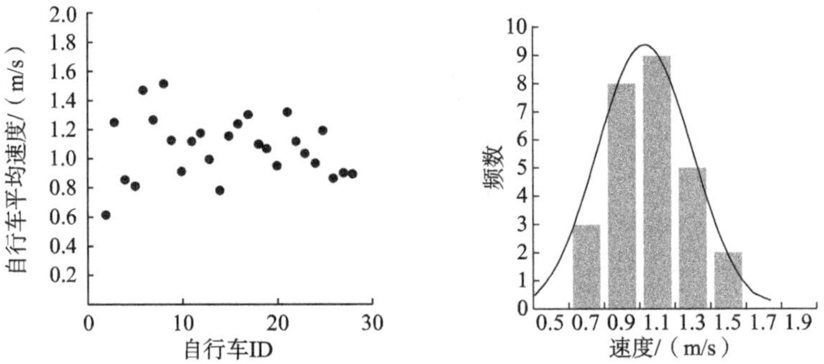

（a）信号交叉口自行车平均速度散点图　　（b）速度分布规律直方图

图 8-26　信号交叉口自行车平均速度散点图及速度分布规律直方图

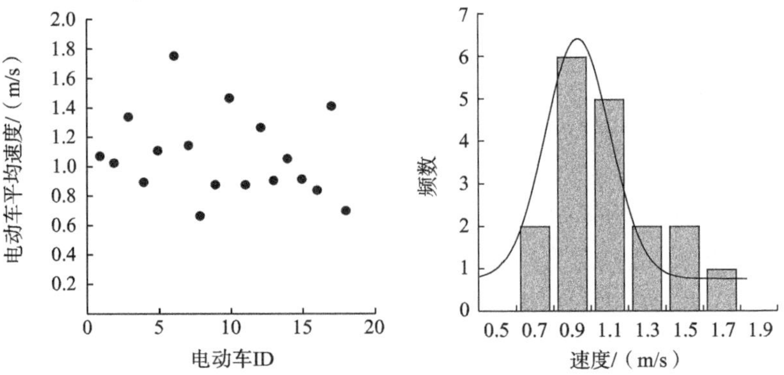

（a）信号交叉口电动车平均速度散点图　　（b）速度分布规律直方图

图 8-27　信号交叉口电动车平均速度散点图及速度分布规律直方图

从上述分析过程中，我们可以得出以下结论：在信号交叉口的混合交通流中，行人运动速度波动幅度最小，电动车最大；在行人及车辆密度较大的混合交通流中，电动车通过信号交叉口的平均速度与自行车相差不大；行人、自行车及电动车通过信号交叉口的平均速度均在不同程度上呈现正态分布规律。

图 8-28 是实验中右侧人行道出口驶出的两辆左转弯汽车的速度分布图，横坐标为时间，纵坐标为速度。从图 8-28 中能够看出两辆汽车在与行人、自行车和电动车交汇的情况下左转弯行驶时的速度随时间的变化过程。汽车 1 是靠近上侧的车辆，汽车 2 是靠近下侧的车辆，从实验场景图我们看出，汽车 2 与行人、自行车和电动车交通流的冲突更为明显，而在速度分布图中我们可以看出，汽车 2 出现了若干次波峰，这说明有多次明显的加速、减速变化。汽车 1 在前期阶段速度变化较为明显，在后期也就是第 40s 后已经转弯离开交叉口，速度逐步增加。

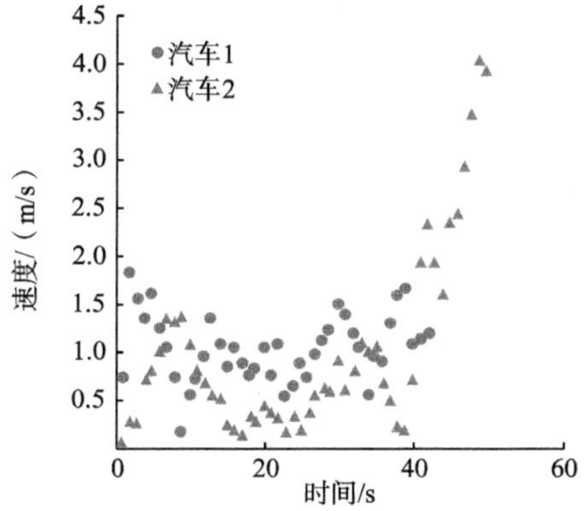

图 8-28 左转弯车辆过街速度分布图

可以得出结论，汽车在信号交叉口与行人、自行车及电动车发生冲突时以很慢的速度行驶，并且有多次减速、加速行为，说明转弯汽车在穿过信号交叉口混合交通流时通过多次控制速度的行为来避免与一波波行人或行人与自行车及电动车混合的交通流发生碰撞。

8.2.2 信号交叉口人车混合冲突模型构建及仿真

1. 基于头距离–速度关系改进的社会力模型

1）头距离计算方法

头距离是用来分析行人及车辆冲突行为的指标，基于最小头距离临界值和减速机制，将速度–头距离关系作为冲突行为的分析指标能够取得更高的精确度和适用性[184]。

头距离定义示意图如图 8-29 所示，其中，椭圆分别表示行人 i 和 j，黑点分别代表行人 i 和 j 的质点中心，L_h 表示行人 i 和 j 质点中心的垂直距离，R_i 和 R_j 分别表示行人 i 和 j 的直径。L_0 为两者之间的头距离，在真实计算过程中，我们可以直接取两者质点中心的距离来表示头距离 L_0。

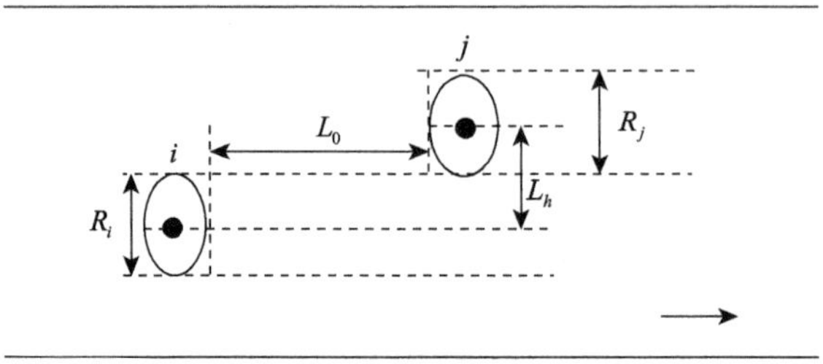

图 8-29　头距离定义示意图

在改进的社会力模型仿真中，关于速度的设定我们采用考虑了变向机制和自减速行为机制的最优速度模型，其作用是根据距离大小来调整速度或停止前行以避免冲突行为的发生。我们可以用式（8-1）来描述最优速度模型[104]：

$$\frac{\mathrm{d}v_i(t)}{\mathrm{d}t}=\tau\left[v_i(L_0)-v_i(t)\right]+\lambda\Delta v_i \tag{8-1}$$

其中，τ 表示行人反应延迟时间系数；L_0 表示头距离；$v_i(L_0)$ 表示对应的期望速度；$v_i(t)$ 表示行人 i 在 t 时间的速度；λ 表示速度变化带来的影响强度参数；Δv_i 表示行人 i 与相邻前者之间的速度差。

2）头距离–速度行为机制

为了能够利用社会力模型对信号交叉口的行人、自行车、电动车及汽车之间的混合冲突行为进行分析，必须对头距离和速度之间的关系机制进行深入研究。在头距离–速度关系行为机制中，我们用 $L_0=1/\rho$ 来表示目标行为主体之间的头距离。在行人、自行车、电动车或汽车过街时，都遵循一个行为机制：当后者与前者之间的头距离 L_0 低于最小临界值时，后者停止移动以避免与前者发生碰撞冲突；而且随头距离 L_0 的增加，移动的速度也增加，在接下来的研究中，我们发现两者之间呈线性关系，当头距离 L_0 足够大时，过街行为主体按照自由期望速度前行。

虽然行人、自行车、电动车及汽车自身物理特征设施方面存在很大的差异导致加速及减速机制存在差别，但是头距离与速度之间的关系的行为特征是相似的，我们可以用式（8-2）来统一描述[185]：

$$v_0 = \begin{cases} 0, & L_0 \leqslant L_{0\min} \\ k\left(L_0 - L_{0\min}\right), & L_{0\min} < L_0 < L_{0\min} + v_{0\max}/k \\ v_{0\max}, & L_0 \geqslant L_{0\min} + v_{0\max}/k \end{cases} \tag{8-2}$$

其中，$L_{0\min}$ 为距离的最小临界值；$v_{0\max}$ 为行为个体的最快自由期望速度；k 为比例系数。当头距离 L_0 小于等于临界值 $L_{0\min}$ 时，行人减速至 0 以避免与他人或障碍物发生碰撞；当 L_0 大于等于 $L_{0\min}+v_{0\max}/k$ 时，行人具有最快的自由期望速度 $v_{0\max}$；其他情况下，速度为 $k\left(L_0-L_{0\min}\right)$。

2. 改进的社会力仿真模型构建

1）改进的社会力模型区域设置

图 8-30 是基于社会力模型的信号交叉口人车混合冲突模型仿真场景示意图。在模型仿真场景中，信号交叉口中间区域的长为 34m，宽为 19.35m，从等待区域 A、B 到出口区域 C、D 的长为 68.5m，与实验中的信号交叉口真实测量数据一致。

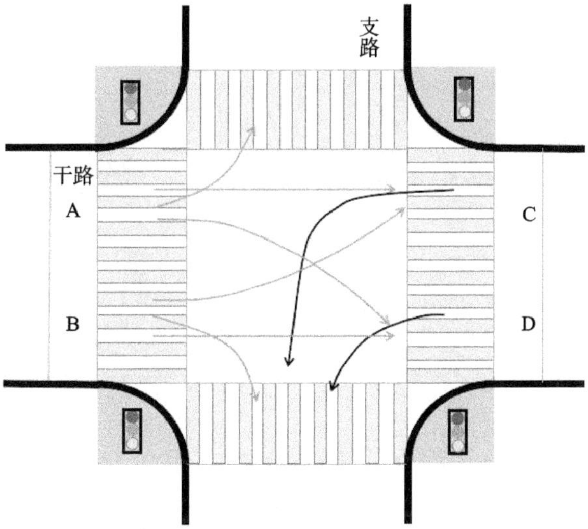

图 8-30　信号交叉口人车混合冲突模型仿真场景示意图

仿真模型中设置的混合交通流路径分为八条，如图 8-30 所示，分别为从左侧入口到右侧出口的直行过街路径，从左侧入口向上侧入口的左转弯路径，从左侧入口向下侧入口的右转弯路径，从等待区域 A 到出口区域 D 的过街路径和从等待区域 B 到出口区域 C 的过街路径，以及从右侧驶出的与混合交通流形成对冲的左转弯车辆路径。

2）改进的社会力模型参数估计

为了得到上述公式中的头距离最小临界值 L_{min} 和最快自由速度 v_{max} 及比例系数 k，对拍摄录像的 12 组实验数据（包括 1 014 个行人、自行车、电动车及汽车个体样本数据）进行筛选分析。首先，将每一个个体样本对应的所有的 (v_i, L_i) 数据都在 Excel 中用散点图表示出来。其次，对数据进行进一步处理之后得到参数 k_i、v_{imax} 和 L_{imin}，即每一个个体 i 的比例系数、最快自由速度及头距离的最小临界值。最后，通过计算所有行人、自行车及电动车个体参数的平均值，即可确定最终头距离–速度模型的参数 k、v_{max} 和 L_{min} [165]。

图 8-31（a）表示的是信号交叉口行人的头距离–速度关系图，水平实线表示最快自由速度 v_{max} 的平均值，实线的斜率表示比例系数 k 的平均值，用来表示目标行为个体的头距离与速度之间的反应系数。当速度为 0 时，头距离 L 取得最小值。同理，图 8-31（b）和（c）分别表示自行车和电动车的头距离–速度关系图。通过 Excel 对数据进行整理之后利用 SPSS 统计软件对 v_{max}、L_{min} 和 k 三个参数的平均值、标准差、偏度、峰度、K-S 检验 p 值和 S-W 检验 p 值六项检验指标进行检验估计，如表 8-4 所示。

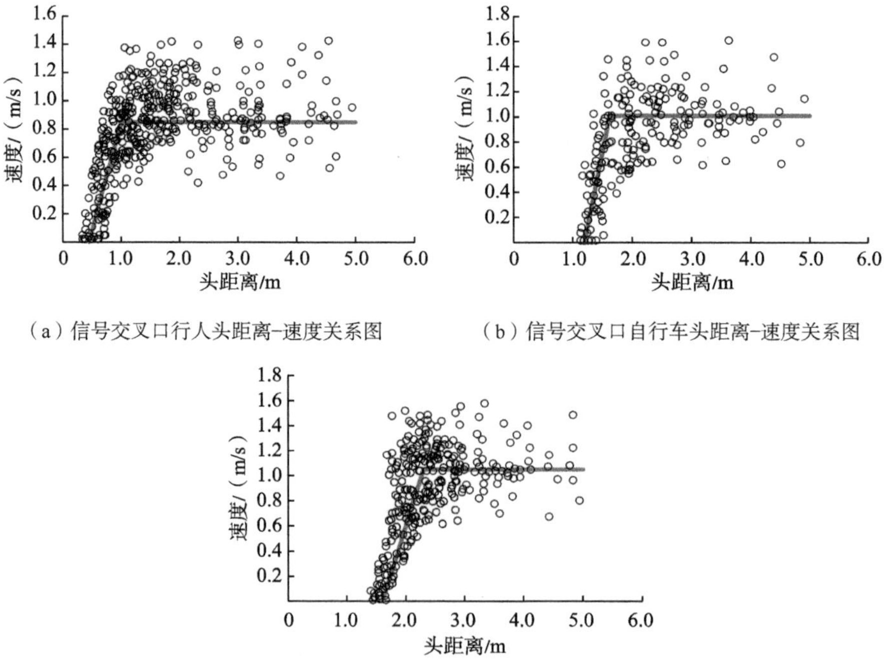

（a）信号交叉口行人头距离–速度关系图　（b）信号交叉口自行车头距离–速度关系图

（c）信号交叉口电动车头距离–速度关系图

图 8-31　信号交叉口头距离–速度关系图

表 8-4　改进社会力模型参数的正态分布检验

实验类型	参数	平均值	标准差	偏度	峰度	K-S 检验 p 值	S-W 检验 p 值
行人	v_{max}	0.91	0.185	0.484	0.264	0.074	0.316
	L_{min}	0.51	0.108	−0.066	0.337	0.200	0.982
	k	0.94	0.139	−0.631	1.391	0.200	0.112
自行车	v_{max}	1.55	0.234	−0.072	0.086	0.072	0.138
	L_{min}	1.10	0.218	0.018	−0.263	0.200	0.966
	k	0.87	0.159	0.305	−0.980	0.200	0.295
电动车	v_{max}	1.21	0.311	0.707	0.123	0.200	0.325
	L_{min}	1.68	0.232	−0.960	0.575	0.059	0.153
	k	1.18	0.300	0.971	0.867	0.200	0.158
汽车	v_{max}	8.23	0.210	0.650	−0.210	0.200	0.114
	L_{min}	5.90	0.210	−0.440	−0.140	0.200	0.643
	k	1.02	0.010	0.300	−0.910	0.126	0.117

参数正态分布检验的原假设为行人、自行车、电动车和汽车的 v_{max}、L_{min} 和 k 三个参数均服从正态分布，显著性水平 α 为 0.05。偏度和峰度将进行参数检验的实验数据的分布情形与标准正态分布进行了差异程度的对比，标准正态分布的偏度和峰度均为 0。从表 8-4 中可以看出，行人、自行车、电动车和汽车的 v_{max}、L_{min} 和 k 三个参数的偏度和峰度均接近 0，说明比较符合正态分布。K-S 检验和 S-W 检验中检验 p 值均大于显著性水平 α，所以接受原假设，即行人、自行车、电动车和汽车的 v_{max}、L_{min} 和 k 三个参数均服从正态分布。

3）仿真模型参数设置

改进社会力模型中主要的参数设置如表 8-5 所示。

表 8-5　改进社会力模型中主要的参数设置

参数	行人	自行车	电动车	汽车
v_{0max}	0.85m/s	1.01m/s	1.16m/s	4.38m/s
k	$0.94s^{-1}$	$0.87s^{-1}$	$0.91s^{-1}$	$0.69s^{-1}$
L_{min}	0.55m	1.51m	1.68m	6.37m
A_i	100N	500N	600N	2 000N
B_i	0.08m	0.08m	0.08m	0.08m
$2r_i$	0.40m	1.57m	1.48m	3.89m
m_i	58kg	73kg	90kg	1 145kg

注：v_{0max} 为模型中最快自由期望速度；k 为比例系数；L_{min} 为头距离最小临界值；A_i 和 B_i 为心理排斥力系数；$2r_i$ 为个体长度；m_i 为个体质量

3. 信号交叉口混合交通流冲突行为仿真

1）无汽车交汇混合冲突行为仿真

无汽车交汇的信号交叉口行人、自行车及电动车混合过街交通流仿真如图 8-32 所示，分别考察了在不同数量的行人、自行车及电动车混合情况下的冲突行为。图 8-32（a）~（c）中模型仿真数量分别为 *N*=55、*N*=100、*N*=140，分别代表在稀疏、正常及较密集情况下无车辆与行人、自行车及电动车交汇时混合流的冲突情形，根据 $2r_i$ 大小的不同，圆点从大到小分别代表电动车、自行车和行人。

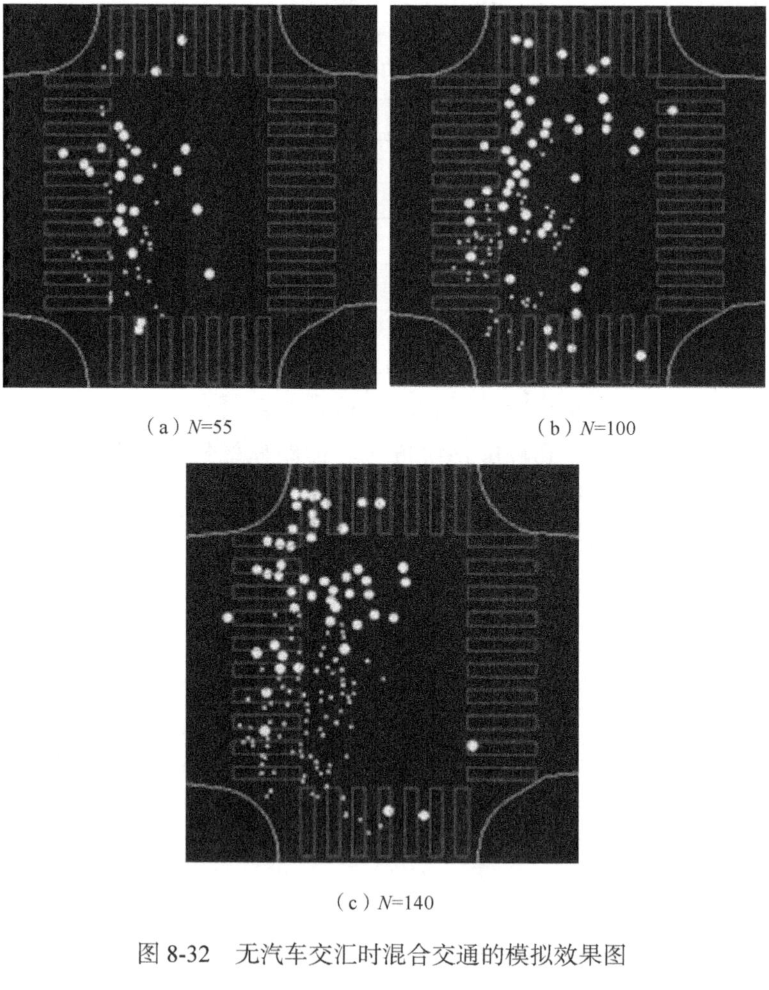

（a）*N*=55　（b）*N*=100

（c）*N*=140

图 8-32　无汽车交汇时混合交通的模拟效果图

仿真模型中具体的行人、自行车及电动车数量设置均参考拍摄录像中不同时段的真实情况。在稀疏状态下的仿真模型中，行人数量为 *N*=30、自行车数量为 *N*=10、电动车数量为 *N*=15；在正常状态下的仿真模型中，行人数量为 *N*=45、自

行车数量为 N=35、电动车数量为 N=20；在较密集状态下的仿真模型中，行人数量为 N=73、自行车数量为 N=47、电动车数量为 N=20。等待区域行人、自行车及电动车的初始分布位置也根据实验录像中第一帧视频等待区域的位置分布特征决定，期望方向、最优速度模型、视觉障碍场及行人之间、行人与自行车和电动车之间、自行车及电动车之间等各种作用力决定了行为主体在仿真过程中的具体行为，而根据行人、自行车及电动车各自不同参数，它们作用力的影响程度也不相同。

图 8-33（a）、（b）和（c）分别为仿真数量 N=55、N=100 和 N=140 时信号交叉口无汽车交汇时混合交通的模拟流量分布图。每个分布图的颜色都呈现从左侧向右侧逐步加深的趋势，说明行人、自行车及电动车过街混合交通流在通过信号交叉口的后半阶段流量逐渐增加，其中，图 8-33（a）中最大流量为 1.24 人/（m·s），平均流量为 0.34 人/（m·s）；图 8-33（b）中最大流量为 2.68 人/（m·s），平均流量为 0.39 人/（m·s）；图 8-33（c）中最大流量为 3.96 人/（m·s），平均流量为 0.41 人/（m·s）。通过三幅图的对比可以看出，模型仿真数量越大，高流量区域越明显，说明随密度的增加，流量也呈现逐步增加的特征。交通流流量的大小由速度和密度的乘积大小决定，而在模型仿真实验结果中我们都可以发现，流量与密度呈正相关关系。这是因为在信号交叉口的行人、自行车与电动车的混合交通流中，与行人冲突干扰行为很容易发生，自行车和电动车的过街速度比较低，整个混合交通流的速度都比较低，速度对流量的影响不太明显，所以在无汽车交汇的混合交通流中，流量主要与交叉口过街行人、自行车及电动车的数量相关。

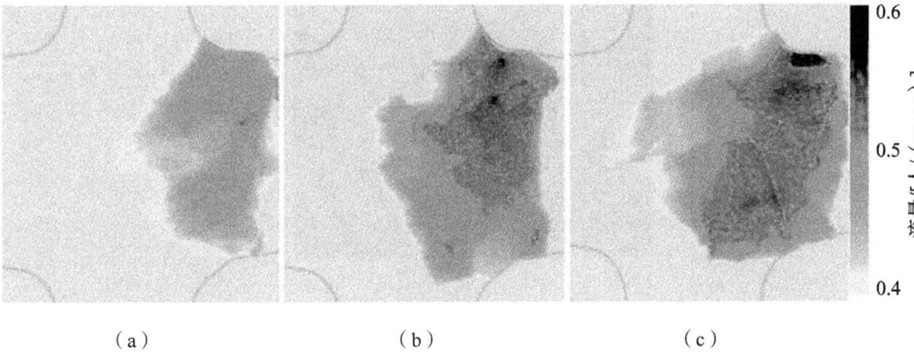

图 8-33　无汽车交汇时混合交通的模拟流量分布图

2）有汽车交汇混合冲突行为仿真

在信号交叉口的人车混合冲突行为中，左转弯车辆与行人及非机动车的冲突最为常见，而且由于城市交通道路车道数量设定限制，两辆汽车同时过街的情形也比较典型。

图 8-34（a）中，模型仿真场景为两辆左转弯汽车沿着相同的路径与从左侧信号交叉口入口过街的行人、自行车及电动车的混合交通流交汇，其中两个最大的圆点代表汽车，依据 $2r_i$ 的大小不同分别为电动车、自行车和行人。图 8-34（b）表示的是两辆左转弯汽车以不同的路径，接近于平行路径，与从左侧信号交叉口入口过街的行人、自行车及电动车的混合交通流交汇。为了进行对比，两种车辆在与混合过街交通流交汇的情况下，仿真模型的数量都是 110，其中汽车数量为 N=2，行人数量为 N=58，自行车数量为 N=30，电动车数量为 N=20，其数量设置完全参照校园路口的真实视频数据。

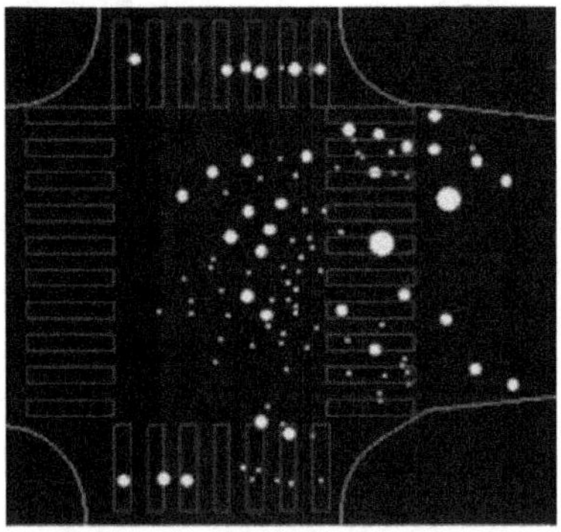

（a）

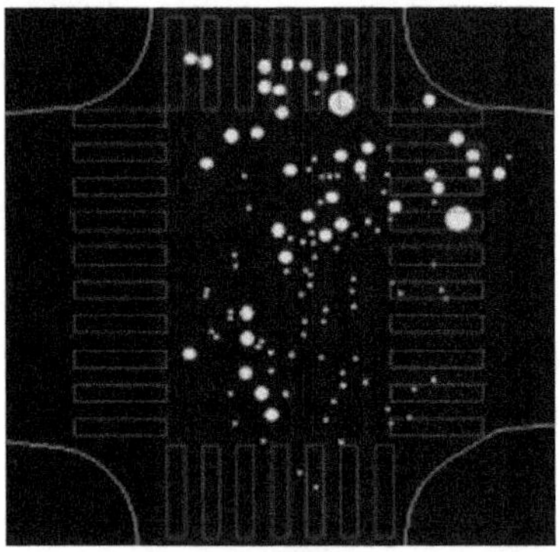

（b）

图 8-34　有汽车交汇时混合交通的模拟效果图

图 8-35（a）和（b）分别是两辆左转弯汽车在相同路径和不同路径情形下与行人、自行车及电动车交汇时混合交通的模拟流量分布图，其中图 8-35（a）是转弯汽车相同路径情况下的流量分布图，图 8-35（b）是转弯汽车不同路径情况下的流量分布图。图 8-35（a）中最大流量为 1.63 人/（m · s），平均流量

为 0.24 人/（m·s）；图 8-35（b）中最大流量为 2.7 人/（m·s），平均流量为 0.29 人/（m·s）。因此，当两辆左转弯汽车以不同路径行驶时，混合交通的最大流量和平均流量均显著增加。

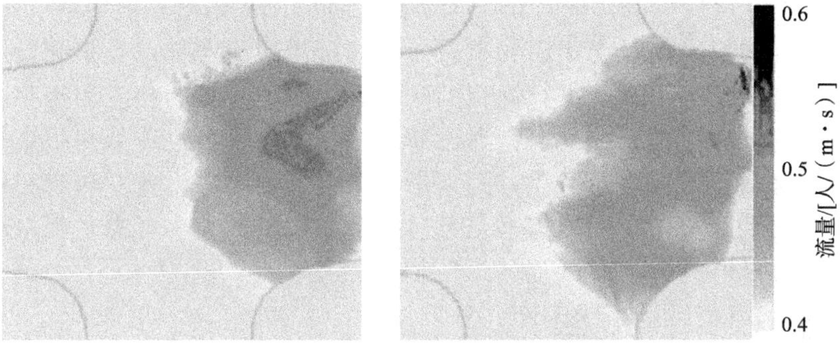

（a）　　（b）

图 8-35　有汽车交汇时混合交通的模拟流量分布图

8.2.3　信号交叉口人车混合冲突应对策略

关于信号交叉口人车混合冲突的应对策略主要是尽量减少交叉口行人、自行车和电动车与汽车之间冲突点的数量，在交通管控方面主要分为空间隔离和时间隔离措施。对冲突点的空间隔离主要是设置隔离带、隔离墩、护栏和标志线等相关措施使路面渠道化，对冲突点的时间分离则是通过交通信号进行控制，根据交叉口的区域位置、交通流量及人车混合情况等进行合理的信号相位和配时方案来进行相关的交通信号设置。

1. 人车混合冲突应对策略

1）交通信号灯时间及相位设置优化

交通信号灯时间设置优化主要从信号灯周期、绿灯信号时间及下一个绿灯间隔时间三个参数展开，对进入信号交叉口的交通流量进行控制。一般来说，绿灯信号时间越长，在信号灯周期时长中所占比例越大，且下一个绿灯间隔时间越短，对于交叉口的疏散效率有很大的提升，使得疏散时间大大减少。但是，在交叉口等待放行的行人、自行车、电动车及汽车中，过街方向的不同，使得直行交通流与左转或右转交通流及与行人之间存在冲突，一旦冲突发生，会使得交叉口的疏散速度降低，从而影响整个疏散效率。

对相位和相序进行设置优化主要根据信号交叉口的整体流量大小及各个进口直行、左转和右转流量大小。当前，在我国现行的十字信号交叉口中采用的相位主要有两相位、三相位和四相位。两相位是最基础的东西方向和南北方向单口放行相位设置，三相位是在两相位的基础上单独设置一个左转相位，直行和右转同时放行，四相位增设了非机动车相位。一般来说，相位数量越多越能够使交通流渠道化，使得冲突点隔离，越有利于减少交叉口的人车混合冲突。但是，相位增多使得真实操作难度增加，而且延长信号灯周期时间和影响疏散效率。

因此，要想提高信号交叉口的疏散效率应尽量减少交叉口人车混合冲突点的数量。所以在对信号灯时间进行优化的同时必须对信号灯的相位和相序进行相对应的配套优化。根据信号交叉口行人、非机动车与汽车各自流量在总流量中的占比情况和交叉口区域位置及大小等因素考虑是否需要单独设置左转弯相位、右转弯相位及非机动车相位，根据信号交叉口左转弯流量的大小考虑是否左转信号灯优先于直行信号灯放行。

2）交叉口等待区域布局优化

在我国现行的很大一部分城市信号交叉口中，尤其是在中小城市和城市非中心地带，都忽视了对信号交叉口等待区域标志线的设置，从而使得在交通流较复杂的情况下，不同数量的行人、非机动车及汽车以杂乱无序的位置分布在信号交叉口入口区域等待信号灯放行，甚至很多交叉口连停车等待线都没有设置或者已经处于不易辨识状态，这使得在等待阶段已经存在人车混合发生冲突的隐患。

由于左转弯车辆在信号交叉口冲突事故中占很大比重，故在较大型的信号交叉口中，往往会设置左转弯专用车道，单独设置左转弯信号灯且先于直行交通流放行及设置左转弯待转区域让左转弯车辆与等待区域的其他车辆分离出来。所以，应该对信号交叉口所在区域位置条件能够设置左转弯待转区域的交叉口进行完善设置。但是我们发现，在一些中小型的信号交叉口由于区域大小及车道的限制没有设置左转弯专用车道及左转待转区域的条件，尤其是很早以前就已经修建的信号交叉口，由于周边区域建筑物的存在而难以拓展，针对此种情况，可以在等待区域将非机动车与汽车进行分离，并且设置非机动车引流线。

3）加强交通规则管制，增加违法成本

在信号交叉口发生的冲突事故中很大一部分是由闯红灯、自行车或电动车等随意穿插等违法交通规则的行为造成的。一般来说，汽车由于违法成本高，一般都遵守信号灯及交通标志指示。但在真实生活中，我们发现在没有电子摄像头抓拍设施的信号交叉口，还是有一些汽车强行闯红灯，因此，要尽快完善电子抓拍等设施的全面设置，既能够节省人力成本，也可以为交通优化提供相关资料。

在参加交通流的行为主体中，自行车和电动车等非机动车违反交通规则的行为最为常见，尤其是电动车，经常发生随意变道穿插及闯红灯等行为。相关研究表明，与电动车相关的交通事故占到 70%。电动车具有速度快、启动损失时间较少等特点，而且电动车可接受的最多等待时间是所有交通流参与主体类型中最少的，根据行人从众心理，一般在信号交叉口有一辆电动车闯红灯，使得其余等待的行人、自行车或电动车可接受等待时间减少，容易引起其他部分行人、自行车或电动车闯红灯通行。

所以必须加强对非机动车，尤其是电动车的交通管制，并且增加其违法成本，使其超过骑行人可接受的心理范围。通过交通标志宣传和真实措施惩处，培养人们自觉遵守交通规则的意识及增强主动遵循交通规则的意愿。

2. 信号交叉口人车混合冲突具体改进案例

本书研究的实验数据录像拍摄地点为学府南路与贯穿福州大学生活一区与教学区相连的信号交叉口。校园信号交叉口交通流主体为学生，在放学期间，尤其是中午和下午，在短时间内有大量的行人、自行车、电动车及汽车在不同期望方向下以相互交错的路径通过交叉口，使得人车混合冲突显得十分明显。从实验分析结果可以看出，主要的混合交通流流量为由信号交叉口的东侧进口向西侧和南侧的过街流，因为这是通过宿舍区和食堂方向的路径。

图 8-36 为福州大学生活一区与教学区相连的信号交叉口交通流及信号相位设置现状。可以看出，该信号交叉口存在较多人车混合冲突的主要原因有以下几个方面。

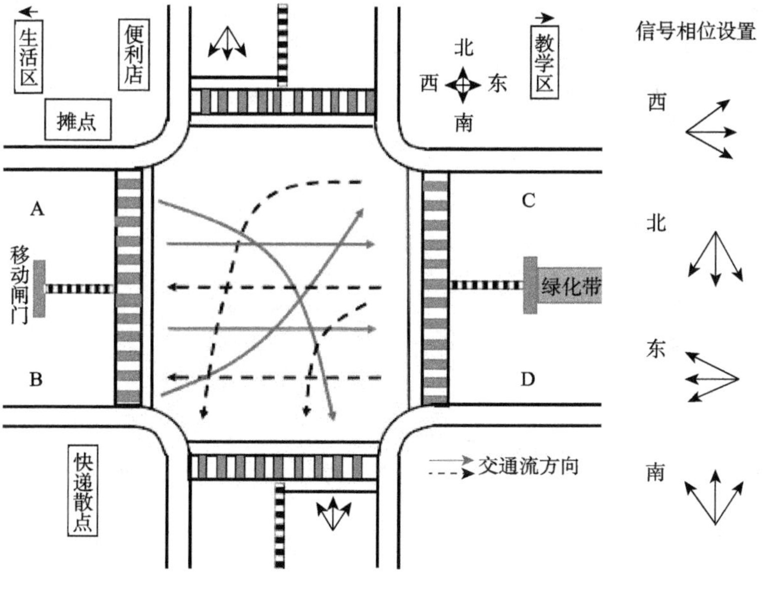

图 8-36　福州大学生活一区与教学区相连的信号交叉口交通流及信号相位设置现状

（1）该交叉口四个进出口均为三相位信号控制，绿灯亮时，左转、直行和右转都同时放行，这就是存在人车混合冲突的主要问题所在。

（2）人行道信号灯与车辆信号灯时间同步，没有从时间上隔离开行人流与自行车和电动车流的冲突点，且大多数学生行人习惯跟随自行车和电动车流从交叉口中间区域直接通过。

（3）除人行道外无任何地面交通引导标志及减速设施，导致过街途中速度变化和交通流路径交叉混乱。

针对当前信号交叉口地面道路设置和信号相位设置不规范导致的人车混合冲突行为频繁的现象，通过道路划分、优化信号相位设置及增设隔离栏等措施从时间和空间上隔离冲突点，图 8-37 为优化后的信号交叉口设施图。

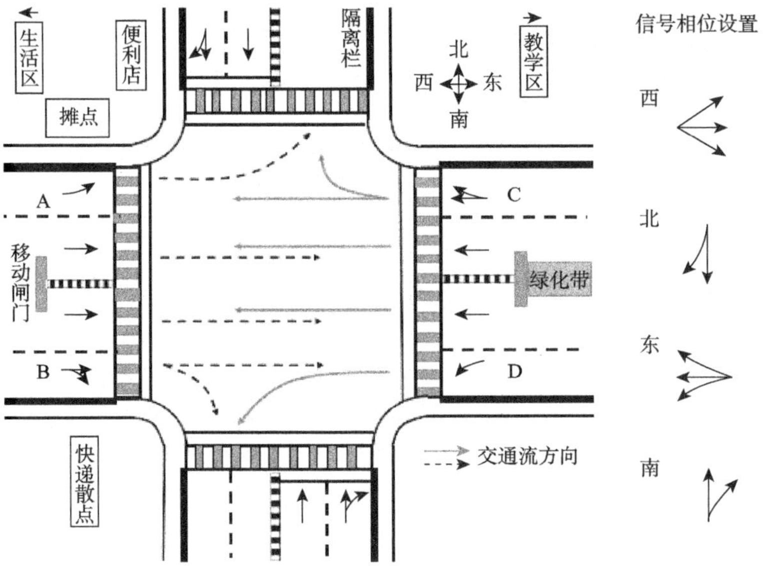

图 8-37 优化后的信号交叉口设施图

1）信号相位设置优化

从图 8-36 我们可以看出，当前该信号交叉口四个进出口方向的信号灯均是三相位，三个方向同时放行，南北方向主要为机动车流，尤其以小汽车为主，东西方向主要为学生行人、自行车和电动车混合交通流。这种四个进出口都是三相位且三个方向同时放行的相位设置很容易导致南北方向进出口的转弯车辆与东西人行道等待过街的行人流发生冲突。

如图 8-37 所示，根据四个方向交通流主体特征的差异，保留信号交叉口东西两进出口的三相位设置以保证学生行人流、自行车流和电动车流在短时间内过街的效率。而将南北方向两进出口的三相位改为直行和右转两相位设置，以避免出现南北两进出口的左转弯车辆在信号交叉口内的大幅度左转变向路径与等待过街的学生行人、自行车及电动车混合交通流发生冲突。

2）道路渠道化数量及放行方向优化

该信号交叉口为四车道设置，当前地面没有渠道化标志，容易出现随意变道的行为，尤其是在三相位同时放行下容易发生冲突。因此，应结合信号相位变化对道路的渠道化数量及放行方向进行优化。

如图 8-37 所示，南北方向两进出口靠中间的道路设为直行方向，最右侧设为直行和右转方向，而取消了原有的左转放行方向，使得南北方向的过街交通流以直行和转弯变向幅度较小的右行两种状态存在，从而在空间上把东西两侧等待过街的学生行人、自行车及电动车混合流的冲突点数量降到最少，发生冲突的可能性也大大降低。东、西两侧学生交通流进出口中间的两条渠化道路设为直行方向，右侧设为直行和右转方向，单独将行人流方向最左侧设置为左转专用渠道。从而避免了当前该信号交叉口经常发生的从最右侧的 C 出口位置转弯过街到 B 出口位置与过街混合交通流发生大幅度路径冲突的电动车和自行车过街行为，使得左转弯过街的行人、自行车、电动车和汽车的转弯幅度大大减小，且设置左转专用渠道之后不会在等待区域有大量直行过街的行人阻挡前进。

3）设置隔离护栏，避免突然出现的非机动车及将摊点与行人流隔离开

从图 8-20 中我们可以看出，在信号交叉口西北向出口相邻的两侧，有一个固定的便利店而且经常有早点摊和小吃摊，在西南向夹角内侧的人行通道上经常有天猫超市及一些在学校没有固定门店快递点的面包车等待学生顾客取货。这些具有吸引力资源的分布和存在使得学生在过街途中被吸引过去，甚至有一些人在摊点附近聚集等待，这给交叉口造成局部拥挤使得交通流的疏散效率降低，尤其是自行车和电动车在摊点附近停车等待时显得更为严重，加重了交叉口人车冲突的可能性。

为了解决这个问题，将信号交叉口功能区域和周侧吸引行人注意力资源区域通过设置隔离护栏进行分离。如图 8-37 所示，在信号交叉口四个相邻出口连接处的两侧分别设置八个隔离护栏。通过设置隔离护栏对福州大学生活一区与教学区相连的信号交叉口进行优化能够在两方面取得明显的改善。

（1）将摊点等行人过街吸引资源与交叉口功能区域进行分离，避免行人、自行车或电动车在过街途中停下来买东西而影响局部正常疏散，减少冲突。

（2）同时避免了从道路两侧的非机动车道，尤其是由北向南的自行车或电动车在速度较快的情况下穿过交叉口与过街行人或车辆造成冲突。从实地调查中我们了解到，交叉口北侧大概 200m 的地方有学生街，能够吸引较多的行人，同时有比较多的学生行人、自行车或电动车，尤其是速度较快的送外卖电动车从该方向向南侧行进。而隔离护栏的存在能够起到分离和减速疏散的作用。

4）增设限速标志

当前福州大学一区与教学区相连的信号交叉口及附近的道路没有设置任何限

速警示标志，司机驾车通过该路段及信号交叉口时往往不会减速，并且很多送外卖的电动车速度很快甚至经常发生抢行和闯红灯行为，且送外卖时间多为放学时的学生人流高峰期，很容易与学生行人及自行车或电动车发生冲突。因此，应该在该交叉口及附近位置设置限速20km/h的警示标志，让司机在预判到可能发生冲突时有足够的时间采取措施避免碰撞行为的发生。

5）大幅度增加校车的数量、站点及早中晚学生流高峰期的车次，通过增加公共便乘交通工具以减少校园自行车及电动车的数量

公共交通工具的发展与交通路面私有车辆数量呈现一定的相关关系。学校公共电动校车的数量、站点及车次对于学生乘坐意愿有很大的影响。通过实践调研发现，福州大学公共电动校车数量极少，站点少且发车车次频率太低，而教学区与生活区距离较远，以生活四区到教学区为例，需要20~30min，而且福州地区天气炎热季节较长。因此，很多学生选择骑自行车和电动车出行。我们可以看到在教学区、食堂和生活区密集分布的自行车和电动车，如此数量庞大的自行车和电动车保有量导致上、下课高峰期学生人群混合交通流流量过大，增加了发生冲突碰撞风险，也导致校园交叉路口的通行效率和安全效率大大降低。要想从根本上缓解和解决这一现象，只有通过大幅度增加校车的数量、站点及早中晚学生高峰期的车次，才能逐步减少校内自行车和电动车的数量，从而从根源上缓解信号交叉口行人、自行车、电动车及汽车之间的冲突行为。

8.3　本章小结

8.3.1　研究总结

本章主要对人车混合冲突行为进行一系列的研究，并选取校园环境下的路口作为此次研究的主要场景。本章主要内容包括以下几个方面。

（1）对道路和校园路口进行了分类分析，将校园路口依据有无信号灯进行分类，并以福州大学生活一区路口和西3教学区路口为实验场景进行分析和调查。对福州大学生活一区路口有信号灯校园路口的不安全行为进行调查分析及人数统计，发现该处校园路口行人流具有自组织现象，包括分层现象、成带现象、路径形成现象等。

（2）将校园路口划分成10份，将人群位置分成开始阶段、中间阶段、结束阶段，并对三个阶段的人群分布统计分析，数据表明，当拥挤行人流与左转车辆交汇时，行人做出的行为包括减速避让、加速绕行通过、停止前进等。

（3）对社会力模型中的参数进行优化，并通过社会力模型对校园路口进行仿真，发现该模型能够较好地反映校园路口的真实情况。

（4）在对信号交叉口人车混合冲突实验数据进行分析的基础上，对行人、自行车、电动车与汽车的冲突行为进行研究。首先对行人过街自组织行为、期望方向、冲突避免行为等路径选择行为理论进行讨论，其次对人车混合时行人、自行车及电动车和汽车过街时的速度变化特征进行分析。

（5）对信号交叉口人车混合冲突行为进行模拟仿真，并根据实验结果和仿真结果所得到的结论，以校园交叉口为具体案例进行交叉口改造优化以缓解该交叉口的人车混合冲突行为。

8.3.2　研究展望

（1）实验数据采集的信号交叉口为校园信号交叉口，人车混合冲突类型中与过街行人、自行车及电动车交汇的汽车数量较少，与一般的城市信号交叉口相比，行人、自行车、电动车及汽车的比例还是有很大的差别，因此用于分析一般城市信号交叉口的人车混合冲突行为需要进行进一步完善和改进。

（2）实验研究所选取的是四道口三相位信号交叉口，因此需要对其他类型信号交叉口如四道口两相位信号交叉口、T 形信号交叉口等进行数据采集和对比分析。

（3）电动车相对于自行车来说，速度更快、制动延迟更慢、变向选择更有局限性，而且在人车混合冲突事故中，电动车所占的比例远远大于自行车。因此，需要对电动车仿真模型及相关参数进行更有针对性的研究。

（4）皮肤电导反应已被应用与测量人的生理反应[186]，今后我们将尝试基于皮肤电导反应来测量行人在混合交通中的生理反应，以建立行为反应与认知之间的直接联系，并从社会心理学的角度解释行人在混合交通中的行为。

参考文献

[1] 美国“9・11”独立调查委员会. “9・11”委员会报告：美国遭受恐怖袭击国家委员会最终报告[M]. 赵秉志，王志祥，王文华，等译. 北京：中国人民公安大学出版社，2004.

[2] 赵振东，崔迪，余世舟，等. 汶川地震人员伤亡评估[J]. 世界地震工程，2012，28（2）：20-25.

[3] 车丽玮. 浅析危险化学品储存安全管理[J]. 化工安全与环境，2015，（39）：7-8.

[4] Qu Y，Gao Z，Xiao Y，et al. Modeling the pedestrian's movement and simulating evacuation dynamics on stairs[J]. Safety Science，2014，70：189-201.

[5] 霍非舟. 建筑楼梯区域人员疏散行为的实验与模拟研究[D]. 中国科学技术大学博士学位论文，2015.

[6] 吴昊灵，袁振洲，聂广渊. 城市轨道交通枢纽楼梯通行能力研究[J]. 科学技术与工程，2014，14（16）：155- 159，169.

[7] 姬杨蓓蓓，韩雪，张雷慧，等. 典型地铁站行人流特点研究[J]. 上海应用技术学院学报（自然科学版），2013，13（3）：249-252.

[8] Peacock R D，Reneke P A，Kuligowski E D，et al. Movement on stairs during building evacuations[J]. Fire Technology，2017，53（2）：845-871.

[9] Yang L，Rao P，Zhu K，et al. Observation study of pedestrian flow on staircases with different dimensions under normal and emergency conditions [J]. Safety Science，2012，50：1173-1179.

[10] Larusdottir A R，Dederichs A S. Evacuation of children：movement on stairs and on horizontal plane [J]. Fire Technology，2012，48：43-53.

[11] Graat E，Midden C，Bockholts P. Complex evacuation；effects of motivation level and slope of stairs on emergency egress time in a sports stadium [J]. Safety Science，1999，31：127-141.

[12] Irvine C H，Snook S H，Sparshatt J H. Stairway risers and treads：acceptable and preferred dimensions[J]. Applied Ergonomics，1990，21（3）：215-225.

[13] Lei W，Li A，Gao R，et al. Influences of exit and stair conditions on human evacuation in a dormitory[J]. Physica A：Statistical Mechanics & Its Applications，2012，391（24）：6279-6286.

[14] Boyce K E，Purser D A，Shields T J. Experimental studies to investigate merging behaviour in a staircase[J]. Fire & Materials，2012，36（5~6）：383-398.

[15] Templer J. The Staircase：Studies of Hazards，Falls，and Safer Design[M]. Cambridge：MIT Press，1992.

[16] Shaha J，Joshib G J，Paridac P. Behavioral characteristics of pedestrian flow on stairway at railway station [J]. Procedia-social and Behavioral Sciences，2013，104：688-697.

[17] 王凯英，廖明军，孟宪. 上海地铁站内行人楼梯交通特性[J]. 上海海事大学学报，2009，30（1）：69-73.

[18] Peacock R D，Averill J D，Kuligowski E D. Stairwell Evacuation from Buildings：What We Know We Don't Know[M]. Berlin，Heidelberg：Springer，2008.

[19] Ma J，Song W G，Tian W，et al. Experimental study on an ultra high-rise building evacuation in China[J]. Safety Science，2012，50（8）：1665-1674.

[20] 杨立兵，张自忠，郑海力，等. 楼梯疏散中员工逃生能力分析[J]. 中国安全科学学报，2012，22（9）：16-23.

[21] 刘翔. 不同重量行李对楼梯中人员疏散速度影响的研究[D]. 西南交通大学硕士学位论文，2016.

[22] Zhou J. Design for occupant evacuation of underground exhibition - Beijing National Convention Center redevelopment[J]. Procedia Engineering，2011，11：737-744.

[23] Fujiyama T，Tyler N. Predicting the walking speed of pedestrians on stairs[J]. Transportation Planning and Technology，2010，33（2）：177-202.

[24] 王健宇. 能见度对楼梯中疏散速度的影响研究[D]. 西南交通大学硕士学位论文，2016.

[25] 史芮嘉，丁勇，柏赟，等. 地铁乘客对步行楼梯和自动扶梯的选择行为分析及建模[J]. 交通运输系统工程与信息，2015，15（1）：185-190.

[26] Köster G，Lehmberg D，Kneidl A. Walking on stairs：experiment and model[J]. Physical Review E：Statistical Nonlinear & Soft Matter Physics，2019，100（2）：022310.

[27] 常丹. 地铁行人微观行为参数量化研究[D]. 北京交通大学硕士学位论文，2010.

[28] Hoskins B L，Milke J A. Differences in measurement methods for travel distance and area for estimates of occupant speed on stairs[J]. Fire Safety Journal，2012，48：49-57.

[29] Halsey L G，Watkins D A R，Duggan B M. The energy expenditure of stair climbing one step and two steps at a time：estimations from measures of heart rate[J]. PLoS One，2012，7（12）：1-6.

[30] Protopapadaki A，Drechsler W I，Cramp M C，et al. Hip，knee，ankle kinematics and kinetics during stair ascent and descent in healthy young individuals[J]. Clinical Biomechanics，2007，22（2）：203-210.

[31] Silverman A K，Neptune R R，Sinitski E H，et al. Whole-body angular momentum during stair ascent and descent[J]. Gait & Posture，2014，39（4）：1109-1114.

[32] Peng J，Fey N P，Kuiken T A，et al. Anticipatory kinematics and muscle activity preceding transitions from level-ground walking to stair ascent and descent[J]. Journal of Biomechanics，2016，49（4）：528-536.

[33] Galea E R，Sharp G，Lawrence P J. Investigating the representation of merging behavior at the floor—stair interface in computer simulations of multi-floor building evacuations[J]. Journal of Fire Protection Engineering，2008，18（4）：291-316.

[34] Burghardt S，Seyfried A，Klingsch W. Performance of stairs-fundamental diagram and topographical measurements[J]. Transportation Research Part C：Emerging Technologies，2013，37：268-278.

[35] Chen J，Lo S M，Ma J. Pedestrian ascent and descent fundamental diagram on stairway[J]. Journal of Statistical Mechanics：Theory and Experiment，2017，（8）：083403.

[36] 饶平. 高校典型学生群楼梯疏散的实验与模拟研究[D]. 中国科学技术大学硕士学位论文，2012.

[37] 周宏，张宁，王洪臣. 地铁车站楼梯处行人交通微观特性的实测分析[J]. 城市轨道交通研究，2015，18（3）：60-67.

[38] Peacock R D，Hoskins B L，Kuligowski E. Overall and local movement speeds during fire drill evacuations in buildings up to 31 stories[J]. Safety Science，2012，50（8）：1655-1664.

[39] Chen J，Liu R，Wang J，et al. Experimental influence of pedestrian load on individual and group evacuation speed in staircases[J]. Fire Technology，2017，53：1745-1763.

[40] Fang Z M，Song W G，Li Z J，et al. Experimental study on evacuation process in a stairwell of a high-rise building[J]. Building and Environment，2012，47：316-321.

[41] Köster G，Lehmberg D，Kneidl A. Walking on stairs：experiment and model[J]. Physical Review E，2019，100（2）：022310.

[42] 柳伍生，余朝玮. 地铁站楼梯行人流交通特征的数据拟合分析[J]. 计算机工程与应用，2008，44（3）：50-52，77.

[43] 王江川. 多层建筑长距离楼梯疏散速度实验研究[D]. 西南交通大学硕士学位论文，2015.

[44] Hu J，Li Z，Zhang H，et al. Experiment and simulation of the bidirectional pedestrian flow model with overtaking and herding behavior[J]. International Journal of Modern Physics C，2015，26（11）：1550131.

[45] Wang Z，Song B，Qin Y，et al. Team-moving effect in bi-direction pedestrian flow[J]. Physica A：Statistical Mechanics & Its Applications，2012，391（11）：3119-3128.

[46] Ma J，Lo S M，Song W G. Cellular automaton modeling approach for optimum ultra high-rise building evacuation design[J]. Fire Safety Journal，2012，54：57-66.

[47] Hu J，You L，Wei J，et al. The pedestrian evacuation model with collision probability in three-dimensional space[J]. Transportation Letters：The International Journal of Transportation

Research，2014，6 （4）：219-225.

[48] Hardy J，Pomeau Y，de Pazzis O. Time evolution of a two-dimensional classical lattice system[J]. Physical Review Letters，1973，31（5）：276-279.

[49] Tajima Y，Takimoto K，Nagatani T. Scaling of pedestrian channel flow with a bottleneck[J]. Physica A：Statistical Mechanics and Its Applications，2001，294：257-268.

[50] Tajima Y，Nagatami T. Clogging transition of pedestrian flow in T-shaped channel[J]. Physica A：Statistical Mechanics and Its Applications，2002，303：239-250.

[51] Fukamachi M，Nagatani T. Sidle effect on pedestrian counter flow[J]. Physica A：Statistical Mechanics and Its Applications，2007，377：269-278.

[52] Helbing D，Isobe M，Nagatani T，et al. Lattice gas simulation of experimentally studied evacuation dynamics[J]. Physical Review E：Statistical Nonlinear & Soft Matter Physics，2003，67：490-511.

[53] Huo F，Song W G，Lv W，et al. Analyzing pedestrian merging flow on a floor-stair interface using an extended lattice gas model[J]. Simulation：Transactions of the Society for Modeling and Simulation International，2014，90（5）：501-510.

[54] Xu X，Song W G，Zheng H Y. Discretization effect in a multi-grid egress model[J]. Physica A：Statistical Mechanics and Its Applications，2008，387（22）：5567-5574.

[55] Xu X，Song W G. Staircase evacuation modeling and its comparison with an egress drill[J]. Building and Environment，2009，44 （5）：1039-1046.

[56] Helbing D，Molnár P. Social force model for pedestrian dynamics[J]. Physical Review E：Statistical Nonlinear & Soft Matter Physics，1995，51（5）：4282-4286.

[57] Helbing D，Farkas I，Vicsek T. Simulating dynamical features of escape panic[J]. Nature，2000，407：487-490.

[58] Helbing D. Traffic and related self-driven many-particle systems[J]. Reviews of Modern Physics，2001，73（4）：1067.

[59] Helbing D，Buzna L，Johansson A，et al. Self-organized pedestrian crowd dynamics：experiments，simulations and design solutions[J]. Transportation Science，2005，39（1）：1-24.

[60] 王亚娜，赵永翔. 基于社会力模型的地铁站乘客上下车行为影响因素分析[J]. 交通信息与安全，2017，35（1）：105-111.

[61] Li M F，Zhao Y X，He L R，et al. The parameter calibration and optimization of social force model for the real-life 2013 Ya'an Earthquake evacuation in China[J]. Safety Science，2015，79：243-253.

[62] 李娟，庞俊恒. 阶梯路段的行人社会力模型改进[J]. 交通运输工程与信息学报，2016，14（1）：13-18.

[63] Wu H，Huang J，Guo Z L，et al. Evacuation Simulation in the Narrow Stair with Revised Social Force Model[C]. Applied Mechanics and Materials，2013，409-410：1577-1582.

[64] Seyfried A，Steffen B，Lippert T. Basics of modelling the pedestrian flow[J]. Physica A：Statistical Mechanics and Its Applications，2006，368（1）：232-238.

[65] 王鲁毫，翁文国. 楼梯疏散三维建模的改进社会力模型[J]. 消防科学与技术，2016，35（7）：931-935.

[66] Guo R Y，Huang H J，Wong S C. Route choice in pedestrian evacuation under conditions of good and zero visibility：experimental and simulation results[J]. Transportation Research Part B：Methodological，2012，46（6）：669-686.

[67] Cao S，Song W，Lv W，et al. A multi-grid model for pedestrian evacuation in a room without visibility[J]. Physica A：Statistical Mechanics & Its Applications，2015，436：45-61.

[68] Motonari I，Helbing D，Nagatani T. Experiment，theory，and simulation of the evacuation of a room without visibility[J]. Physical Review E：Statistical Nonlinear & Soft Matter Physics，2004，69（6）：066132.

[69] Liu S，Yang L，Fang T，et al. Evacuation from a classroom considering the occupant density around exits[J]. Physica A：Statistical Mechanics & Its Applications，2009，388（9）：1921-1928.

[70] Zhang J，Song W，Xu X. Experiment and multi-grid modeling of evacuation from a classroom[J]. Physica A：Statistical Mechanics & Its Applications，2008，387（23）：5901-5909.

[71] Alizadeh R. A dynamic cellular automaton model for evacuation process with obstacles[J]. Safety Science，2011，49（2）：315-323.

[72] 陈亮，郭仁拥，塔娜. 双出口房间内疏散行人流的仿真和实验研究[J]. 物理学报，2013，62（5）：050506.

[73] Fu L，Luo J，Deng M，et al. Simulation of evacuation processes in a large classroom using an improved cellular automaton model for pedestrian dynamics[J]. Procedia Engineering，2012，31：1066-1071.

[74] 王爱莎，彭伟. 突发事件下某教室的人员疏散研究[J]. 中国安全生产科学技术，2012，8（8）：163-166.

[75] Nilsson D，Johansson A. Social influence during the initial phase of a fire evacuation—analysis of evacuation experiments in a cinema theatre[J]. Fire Safety Journal，2009，44（1）：71-79.

[76] Ma J，Song W G，Fang Z M，et al. Experimental study on microscopic moving characteristics of pedestrians in built corridor based on digital image processing[J]. Building and Environment，2010，45（10）：2160-2169.

[77] Tian W，Song W，Ma J，et al. Experimental study of pedestrian behaviors in a corridor based

on digital image processing[J]. Fire Safety Journal，2012，47：8-15.

[78] Kretz T，Grünebohm A，Kaufman M，et al. Experimental study of pedestrian counterflow in a corridor[J]. Journal of Statistical Mechanics Theory & Experiment，2006，10（10）：10001-10019.

[79] Liu X，Song W，Fu L，et al. Experimental study of pedestrian inflow in a room with a separate entrance and exit[J]. Physica A：Statistical Mechanics & Its Applications，2016，442：224-238.

[80] Jo A，Sano T，Ikehata Y，et al. Analysis of crowd flow capacity through a door connected to a crowded corridor[J]. Transportation Research Procedia，2014，2：10-18.

[81] Isobe M，Adachi T，Nagatani T. Experiment and simulation of pedestrian counter flow[J]. Physica A：Statistical Mechanics & Its Applications，2004，336（3~4）：638-650.

[82] Ji X，Zhou X，Ran B. A cell-based study on pedestrian acceleration and overtaking in a transfer station corridor[J]. Physica A：Statistical Mechanics & Its Applications，2013，392（8）：1828-1839.

[83] Helbing D，Farkas I J，Vicsek T. Freezing by heating in a driven mesoscopic system[J]. Physical Review Letters，2000，84（6）：1240.

[84] Ha V，Lykotrafitis G. Agent-based modeling of a multi-room multi-floor building emergency evacuation[J]. Physica A：Statistical Mechanics & Its Applications，2012，391（8）：2740-2751.

[85] 牟宏霖. 建筑典型区域中人员紧急疏散效率研究[D]. 中国科学技术大学博士学位论文，2015.

[86] 朱孔金. 建筑内典型区域人员疏散特性及疏散策略研究[D]. 中国科学技术大学博士学位论文，2013.

[87] Kuligowski E D，Hoskins B L. Analysis of Occupant Behavior During a Highrise Office Building Fire[M]. Boston：Springer，2011.

[88] Zhu K J，Shi Q. Experimental study on choice behavior of pedestrians during building evacuation[J]. Procedia Engineering，2016，135：207-216.

[89] Wu K C，Wang W A，Song L Y. The evacuation behaviors of university library users[J]. Journal of Library & Information Science Research，2010，4（2）：121.

[90] Proulx G. Evacuation time and movement in apartment buildings[J]. Fire Safety Journal，1995，24（3）：229-246.

[91] Zhao Y，Li M，Lu X，et al. Optimal layout design of obstacles for panic evacuation using differential evolution[J]. Physica A：Statistical Mechanics & Its Applications，2017，465：175-194.

[92] Zhao Y X，Lu T T，Fu L B，et al. Experimental verification of escape efficiency enhancement

by the presence of obstacles[J]. Safety Science，2020，122：104517.
[93] 李芳. 基于多智能体的地铁站台乘客紧急疏散模型[D]. 北京交通大学硕士学位论文，2015.
[94] 牟瑞芳，杨锐，王列妮. 熟悉环境条件下的公共场所人员疏散仿真模型研究[J]. 中国安全生产科学技术，2015，11（5）：181-186.
[95] 胡清梅，方卫宁，李广燕，等. 地铁车站出口布局对人群疏散性能的影响[J]. 铁道学报，2009，31（3）：111-115.
[96] Yue H，Guan H，Shao C，et al. Simulation of pedestrian evacuation with asymmetrical exits layout[J]. Physica A：Statistical Mechanics & Its Applications，2011，390：198-207.
[97] Burstedde C，Klauck K，Schadschneider A，et al. Simulation of pedestrian dynamics using a two-dimensional cellular automaton[J]. Physica A：Statistical Mechanics & Its Applications，2001，295：507-525.
[98] Kirchner A，Schadschneider A. Simulation of evacuation processes using a bionics-inspired cellular automaton model for pedestrian dynamics[J]. Physica A：Statistical Mechanics & Its Applications，2002，312：260-276.
[99] Kirchner A，Klüpfel H，Nishinari K，et al. Simulation of competitive egress behavior：comparison with aircraft evacuation data[J]. Physica A：Statistical Mechanics & Its Applications，2003，324：689-697.
[100] Fang Z，Song W，Zhang J，et al. Experiment and modeling of exit-selecting behaviors during a building evacuation[J]. Physica A：Statistical Mechanics & Its Applications，2010，389：815-824.
[101] Seyfried A，Steffen B，Klingsch W，et al. The fundamental diagram of pedestrian movement revisited[J]. Journal of Statistical Mechanics Theory & Experiment，2005，10（10）：10002.
[102] Portz A，Seyfried A. Modeling stop-and-go waves in pedestrian dynamics[C]. International Conference on Parallel Processing and Applied Mathematics. Springer，Berlin，Heidelberg，2009：561-568.
[103] Jelić A，Appert-Rolland C，Lemercier S，et al. Properties of pedestrians walking in line：fundamental diagrams[J]. Physical Review E：Statistical Nonlinear & Soft Matter Physics，2012，85（3）：036111.
[104] Tordeux A，Schadschneider A. White and relaxed noises in optimal velocity models for pedestrian flow with stop-and-go waves[J]. Journal of Physics A：Mathematical & Theoretical，2016，49（18）：185101.
[105] Navin F. Bicycle traffic flow characteristics：experimental results and comparisons[J]. ITE Journal，1994，64（3）：31-36.
[106] Miller R E. Width Requirements for Bikeways：A Level of Service Approach[M]. Davis：

University of California，1976.

[107] Homburger W S. Capacity of Bus Routes，and of Pedestrian and Bicycle Facilities[M]. Berkeley：University of California Press，1976.

[108] 何民. 混合交通流微观仿真关键技术研究[D]. 北京工业大学博士学位论文，2003.

[109] 梁春岩. 自行车交通流特性及其应用研究[D]. 吉林大学博士学位论文，2007.

[110] 陶志兴. 机非混行路段交通流特性研究[D]. 吉林大学硕士学位论文，2007.

[111] Forester J，Duffy R J. Bicycle transportation[J]. American Journal of Physics，1985，53：797.

[112] 黄玲. 信号交叉口自行车微观行为研究[D]. 北京交通大学博士学位论文，2004.

[113] 谢之权，储庆中，陈峻，等. 自行车-行人共享道条件下自行车交通流特性研究[J]. 交通运输工程与信息学报，2010，8（2）：93-99.

[114] Yang J M. Bicycle traffic in China [J]. Transportation Quarterly，1985，39（1）：93-107.

[115] Andresen E，Chraibi M，Seyfried A，et al. Basic driving dynamics of cyclists[C]. Simulation of Urban Mobility User Conference. Springer，Berlin，Heidelberg，2013：18-32.

[116] Jiang R，Hu M B，Wu Q S，et al. Traffic dynamics of bicycle flow：experiment and modeling[J]. Transportation Science，2016，51（3）：998-1008.

[117] Nagel K，Wagner P，Woesler R. Still flowing：approaches to traffic flow and traffic jam modeling[J]. Operations Research，2003，51（5）：681-710.

[118] Edie L C. Car-following and steady-state theory for non-congested traffic[J]. Operations Research，1961，9（1）：66-76.

[119] Kerner B S，Rehborn H. Experimental features and characteristics of traffic jams[J]. Physical Review E：Statistical Nonlinear & Soft Matter Physics，1996，53（2）：1297-1300.

[120] Windover J R，Cassidy M J. Some observed details of freeway traffic evolution[J]. Transportation Research Part A：Policy and Practice，2001，35（10）：881-894.

[121] Helbing D，Treiber M. Jams，waves，and clusters[J]. Science，1998，282（5396）：2001-2003.

[122] Helbing D，Hennecke A，Shvetsov V，et al. Master：macroscopic traffic simulation based on a gas-kinetic，non-local traffic model[J]. Transportation Research Part B：Methodological，2001，35（2）：183-211.

[123] Kerner B S. Experimental features of self-organization in traffic flow[J]. Physical Review Letters，1998，81（17）：3797-3800.

[124] Li K，Gao Z. Nonlinear dynamics analysis of traffic time series[J]. Modern Physics Letters B，18（26~27）：1395-1402.

[125] Li K，Gao Z. Controlling the states of traffic flow at the intersections[J]. International Journal of Modern Physics C，2004，15（4）：553-562.

[126] Li K P，Gao Z Y. Tranisition from disorder to order in traffic flow[J]. Chinese Physics Letters，

2004，21（7）：1212-1215.
[127] Pipes L A. An operational analysis of traffic dynamics[J]. Journal of Applied Physics，1953，24（3）：274-281.
[128] Helbing D. From Microscopic to Macroscopic Traffic Models[M]. Berlin，Heidelberg：Springer，1998.
[129] Kerner B S，Klenov S L. A microscopic model for phase transitions in traffic flow[J]. Journal of Physics A：Mathematical and General，2002，35（3）：31-43.
[130] Cremer M，Ludwig J. A fast simulation model for traffic flow on the basis of Boolean operations[J]. Mathematics and Computers in Simulation，1986，28（4）：297-303.
[131] Yukawa S，Kikuchi M，Tadaki S. Dynamical phase transition in one dimensional traffic flow model with blockage[J]. Journal of the Physical Society of Japan，1994，63（10）：3609-3618.
[132] Hashim I. Analysis of speed characteristics for rural two-lane roads：a field study from Minoufiya Governorate，Egypt[J]. Ain Shams Engineering Journal，2011，2（1）：43-52.
[133] Minh C C，Sano K，Matsumoto S. The speed，flow and headway analyses of motorcycle traffic[J]. Journal of the Eastern Asia Society for Transportation Studies，2005，6：1496-1508.
[134] Bassani M，Sacchi E. Calibration to local conditions of geometry-based operating speed models for urban arterials and collectors[J]. Procedia-social and Behavioral Sciences，2012，53：822-833.
[135] Jiang R，Hu M B，Zhang H M，et al. On some experimental features of car-following behavior and how to model them [J]. Transportation Research Part B：Methodological，2015，80：338-354.
[136] Sugiyama Y，Fukui M，Kikuchi M，et al. Traffic jams without bottlenecks—experimental evidence for the physical mechanism of the formation of a jam[J]. New Journal of Physics，2008，10（3）：033001.
[137] Tadaki S，Kikuchi M，Fukui M，et al. Phase transition in traffic jam experiment on a circuit[J]. New Journal of Physics，2013，15（10）：103034.
[138] Zhang J，Mehner W，Holl S，et al. Universal flow-density relation of single-file bicycle，pedestrian and car motion [J]. Physics Letters A，2014，378（44）：3274-3277.
[139] Zhang J，Mehner W，Andresen E，et al. Comparative analysis of pedestrian，bicycle and car traffic moving in circuits[J]. Procedia-social and Behavioral Sciences，2013，104：1130-1138.
[140] Koh P P，Wong Y D，Chandrasekar P. Safety evaluation of pedestrian behaviour and violations at signalised pedestrian crossings[J]. Safety Science，2014，70：143-152.
[141] Ni Y，Wang M，Sun J，et al. Evaluation of pedestrian safety at intersections：a theoretical framework based on pedestrian-vehicle interaction patterns[J]. Accident Analysis and Prevention，

2016，96：118-129.

[142] Chen P，Nakamura H，Asano M. Application of surrogate safety measures for assessment of pedestrian versus left-turning vehicle conflict at signalized crosswalks[J]. Advances in Transportation Studies，2014，1：37-50.

[143] Alhajyaseen W K M，Asano M，Nakamura H. Estimation of left-turning vehicle maneuvers for the assessment of pedestrian safety at intersections[J]. Iatss Research，2012，36（1）：66-74.

[144] 任刚，顾程，陆丽丽，等. 信号交叉口过街行人与机动车冲突危险度建模[J]. 交通运输系统工程与信息，2012，12（5）：76-81.

[145] 周竹萍，王炜，任刚，等. 信号交叉口行人交通冲突特性及影响因素分析[J]. 东南大学学报（自然科学版），2014，44（6）：1294-1298.

[146] Li B，Xiong S，Li X，et al. The behavior analysis of pedestrian-cyclist interaction at non-signalized intersection on campus：conflict and interference[J]. Procedia Manufacturing，2015，3：3345-3352.

[147] 孙重静，辛飞飞. 人车冲突风险度评价指标计算研究综述[J]. 交通信息与安全，2016，34（2）：9-16，38.

[148] 陈晓明. 混合交通条件下城市道路信号交叉口通行能力理论研究[D]. 北京交通大学博士学位论文，2008.

[149] Wang J，Huang H，Zeng Q. The effect of zonal factors in estimating crash risks by transportation modes：motor vehicle，bicycle and pedestrian[J]. Accident Analysis and Prevention，2016，98：223-231.

[150] 吴建平，黄岭，赵坚利. 北京市道路信号交叉口自行车和行人的行为研究[J]. 交通运输系统工程与信息，2004，4（2）：105-114.

[151] 陆斯文，方守恩，李刚. 城市道路人车冲突和碰撞概率微观模型研究[J]. 同济大学学报（自然科学版），2009，37（12）：1627-1632.

[152] 王俊骅，方守恩. 行人机动车冲突模型及其行人过街风险控制应用[J]. 同济大学学报（自然科学版），2009，37（9）：1191-1195.

[153] 朱彤，白玉，杨晓光，等. 平面交叉口交通冲突安全评价失效分析及改进方法研究[J]. 中国安全科学学报，2008，18（2）：157-161.

[154] Gao L，Liu M，Feng J. Delay modeling of Ped-Veh system based on pedestrian crossing at signalized intersection[J]. Procedia-social and Behavioral Sciences，2012，43：530-539.

[155] 宗欣露. 多目标人车混合时空疏散模型研究[D]. 武汉理工大学博士学位论文，2011.

[156] 段鹏飞. 面向校园疏散的均衡模型与疏导优化方法研究[D]. 武汉理工大学博士学位论文，2013.

[157] 刘轩，宋卫国，马剑，等. 基于数字图像处理的人员运动参数提取方法研究[J]. 火灾科学，2008，17（4）：201-208.

[158] Olivier A H，Kulpa R，Pettré J，et al. A step-by-step modeling，analysis and annotation of locomotion[J]. Animation & Virtual Worlds，2011，22（5）：421-433.

[159] Liu X，Song W，Zhang J. Extraction and quantitative analysis of microscopic evacuation characteristics based on digital image processing[J]. Physica A：Statistical Mechanics & Its Applications，2009，388（13）：2717-2726.

[160] Chraibi M，Seyfried A，Schadschneider A. Generalized centrifugalforce model for pedestrian dynamics[J]. Physical Review E：Statistical Nonlinear & Soft Matter Physics，2010，82（2）：046111.

[161] 姚平福. 行人运动时空参数采集方法及运动行为研究[D]. 北京理工大学硕士学位论文，2015.

[162] 王小华. 平面信号交叉口机动车穿越行人决策建模研究[D]. 北京交通大学硕士学位论文，2008.

[163] 胡庆华. 基于交叉口混合交通流特性的元胞自动机模型研究与仿真[D]. 北京交通大学硕士学位论文，2012.

[164] Lilliefors H W. On the kolmogorov-smirnov test for normality with mean and variance unknown[J]. Journal of the American Statistical Association，1967，62（318）：399-402.

[165] Sedić A，Pavkovic D，Firak M. A methodology for normal distribution-based statistical characterization of long-term insolation by means of historical data[J]. Solar Energy，2015，122：440-454.

[166] Parisi D R，Gilman M，Moldovan H. A modification of the social force model can reproduce experimental data of pedestrian flows in normal conditions[J]. Physica A：Statistical Mechanics and Its Applications，2009，388（17）：3600-3608.

[167] Yuen J K K，Lee E W M. The effect of overtaking behavior on unidirectional pedestrian flow[J]. Safety Science，2012，50（8）：1704-1714.

[168] Seyfried A，Portz A，Schadschneider A. Phase coexistence in congested states of pedestrian dynamics[C]. International Conference on Cellular Automata. Springer，Berlin，Heidelberg，2010：496-505.

[169] Moussaïd M，Helbing D，Theraulaz G. How simple rules determine pedestrian behavior and crowd disasters[J]. Proceedings of the National Academy of Sciences，2011，108（17）：6884-6888.

[170] Lv W，Song W，Ma J，et al. A two-dimensional optimal velocity model for unidirectional pedestrian flow based on pedestrian's visual hindrance field[J]. IEEE Transactions on Intelligent Transportation Systems，2013，14（4）：1753-1763.

[171] Zhao Y X，Lu T T，Li M F，et al. The self-slowing behavioral mechanism of pedestrians under normal and emergency conditions[J]. Physics Letters A，2017，381：3149-3160.

[172] Chen L, Guo R Y, Na T. Simulation and experimental results of evacuation of pedestrian flow in a classroom with two exits[J]. Acta Physica Sinica, 2013, 62（5）: 050506.

[173] Storn R, Price K. Differential evolution—a simple and efficient heuristic for global optimization over continuous spaces[J]. Journal of Global Optimization, 1997, 11（4）: 341-359.

[174] Zhao Y X, Lu T T, Li M F, et al. The microscopic characteristics of escape behaviours from a three-dimensional lecture theatre under conditions of good and zero visibility[J]. Safety Science, 2019, 118: 641-653.

[175] 曹守华. 城市轨道交通乘客交通特性分析及建模[D]. 北京交通大学博士学位论文，2009.

[176] 北京市规划委员会. 地铁设计规范 GB 50157-2013[M]. 北京：中国建筑工业出版社，2013.

[177] 王延锋. 基于道路管理功能的行人违章穿越行为特性分析与仿真[D]. 武汉理工大学硕士学位论文，2009.

[178] 国家技术监督局，中华人民共和国建设部. 中华人民共和国国家标准：城市道路交通规划设计规范（GB-50220-95）[M]. 北京：中国计划出版社，1995.

[179] 张诗波，何民，骆勇，等. 行人交通微观仿真虚拟动力学模型研究[J]. 交通运输系统工程与信息，2009，9（1）：51-55.

[180] Helbing D. A stochastic behavioral model and a microscopic foundation of evolutionary game theory[J]. Theory and Decision, 1996, 40（2）: 149-179.

[181] Guo R Y, Wang S, Huang H J, et al. A microscopic pedestrian-simulation model and its application to intersecting flows [J]. Physical A: Statistical Mechanics and Its Applications, 2010, 389（3）: 515-526.

[182] Wong S C, Leung W L, Chan S H, et al. Bidirectional pedestrian stream model with oblique intersecting angle [J]. Journal of Transportation Engineering, 2010, 136（3）: 234-242.

[183] Zeng W, Chen P, Nakamura H, et al. Application of social force model to pedestrian behavior analysis at signalized crosswalk[J]. Transportation Research Part C: Emerging Technologies, 2014, 40: 143-159.

[184] Maurya A K, Dey S, Das S. Speed and time headway distribution under mixed traffic condition[J]. Journal of the Eastern Asia Society for Transportation Studies, 2015, 11: 1774-1792.

[185] Zhao Y, Zhang H M. A unified follow-the-leader model for vehicle, bicycle and pedestrian traffic[J]. Transportation Research Part B: Methodological, 2017, 105: 315-327.

[186] Zhao Y X, Lu T T, Su W L, et al. Quantitative measurement of social repulsive force in pedestrian movements based on physiological responses[J]. Transportation Research Part B: Methodological, 2019, 130: 1-20.